Akademische Lehrkompetenzen im Diskurs
A Discourse on Academic Teaching Competencies

Waxmann Verlag GmbH
Steinfurter Straße 555, 48159 Münster
info@waxmann.com

Christian Hofer
Barbara Schröttner
Daniela Unger-Ullmann
(eds.)

Akademische Lehrkompetenzen im Diskurs
Theorie und Praxis

A Discourse on Academic Teaching Competencies
Theory and Practice

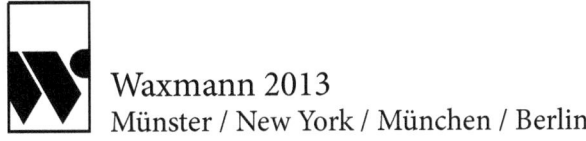
Waxmann 2013
Münster / New York / München / Berlin

Bibliografische Information der Deutschen Nationalbibliothek
Die Deutsche Nationalbibliothek verzeichnet diese Publikation
in der Deutschen Nationalbibliografie; detaillierte bibliografische
Daten sind im Internet über http://dnb.d-nb.de abrufbar.

Diese Publikation wurde unterstützt durch:

ISBN 978-3-8309-2578-1

© 2013 Waxmann Verlag GmbH
Postfach 8603, 48046 Münster
Waxmann Publishing Co.
P.O. Box 1318, New York, NY 10028, USA

www.waxmann.com
info@waxmann.com

Umschlaggestaltung: Anne Breitenbach, Tübingen
Umschlagbild: © Martin Bauer, Graz
Satz: Stoddart Satz- und Layoutservice, Münster

Gedruckt auf alterungsbeständigem Papier,
säurefrei gemäß ISO 9706

INHALT / CONTENT

III Perspektiven für die Praxis – Perspectives for Practice

Christian Hofer, Barbara Schröttner, Daniela Unger-Ullmann

Vorwort

Lernendenzentrierung und Kompetenzorientierung haben an Universitäten und hochschulischen Einrichtungen längst Einzug gehalten. Lehr- und Unterrichtsmodelle werden an die Lernbedürfnisse von Studierenden angepasst und universitäre Studienpläne orientieren sich, basierend auf Überlegungen des Bologna-Prozesses, an einer individualisierten Kompetenzentwicklung. Vermehrt haben sich sowohl hochschuldidaktische als auch erziehungs- und bildungswissenschaftliche Publikationen der letzten Jahre diesen Themen gewidmet. Forschungs- und Reflexionsbedarf sehen die HerausgeberInnen der vorliegenden Publikation jedoch in den Schlussfolgerungen und Konsequenzen, die sich für Lehrende an Hochschulen und in universitären Institutionen sowie für HochschuldidaktikerInnen und universitäre BildungsmanagerInnen ergeben. Welches Rüstzeug benötigen Lehrende, um den neuen und aktuellen Bildungskonzepten in der Praxis gerecht werden zu können? Welche Kompetenzen brauchen sie, um lernendenzentrierte und kompetenzorientierte Lehre umsetzen zu können? Geht mit dem Wandel universitärer Bildungskonzepte und Lernideale eine Änderung des Lehrendenbildes einher? Welche Anforderungen ergeben sich daraus für *lernendenzentrierte Lehrende*? Welche Ziele verfolgt eine aktuelle Hochschuldidaktik, und inwiefern grenzt sich diese von anderen Didaktiken ab? Welche Herausforderungen sind in der universitären Weiterbildung zu lokalisieren? Welche Beiträge kann hochschuldidaktische Forschung zur universitären Weiterentwicklung leisten?

In diesem Sinne richten die AutorInnen der Publikation *Akademische Lehrkompetenzen im Diskurs* den Blick auf die Entwicklung und Festigung der Kompetenzen von Lehrenden. Präsentiert, diskutiert und reflektiert werden dabei theoretisch-wissenschaftliche Konzepte zu Themen der Hochschuldidaktik, Weiterbildung, des Bildungs- und Ressourcenmanagements, der Sprachlernforschung und Sprachendidaktik sowie weiterer Kompetenzschwerpunkte, wie Selbstkompetenz, Reflexionskompetenz oder Beurteilungs- und Bewertungskompetenz von Lehrenden. Besondere Berücksichtigung finden praxisorientierte Beiträge, in denen die AutorInnen auf konkrete Projekte sowie Bildungs- und Lernkonzepte eingehen, die Lehrkompetenzen fördern und wertvolle Beiträge zur Entwicklung universitärer Lehre leisten. Die Beiträge ergeben ein breites Kompetenzspektrum und tragen dazu bei, ein Kompetenzprofil für Lehrende an der Hochschule entstehen zu lassen. Sie ermöglichen es, universitäre Lehre aufzuwerten und in einen wissenschaftlichen Rahmen zu stellen. Die AutorInnen reflektieren als erfahrene Lehrende und HochschuldidaktikerInnen ihre Praxis und bringen ihre Fachexpertise in Projekte ein. Indem Lehre in einen handlungsorientierten, aber vor allem forschungsgeleiteten Rahmen gestellt wird, zeigen die AutorInnen auf, dass Hochschul- sowie Fachdidaktik als wissenschaftliches Betätigungsfeld anzuerkennen sind. Die HerausgeberInnen danken den AutorInnen für die vielfältigen Beiträge, durch welche die Publikation *Akademische Lehrkompetenzen im Diskurs* realisiert werden konnte.

Christian Hofer, Barbara Schröttner, Daniela Unger-Ullmann

Foreword

Learner-centred and competence-oriented approaches have long since made their way into universities and institutions of higher learning. Models of teaching and instruction have been adapted to the learning needs of students and university curricula are now geared towards the individual development of competencies on the basis of considerations made as part of the Bologna Process. More and more publications in the fields of university didactics and educational theory have been devoted to these topics in recent years. The editors of this publication, however, still see a need for research and reflection on the conclusions and consequences for teachers at universities and academic institutions as well as university educationalists and higher education managers. What tools do teachers need to do justice to new and cutting-edge educational concepts in practice? What competencies do they need to be able to implement learner-centred and competence-oriented teaching? Does the change in academic concepts of education and ideas of learning lead us to a new understanding of teachers and the role they play? What are the resulting requirements for *learner-centred teachers*? What objectives does a contemporary approach to university teaching pursue and where does it differ from other teaching methods? What challenges does academic continuing education face? What contribution can research on university didactics make to academic continuing education?

With this in mind, the authors of the publication *A Discourse on Academic Teaching Competencies* now turn their attention to the development and consolidation of teacher competencies. The authors present, discuss and reflect on theoretical and academic concepts on topics concerning university didactics, continuing education, education and resource management, research on language learning and language teaching as well as other competence focuses such as self-competence, reflexive competence or the evaluation and assessment competence of teachers. Special emphasis is placed on practice-related articles, in which the authors present specific projects and educational and learning concepts that promote teaching competencies and make a valuable contribution to the development of university teaching. The articles cover a wide range of competencies and contribute to the development of a competence profile for university teachers. They help to enhance the status of university teaching and to situate it in an academic context. As experienced teachers and university educationalists, the authors reflect on their practice and share their expertise in projects. By situating teaching in a practice-oriented and yet primarily research-led context, the authors make the case for recognizing university and subject-specific teaching methods as a scholarly field of activity. The editors would like to thank the authors for the wide variety of articles, which played a key role in the realisation of the publication.

I
Perspektiven für die Hochschule –
Perspectives for Higher Education

Barbara Schröttner

Teaching Competency in Higher Education
Opportunities and Challenges in a Learning Economy

Abstract

In an interconnected world, opportunities and challenges for individuals and societies are ever changing, and this is intensely reflected in higher education policies and practices. This article explores these continuing changes that have been apparent over recent decades in the field of higher education and which have been greatly affecting the scope of learning and teaching. Issues of teaching and learning have undergone a process of redefinition because contemporary educational experiences require new forms of student learning and understanding, and also new forms of relaying information and knowledge by teachers. Starting from this assumption, it can be said that learning and teaching have today been strongly linked to real-world experiences which call for a wide-ranging spectrum of learning possibilities under the definition of lifelong learning. The study further emphasizes that an increasing economization of education, visible through inclusion of words related to economics such as employability, standards, effectiveness and competitiveness, is supported by European policies such as the Lisbon Strategy of 2000 which promoted the concept of lifelong learning on a far-reaching foundation and the Bologna Process which has highly influenced the structure of higher education in Europe.

Introductory Thoughts on Globalization and Higher Education

Central European higher education, which is due for a rethink of higher education policies and practices and a redefining of the social role of the university, is under increasing global pressure (Kwiek, 2001: 161f.). Because of the significance of the knowledge economy in the 21st century, higher education has become more and more important because of its place in creating new knowledge and educating individuals for participation in the new economy. Wide-ranging economic, technological and scientific developments directly affect higher education; these trends have to be taken into consideration as part of higher education policy and reality. They are reinforced by factors such as new information technology, English as a common language for scientists, the trend towards mass higher education and the demand for highly educated employees (Altbach, 2006: 123).

An increasing internationalization of the financial, product and labour markets involves new requirements for employees, new forms of division of labour across national boundaries and more intensive competition between countries. This competitive development brings with it movements like liberalization, privatization and deregulation which highly influence the educational sector and also the individual, who is thus exposed to much stronger competitive pressure. In a time of mass education in the field of higher education, educational administration, professional training of teaching staff and quality control procedures are prevalent. This accelerated standardization, at least within Europe, has culminated in the Bologna Process (Lenzen, 2010: 304). Through the Bologna Process and related initiatives, new common degree structures and other types of harmonization procedures are being implemented in European countries (Altbach, 2006: 121). Various programs in higher education such as *Erasmus* for the international exchange of students and teaching staff and *Leonardo da Vinci* for connecting universities and businesses support this standardization (Lenzen, 2010: 304).

Even though there has traditionally been extensive hesitation among European Union member states to transfer any power over education to the European level, the ideas generated by transnational and supranational organizations such as the Organization for Economic Cooperation and Development (OECD) and the European Union have without doubt had a big impact on the setting of agendas. They have generated central reference points and benchmarks for the development of national policies and practices which have led to something that, in practice, functions as a European education policy. It can be suggested that on a national level, it is necessary to be conscious of such policy discourses and the related assumptions and implications as well as the intended or unintended consequences (Biesta, 2006: 169). Two overarching narratives are noticeable in this context, which may be on the one hand competing and mutually exclusive or, on the other hand, interrelated elements of a "delicate ecology for social sustainability" (Crick, 2008: 312). Ruth Deakin Crick (ibid.: 312) is of the opinion that

> One is a narrative of social cohesion and justice across and within the member states, with their particular globally significant histories and aspirations. The other is the neo-liberal narrative of salvation through economic progress and the need for the EU to be a key player in the changing global economy.

Nation State, Welfare State and Economic Market Ideology

This section deals with the fact that in contemporary times, there is a weakening of the nation-state, a reconfiguration of the welfare state and the growth in a neoliberal or market ideology (Kwiek, 2001: 169). These different factors greatly influence higher education. 1) The relevance/importance of the nation-state in the contemporary world has changed because "there is no more a nation-oriented, national-consciousness-oriented, nation-building kind of idea of higher education". The question formulated by the state in relation to higher education could be "Why should we finance higher education?" 2) The dissolution of the welfare state: A worldwide public sector reform reformulates the size and responsibilities of the public sector in general. The response of the state could be "We are (just) unable to finance higher education with its massification anymore." 3) The economic rationality and market ideology: The neoliberal approach and ideology of the market go along with various practices such as managerialism, accountability and privatization which come from the world of business and are applied to other areas of social life as well as to higher education in the form of a corporate model with characteristics such as bureaucratization, marketization, entrepreneurialization and corporatization. The corresponding reaction of the state could be "Let us (still) finance higher education (a bit), but on a new corporate-like basis" (ibid.: 166f.).

In the Western world, the "corporate culture/economic rationality aspect" of globalization is probably the most strongly felt aspect of globalization, and it directly affects academics and academic institutions (Kwiek, 2001: 169). While some argue that globalization can liberate higher education (through technological innovations), there are other voices that claim that globalization strengthens worldwide inequality and this can have major consequences for universities through the massification or the growth of the private sector in this field (Altbach, 2006: 121). Marek Kwiek's (ibid.: 170) argument is that

> The unique character of higher education in general and of the university in particular in a set of traditionally public sector services is already lost, especially considering the rapid development of the private, for-profit and non-research institutions of higher education which changes radically the intellectual landscape in which public higher education is supposed to operate.

Because of an increase in demand for higher education, new higher education providers such as media companies and corporate universities, new delivery methods, both domestically and internationally, and new types of higher education programs appear. To state things in more common terms, Jane Knight (2006: 209) notes that

> Generally, these new commercial providers are mainly occupied with teaching/training or providing services, and do not focus on research per se. They can complement, cooperate or compete with public and private higher education institutions, whose mandate is traditionally the trinity of teaching, research and service. Because many of the new providers are focusing on delivering education across borders, they must be included as actors in the internationalization scene.

Inequalities in Higher Education: Centers and Peripheries

While globalization leads on the one hand to equal and open access through new technologies and other manifestations of globalization throughout the world, existing inequalities are on the other hand reinforced and new barriers are erected. For Altbach (2006: 123), "The debate in higher education mirrors analyses of globalization generally". In line with this thought, it can be observed that globalized higher education is highly unequal if one looks at developing countries and smaller academic systems. While the influential universities and academic institutions in the centers have always controlled the production and dissemination of knowledge, smaller and weaker organizations and systems at the peripheries with less resources and often lower academic standards have been reliant on them. The discussion shows that the centers of academia hold the leadership in science, scholarship, research and teaching. Moreover they are leading in terms of organizational structure, the aim of universities as well as in knowledge distribution. Centers with their well-known institutions, mostly located in larger and wealthier countries, benefit from a plethora of resources such as funding and better infrastructure (libraries and laboratories), highly qualified academic staff, strong traditions and legislation that supports academic freedom. Another example of this dominance is that major international scholarly and research journals and databases, which are largely published in English, have their headquarters mostly at the major universities in the United States and the United Kingdom. In developing and smaller industrialized countries at the periphery, academic institutions and systems are strongly influenced by these centers in terms of research, communication of knowledge and teaching practices (ibid.: 123ff.).

In today's world, most of the universities and particularly universities in developing countries are primarily teaching institutions that are forced to gain new knowledge and analysis elsewhere (Altbach, 2006: 125f.). Universities and academic systems in various smaller developing countries lack the facilities for research, providing degrees beyond a bachelor's degree or publishing journals and databases due to the expenses involved. Considering this, it is possible to conclude that "Structural dependency is endemic in much of the world's academic institutions" (ibid.: 126).

Knowledge, Knowledge Economy and Learning Society

In the 21st century which is characterized by constant change, specific educational needs emerge which raise a number of serious challenges and problems including questions for educational research and practices. The purpose of this section is to show that to pass on only static knowledge is not an adequate reaction to this tremendously rapid change. There is a need for a theory that is responsive to this constant flux and which is grounded in a theory of learning (Brown/Thomas, 2010: 321). Based on this background, the article tries to clarify how the concept of knowledge has changed from a static to a more flexible, renewable and jointly constructed one. Knowledge creation can be described as a socially shared experience which develops from participation in sociocultural activities. While knowledge is still available in educational institutions, it is also increasingly to be found in workplaces and in everyday life. That said, one might argue that no longer does any institution or group have a monopoly on knowledge. This open access to knowledge is supported by manifold media and technology based environments which create new requirements for learners (Niemi, 2008: 6f.) and teachers as well as in teaching research and practice.

Peter Jarvis (2006: 204) is of the opinion that knowledge, beliefs and values are always subjective and therefore, just like emotions, have to be learned. Hannele Niemi (2008: 7) asserts in this context that it is important to understand that "knowledge is not just a part of the reality" but it is a reality viewed from a certain angle and context. In other words the same reality can be viewed in diverse ways. Knowledge creation always starts from one's own social, cultural and historical context because these contexts form the basis for the interpretation of information and the creation of meanings. Even though knowledge is categorized from different theoretical perspectives, it is increasingly seen as a dynamic concept which depends "on the learners' epistemological propositions and socio-cultural contexts".

Not knowledge per se but (social) scientific knowledge is significant for the knowledge society because it supports the production and marketing of new commodities and services and therefore it has grown economic value. At present, scientific knowledge no longer deals with certainties but at best with approximations and policies that are often being implemented before it is possible to be certain of their outcomes. As a consequence, it is necessary to continually evaluate the outcomes of the implemented policies (Jarvis, 2006: 203f.).

In most areas of human activity, knowledge is constantly shifting and in a process of continuous flow and flux. Consequently, how we know things and how we know what we know has become more important than the factual status of information itself. This is particularly true if one notes that facts change on a continuing basis because they are facts about a changing world, and at the same time because of the technological infrastructure that support the rapid updating of information. This shift demonstrates the growing importance of the context of information. Particularly new media technologies urge us to consider what is the authority behind the information and if the information is up-to-date and relevant to the particular problem. The importance of the implicit dimension of knowledge and the things which cannot be rendered explicitly form a large part of the basis of what it is that we know. Implicit knowledge depends "almost entirely on the social context of the information, which is also the driving force for shaping one's sense of becoming" (Brown/Thomas, 2010: 326).

Learning itself is the practice of participating, and participation is constructed out of the social context in which learning takes place. "Communities of becoming" can be described as constructs that unify notions of interest, technological infrastructure and co-presence (joint work) into the idea of a "networked imagination". The comparatively unbounded space of the networked world therefore releases learning from a particular trajectory (Brown/Thomas, 2010: 327). To understand the meaning of "learning to become" as well as how it might be achieved, some of the recent transitions in learning in the 21st century have to be examined. "Learning to become" develops out of a situation of rapid and continuous development, is itself in a constantly state of flux and is characterized by a sense of acting, participating and knowing. "Becoming" is then responsive to context instead of content and as the context changes, the sense of becoming changes as well (ibid.: 323f.). John Seely Brown and Douglas Thomas (ibid.: 327) point out that

> (...) this sense of becoming is both afforded by and amplified by *participation in the networked imagination*. Participating in a networked imagination throws the distinction between learning to be and becoming into relief. Learning to be involves enculturation into a set of practices rather than stockpiling knowledge. Becoming involves a rich and deeply intuitive understanding of the tacit. The end result is not knowledge per se, but a new set of tools for looking at the world and engaging in inquiry, hopefully productive inquiry. Becoming, then, becomes a powerful subject position from which to manage and embrace the flux and constant change which is beginning to shape and define the world of the 21st century.

In a knowledge economy which is dominated by rapidly changing scientific knowledge, people have to be well-informed about and constantly generate new knowledge. It is for this reason that learning throughout life becomes increasingly important (Jarvis, 2006: 205). The globalization of knowledge and communication is mainly facilitated by the Internet but, just as for other aspects of globalization, there exist significant inequalities in the access to it. Information and knowledge obtainable through the Internet reproduces the realities of the knowledge system worldwide. It can be argued that "The databases and retrieval mechanisms probably make it easier to access well-archived and electronically sophisticated scientific systems of the advanced industrialized countries than the less networked academic communities of the developing countries." (Altbach, 2006: 134) However the Internet allows scholars and scientists at universities and other institutions that lack well-equipped libraries to obtain information, and this has a democratizing effect on scientific communication. A precondition is of course that scholars and scientists, particularly in developing countries, do have access to the Internet (ibid.: 134).

The learning society has emphasized technological and scientific knowledge since they form the foundations of the capitalist market. This development has generated an open society with a more individualistic orientation in which individual rights have been emphasized and the significance of personal relationships has been downplayed. The discourse on the learning society especially includes and emphasizes those features that have supported the dominant position of the "West" and its capitalist system while it has excluded others (Jarvis, 2006: 207). "In the learning society, 'learning' is a gerundive to describe the type of society in which we live". In this perspective, learning defines the flexible, open society that responds to the changes caused by the knowledge economy and the market. To briefly summarize: since learning is seen as something good and desirable which leads to human growth and development, the discourse that the learning society is intrinsically a good thing is misleading because a concentration on the process of human learning is missed in this approach (ibid.: 205).

Lifelong Learning in a Learning Economy

The trend towards a learning economy can be predominantly noticed in the countries of the European Union but also in many other countries, although there are important differences between their lifelong learning policies and practices. Because governments and policy makers all over the world have to deal with the same challenges, the existence of similar trends at both the level of policy and practice is not surprising (Biesta, 2006: 169). An analysis of this development shows that official reports pronounce that in order to remain competitive in the global economy there is a need for a higher skilled and more flexible workforce. Official declarations claim that more and 'better' higher and lifelong education will bring economic prosperity to nations and individuals. The relevant question is whether this investment in education leads to economic prosperity, or do more prosperous economies generally have a better educated workforce because they are able to invest much more in education (ibid.: 176).

While there is the position that the global economy is a fact to which individuals, nations and the European Union need to adapt, another opinion is that economic globalization is not so much a 'fact' but something that is actively being pursued by some to serve particularly interests of certain nations, groups, classes or organizations. This yields the question if economic growth itself is an imperative or if it is possible to imagine a different future which is based on a different set of values? An additional question is if the learning economy produces prosperity for all, or if it reproduces existing economic inequalities between the so-called 'developed' and 'developing' nations or between the 'haves' and the 'have nots' within societies (Biesta, 2006: 177)?

While in the past lifelong learning was understood to be a personal good and an intrinsic aspect of democratic life, lifelong learning is increasingly associated with the formation of human capital and as an investment in economic development. These important shifts in policies for adult education and lifelong learning over the past decades around the world are not only visible at the level of policy but also in the impact on the learning opportunities of adults. This transformation is evident through the redefinition of what counts as legitimate or 'useful' learning, noticeable in the reduction of funding for all those forms of learning without economic value (Biesta, 2006: 169). Gert Biesta (ibid.: 172) gives a good description of what has happened with lifelong learning in many countries around the world:

> Whereas in the past the field of lifelong learning was predominantly informed by a social justice agenda – the 'social purpose' tradition in which adult learning is seen as a lever for empowerment and emancipation (…) – the current emphasis

is on 'learning for earning' in which adult learning is seen as a lever for economic growth and global competitiveness.

The aim set by the European Council, to 'become the most competitive and dynamic knowledge-based economy in the world, capable of sustainable economic growth with more and better jobs and greater social cohesion', decided on in the Lisbon Strategy of 2000, links lifelong learning to economic interests which is expressed in terms such as employability, one of the new keywords. Employability first calls for a good basic education and, second, for greater flexibility in the job market which has to be accompanied by lifelong learning strategies. In this characterization learning becomes something 'good and desirable' which implies, as mentioned previously, that the learning society is basically something good (Görsdorf 2010: 142). Niemi (2008: 13) states that in the political discourse of the European Commission, learning is looked on as being at the very core of economic development. Learning and competence building are seen as central for investment in human capital. It is notable that there is a strong optimistic trust in the power of knowledge and learning. However, the emphasis on the economy and competitiveness should not be the only foundations for learning. Instead, learning and the attainment of competence and skills should also support personal empowerment and the improvement of society.

Over the past two decades there has been an increased individualization of lifelong learning which has also changed the very language of discussing it. Not long ago it was talked about as adult education, but while 'education' can be understood as a relational concept that refers to the interaction between an educator and a student, 'learning' refers to a process that can be done alone and without assistance. The use of the phrases 'the adult learner' or even 'the learner' indicates a specific way of configuring and conceptualizing the field. Nonetheless the individualization of lifelong learning is not only a conceptual issue because the nature of the learning activities of adults has changed as well. Many adults are spending more and more of their time and money on diverse forms of learning, both inside and outside of traditional educational institutions. The volume and level of participation in formal adult learning are therefore growing and there is a rapidly growing market for non-formal forms of learning (Biesta, 2006: 175). Zygmunt Bauman (in ibid.: 177) states that "lifelong learners are responsible for their own learning but seem to have little influence on the content, purpose and 'point' of their learning. They have, (…), de jure autonomy, but what they seem lacking is de facto autonomy".

While on the micro level the responsibility for learning is shifted to the individual, on the macro level the responsibility is moved away from the state towards the private sector. From being a collective good, learning increasingly becomes an individual good. It is for this reason that the state as provider and promoter of lifelong learning is fading and becoming more and more the regulator and auditor of the learning market. Through the shift towards a learning economy lifelong learning has changed from being a right to an individual's duty and responsibility. This development also has a negative impact on the individual's motivation for engaging in lifelong learning activities because today the lifelong learner is caught up in a struggle over what counts as 'real' or 'worthwhile' learning. This struggle is not simply conceptual since it directly impacts the resources that are made available for lifelong learning (Biesta 2006: 175ff.). Biesta (ibid.: 175f.) states that:

Whereas in the past lifelong learning was an individual's right which correspond-
ed to the state's duty to provide resources and opportunities for lifelong learning, it
seems that lifelong learning has increasingly become a duty for which individuals
need to take responsibility, while it has become the right of the state to demand of
all its citizens that they continuously engage in learning so as to keep up with the
demands of the global economy.

The rise of the learning economy thus brings into question the potential democratic function of lifelong learning (Biesta, 2006: 170). By making lifelong learning a private good,
which is considered valuable to individuals and other players in the economic sector in
relation to its economic function, it becomes more and more difficult to make a claim
for collective resources which support the other two dimensions of lifelong learning: the
personal and the democratic. In view of the recent rise of the learning economy the key
question is about the relationship between lifelong learning and democracy: does democracy need lifelong learning and if yes, what kind of lifelong learning does it need? Because of the current specification of lifelong learning in economic terms, there is without
a doubt a need to generate a more balanced approach to lifelong learning and to reclaim
the democratic dimension of lifelong learning (ibid.: 177f.). It can be concluded that to
analyze the intended and unintended consequences of specific ways of thinking about
lifelong learning and to detect what is included and what is accidentally or deliberately
left out in the discussion is a crucial task (ibid.: 170).

Experiencing Learning: From Limited Surface Learning to Deep Learning

Experience lies at the intersection of objective reality and the self and therefore forms
one's individual construct of reality. This construction of reality is caused by the process
of turning data and information into knowledge, beliefs, values and emotions (Jarvis,
2006: 207). Moreover, learning experiences shape learners' own learning identities which
has strong implications for their quality of life. To be able to create new knowledge and
competencies learners require tools to shape, codetermine and control their lives and to
be able to manage their own learning (Niemi, 2008: 10, 13).

There are different types of learning such as *reproduction-oriented modes* (quantita-
tive increase of knowledge, acquiring and memorizing facts, etc.) or *transformative modes*
(abstract meaning, interpretation of reality, personal development, etc.). Critics of higher education claim that too much emphasis is still placed on "limited surface learning"
which results from a reproduction-oriented mode of education. This kind of teaching is
called 'teaching as telling' because students aren't required to reflect on either purpose or
strategy. Instead they memorize facts and procedures as a matter of routine without any
need for connecting the different aspects of the content or developing new ideas. Critics of these traditional forms of teaching in higher education institutions worldwide ask
for so-called "deep learning" which can be described as a transformative experience with
longer term retention and the capacity to transfer the knowledge, skills and attitudes
gained in the educational setting to other contexts. In deep learning settings, students
have "to focus on what is of significance in the course material, relate theoretical ideas to
everyday experience, evaluate the evidence of competing arguments, and construct their
own coherent, fact-based understanding of the subject" (Forest, 2006: 352). This trans-

formative mode of learning concentrates on the growth in "students' intellectual complexity, critical thinking, reasoning, and capacity for learning" (Arnold, 2002 in ibid.: 352). High quality learning entails the "active construction of meaning" and the "possibility of conceptual change" on the part of the learners (Ramsden, 1992 in ibid.: 353). Teacher's responsibility is then to engage the learners in appropriate learning activities (ibid.: 353).

Motivation, Prior Knowledge and Meta-Cognitive Competencies

Learning is a very complex process which depends on and is characterized by various factors. Three important factors are a person's *motivation*, *prior knowledge* and *meta-cognitive competencies* which determine the approach a person selects in learning (Thielsch, 2011: 57). In the following, these three factors are introduced in more detail.

Motivation: There is no learning without motivation because learning requires the involvement or activity of the individual in the form of (re)constructing what is already known. While an internal interest in the subject or the wish to pass a course or an examination can motivate one's learning, a loss of motivation occurs if a person cannot identify value in an activity, lacks confidence or has no expectancy of the desired outcome. While the intrinsic motivation is meaning-oriented and results from an interest in what is being learned and the feelings of pleasure resulting from it, the extrinsic motivation is outcome-oriented and depends on external rewards such as grades or praise. In order to be motivated, individuals always need to know for what purpose they are learning (Thielsch, 2011: 58). Students who are stimulated to set goals and are permitted to control their own achievement of those goals are therefore more attentive to and have more energy for their learning (Forest, 2006: 355).

Prior Knowledge: If learning is to take place, students as well as teachers need to work with prior knowledge because each person constructs knowledge based on what he or she already knows. Through learning, new links between novel information and experiences which may add to, modify or reorganize the individual's existing knowledge base are constructed. As a consequence each individual constructs or makes his or her own meaning of knowledge (Thielsch, 2011: 58). The prior knowledge of learners is extremely important for comprehension and knowledge acquisition and also for the construction of personal meaning. Prior knowledge can then be defined as the platform upon which a teacher can assist students to gain a more complex understanding of the content (Forest, 2006: 353). Because there is an enormous heterogeneity in student groups, for example different learning styles and diverse cultural backgrounds, a teacher has to deal with multiple unique prior knowledges. These prior knowledges have to be acknowledged and explored so as to be able to teach according to them. However, the differences in learning are not only influenced by previous education; they are also triggered by heredity as well as prior experiences. Social and cultural attitudes within families and peer groups are formed early and have a lasting influence on the learning style of a person (Thielsch, 2011: 59).

Meta-Cognitive Competencies: To be able to reflect on and understand one's own learning – referred to as meta-cognitive knowledge – is one of the key competencies of learners because it makes it possible to consciously influence and direct one's learning. The meta-cognitive knowledge about one's own learning implies the following three aspects: "thinking about the learning itself", "planning how to do it" and "monitoring the learning process". Those who are aware of their personal learning and who are able to put this understanding into practical use are likely to achieve better learning performance. Successful learning not only depends then on the learning action itself but on the reflexion on it (Thielsch, 2011: 59).

Experiencing Academic Teaching

Globalization processes, market dynamics, multinational initiatives, internationalization and new information technologies, as described earlier in more detail, have brought numerous changes for higher education worldwide. These changes have a significant impact on what is taught; however, there are not yet dramatic changes in how teaching and learning is organized in higher education (Forest, 2006: 370). While learning is central to the role and mission of the university, little attention is still given to the development of teaching competence among the members of the academic profession. A closer look reveals that most faculty receives little or no preparation in teaching skills because the focus is on the development of disciplinary expertise and research capabilities, assuming that proficiency in an academic discipline adequately prepares one for teaching. However the increase of specialization within academic disciplines and fields of scientific inquiry and the simultaneous need for specialized competence among teachers and researchers has certainly led to a change in the way to approach learning and teaching (ibid.: 348f.). More precisely, while the core of teaching is still the interaction of teachers and students, teachers' professional roles have expanded. For Niemi (2008: 10) teaching calls for wide-ranging competencies such as:

- awareness of the knowledge construction of their subject matter
- understanding of multidisciplinary research on learning to be able to create learning spaces for diverse learners
- detailed understanding of human growth and development
- knowledge of the methods and strategies in learning processes
- familiarity with the curricula and learning environments in educational institutions
- openness to learning in non-formal educational settings such as in open learning and labour market contexts
- the know-how to apply information and communication technology in the knowledge creation processes
- the ability to provide tools so that learners are able to be in a dialogical relationship with knowledge, learning environments and other people.

All over the world, the commitment to teaching and learning has been a trademark of the academic profession. The intrinsic motivation for teaching is powerful because it supports individuals in understanding the complex world which leads to new discoveries and the advancement of social and scientific knowledge. It could be said that teaching effectively is the core function of higher education because it enhances and nurtures the learning processes of students (Forest, 2006: 347). Effective teaching includes preparation, attitudes toward instruction and classroom behavior and interactions. The philosophy of teaching, whether knowledge is seen as transmitted or constructed, is of high importance and a teacher's choice of teaching method has a considerable impact on the learning experience (ibid.: 358). A teacher's sense of self plays a significant role in his or her teaching effectiveness. A university teacher has to establish a clear personal commitment to and understanding of his or her role in a student's academic and personal development. While individual strengths facilitate learning, fears and misperceptions are barriers to good teaching. Moreover, an adequate preparation of the teacher for classroom teaching plays an important role in the effectiveness of learning processes (ibid.: 349). James J.F. Forest (ibid.: 358) holds the view that

> Teaching is perhaps the most difficult and complex responsibility for members of the academic profession. From textbook selection to classroom management and organization, to giving and grading exams, teaching requires a considerable commitment of time, energy and skill. Thus, it comes as no surprise that a good deal of research on college and university teaching is dedicated to helping the teacher achieve these multiple tasks more effectively.

Driven by market forces and a decline in public support for higher education, institutions of higher learning cannot survive without at least some demonstrated effectiveness in teaching (Forest, 2006: 349). To be able to evaluate the effectiveness of teaching in higher education institutions, one has to take into account the fact that the goals of higher education vary within each particular regional, national and institutional context. These variations often relate to political, social and cultural forces, and thus there are huge differences between countries and institutions in terms of what is taught. However teaching itself, "the instructional methods, learning environment and assessment tools used", is quite similar worldwide. In particular Western conceptions of good teaching have a high degree of cross-cultural validity. Centers for improving teaching can be found at many academic institutions in some form or another, particularly in Australia, Canada, the United States and Western Europe. In addition, various websites and publications offer theoretical exploration and practical guidance on a variety of issues which support the development and improvement of teaching in higher education (ibid.: 350ff.).

For Weimar (2002, 2003 in ibid.: 363) five key dimensions are important for higher education institutions to be able to reexamine their assumptions of student learning: 1) Decision making processes about learning practices have to be shared between teachers and students. Students have to be involved in the selection of class assignments; this brings with it more responsibility and motivation for their learning. 2) Teachers support students in constructing meaning independently, for example through a learner-centered teaching approach. 3) Teachers have to abandon control in their classrooms and relatedly decrease their students' dependence on them. 4) Replacing the traditional emphasis on disciplinary content. To master increasingly sophisticated content, students need "a repertoire of strategies, approaches, and techniques" and a solid foundation of knowledge in their particular subject area. 5) To encourage learning and the development of student's assessment skills, different evaluation activities should be implemented.

At the end of this section it is further possible to assert that because of the increasing use of information technology by universities, today teaching modes are changing. Both teacher and students use new online technology to enhance their teaching and learning processes and to foster their communication. The rapid rise of distance learning programs further changes teaching practices in the modern information age. In many parts of the world, students are even more technologically competent than their teachers. Nevertheless, it must be kept in mind that even though technology is often understood as a tool to enhance traditional forms of teaching and learning, the use of this tool has not yet considerably transformed our understanding of learning and teaching (Forest, 2006: 361f.).

Responsibility in Learner-Centered Teaching Approaches

For Elisabeth Görsdorf (2010: 146) the relationship between learner and teacher is changing because of the possibility of inheriting a more active role of learners in the learning process, the opportunity to construct new knowledge by working in teams and the chance to apply previous experiences and knowledge in learning situations. Angelika Thielsch (2011: 56) similarly suggests that in higher education, teachers deal with (young) adults who commonly have a social and cultural reservoir of meaningful experience, an intrinsic motivation, a life-centered and problem-centered orientation to learning and a learning style which is marked by self-directed aspects. For Thielsch, the learning strategy of self-directed learning allows the learners to decide themselves on crucial aspects of learning such as on what, when and how learning should take place, what they want to achieve and to set the goals for every learning process (ibid.: 60). Learners need to develop these abilities which can be supported by learning environments that seek to involve the students and support their ability to individually direct their learning as much as possible. Even if learners who enter universities often don't have the competencies for self-directed learning, this type of learning is characteristic of adult learning (ibid.: 65).

A learner-centered teacher in higher education puts the individual in the center of the course design (Thielsch, 2011: 121) – this can be described as a "shift from teaching to learning" (ibid.: 60). Learner-centered teaching approaches reorganize learning environments in higher education through activating the learners and hence adjusting to the core of the self-directed learning cycle – the responsibility of the learner. The learners' responsibility increases through a sharing of power between teacher and students. To make this process successful, the learners have to understand and accept the responsibilities that belong to them (ibid.: 62). Through dividing the responsibilities between students and teachers, new roles emerge for both of them in a learner-centered environment. A teachers' responsibility in learner-centered teaching is to help "their students to build a knowledge base, to engage with the subject and to make the content important for them". The role of learner-centered teachers further includes the consideration of individual differences in learning among the students. Teachers have to use different methods to accommodate these individual differences and they have to encourage students to actively interact within learning activities (ibid.: 64). Moreover, both teachers and learners bear the responsibility for the outcome of the educational experience. A continuous reflection on both parts is therefore an important factor so that effective learning and teaching can take place (Forest, 2006: 371).

Teaching and learning can be defined as an interactive process which involves, as mentioned above, shared responsibilities and manifold roles (Forest, 2006: 370f.). While Forest (ibid.: 363) maintains that teachers and students are partners in reaching desired learning outcomes, Görsdorf (2010: 146) claims that teachers increasingly inherit the role of moderators, mediators, trainers or facilitators. Moreover Weimer (2002: xviii in Thielsch, 2011: 64f.) states that learner-centered teachers are facilitators, guides and designers of learning experiences. Consequently, learner-centered teachers are no longer the main actors in the learning setting because of the reallocation of activity and of power. It can be concluded that the loss of some of the teachers' power does not inevitably indicate the loss of authority as a teacher because the authority comes mainly from expert knowledge and experience and students generally accept and learn from that knowledge.

Recommendations for Academic Teaching Competencies

In this final part of the article, the focus of attention is on recommendations for university teaching by Thomas A. Angelo and James J.F. Forest (2002 in Forest, 2006: 358-361) which can be outlined as follows: 1) *Lecturing effectively:* Lecturing is still the most common teaching method. Effective lecturing entails clarity and thoughtful organization of the material. Personal attributes of the lecturer such as enthusiasm, energy and charisma are of high importance. Effective lecturing requires a certain sense of self-awareness and a sense of humor. Moreover, personal attributes related to behavior such as eye contact, using emotion-enhancing words or moving in the classroom are other crucial characteristics of an effective lecturer. Many of the personal features related to verbal aptitude also matter considerably. 2) *Employing effective group assignments:* Effective group assignments are a tool for developing students' higher-level cognitive skills. These assignments require an understanding of the course concepts, a level of difficulty that encourages collaborative over individual effort, appropriate questions, a grading system which takes into account individual preparation and team development, activities that groups do well (e.g. identifying problems, formulating strategies), the chance to apply the course concepts to realistic problems and a tangible output that can be effectively evaluated. 3) *Encouraging classroom discussion:* Effective discussions are dependent on the abilities of the teacher to control issues and to guide students through interpersonal interactions, especially those occurring in multicultural classrooms. 4) *Collaborating with colleagues:* Teacher collaboration, team teaching and interdisciplinary education are increasing. The advantage of collaboration is that students are able to gain knowledge through working together effectively and respecting diversity of opinion and perspective. 5) *Assigning problem-solving exercises:* Problem-solving activities promote critical thinking, creativity and the intrinsic motivation for creative problem solving. 6) *Seeking feedback from students:* Respect for and interest in student thoughts and views about the course direction or discussion is vital for engaging students in the learning process. "One Minute Papers" is a quick and effective way to collect written feedback about a course or a specific class session. Anonymous, open-ended teaching evaluations at various points throughout the course can also help to address the interest and concerns expressed by the students. 7) *Organizing the classroom experience:* To support students in constructing their understanding of the material and how ideas and concepts presented relate to one another can be done through clarifying concepts, summarizing the main points and leaving time for questions. 8) *Encouraging inquiry:* Asking questions, asking for clarification and asking for connections to other relevant materials promote creative and critical thinking and cooperative learning. To gain more responsibility for the learning process, teachers should support and encourage students understanding of how to ask questions. 9) *Using experiential learning exercises:* Field trips offer students the chance to become involved in the learning process and to become aware of the complexity and imperfection of real events. Through the active participation of students, these experiences promote active learning which plays a central role in promoting student motivation for learning. 10) *Establishing learning contracts:* Learning contracts are an effective strategy for structuring teaching and learning. They are tools for clarifying what the teacher and the student can expects from a course (methods, time-frame, tools, evaluation procedures, etc.). Learning contracts give students some control over the learning process and this can be a motivating factor for effective learning.

Concluding Thoughts

The market economy and trade liberalization, the knowledge society, information and communication technologies as well as changes in governance structures are integral elements of globalization which have an enormous influence on the education sector; they are both catalysts for globalization and consequences of globalization (Knight, 2006: 209). In the 21st century with its complexities, possibilities and constant changes the educational landscape can shift tremendously and therefore prevalent paradigms for learning, knowing and education need to transform. If education practices, institutions and informal learning environments want to take advantage of these changes, approaches to education and learning need to be as comprehensive and complex as its challenges and opportunities (Brown/Thomas, 2010: 335). From this perspective, interdisciplinary approaches which can be understood as "learning across different academic disciplines, collaborating and looking at the same questions or problems from different perspectives" and transdisciplinary approaches which imply "the collaboration of academic disciplines with non-university professionals for application in practice" should be applied to learning and teaching practices in higher education (Görsdorf 2010: 147).

Within Europe and all around the world interconnectedness increases which calls for new forms of living, working (Görsdorf 2010: 143) and in consequence for new ways of learning and teaching. For Lee Shulman (2002 in Forest, 2006: 350f.) the goals of higher education should be that students are engaged and motivated; acquire knowledge and develop understanding; present their knowledge and understanding through performance and action; critically reflect on the world and their own place within it; handle the constraints and complexities of the world; formulate their own judgments and strategies for action and promote a lifelong commitment to critical examination and self-development. Thielsch (2011: 55) similarly emphasizes that the field of higher education should provide individuals with the ability to think for themselves, to draw meaning out of complex issues, to learn how to continue learning throughout their lives and to acquire competencies that enable them to act in today's multifaceted world. And Lenzen (2010: 304f.) points to the fact that in globalized times, individuals are challenged to acquire certain qualifications and behaviors to be able to participate in the (global) society. For Lenzen, these qualifications can be dealing with ambiguities, thinking about the future, coping with the plethora of information around them, not blindly trusting in opinions expressed in public spaces, keeping options open in the face of growing uncertainties, making sustainable personal decisions with regard to social relationships and in relation to training and occupation, acting rationally despite uncertainties, performing and judging from a firm knowledge base and avoiding linear thinking.

Without question, there is a broad spectrum of teaching and learning goals; from moral and ethical behavior to civic engagement and from discipline-based factual knowledge to critical thinking. The concept of critical thinking which can be described "as the ability to evaluate different points of view and look at evidence" is a key element to the success of learners in higher education. The model of "reflective judgment" by Kitchener and King (1984 in Forest, 2006: 351) illustrates that a student's learning environment must challenge absolutistic assumptions and sustain the validity of alternative perspectives. For Peter Jarvis (2006: 207), individuals are more than ever exposed to various secondary experiences of the world and therefore

> globalisation has not only generated new conditions in which ideals change as they are applied to existing conditions, it has broken down the social situation in which we have been able to limit our thinking to our own society and exclude all those situations that do not fit into our mind-set. (ibid.: 208)

And Kwiek argues that "In periods of huge transformations the conceptions of one's role, place and tasks in culture and society get questioned" and thus, the academic world which has been for a long time very inward-orientated has to develop deep awareness of transformations which occur in the outside world (Kwiek, 2001: 171). It is clear from this discussion that university teachers are required to include a greater global dimension in their course assignments as well as in class discussions (Forest, 2006: 370).

For much of the 20th century, learning was mostly concerned with the attainment of skills and the transmission of stable information, i.e. as can be defined as "learning about" (Brown/Thomas, 2010: 321). This traditional model of learning follows the idea that knowledge can be studied and accumulated (ibid.: 326). Near the end of the 20th century learning shifted towards "learning to be". In this approach to learning, learning has been put into a situated context which is concerned with systems, identity and the transmission of knowledge. "Learning to be" needs engagement and provides a sense of enculturation in practices which enables participation, to learn how to learn and to shape practices within communities (ibid.: 321ff.). The acceptance in the networked world promotes notions of "learning to be" because of its ability to put the things we learn into action (ibid.: 326). While traditional models of learning have moved from models of direct knowledge transfer to broader notions of skills, neither of them is able to explain and account for the fundamental epistemic shifts and new agreements of the 21st century (ibid.: 335). In other words, in a relatively stable world, the two concepts of "learning about" and "learning to be" worked, however a world of constant flux requires a theory of "learning to become" (ibid.: 321).

Bibliography

Altbach, Philip G. (2006): Globalization and the University: Realities in an Unequal World. In: Forest, James J.F./ Altbach, Philip G. (eds.): International Handbook of Higher Education. Dordrecht: Springer. pp. 121-139.

Biesta, Gert (2006): What's the Point of Lifelong Learning if Lifelong Learning Has No Point? On the Democratic Deficit of Policies for Lifelong Learning. In: European Educational Research Journal. Volume 5. Numbers 3 & 4. pp. 169-180. http://www.wwwords.co.uk/pdf/freetoview.asp?j=eerj&vol=5&issue=3&year=2006&article=2_Biesta_EERJ_5_3-4_web [16.04.2012].

Brown, John Seely/ Thomas, Douglas (2010): Learning in/for a World of Constant Flux: Homo Sapiens, Homo Faber & Homo Ludens revisited. In: Weber, Luc E./ Duderstadt, James J.

(eds.): University Research for Innovation. Glion Colloquium Series No. 6. London, Paris, Geneva: Economica. pp. 321-336.

Crick, Ruth Deakin (2008): Key Competencies for Education in a European Context: narratives of accountability or care. In: European Educational Research Journal. Volume 7. Number 3. pp. 311-318. http://www.wwwords.co.uk/rss/abstract.asp?j=eerj&aid=3349 [14-04-2012].

Forest, James J.F. (2006): Teaching and Learning in Higher Education. In: Forest, James J.F./ Altbach, Philip G. (eds.): International Handbook of Higher Education. Dordrecht: Springer. pp. 347-375.

Görsdorf, Elisabeth M. (2010): The Case for Europe: Europe-Related Learning in the Context of a Summer University. In: Schröttner, Barbara/ Hofer, Christian (Hrsg.) (2010): Kompetenzen – Interdisziplinäre Rahmen/ Competences – Interdisciplinary Frameworks. Graz: Leykam Universitätsverlag. pp. 141-157.

Jarvis, Peter (2006): Beyond the learning society: globalisation and the moral imperative for reflective social change. In: International Journal of Lifelong Education. http://www.tandfonline.com/doi/abs/10.1080/02601370600697011 [22.05.2012].

Knight, Jane (2006): Internationalization: Concepts, Complexities and Challenges. In: Forest, James J.F./ Altbach, Philip G. (eds.): International Handbook of Higher Education. Dordrecht: Springer. pp. 207-227.

Kwiek, Marek (2001): Central European Higher Education and Global Pressures: The Three Aspects of Globalization. In: Drozdowicz, Zbigniew (ed.): Transformations, Adaptations and Integrations in Europe. Global and Local Problems. Poznań: Wydawnictwo Fundacji Humaniora. pp. 161-173.

Lenzen, Dieter (2010): BILDUNG and Innovation – a contradictio in adjecto for today's university education in a globalized world? In: Weber, Luc E./ Duderstadt, James J. (eds.): University Research for Innovation. Glion Colloquium Series No. 6. London, Paris, Geneva: Economica. pp. 303-314.

Niemi, Hannele (2008): Why from Teaching to Learning? In: European Educational Research Journal. Volume 8. Number 1. pp. 1-17. http://www.wwwords.co.uk/rss/abstract.asp?j=eerj&aid=3489 [14.04.2012].

Thielsch, Angelika (2010): "Nice to Meet You!" – About the Combination of Teaching Literature and Acquiring Intercultural Competence in the Context of Higher Education: Theoretical Assumptions and Models of Course Design. In: Schröttner, Barbara/ Hofer, Christian (Hrsg.) (2010): Kompetenzen – Interdisziplinäre Rahmen/ Competences – Interdisciplinary Frameworks. Graz: Leykam Universitätsverlag. pp. 113-125.

Thielsch, Angelika (2011): Learning and Self-Direction. Ways to Foster Self-Directed Learning in Higher Education. In: Schröttner, Barbara/ Hofer, Christian (Hrsg.): Looking at Learning. Higher Education. Language. Place./ Blicke auf das Lernen. Hochschule. Sprache. Ort. Münster, New York, Munich, Berlin: Waxmann Verlag. pp. 55-70.

Rudolf Egger

Zwischen Skylla und Charybdis
Über die Entwicklung universitärer Lehrkompetenz in kompetitiven Wissenschaftskarrieren

Abstract

In diesem Aufsatz werden die institutionellen Bedingungen und die biographischen Entwicklungen von Lehrkompetenz im universitären Bereich beschriebenen. Dabei werden Aussagen über die Hintergrundkonstruktionen, Handlungskontexte und Erwartungsmuster in Bezug auf die hier vorgenommenen Prozesse der „Passung" von individuellen Vorstellungen und Dispositionen innerhalb der institutionellen Anforderungen erschlossen. Weiters geht es um den Nachvollzug dieser Prozesse der Anpassung und Überschreitung, der Disziplinierung und Emanzipation innerhalb der vielschichtigen Verläufe in der Herausbildung von akademischen Lehrstilen. Wie diese im Einzelnen aussehen, wird anhand der Analyse von biographischen Aneignungsprozessen dargestellt.

Wie jede andere Institution antwortet die Universität auf gesellschaftliche Handlungsprobleme und bietet diesbezüglich spezifische Modelle und Konzepte für unterschiedliche gesellschaftliche Interessenslagen und Zukunftsszenarien. Das Leitsystem der Wissenschaft zur kulturellen Reproduktion ist dabei der Entwurf und die Methodisierung von Möglichkeiten der Analyse und Aneignung von Welt. In diesem Sinne sind Universitäten weiterhin eine entscheidende Triebfeder der modernen Wissensgesellschaft. Innerhalb dieser Institution wiederum sind es vor allem die Neugierde und die Freude am Entdecken von Zusammenhängen sowie das Vernetzen von Wissen und Menschen, die hierbei den Motor der sozialen und wissenschaftlichen Modernisierung vorantreiben. Menschen, die hier arbeiten, sind in diesem Vorhaben der Suche sehr oft intrinsisch motiviert, indem sie ein persönliches Interesse zum Verständnis dieser Welt antreibt. Diese Wissbegierde ist dabei stets gebunden an ein aufklärerisches Motiv der Selbstermächtigung des entdeckenden Verstandes, aber auch an die Kritik der formalen Normen und Begrenzungen. Dieses Bestreben wird durch die Initiative Einzelner vorangetrieben, kann aber erst durch die kollegiale Praxis der *community of scientists* abgesichert und wertvoll gemacht werden. Dieses Vorgehen der Bezogenheit von Einzelleistung und Gemeinschaft, von vorläufig begründetem Wissen und Zweifel, von Denken und Handeln, aber auch von Wissenschaft und Gesellschaft muss erlernt werden, bedarf der systematischen Ausbildung innerhalb eines akademischen Habitus. Neben dieser wissenschaftsimmanenten Perspektive ist die zweite große Ebene der Universität, die Lehre, besonders wichtig, da hierin zum einen die Weitergabe des hervorgebrachten Wissens, zum anderen die Pflege und Entwicklung der für den Fortgang der Welt und der Wissenschaft so wertvollen Neugierde gesellschaftlich und kommunikativ begründet sind. Treten diese Elemente der Bezogenheit von Lehrenden und Lernenden, von Wissen und der Kritik desselben in den Hintergrund, weichen sie einer einzig pragmatischen oder strategischen Ausrichtung, die als karriererelevant eingestuft wird, so fehlt ein essentieller Baustein universitären Bemühens um die Verständlichkeit der Welt. Genauso schädlich wie das „Zurechtbasteln" von Publikationen und Forschungsarbeiten einzig zu „Zielen" „individueller Werbekampagnen", ist die Abwertung der Lehre zugunsten der Forschungsqualifikation. Das Spannungsfeld, in dem sich die Universität als Bildungs- und Wissenschaftsinstitution befindet, findet aber nicht nur in der Gegenwart statt. Die offensichtlichen Umgestaltungen sind unübersehbar, aber sie treffen nicht das Wesen oder den Kern von Universität. Eine temporäre Bezogenheit auf momentane Veränderungen oder Befindlichkeiten verliert deshalb allzu schnell die großen Zusammenhänge aus den Augen, übersieht viele wichtige Bezüge universitärer Arbeit in Hinblick auf die Gesellschaft und deren Subsysteme, der Politik, der Wirtschaft, der „Idee vom guten Leben" usw. Gerade in Zeiten globalisierter Vorgänge sind es ja zumeist nicht nur die neuen, sondern auch die alten Probleme, mit denen sich Bildung und Wissenschaft auseinandersetzen müssen. Es sind die Fragen nach den mündigen BürgerInnen, den Zielen und Werten unserer Gesellschaft, der Anreicherung unserer Welt mit Wissen und Fertigkeiten und den sich daraus ergebenden Konsequenzen. Gerade an dieser Stelle sollte nicht übersehen werden, dass Universitäten (ob sie es wollen oder nicht) sich an derart dauerhaften Fragen abarbeiten müssen, denn die Bezugnahme auf mündige ForscherInnen, Lehrende und Studierende verlangt, weit über die Anlassfälle der aktuellen Aufgeregtheiten und Wirtschaftsdaten hinaus zu denken. Universitäten dürfen diese Art von Fragen nicht vergessen, sonst unterfordern sie ihre MitarbeiterInnen, missbrauchen ihre Studierenden und verschwenden ihre Ressourcen. Einzig ein Durchlauferhitzer für studentischen und technologischen Output zu sein, wäre ein großer Verlust. Eine Universität, die sich als reine „Wissensfabrik" unter ökonomisierten Wettbewerbsbedingungen versteht, entledigt sich ihres gesellschaftlich wertvollen Auftrags, bewusst an der Gestaltung von Zukunft mitzuwirken.

Es ist jedoch offensichtlich, dass eine aktiv wahrgenommene gesellschaftspolitische Perspektive sehr voraussetzungsvoll ist. Dies gilt sowohl für die Forschung als auch für die Lehre. Die für die Lehre untersuchten Wirkverhältnisse zeigen dabei recht unterschiedliche Deutungsmuster, wie Tätigkeiten des inspirierenden und forschenden Lehrens angestrebt (aber nicht logisch erzwungen) werden können. Es gibt kaum WissenschafterInnen, die im Gespräch nicht beteuern, dass es für alle wesentlichen Tätigkeiten an der Universität zu wenig Zeit und auch zu wenig Freiraum gäbe. Ein großer Teil hält dies gleichzeitig für ein eisernes Gesetz der wirtschaftsdominierten und medialen Moderne, dem sich die Universität nicht entziehen kann. Trotzdem halten beinahe alle ihren Arbeitsplatz für etwas Privilegiertes, für einen außergewöhnlichen Ort der systematischen Bezugnahme von eigener Entwicklung und allgemeinem Fortschritt. Die Universitätsentwicklung wird in diesem Sinne als in Veränderung wahrgenommen, die durchaus viele Chancen beinhaltet: die verstärkten Momente weiblicher Präsenz im universitären Alltag und deren innovative Versuche, neue Work-Life-Balance-Modelle zu entwickeln; die mannigfaltigen technologischen Möglichkeiten und deren soziale Bindungen in neuen Kooperationsformen; die im Wachsen begriffenen trans-, inter- und intradisziplinären Projekte mit ihren erst zu findenden Beobachtungssprachen und -aufgaben, die es erlauben, auf neue Weise in die Tiefe zu gehen, alternative Geschichten über diese Welt zu erzählen und Hintergründe zu beleuchten. So sehr die Befragten vom hohen Ethos der Wissenschaft überzeugt sind, so unterschiedlich sind oft ihre Wege, diese Aspekte in die Lehre übertragen zu können. In den in diesem Aufsatz geschilderten berufsbiographischen Zugängen zum universitären Lehrberuf zeigte sich immer wieder, wie die einzelnen subjektiven Erfahrungen und deren Deutungen stets auf institutionelle und gesellschaftliche Verhältnisse bezogen bleiben. Dabei wirken sich eben die Fokussierung der universitären Berufsbezüge auf kompetitive Forschungs- und Drittmittelbezüge in der Forschung, der Primat der Fachkulturen und die Unterentwickeltheit (bzw. kaum offensiv vertretene Rolle) der Hochschuldidaktik behindernd auf einen Zuwachs der Bedeutungsgehalte der Lehre aus. Der Ausbau von institutionell abgesicherten Lehrentwicklungen und des individuellen Lehrhandelns finden ihre Begrenzung meist innerhalb konkreter Machtverhältnisse, Berufskarrieren und sozialer Normen. Diesbezüglich scheint es heute unabweislich, dass für den Umfang und das Profil der hochschuldidaktischen Aktivitäten von Universitäten vor allem jene Formen der „institutional policy" ausschlaggebend sind, die die Leistungen nach den messbaren Parametern und den daraus abgeleiteten institutionellen Vorgaben ausrichten. In diesem Sinne spielen die Elemente der Forschungsevaluation und der dazu vorgelagert erhobenen Ziel- und Leistungsgrößen die entscheidende Rolle. Anhand dieser Einflüsse wird die organisationale Identität („das Profil") der Universitäten, der Fakultäten und Institute ausgerichtet. Eine aktive Universitätsentwicklungspolitik geht innerhalb dieser weitgehend regulierten Strukturen vor sich. Die dabei eingeschlagenen Wege der institutionellen Differenzierung bestimmen jene Rankings und Bezugspunkte in der Scientific Community, die vermehrt darüber bestimmen, wie eine Hochschule mit finanziellem, kulturellem und sozialem Kapital ausgestattet wird. So dynamisch die davon betroffenen Institutionen ihre internen und externen Bezüge im Wissenschaftssystem herstellen können, so passiv und strukturkonservativ kommen die dabei erzeugten Effekte in der Lehre an. Dies scheint unter den Bedingungen der derzeitigen Massenuniversitäten ein fundamental immanentes Dilemma zu sein, das sich in den Studiengängen, aber verschärft noch im Bereich der Aus- und Weiterbildung des wissenschaftlichen Lehrnachwuchspersonals zeigt. Und zwar in der immer wieder auftauchenden inhärenten Spannung zwischen der Forschungs- und der Lehrleistung, zwischen dem eigenen Hervorbringen von Erkenntnis und der Entwicklung eines Vermittlungs- und Beziehungssystems zur Kommunikation des Wissens in der Lehre. Alle universitär Lehrenden finden sich (zumindest solange sie keine tragfähigen Routinen dafür entwickelt haben) in diesem Spannungsfeld wieder. Für neu eintretende Personen birgt sie besonders viele Wagnisse, denn sie müssen an den gewohnten Bahnen des eigenen unmittelbaren Umfelds festhalten, um sich nicht in ein wissenschaftliches Abseits zu begeben, und sollten gleichzeitig Raum für Erkundungen eigener Fragestellungen und Erklärungsversuche in der Lehre bekommen. Sie müssen diesbezüglich zwischen der Skylla der ungeschützten Lehrerkundungspfade und der Charybdis der festgefügten und nachdrücklich verteidigten Strukturen in der Organisation von Hochschulen hindurch. Gerade hier ist die Bereitschaft der Universitätsleitungen von entscheidender Bedeutung, eine offensive Hochschuldidaktikpolitik zu betreiben und die (Weiter-) Bildungsaktivitäten in Bezug auf die Lehre auszubauen. Dazu bedarf es vor allem förderlicher und unterstützender Rahmenbedingungen, um der systematischen Entwicklung von Lehrkompetenz, als einer zentralen Aufgabe der Universität, Aufmerksamkeit zu verschaffen. Wie dies geschehen kann, wurde in einem österreichweiten Projekt analysiert. Im Zentrum des Interesses standen dabei Lehrende des tertiären Bereiches aus fünf österreichischen Universitäten, wobei in der Analyse den narrativen Konstruktionsprozessen von biographischen Lehrdispositionen nachgegangen wurde. Dabei standen sowohl kompetenz- und identitätstheoretische Bewältigungsmechanismen als auch Fragen nach den unterschiedlichen Formen von (berufs-)biographischen Orientierungs-, Entscheidungs- und Handlungsprozessen in Bezug auf die Entwicklung von Lehrkompetenz im Mittelpunkt der Fragestellung (vgl. dazu und zu den folgenden Ausführungen Egger 2012). In der Mehrzahl der hier analysierten Interviews wird die Situation einer zielgerechten Entfaltung von Lehrkompetenz allerdings als etwas weitgehend Randständiges beschrieben. Die in allen Institutionen vermehrten Debatten über lebenslanges Lernen werden diesbezüglich kaum auf die Lehre in der Universität übertragen. Existieren zwar durchaus vielfältige Angebote für unterschiedliche Zielgruppen in der Universität, so ist es aus dieser Sicht bisher noch nicht gelungen, die hochschuldidaktische Weiterbildung tatsächlich als dritten, gleichwertigen Pfeiler neben Forschung und Erstausbildung zu verankern. Die Gründe und Ursachen dafür sind schon ausführlich beschrieben worden und liegen sicherlich auch in der erheblichen Überlastung der Lehre insgesamt aufgrund der sich kontinuierlich ausdehnenden Nachfrage und einer rückläufigen Personalentwicklung. Ist dieser Überlastungs- und Nachfragedruck zwar zwischen Studienfächern unterschiedlich, so ist das Gesamtsystem Universität derzeit generell von diesen Entwicklungen und den Reaktionen der Lehrenden darauf betroffen. Daneben verstärken die Rahmenbedingungen der hochschuldidaktischen Weiterbildung weiterhin eine eher abwehrende Haltung. Werden von den Universitäten zwar hochschuldidaktische Ausbildungen für neueintretende WissenschafterInnen gestartet, so bleiben diese Aktivitäten vielfach nutzlos, da KollegInnen davon betroffen sind, die mit kurzfristigen Verträgen bald wieder aus dieser Institution ausscheiden müssen. So sinnvoll die einzelnen Maßnahmen auch sind, so sehr werden sie von dienstrechtlichen Hemmnissen konterkariert. Die Schwierigkeit ist es weiterhin, alle Lehrenden tatsächlich lebenslang mit hochschuldidaktischen Entwicklungs- und Aktivitätspotentialen im Sinne einer „institutional policy" zu erreichen.

Dass sich die Universitäten bis heute mit der Hochschuldidaktik so schwer tun, hat (über die Kapazitäts- und Auslastungsgründe hinaus) sicherlich auch Motive, die geschichtlich in der Tradition und dem forschungsorientierten Wissenschafts- und Bildungsverständnisses dieser Institution liegen. Hierbei spielen, wie schon mehrfach erwähnt, wissenschaftsinterne Normen der Fachdisziplinen die zentrale Rolle in den Organisations- und Handlungseinheiten, was sich im akademischen Karriere- und Reputationssystem ausdrückt. Weiters liegt dies auch

> an der ausgeprägten Einheitlichkeit bzw. der geringen Differenzierung des Hochschulsystems und der akademischen Ausbildung – zum Beispiel nach unterschiedlichen Ausbildungszielen, berufspraktischen Anforderungen oder den Voraussetzungen und besonderen Bedürfnissen der Teilnehmer/innen. (Herm/Koepernik/ Leuterer/Richter/Wolter 2003, S. 26)

Dieses Argument weist darauf hin, dass für die Lehrenden an der Universität alle Studierenden zu einer Gruppe gehören und dass die Lehre insgesamt das Forschungshandeln der universitär Arbeitenden als wichtigsten Bezugspunkt ansieht. Hierin liegt auch die Ursache der Konflikte zwischen Praxisanforderung und der Wissenschaftsorientierung. Da die institutionellen Aufgabenzuschreibungen der Universität hierin begründet werden, ist eine Umgestaltung der universitären Berufsrolle in Hinblick auf eine Aufwertung der Lehre schwierig. Im Gegenteil, sie ist, im Sinne des bereits erwähnten Wissenschaftsprimats für Karrieren, rundweg schädlich. Hier wird offensichtlich, dass die Frage der Verankerung und der Zukunft der Hochschuldidaktik auch mit der grundsätzlichen Entwicklung der Organisation und dem Steuerungssystem der Hochschulen verbunden ist. Universitäten sind in diesem Sinne auch als gesellschaftliche Dienstleistungseinrichtung zu sehen, die neben der Wissensproduktion durch Forschung auch eine wesentliche Aufgabe als Institution zur Qualifizierung des Humanpotentials und als Institution des Wissenstransfers unter Einschluss der Weiterbildung hat. Die Akzeptanz der Weiterbildung – nicht nur rhetorisch, sondern durch praktisches Engagement – hängt deshalb auch davon ab, in welchem Maße die deutschen Hochschulen tatsächlich dem Leitbild einer gesellschaftlichen Dienstleistungseinrichtung nachkommen. (Herm/ Koepernik/Leuterer/Richter/Wolter 2003, S. 28)

Eine solche Ausrichtung kann dabei auch als Instrument zur Förderung und Stärkung der institutionellen Selbstbestimmung der Universitäten gedacht werden. Die imagefördernde Größe einer gestiegenen Lehrkompetenz, die seriöse Qualitätsstandards und Ansprüche gewährleistet, könnte hier sozusagen als ein „Qualitätssiegel" dienen und die faktische Bedeutung der Universität als Lernwelt verstärken. Wenn die Institution ihre Weiterbildungsaktivitäten auch auf sich selbst bezieht, kann eine weitere Facette der „Profiltiefe" im Sinne des lebensbegleitenden Lernens entwickelt werden.

Vielfach sind die Zusammenhänge zwischen dem Ausbau des lebenslangen Lernens, einer Forcierung der Hochschuldidaktik und der Stärkung der Lehrkompetenz noch zu programmatisch oder vage in Form allgemeiner Absichtserklärungen, ohne dass tatsächlich auf die evidenten Faktoren und konkreten operativen Konsequenzen hingewiesen wird. Hier gilt es, eine Steigerung der Lehrkompetenz durch Ziel- und Leistungsvereinbarungen zwischen der Universitätsleitung und den einzelnen Fakultäten zu erreichen, damit die traditionellen Aufgabenfelder zu einer innovativen Gleichwertigkeit von Forschung und Lehre führen können. Sollte dies nicht innerhalb konkreter Arbeitsübereinkünfte geschehen, so ist zu befürchten, dass die Bestrebungen, die einzelnen universitären Standorte über Exzellenzinitiativen zu fördern, dahin führen, dass einzig Elemente der Wissenschaftsprofilierung und -differenzierung greifen werden. Die Entwicklung der Lehrkompetenz ist (unter den Bedingungen der Massenuniversität) schwer zu überprüfen, da es dafür keine glaubwürdigen messenden Parameter und Kriterien gibt.

Grundsätzlich könnte die Implementierung fassbarer hochschuldidaktischer Zielsetzungen ohne Zweifel auch über die Wettbewerbs-, Differenzierungs- oder Profilbildungsschiene zum Erfolg führen, wenn tatsächlich mess- und kommunizierbare Effekte sichtbar gemacht werden können. Es ist allerdings anzunehmen, dass der steigende Wettbewerbsdruck alle Universitäten dazu nötigt, sich der Logik der Steigerung der Forschungsleistungen zu unterwerfen. So zeigen die bislang entwickelten leistungs- und/oder indikatorengesteuerten Mittelverteilungssysteme eindeutig in diese Richtung (vgl. Jaeger/Leszczensky/ Orr/Schwarzenberger 2005, Nickel/Ziegele 2008).

Legt man sich insgesamt ehrlich Rechenschaft über die Steuerungswirkung im Bereich Grund- und Erfolgsbudget ab, muss eingestanden werden, dass allgemeine hochschulpolitische Ziele hier nicht vorkommen. Das ganze System baut im Wesentlichen auf der Hoffnung auf, dass Wettbewerb an sich zu positiven Wirkungen führt. Denn der Konkurrenzgedanke ist das vorherrschende Prinzip. (…) Das nüchterne Fazit bezüglich der Steuerungswirkung lautet demnach: Es werden massive Anreize gesetzt, die Zahl der Studierenden bis zur anrechnungsfähigen Höchstgrenze zu steigern und es werden Anreize gesetzt, die Drittmitteleinnahmen zu erhöhen. (Reymann 2011, o. S.)

Demgemäß sind die bisher praktizierten Formen von Anreizsystemen zur Ankurbelung des hochschuldidaktischen Engagements im derzeitigen Rahmen (sowohl monetär als auch nicht monetär) als eher reserviert zu bewerten.

Wie immer die neuen (und alten) Herausforderungen in der Hochschullehre innerhalb der einzelnen Institutionen und Fachkulturen gestaltet sein werden, alle AkteurInnen stehen derzeit vor den folgenden Problemen, die nachstehend noch einmal zusammengefasst werden. Als dominierend negativ werden dabei folgende Umstände genannt:

- die alles überstrahlenden permanenten Wettbewerbssituationen in den wissenschaftlichen Karrieremustern und die widersprüchlichen Botschaften und Anforderungen an die Lehre.
- die Bedingungen der Massenuniversität mit ihren schlecht strukturierten Studiensituationen und Zielunklarheiten bzw. die daraus resultierenden unklaren Kontroll- und Disziplinierungsmechanismen der Lehrenden.
- ein hohes Lehr- und Betreuungsdeputat, das die Entwicklung von Lehrkompetenz durch kontinuierliche Reflexion oder kollegialem Austausch verhindert.
- die Verschulung universitärer Lehrstrukturen und die dadurch zunehmende unzureichenden – Rahmenbedingungen einer wissenschaftsspezifischen Lehrkultur.

Als prinzipiell positiv gesehen werden:

- die Entwicklung und Etablierung neuer innovativer Studiengänge an den Disziplinenschnittstellen, die sowohl ein erweitertes Verständnis des eigenen Faches als auch der Lehrkultur mit sich bringen.
- die Aufwertung der Hochschuldidaktik für junge KollegInnen durch verpflichtende Programme.

Was Lehrende wirklich brauchen

In der hier zugrundliegenden Studie standen Lehrende des tertiären Bereiches aus fünf österreichischen Universitäten im Zentrum des Interesses (vgl. Egger 2012). Ausgewählt wurden die Lehrenden aus den Bereichen des sogenannten Mittelbaus, da hier (im Sinne der universitären Hierarchie) die universitäre Karriere als noch nicht abgeschlossen gilt. Dabei zeigte sich, wie groß der Handlungsbedarf auf dem Feld der Lehrkompetenz ist und wie schwierig ein nachhaltiger Bedeutungszuwachs effektiv zu erreichen ist. So vielfältig die einzelnen Anfänge in der Lehre auch sind, so übereinstimmend werden die einzelnen Erfahrungsbasen in der Lehr-, Beratungs- und Prüfungsarbeit doch bestimmt. Orientiert an den eigenen Studienerfahrungen bestimmen die jeweiligen Modi und habitualisierten Praktiken an der unmittelbar betreffenden Wissenschaftseinheit die Aufgabenstellungen. Der Prozess der Perspektivenerweiterung von der Forschungsleistung hin zur Lehrleistung muss deshalb an der Universität allgemein durch eine gezielte Unterstützung und Begleitung der wichtigen AkteurInnengruppen vor Ort erfolgen. Die Lehrenden werden quasi von Grund auf aufgewertet, indem nicht nur ihr Lehrhandeln und ihre Kompetenzen im Mittelpunkt stehen, sondern die Lehr-/Lernkultur insgesamt, innerhalb derer Lehr- und Beratungsleistungen erbracht werden.

Von der Universität

- Um eine Aufwertung der Lehre (generell und individuell) erreichen zu können, werden von den Befragten verschiedene Weiterbildungsformate vorgeschlagen. Diese beziehen sich sowohl auf konkrete Einstiegsangebote (wie ohnehin an den meisten Universitäten schon vorhanden) als auch auf „niederschwellige, unaufwändige" Veranstaltungen, innerhalb derer konkrete didaktische Hilfestellungen und Entwicklungsmöglichkeiten erarbeitet werden könnten. Die Klärung und Verankerung der Verantwortlichkeiten und Handlungsmöglichkeiten des Hochschul- und Weiterbildungsmanagements ist hinsichtlich der Planung von Weiterbildungsaktivitäten im Bereich der Hochschuldidaktik auf allen Ebenen zu erreichen.
- Darüber hinaus werden alle jene Aktivitäten als sinnvoll eingeschätzt, die, jenseits organisierter Kurse, informelle und non-formale Begegnungs- und Unterstützungsmöglichkeiten im hochschuldidaktischen Kontext (Mentoringprozesse, Peer-Hospitationen etc.) als Lernanlässe und -gelegenheiten anregen und gestalten.
- Hierzu zählen auch hochschulpolitische Themenbereiche, die die Rolle, die Funktion und die Stellung von universitär Lehrenden betreffen. Es besteht der dringende Wunsch von den Befragten, Hochschuldidaktik nicht nur aus Sicht der Studierenden zu bewerten, sondern auch anhand der Situation der Lehrenden und darüber hinaus bildungspolitischer Paramater zu diskutieren und zu betreiben. Da die Lehre nie in einem „luftleeren" sozialen und politischen Raum stattfindet, sollte die Universität hochschuldidaktische Bemühungen an hochschulpolitische Bestrebungen knüpfen. Von der Universitätsseite wird gefordert, dass die Wirkungen der Lehre nicht isoliert betrachtet werden dürfen, sondern stets innerhalb der generellen Rahmenbedingungen und der hier wirkenden Faktoren auf die Studienbedingungen zu diskutieren sind. Die Studierendenzufriedenheit muss deshalb mit anderen Erhebungen verbunden werden, um Entwicklungen voranzutreiben. Zufriedenheit alleine kann kein Maß für Verbesserungen sein.
- Als wesentlich in der Aus- und Fortbildung von universitär Lehrenden werden die unmittelbare Erlebnisperspektive und die daraus abgeleiteten metatheoretischen und didaktischen Bezüge bezeichnet. So spielt die kollegiale Fallarbeit, die in einer gewissen konzeptionellen Nähe der Supervision angesiedelt ist, und die auf dem Peer-to-Peer-Prinzip beruht, eine wichtige Rolle. Dabei werden (meist problematische) Fälle aus der Alltagspraxis zur Diskussion gestellt und gemeinsam interpretiert. Da die Lehrenden im gemeinsamen Feld der Universität tätig sind, werden sich zwar unterschiedliche Sichtweisen, aber auch kollektiv geteilte Handlungsoptionen daraus ableiten lassen. Dabei liegt eine wesentliche Aufgabe für die Universität, solche Formen der gegenseitigen Unterstützung in der Praxis anzuregen und (ohne Kontrolldruck) zu institutionalisieren. Da der Erfolg solcher Maßnahmen von der Qualität der Falldarstellung abhängt, bedarf es einer professionellen Unterstützung, die keinerlei Auskünfte über das bearbeitete Geschehen an die Institution rückmelden darf. Gleichzeitig wird zaghaft gefordert, dass eine hochschuldidaktisch ausgerichtete Lehr- und Lernkultur eines freien Zeitrahmens bedarf. Gerade diesbezüglich sind die Befragten skeptisch, dass diese Lernräume an der Universität tatsächlich systematisch eröffnet und genutzt werden können. Die Entwicklung innovativer Anreizsysteme und von Beratungskompetenz zur Intensivierung von Weiterbildungsaktivitäten im Bereich der Hochschuldidaktik wird dabei als wesentlich angesehen. Dies betrifft auch

die systematische und kontinuierliche Bedarfsforschung/-analyse zur Entwicklung bedarfsgerechter Weiterbildungsangebote im Bereich der Hochschuldidaktik

- Die Entwicklung von Verfahren zur Qualitätssicherung bzw. zum Qualitätsmanagement in der Feststellung von Lehrkompetenz sowie Maßnahmen zur Erhöhung der Transparenz des Leistungsspektrums der Lehre sind dafür unabdingbar. Dazu muss die Sicherstellung des Transfers wissenschaftlicher Innovationen aus der Forschung in die Weiterbildung erfolgen.
- Den gleichen Stellenwert haben die Vorbereitung der WissenschafterInnen auf lebenslange Lernprozesse sowie die Sicherstellung eines Wissensmanagementsystems als kooperatives Projekt von erfahrenen und neuen Lehrenden (im Sinne von Mentoring, Tutoring etc.).
- Besonders wird auf die prekäre Situation von jenen WissenschafterInnen hingewiesen, die innerhalb zeitknapper, aber arbeitsintensiver Verträge kaum Planungssicherheit für ihre weitere Entwicklung haben. Im Rahmen dieser misslichen Umstände können kaum hochschuldidaktische Maßnahmen greifen, da der Aufbau von Lehrautorität (wie der von wissenschaftlichem Ansehen) langfristige Perspektiven benötigt. Immer wieder wird in den Interviews betont, wie wichtig der Zusammenhang der konkreten Arbeitsbedingungen mit den hochschuldidaktischen Bemühungen ist.
- Lehrkompetenz muss ein Berufungskriterium sein. Dazu sind analog zu den guten indikatorengestützten Maßstäben für die Bewertung der Qualität von Forschung Qualitätskriterien für die Bewertung der Lehre zu entwickeln. Der Mangel in der Bezugnahme auf Lehrbefähigung darf nicht länger dazu führen, dass das Lernen des Lehrens hinter dem Lernen des Forschens verschwindet.
- Von der Universität wird gefordert, dass großes Engagement in der Lehre in universitären Karrieren sichtbar gemacht werden sollte. Diesbezüglich müssten die Schnittstellen zum Hochschulmanagement effizienter gestaltet werden, um nicht nur im Falle der Habilitation auf spezifische Lehrgutachten zurückzugreifen. Dabei könnten längerfristige und zielbezogene Anreize geschaffen werden, damit die systematische Entwicklung von Kompetenz- und Autonomieerleben als Grundlage für die Motivation ermöglicht werden. Die Kernfrage des wissenschaftlichen Nachwuchses ist dabei die Verlässlichkeit der Berufsperspektive.
- Demgemäß ist die Steigerung der Lehrkompetenz an Universitäten für alle MitarbeiterInnen mittels Zielvereinbarungen in die kontinuierliche Organisations- und Personalentwicklung der Universität einzubinden. Dabei muss der Beitrag zum lebensbegleitenden Lernen und zur internen MitarbeiterInnenfortbildung in Bezug zur „corporate identity" und zur Marketingstrategie Universität hergestellt werden. Die Karriereverläufe der WissenschafterInnen müssen tatsächlich mit Forschung und Lehre verbunden werden. Bildungsaktive Personen bekommen eine spezifische Anerkennung ihrer Leistungen, die sich in der Entwicklungsstrategie der Universität und deren Leistungsindikatoren und Ressourcenzuweisung wiederfindet.
- Alle hochschuldidaktischen Abschlüsse sollten auf der Basis entsprechender Vereinbarungen für Masterprogramme anrechenbar sein.
- Der Ausbau von E-learning-Elementen ist zur Erhöhung der Lehrkompetenz sicherzustellen.

Von den unmittelbaren Vorgesetzten

- In diesem Bereich werden vor allem zielbezogene und entwicklungsfördernde Formen von Wissensmanagement geordert. Die Lehrenden sehen sich, an den jeweiligen Dienststellen, was das Hineinwachsen in die Lehrendenrolle und deren Entwicklung betrifft, meist sehr allein gelassen. Werden die wissenschaftlichen Entwicklungsziele mittlerweile größtenteils durch gebündelte Projektvorhaben zumindest grob diskutiert, so stehen die Belange der Lehre beinahe überall an letzter Stelle der gemeinsam zu bearbeitenden Schritte. Gerade aber im Aufbau eines Lehrendenhabitus sind die unmittelbaren Vorgesetzten und deren (oft nicht einmal explizit formulierten) Wünsche und Ziele an die Lehre wichtige Rückmeldungsquellen. Im Unterschied zu „Neulingen" sehen diese nicht so sehr die manchmal verwirrenden Details von Lehrsituationen, sondern spezifische Anforderungskalküle der Curricula oder charakteristische Situationen und Ereignisse, die sie als Erfahrungsbasen an ihre jungen KollegInnen weitergeben können. In diesem Zusammenhang kann ein spezifisches Lehr- und Wissensmanagement helfen, Sachverhalte zu strukturieren und vorhandenes Wissen auszubauen und anzuwenden.
- Das geforderte Wissensmanagement sollte beinhalten, dass von den LeiterInnen der jeweiligen Einheiten sowohl hochschuldidaktische Fortbildungen unterstützt als auch die Kommunikation über Ergebnisse der Bildungsforschung immer wieder allen Interessierten zugänglich gemacht werden. Genauso wie es Wissenschaftsbesprechungen gibt, sollte es (zumindest einmal im Jahr) hochschuldidaktische Besprechungen im weitesten Sinne geben.

Von anderen Lehrenden

- An dieser Stelle stehen der kollegiale Austausch und die Unterstützung durch Kommunikation mit Lehrenden über die Erfordernisse und Problemlagen der eigenen Lehre im Vordergrund. Die Befragten plädieren hier für eine Form der „kollegialen Wahrnehmung". Damit sind die Begegnungsmöglichkeiten gemeint, innerhalb derer vielfältige Lehrbezüge und Situationen im Austausch besprochen werden könnten. Was sich deutlich zeigt, ist eine Zunahme dieser informellen Formen, die aus Sicht der Befragten vor allem auf die zunehmende „Verweiblichung" der Mittelbaustrukturen zurückzuführen ist.

Von der Scientific Community

- WissenschafterInnen, die didaktische und pädagogische Überlegungen ernst nehmen, sehen die Rituale in der Scientific Community skeptisch. Besonders die Ausrichtung vieler Tagungen und Kongresse sind aus dieser Sicht desaströse Entwicklungen, weil dabei der Austausch unter ForscherInnen in einen Kontext gestellt wird, der höchst ineffizient und lernfeindlich ist. Das Durchpeitschen von 20-Minuten-Beiträgen, die schlechte didaktische Aufbereitung der Darbietungen oder die oft mangelhafte sprachliche Ausdrucksfähigkeit (besonders bei einem Vortrag in einer Fremdsprache) machen derartige Großveranstaltungen oft zu einem pädagogischen Desaster. Dies sehen die Befragten wiederum dadurch verstärkt, dass die einzelnen Tätigkeitsberichte immer stärker auf Kongressteilnahmen ausgerichtet sind und WissenschafterInnen sich stets darum bemühen müssen, ständig mit Vorträgen präsent zu sein. Dass hier sowohl inhaltlich als auch methodisch kaum Neues präsentiert werden kann, liegt dabei auf der Hand. Aus wissenschaftsdidaktischer Sicht gilt es verstärkt darauf zu achten, dass sich Organisationsformen entwickeln, die die Bedeutung der Hochschuldidaktik nicht negieren, sondern diese noch stärken können.

Von sich selbst

- Ein didaktisches kontextsensitives und methodisches Fachwissen ist für alle Befragten stets nur innerhalb der konkreten universitären Rahmenbedingungen zu entwickeln. Gleichwohl bedarf es einer individuellen Einstellung, um genügend Kontext-Sensitivität gegenüber den professionsspezifischen Kontexten, den studentischen Problembereichen und den Möglichkeiten einer letztlich nicht klar fassbaren pädagogischen Wirklichkeit im Auge zu behalten und zu fördern. Hier fordern sie selbst einen (im Wissenschaftsalltag oft verschütteten) Willen, sich auf diese Ebenen einzulassen, wohlwissend, dass diese Aufgaben eher wenig zur universitären Karriere beitragen.
- Dabei zeigt sich immer wieder, dass Lehrende an Universitäten sich vor allem durch Eigenmotivation auszeichnen und dass strukturelle Rahmenbedingungen dadurch eine wesentliche Rolle spielen. So werden (vor allem im Bereich der Lehre) jene Beeinflussungsfaktoren als wenig hilfreich angesehen, die die eigenen Freiheitsgrade beschneiden und als Zwang erlebt werden. Eine „hochschuldidaktische Beglückung" aller wird deshalb von einem Teil der Befragten als Kontrolle bewertet, die wiederum demotivierend wirkt und zu Ausweichstrategien führt. Auch finanzielle Anreize wirken kaum, wenn der organisationale Rahmen nicht passt.
- Wichtig ist allen Befragten, dass es die Möglichkeit gibt, die eigene Person einzubringen, damit die als subjektiv empfundenen Stärken und Schwächen Berücksichtigung finden können. Die befragten Lehrenden betonen, dass für sie hochschuldidaktische Kompetenzen nicht aus dem Einüben von rasch sich verändernden Problemlösungen bestehen, sondern dass es vielmehr darum geht, Formen des Problemlösens selbst zu trainieren und daraus Möglichkeiten für eine professionelle universitäre Lehridentität zu gewinnen. Dazu eignen sich (neben der permanenten Erweiterung von Methodensettings und Lehrszenarien) vor allem jene reflexiven Prozesse, die eng an die eigene Lehrwirklichkeit gekoppelt sind, wie Mentoring- oder Coachingerfahrungen. Hier wird Lernen am konkreten Fall mit der Reflexion der eigenen Haltung verknüpft, um eine erfahrungsgesättigte praktische Grundlage für die eigene Lehre und um ein emanzipatorisches Verhältnis von Wissenschaft und gesellschaftlicher Praxis und damit auch um eine kontextsensitive Bestimmung der Verhältnisse von Forschen und Lehren zu erreichen.

Ziel all dieser Bemühungen sollte es sein, die EntscheidungsträgerInnen und die Lehrenden in den Universitäten dabei zu unterstützen bzw. sie zu motivieren, ein strategisches Konzept zur Förderung der wissenschaftlichen Lehrkompetenz zu implementieren. Auf der Arbeitsebene der Universitätsleitung, der Fakultäten/Fachbereiche und Institute müssten hier verpflichtende Entwicklungskonzepte generiert werden, die den einzelnen Lehrenden helfen, ihr besonderes Lehrprofil zu entfalten. Nur aus einer Zusammenschau dieser Perspektiven kann die Exzellenz der Lehre längerfristig für das geistige Selbstverständnis der Universitäten in einer weiterhin kompetitiven und seriösen Wissenschaftswelt sichergestellt werden.

Bibliografie

Egger, Rudolf (2012): Lebenslanges Lernen in der Universität. Wie funktioniert gute Hochschullehre und wie lernen Hochschullehrende ihren Beruf? Wiesbaden: VS-Verlag. (Band 7 der Reihe Lernweltforschung)

Egger, Rudolf/ Merkt Marianne (Hg.) (2012): Lernwelt Universität. Entwicklung von Lehrkompetenz in der Hochschullehre. Wiesbaden: VS-Verlag. (Band 8 der Reihe Lernweltforschung)

Herm, Beate/ Koepernik, Claudia/ Leuterer, Verena/ Richter, Katrin/ Wolter, Andrä (2003): Lebenslanges Lernen und Weiterbildung im deutschen Hochschulsystem – Eine explorative Studie zu den Implementierungsstrategien deutscher Hochschulen. Dresden. http://www.uni-tuebingen.de/uni/qz6/download/master/Hochschulen-Weiterbildung/Stifter/Studie%20Implementierung.pdf [20.2.2012].

Jaeger, Michael/ Leszczensky, Michael/ Orr, Dominic/ Schwarzenberger, Astrid (2005): Formelgebundene Mittelvergabe und Zielvereinbarungen als Instrumente der Budgetierung an deutschen Universitäten: Ergebnisse einer bundesweiten Befragung. HIS Kurzinformation A13/2005. Hannover.

Nickel, Sigrun/ Ziegele, Frank (Hg.) (2008): Bilanz und Perspektiven der leistungsorientierten Mittelverteilung: Analysen zur finanziellen Hochschulsteuerung CHE Arbeitspapier 111.

Reymann, Detlef (2011): Qualitätssicherung als Voraussetzung für Hochschulautonomie? In: Der hochschulpolitische Blog vom 29.9.2011. http://www.hopo-blog.de/2011/09/qualitatssicherung-als-voraussetzung-fur-hochschulautonomie/ [20. 2. 2012].

Doris Pany

Hochschullehre und akademische Schreibkultur
Entwicklungen und Perspektiven

Abstract

Dem wissenschaftlichen Schreiben kommt in der universitären Lehre eine Schlüsselrolle zu. In jedem Studienjahr wird eine nahezu unüberschaubare Anzahl von Seminar- und Abschlussarbeiten geschrieben, eingereicht, korrigiert und beurteilt. Vielfach verbindet sich diese akademische Praxis allerdings mit einem Unbehagen, das nicht nur individuell begründet ist, sondern auch historische und institutionelle Voraussetzungen hat. Im vorliegenden Beitrag geht es um eine Auseinandersetzung mit den Hintergründen der aktuellen akademischen Schreibkultur. Der Beitrag geht einerseits den Unzulänglichkeiten der derzeitigen Praxis nach und zeigt andererseits Veränderungsmöglichkeiten auf. Dabei wird zunächst ein kurzer Überblick über die historischen Bedingungen gegeben, unter denen sich die Vermittlung akademischen Schreibens im deutschsprachigen Raum entwickelt hat. An eine Auseinandersetzung mit der Frage nach der Bedeutung, die dem Erwerb von Schreibkompetenzen in einer zeitgemäßen universitären Ausbildung zukommt, schließen sich Überlegungen dazu an, wie Lehrende besser dabei unterstützt werden können, ihre schreibdidaktischen Aufgaben im gestuften Studiensystem der Bologna-Universität zu erfüllen.

Das wissenschaftliche Schreiben nimmt in der universitären Lehre eine enorme Bedeutung ein. Um ein Studium erfolgreich abzuschließen, müssen Studierende in so gut wie allen Fächern eine schriftliche Arbeit vorlegen, mit der sie ihre Befähigung zum wissenschaftlichen Arbeiten nachweisen. In der Regel bereiten sie sich darauf im Rahmen einer je nach Studienrichtung mehr oder weniger großen Anzahl von Proseminar- und Seminararbeiten vor. All diese Arbeiten müssen von Lehrenden angeleitet, durchgesehen und bewertet werden. Die meisten Hochschullehrenden lesen und korrigieren im Laufe ihrer beruflichen Tätigkeit Hunderte von studentischen Arbeiten. Ungeachtet des großen Zeit- und Energieaufwandes, den Studierende und Lehrende für diese Art von akademischen Arbeiten aufbringen, ist der Umgang mit ihnen nicht selten von großem Unlustempfinden geprägt. Studierende klagen immer wieder darüber, dass sie sich mit ihren Arbeiten alleine gelassen fühlen, dass ihnen die Anforderungen unklar sind und sie einen Austausch über ihre Schreibprojekte vermissen. Demgegenüber bemängeln Lehrende häufig die Mittelmäßigkeit und Unbeholfenheit studentischer Arbeiten; sie empfinden die Korrekturarbeit oft als zeitraubend und nutzlos und monieren das geringe Interesse der Studierenden an ihren Rückmeldungen. Die verbreitete Unzufriedenheit auf beiden Seiten deutet darauf hin, dass an der universitären Schreibkultur einiges verbesserungsfähig ist. Der vorliegende Beitrag beschäftigt sich mit den Voraussetzungen und Hintergründen der aktuellen universitären Schreibkultur. Er geht ihren Unzulänglichkeiten nach und zeigt Veränderungsmöglichkeiten auf. Dabei wird zunächst ein kurzer Überblick über die historischen Bedingungen gegeben, unter denen sich die Vermittlung akademischen Schreibens im deutschsprachigen Raum entwickelt hat. An eine Auseinandersetzung mit der Frage nach der Bedeutung, die dem Erwerb von Schreibkompetenzen in einer zeitgemäßen universitären Ausbildung zukommt, schließen sich Überlegungen dazu an, wie Lehrende besser dabei unterstützt werden können, ihre schreibdidaktischen Aufgaben im gestuften Studiensystem der Bologna-Universität zu erfüllen.

Von der frühen Seminarpädagogik zu Bologna

Universitäre Bildung vermittelt nicht nur Fachkenntnisse, sondern sie befähigt auch zur Teilnahme an akademischen und wissenschaftlichen Diskursen. Diese Diskurse unterliegen nicht nur fortwährend inhaltlichen Veränderungen, sondern sie entwickeln sich auch in ihrer Bindung an unterschiedliche mediale Formen. Wie Konrad Ehlich bemerkt, äußern sich die großen Umbrüche im Hochschulwesen stets auch in Umbrüchen der medialen Formen akademischer Kommunikation (vgl. Ehlich 2003, S. 17). Bis ins 17. Jahrhundert war der wissenschaftliche Diskurs in der universitären Lehre vor allem an das Medium der Mündlichkeit gebunden. Die wichtigste akademische Übungs- und Prüfungsform war die Disputation, eine nach strengen Regeln verlaufende Diskussion mit fester Rollenverteilung, bei der ein ‚Respondent‘ eine These gegen mehrere ‚Opponenten‘ zu verteidigen hatte (vgl. dazu und zum Folgenden Kruse 2005a, 2005b und Pohl 2009). Mit dem Triumph der exakten Wissenschaften verlor die ursprünglich aus der Theologie stammende Disputation im 17. Jahrhundert allmählich an Geltung. Gänzlich obsolet wurde sie schließlich, als sich im 18. Jahrhundert die Zeitschrift als wissenschaftliches Publikationsmedium etablierte. Gegen Ende des 18. Jahrhunderts passte sich auch der universitäre Unterricht den neuen medialen Bedingungen an: Das Schreiben wissenschaftlicher Arbeiten wurde zum Bestandteil der akademischen Ausbildung. Eingeführt wurde es gemeinsam mit der neuen Lehr- und Lernform des Seminars, die später den Dreh- und Angelpunkt der Humboldtschen Universitätsreform bildete. Als Seminare bezeichnete man im ausgehenden 18. Jahrhundert an Universitäten eingerichtete Eliteausbildungen, zu denen nur eine kleine Anzahl von exzellenten Studenten höherer Semester zugelassen wurde. Um die Teilnehmenden so gut wie möglich zu fördern, ersetzte man die sonst dominierende Form der Vorlesung, in der für gewöhnlich kanonisiertes Wissen vermittelt wurde, durch die gemeinschaftliche Erarbeitung neuer Wissens- und Erkenntnisgegenstände.[1] Die Studierenden wurden dazu aufgefordert, in selbständiger Auseinandersetzung mit Quellenmaterial eigene Forschungen durchzuführen, die sie in der Diskussion mit anderen entwickeln und in einer schriftlichen Arbeit festhalten sollten. Angeleitet wurden sie dabei von einem Professor, der eine Gruppe von Lernenden über eine längere Zeitspanne hinweg betreute und die Entstehung der Arbeiten begleitete. Diese zirkulierten zunächst als Rohfassungen unter den Seminarteilnehmern, wurden dann auf Grundlage der Rückmeldungen überarbeitet und schließlich offiziell im Seminar vorgestellt.

Dieses didaktisch überaus erfolgreiche Modell nahm Wilhelm von Humboldt in seine Universitätsreform auf und trug so zu seiner institutionellen Verbreitung bei. Die ursprünglich auf die Heranbildung von wissenschaftlichem und pädagogischem Nachwuchs abzielende Seminarpädagogik wurde dabei auch bald von der Eliteausbildung auf die universitäre Regellehre übertragen. In seinem Abriss zur Geschichte des akademi-

---

[1] Die Einführung der Seminarpädagogik markiert in diesem Sinne den Übergang von der enzyklopädisch orientierten Universität zur Forschungsuniversität. Nicht zufällig entstand das erste Seminar – das von Johann Mathias Gesner eingerichtete ‚Seminarium Philologicum‘ – 1737 an der neugegründeten Universität Göttingen, die aufgrund ihrer Ausstattung mit Sternwarte, Bibliothek und Werkstätten als erste Forschungsuniversität galt (vgl. Kruse 2005a, S. 172).

schen Schreibens bietet Otto Kruse eine Reihe von Belegen dafür, dass sich das Schreiben von Seminararbeiten im Laufe des 19. Jahrhunderts nicht nur als Grundelement der akademischen Ausbildung etablierte, sondern dass sich gleichzeitig auch die Vorstellung verfestigte, das Ziel universitärer Lehre habe in der Hinführung zum wissenschaftlichen Denken und Arbeiten zu bestehen (vgl. Kruse 2005b, S. 214ff.). Wie Kruse pointierend bemerkt, hat dieses „Lehrmodell 150 Jahre gut und unhinterfragt funktioniert" (Kruse 2005b, S. 217). Ohne der Gefahr zu erliegen, eine idealisierte Praxis in die Vergangenheit zu projizieren,[2] kann eines mit Sicherheit vorausgesetzt werden: Das Seminarmodell des 18. und 19. Jahrhunderts passte überaus gut zu den Lehr- und Lernbedingungen an einer Universität, an der jeweils nur ein sehr kleiner Prozentsatz eines Geburtenjahrgangs studierte. Deutliche Dysfunktionalitäten begann die Seminarpädagogik allerdings aufzuweisen, als sich in den 1970er und 1980er Jahren die Studierendenzahlen infolge der Bildungsoffensive um ein Vielfaches erhöhten. Da die finanzielle und personelle Ausstattung der Universitäten bei Weitem nicht immer mit der stetig wachsenden Anzahl der StudentInnen Schritt hielt, wurden in vielen Studiengängen Seminare und Proseminare mit 30 und mehr TeilnehmerInnen zur Regel. Unter diesen Bedingungen konnte das ursprünglich für ein Lernen in homogenen Kleingruppen entwickelte didaktische Konzept nicht mehr die gleiche didaktische Wirksamkeit entfalten. Nicht selten wurde aus der forschenden Erschließung eines selbstgewählten Erkenntnisgegenstands die schematische Bearbeitung eines vorgegebenen Themas, aus der kollegialen Diskussion das kurze (Gruppen-) Referat und aus der mehrfach gegengelesenen Seminararbeit der kommentarlos benotete Leistungsnachweis. Zwar gehen auch unter diesen Voraussetzungen die Lernchancen, die sich Studierenden mit dem Verfassen von Seminararbeiten bieten, nicht gänzlich verloren, sie werden aber kaum in vollem Ausmaß genutzt.

Mit den Entwicklungen der 1970er Jahre wurden auch die Arbeitsbedingungen der Lehrenden komplexer. Die Komplexitätszuwächse hingen vor allem mit dem Umstand zusammen, dass das sprunghafte Ansteigen der Studierendenzahlen die Spannung zwischen der Forschungs- und der Ausbildungsfunktion der Universität verschärfte. Die Notwendigkeit, einer stark vergrößerten, zunehmend heterogenen Studierendenpopulation eine solide akademische Berufsvorbildung zu bieten, stellte die Hinführung zum wissenschaftlichen Denken und Arbeiten als exklusives Leitziel akademischer Lehre in Frage. Darüber hinaus erforderte die fortschreitende Differenzierung der Fächer auch im Bereich der Forschung ein höheres Maß an Spezialisierung und Professionalisierung. Für WissenschaftlerInnen an Universitäten wurde es entsprechend schwieriger, die Anforderungen in Forschung und Lehre miteinander in Einklang zu bringen. In ihrer Eigenschaft als Lehrende oblag es ihnen, auf die Bildungsbedürfnisse einer zahlenmäßig stark gewachsenen StudentInnenschaft einzugehen, als Forschende waren sie gehalten, zu ihrem Wissenschaftszweig nicht nur mit erstklassigen eigenen Arbeiten beizutragen, sondern dessen Fortbestand auch durch die Heranbildung eines konkurrenzfähigen wissenschaftlichen Nachwuchses sicherzustellen. In einem 1991 erschienenen Beitrag zur Veränderung des Rollenverständnisses von HochschullehrerInnen wiesen Ludwig Huber und Andrea Frank bereits darauf hin, dass sich „ein Wandel vom akademischen Lehrer zum fachwis-

---

[2] Thorsten Pohl trägt etwa Beispiele für Unmutsäußerungen von Universitätslehrern aus dem 18. und 19. Jahrhundert zusammen, die sich unzufrieden mit studentischen Seminararbeiten zeigen. Er zitiert unter anderem den in Göttingen lehrenden Gottfried August Bürger, Autor der heute bekanntesten *Baron-Münchhausen*-Fassung, der 1787 darüber klagt, dass „oft von hundert Studenten an neunzig noch nicht grammatisch richtig schreiben" (Bürger zit. nach Pohl 2009, S. 175).

senschaftlichen Forscher, von diesem zum Betriebsdirektor [...] und darüber hinaus zum Forschungsmanager" (Huber/Frank 1991, S. 170) vollzogen habe. Zu konstatieren ist also eine das berufliche Profil tendenziell überfrachtende Ausdifferenzierung des Tätigkeitsfeldes und der Rollenaspekte von WissenschaftlerInnen. Überdies zeugen in den 1980ern erschienene Titel wie *Massenuniversität und Ausbildungsnotstand. Wie die Krise überwunden werden kann* (Turner 1984) und *Überleben an der Uni. Hochschuldidaktische Erfahrungen an der Massenuniversität* (Kramer 1986) vom Entstehen eines Spannungsfeldes, das sowohl geprägt war durch eine Pluralisierung der Ansichten über die gesellschaftliche Funktion der Hochschule als auch durch die Diskrepanz zwischen tradierten Lehr- und Lernformen und veränderten institutionellen Bedingungen.

Zwar haben sich die hier skizzierten Umstände mit der Bologna-Reform nicht grundsätzlich geändert, allerdings hat die letzte große Neuordnung des Hochschulwesens den Universitäten eine Reihe von neuen Zielen vorgegeben. Eine entscheidende und nicht unumstrittene Veränderung besteht etwa darin, dass der Humboldtschen Formel ‚Bildung durch Wissenschaft' der Leitbegriff der ‚employability', der Beschäftigungsfähigkeit von Studierenden, zur Seite gestellt wurde (vgl. Kruse 2006, S. 152f.). Mit dieser Festlegung sind die Universitäten dazu angehalten, ihre AbsolventInnen in wesentlich höherem Ausmaß als bisher auf den Arbeitsmarkt vorzubereiten. Dies soll weniger durch eine – derzeit noch den Fachhochschulen vorbehaltene – Sicherstellung von Berufsausbildung geschehen als durch die Fokussierung vielfach einsetzbarer Schlüsselkompetenzen und eine Stärkung des Bezugs zur außeruniversitären Praxis. Im Bereich der Lehre hat die Einführung der gestuften Studiengänge außerdem Differenzierungen mit sich gebracht, die die Anforderungen an Hochschullehrende in den verschiedenen universitären Lehr- und Lernkontexten wieder stärker an Umriss gewinnen lassen. Während das Bachelorstudium allgemeine und grundlegende Kenntnisse und Kompetenzen im jeweiligen Fach vermitteln soll, sollen Masterstudien eine vertiefende oder spezialisierende Ausbildung bieten, deren Ausrichtung entweder berufsbezogen oder forschungsorientiert sein kann. Auch im dritten Zyklus, dem Doktoratsstudium, kristallisiert sich eine Unterscheidung heraus zwischen Promotionen, die auf eine Forschungslaufbahn vorbereiten, und solchen, die eine Höherqualifizierung von Nicht-WissenschaftlerInnen zum Ziel haben. In den strukturierten Doktoratsprogrammen werden übrigens die Prinzipien und Praktiken der frühen Seminarpädagogik wieder verstärkt aufgegriffen: Graduiertenkollegs und Doktoratsschulen betonen den Stellenwert des gemeinsamen Diskutierens von Fragestellungen und Ergebnissen, sie fördern die bewusste Einübung wissenschaftlicher Kommunikationsformen, setzen auf Austausch unter den PromovendInnen sowie auf eine engmaschige Beratung und Unterstützung im Arbeitsprozess. Unabhängig davon, ob man die Bologna-Ziele gutheißt oder nicht, konfrontiert die Studienreform Lehrende mit Vorgaben für die Lehre (z.B. ‚employability', ‚Studierendenzentrierung', ‚shift from teaching to learning'), Verfahren der Studienorganisation (z.B. Modularisierung, Arbeit mit Qualifikationsprofilen und Lernzielen) und neuen Rollenangeboten (Lehrende als Coaches und LernbegleiterInnen), die Anlass zu Reflexion und Klärung sein können.

Funktionen und Aspekte des akademischen Schreibens nach Bologna

Bei all diesen teilweise sehr grundlegenden Modifikationen hat der Bologna-Prozess die Bedeutung des wissenschaftlichen Arbeitens und Schreibens im Studium unangetastet gelassen. In allen drei Studienzyklen sind schriftliche Abschlussarbeiten vorgesehen, Seminar- oder andere schriftliche Arbeiten sind in den meisten Studiengängen verpflichtend. Ganz offensichtlich hat sich die Überzeugung gehalten, dass wissenschaftliches Arbeiten und Schreiben geeignete Formen sind, um reflexive und kritische Fähigkeiten zu schulen. Auch nach der Bologna-Umstellung wird die Vermittlung solcher Fähigkeiten in besonderem Maße von den Universitäten erwartet. So ergibt eine 2005 vom österreichischen Wissenschaftsministerium in Auftrag gegebene Studie zu Trends der Hochschulbildung, dass der universitären Ausbildung zunehmend die Aufgabe zuwächst, AbsolventInnen in die Lage zu versetzen, innerhalb potentiell wachsender Komplexitäten in sozialverträglicher Weise zu entscheiden und zu handeln. Diese Fähigkeit bildet nicht nur die Voraussetzung für eine verantwortungsbewusste Bewältigung beruflicher Anforderungen, sondern sie ist auch die Grundlage für eine konstruktive Beteiligung an zivilgesellschaftlichen Belangen. Eine reine Fachausbildung, so sind die AutorInnen der Studie überzeugt, kann die Fähigkeiten und Kompetenzen nicht schulen, die für die Entwicklung eines sozial nachhaltigen Handlungsvermögens entscheidend sind. Dazu gehört es, Wesentliches von Unwesentlichem unterscheiden zu können, Ursache-Wirkungsbündel zu erkennen, Handlungsoptionen auszumachen, Handlungsfolgen abzuschätzen, Problemlösungsanordnungen zu organisieren und Prozesse zu steuern. Um eigene Entscheidungen im Hinblick auf ihre gesellschaftlichen Implikationen angemessen beurteilen und Handlungsfolgen realistisch beurteilen zu können, ist den AutorInnen zufolge eine Einübung in kritische Reflexion, in das Denken von Paradoxien, Dilemmata, Zielkonflikten, Alternativen und Optionen unerlässlich. Kurz, bei HochschulabsolventInnen werde „wissenschaftliche Urteilsfähigkeit [benötigt], d. h. die Befähigung komplexe Sachverhalte methodisch gleitet und kritisch zu analysieren und zu bewerten." (Levin/Pasternak [2005], S. 102).

Wie diese Ausführungen zeigen, wird der Einübung in wissenschaftliches Denken auch dann zentrale Bedeutung beigemessen, wenn die Perspektive nicht in erster Linie durch Forschungsorientierung oder ein neuhumanistisches Bildungsideal bestimmt ist, sondern pragmatisch-gesellschaftliche, ja ökonomische Überlegungen den Ausgangspunkt bilden. So wurde in den letzten Jahren verstärkt hervorgehoben, dass das akademische Schreiben nicht nur die wissenschaftliche Urteilsfähigkeit trainiert, sondern überdies zur im Bologna-Prozess geforderten Ausbildung von Schlüsselkompetenzen beiträgt (vgl. u.a. Ruhmann 2005, Macgilchrist/Girgensohn 2011). Bei der schriftlichen Bearbeitung wissenschaftlicher Fragestellungen müssen relevante Informationen und Positionen aus dem zur Verfügung stehenden Informationspool herausgefiltert werden, sie müssen in einem geeigneten methodischen Rahmen analysiert, miteinander verglichen und im Hinblick auf ihre Bedeutung im jeweiligen Forschungskontext bewertet werden. Es gilt, eigene Positionen zu entwickeln, ihre Signifikanz für die DiskursteilnehmerInnen zu antizipieren, sie schlüssig, situationsangemessen und adressatInnengerecht darzulegen. Unter praktischem Aspekt geht es beim akademischen Schreiben außerdem darum, eine Problem- bzw. Fragestellung so zuzuspitzen, dass sie in einem begrenzten (Zeit-)Rahmen sinnvoll bearbeitet werden kann; der Arbeitsprozess muss so gesteuert werden, dass das Schreibprojekt in der zur Verfügung stehenden Zeitspanne auf möglichst hohem Niveau zu Ende gebracht werden kann. Bedient man sich des gängigen terminologischen Rasters der Schlüssel-kompetenzforschung, lässt sich resümieren, dass beim wissenschaftlichen Schreiben Methodenkompetenzen wie Analysefähigkeit, vernetztes und abstraktes Denken, Lern- und Arbeitstechniken sowie Denken in Zusammenhängen zum Tragen kommen; unter den sozialen Kompetenzen sind es vor allem Kommunikationsfähigkeit und Empathie und im Hinblick auf die so genannten Personen- oder Selbstkompetenzen erweisen sich Selbständigkeit, Kreativität, Organisationsfähigkeit und Zeitmanagement als relevant.

Die genannten Befunde fußen in der Hauptsache auf den Ergebnissen der Schreibprozessforschung; diese fasst das wissenschaftliche Schreiben als einen vielschrittigen, komplexen Problemlösungsprozess. Trotz dieser theoretischen Einsicht hält sich vor allem im deutschsprachigen Raum noch vielfach die Auffassung, dass sich die Fähigkeit, wissenschaftlich zu arbeiten und zu schreiben, in der Auseinandersetzung mit Fachinhalten gleichsam nebenbei entwickelt. Folgt man Otto Kruse und Gabriela Ruhmann, kennzeichnet sich die akademische Schreibkultur in den deutschsprachigen Ländern sogar in besonderem Maße dadurch, „dass das Schreiben lange Zeit überhaupt nicht als steuerbares und lernbares Handlungssystem wahrgenommen wurde" (Kruse/Ruhmann 2006, S. 13). Unabweisbar ist jedenfalls die Tatsache, dass das wissenschaftliche Schreiben im universitären Unterricht gemeinhin nicht als eigenständiger Lehr- und Lerngegenstand behandelt wird. Schreibdidaktische Vermittlungsbemühungen beschränken sich meist auf Erläuterungen zu Aufbau und formaler Gestaltung wissenschaftlicher Texte sowie auf Einführungen in die jeweiligen fachspezifischen Zitierregeln. Zum Arbeits- und Schreibprozess selbst erhalten Studierende dagegen nur selten Hinweise. Diese Praxis wird oft mit dem Argument gestützt, dass Studierende die für das wissenschaftliche Schreiben erforderlichen Fertigkeiten bereits in der Sekundarstufe erworben haben müssten. Bei genauerer Betrachtung zeigt sich freilich, dass die in der Sekundarstufe dominierende Aufsatzdidaktik zusammen mit einer einmalig zu verfassenden Fachbereichs- oder vorwissenschaftlichen Arbeit nur sehr bedingt auf das Abfassen akademischer Texte vorbereiten kann. So erlernt noch heute die überwiegende Mehrzahl der StudentInnen im deutschsprachigen Raum das wissenschaftliche Schreiben im Trial-and-Error-Verfahren. Studierende erproben je nach Anzahl der vorgesehenen Seminare in verschiedenen Anläufen Textmuster und Arbeitsmethoden und eigenen sich dabei im Laufe ihres Studiums mehr oder weniger erfolgreich die Verfahren, Strategien und Schreibnormen an, die für das wissenschaftliche Schreiben in ihrer Disziplin relevant sind. Dieses Erfahrungslernen wird von Lehrenden oft nur in geringem Ausmaß durch Rückmeldungen unterstützt und verläuft daher vielfach wenig gesteuert und kaum effizient (vgl. dazu u.a. Dittmann und andere 2003, S. 163f.)

Die unproduktive Seite dieser weit verbreiteten Praxis ist durch die Umstellung auf das gestufte Studiensystem schärfer hervorgetreten: Studierende haben im sechssemestrigen Bachelor weit weniger Übungsmöglichkeiten als in den alten Diplomstudien; im viersemestrigen Master, den sie womöglich in einer Nachbardisziplin absolvieren, ist die Abschlussarbeit für gewöhnlich bereits im Laufe des dritten Semesters zu beginnen. Um die Schreibanforderungen im Bachelor- und Masterstudium erfolgreich und zeitgerecht zu bewältigen, müssen Studierende das akademische Schreiben also weitaus schneller und effektiver erlernen, als dies im Rahmen der Diplomstudien notwendig war. Dieser Sachverhalt trägt zur kontinuierlich wachsenden Nachfrage nach schreibdidaktischen Unterstützungsangeboten bei, wie sie in Form von Workshops, Kursen oder Einzelberatungen an vielen Universitäten von Schreibzentren oder Schreiblabors bereitgestellt werden. Diese häufig aus Drittmitteln finanzierten Einrichtungen haben sich im deutschsprachigen Raum seit den 1990er Jahren nach dem Vorbild der Writing Centers entwickelt, die an den US-amerikanischen Universitäten seit mehreren Jahrzehnten fest institutionalisiert sind. Die theoretische Basis ihrer schreibdidaktischen Arbeit bilden die Erkenntnisse der schon erwähnten Schreibprozessforschung, die in den 1970er Jahren ebenfalls von den USA ihren Ausgang nahm (für einen Überblick über prozessorientierte Ansätze in der Schreibforschung vgl. Hofer 2006, S. 78-112, für einen Abriss über zentrale Theorien der Schreibforschung insgesamt vgl. Gruber 2010). Aus schreibprozessorientierter Sicht ist das Abfassen eines Textes als ein kognitiver Problemlösungsprozess zu verstehen, bei dem mehrere Teilphasen durchlaufen und unterschiedliche Wissensformen eingesetzt werden. Die theoretische Aufschlüsselung des Schreibprozesses in Einzelaktivitäten wie das Sammeln und Aufarbeiten von Informationen, das Strukturieren und Bewerten von Gelesenem, das Entwickeln eines Argumentationsgangs, das Formulieren und Überarbeiten von Textversionen eröffnet zahlreiche Möglichkeiten für eine Schreibdidaktik, die nicht das Schreibprodukt sondern den Arbeitsprozess zu ihrem Ausgangspunkt nimmt. Der Leitgedanke der prozessorientierten Schreibdidaktik ist der, dass das Fokussieren einzelner Teilschritte weniger erfahrene Schreibende bei der Bewältigung der Schreibaufgabe entlastet und ihnen dabei hilft, ihren Schreibprozess zu strukturieren, konkrete Problemlösungsstrategien zu entwickeln und sich jeweils spezifische kommunikative und diskursbedingte Schreibanforderungen bewusst zu machen (vgl. u.a. Portmann-Tselikas 2005, S. 175; Kruse/Ruhmann 2006, S. 13-17).

Die Entwicklungen in den letzten zwanzig Jahren haben gezeigt, dass universitäre Schreibzentren mit ihrer Arbeit einen wertvollen Beitrag zur Verbesserung der akademischen Schreibkultur leisten. Indem sie Studierende dabei unterstützen, ihre Schreibprojekte besser und effizienter zu meistern, tragen sie nicht nur zu einer Professionalisierung des akademischen Schreibens bei, sondern auch zu einer Entlastung der Lehrenden. Sie nützen Universitäten außerdem dadurch, dass sie dabei helfen, negative Konsequenzen mangelnder studentischer Schreibkompetenzen – vor allem Studienzeitverzögerungen und Studienabbrüche – einzudämmen. Zum Angebot der meisten Schreibzentren gehört auch die schreibdidaktische Beratung Lehrender. Darunter fällt die Unterstützung bei der Konzeption und Durchführung von Einheiten zum wissenschaftlichen Schreiben, das Bereitstellen von Methoden, Übungen und Materialien, die Aufbereitung von Informationen zu schreibdidaktischen Formaten und Instrumenten, die Begleitung bei der Planung und Durchführung schreibintensiver Lehrveranstaltungen und die Unterstützung des kollegialen Austausches zu Schreibthemen. Dabei zeigen die bisherigen Erfahrungen, dass Lehrende, die mit den Grundlagen der prozessorientierten Schreibdidaktik vertraut sind, sich bei der Anleitung und Bewertung schriftlicher Arbeiten wesentlich leichter tun (vgl. Bräuer 2007). Sie können ihren Studierenden Anforderungen besser vermitteln und bekommen dadurch in der Regel bessere Arbeiten. Zudem bildet die schreibdidaktische Sensibilisierung von FachvertreterInnen die Voraussetzungen für die Entwicklung einer disziplinenspezifischen Schreibdidaktik, die mittelfristig ein wichtiges Instrument für die Nachwuchs- und Forschungsförderung darstellt. Universitäten profitieren also in mehrerlei Hinsicht davon, wenn sie Lehrende dabei unterstützen, ihre schreibdidaktische Kompetenz zu verbessern. Trotz der Bemühungen und zahlreicher Initiativen seitens der universitären Schreibzentren steht eine systematisierte schreibdidaktische Begleitung Lehrender im europäischen Hochschulraum noch am Anfang. Im Folgenden sollen daher zwei Projekte vorgestellt werden, die als Beispiele guter Praxis für die Förderung schreibdidaktischer Lehrkompetenz dienen können.

Zur Vermittlung schreibdidaktischer Lehrkompetenz an Hochschulen

In den Jahren 1997 bis 1999 wurde an der Universität Groningen ein Schreibprojekt durchgeführt, das eine systematische schreibdidaktische Unterstützung der Lehrenden der geisteswissenschaftlichen Fakultät zum Ziel hatte (vgl. dazu und zum Folgenden Kramer und andere 2003). Realisiert wurde das Projekt im Rahmen einer von der niederländischen Regierung finanzierten Initiative zur Förderung von Studierbarkeit und Studienqualität (*Kwaliteits- und Studeerbaarheidsprojecten*). Die Fakultät reagierte mit der Initiative auf eine Reihe von weitverbreiteten Unzulänglichkeiten bei der Vermittlung akademischer Schreibkompetenzen. Vor Projektbeginn war in Groningen wie an vielen anderen europäischen Universitäten eine explizite Vermittlung von Schreibkompetenzen unüblich und blieb auf die Eigeninitiative einzelner Lehrender und auf wenige schreibintensive Lehrveranstaltungen in den sprachlichen Fächern beschränkt. Lehrende empfanden die Qualität von Studierendenarbeiten häufig als mangelhaft, für Studierende waren Schwierigkeiten beim Verfassen wissenschaftlicher Arbeiten immer wieder Ursache von Verzögerungen im Studienfortschritt. Ähnlich wie im deutschsprachigen Raum blieben die Probleme lange dadurch verdeckt, dass es in den Niederlanden bis in die 1990er Jahre keine Begrenzung der Studiendauer gab. Studierende hatten daher die Möglichkeit, das akademische Schreiben über einen längeren Zeitraum durch Ausprobieren zu erlernen. Im Rahmen des Projekts wurden sowohl einheitliche Leistungsanforderungen und Beurteilungsstandards als auch ein Programm für die Vermittlung von Schreibkompetenzen entwickelt, das die 22 geisteswissenschaftlichen Institute in die Lage versetzte, ihre schreibdidaktischen Initiativen und Praktiken systematisch auszubauen, zu verbessern und im Anschluss an das Projekt selbständig weiterzuführen. Geleitet und umgesetzt wurde das Projekt von einem Team, dem neun Fakultätsmitglieder verschiedener Fachrichtungen angehörten. Gemeinsam erstellten sie ein flexibel handhabbares Online-Handbuch für Lehrende, das Methoden und Tools für die universitäre Schreibdidaktik, Unterrichtsmaterialen, Checklisten und Muster für schreibbezogene Arbeitsaufträge enthielt und von den einzelnen Instituten für ihre fachspezifischen Bedürfnisse adaptiert werden konnte. Darüber hinaus wurden Workshops und Treffen für Lehrende organisiert, die Raum schufen für den Erfahrungsaustausch und die Diskussion schreibdidaktischer Konzepte und Methoden. Das Groninger Projekt wurde zwar nicht quantitativ evaluiert, das Projektteam konnte aber nach Projektende sowohl eine veränderte schreibdidaktische Praxis in der geisteswissenschaftlichen Lehre als auch einen nachhaltigen Einstellungswandel zum Thema akademisches Schreiben feststellen. Dieser zeigte sich den InitiatorInnen zufolge besonders an dem hohen Stellenwert, der der universitären Schreibdidaktik in der Folge in Berichten und Strategiepapieren der Fakultät zugemessen wurde.

Als zweites Beispiel für eine lehrkompetenzorientierte Initiative im Bereich der akademischen Schreibdidaktik möchte ich abschließend die vom Schreiblabor der Universität Bielefeld seit 2004 regelmäßig durchgeführte Fortbildung „Forschen – Schreiben – Lehren" (vgl. Lahm/Haacke 2011) vorstellen. Im Rahmen dieser Fortbildung haben WissenschaftlerInnen in der Qualifikationsphase in fünf zweitägigen Präsenzphasen Gelegenheit, sich mit Konzepten und Methoden aus der prozessorientierten Schreibpädagogik vertraut zu machen und ihre schreibdidaktische Kompetenz auszubauen. Zusätzlich zur Beschäftigung mit universitärer Schreibdidaktik ermöglicht das von Swantje Lahm und Stefanie Haacke entwickelte Konzept den TeilnehmerInnen auch eine reflexive Auseinandersetzung mit ihrer eigenen Schreibpraxis. Den WissenschaftlerInnen wird das Workshopkonzept des Schreiblabors zum Schreiben von Studien- und Qualifikationsarbeiten vermittelt, sie lernen Übungs- und Anleitungstechniken kennen und erarbeiten schreibdidaktische Sequenzen für ihre eigene Fachlehre. Im Rahmen einer Praxisphase erproben die Teilnehmenden schließlich die erlernten und selbst entwickelten Konzepte in Schreibworkshops für Studierende.

Auf Wunsch von ehemaligen TeilnehmerInnen der Fortbildung „Forschen – Schreiben – Lehren" haben Haacke und Lahm außerdem einen monatlichen „Jour fixe für schreibintensive Lehre" eingerichtet (vgl. Lahm 2012). Er bietet schreibdidaktisch interessierten Lehrenden der Universität Bielefeld einen Rahmen, in dem sie sich über schreibbezogene Lehrkonzepte, Ideen und Fragen austauschen können. Zwar liegt der Fokus des Jour fixe auf der Lehre, doch haben die Teilnehmenden auch die Möglichkeit, eigene Schreibprojekte zu thematisieren, einander Rückmeldungen auf entstehende Texte zu geben und Forschungsarbeiten gegenzulesen. Das Zustandekommen dieses Jour fixe untermauert eine Beobachtung, die die beiden Veranstalterinnen sowohl bei ihrer eigenen Weiterbildung als auch bei Hospitationen in den USA immer wieder gemacht haben. Wie Swantje Lahm schreibt, erleben NachwuchswissenschaftlerInnen „Veranstaltungen, in denen das Schreiben als Vehikel fachlichen Lernens thematisiert und reflektiert wird, als gewinnbringend, und zwar sowohl hinsichtlich ihrer Qualifizierung für aktuelle und künftige Lehraufgaben wie auch für ihr eigenes Schreiben und Forschen" (Lahm 2010, S. 21). Demnach stellt sich bei der Auseinandersetzung mit der Vermittlung wissenschaftlichen Schreibens keineswegs der sonst oft geäußerte Eindruck ein, hochschuldidaktische Fortbildung gehe auf Kosten der Forschung oder zulasten der wissenschaftlichen Weiterentwicklung während der Qualifikationsphase. Ganz im Gegenteil scheinen sich hier Synergien zu ergeben, deren Bedeutung besonders im Hinblick auf die beruflichen Entwicklungsaufgaben des wissenschaftlichen Nachwuchses sehr hoch einzuschätzen sein dürfte. Führt man sich nämlich vor Augen, dass WissenschaftlerInnen bei Befragungen immer wieder über eine zunehmend große zeitliche Belastung klagen und von Schwierigkeiten berichten, den Anforderungen in Forschung und Lehre ohne Qualitätseinbußen gerecht zu werden (vgl. z.B. Enders/Teichler 1995, S. 45), haben Synergien zwischen den einzelnen Bereichen einen hohen Mehrwert für die Universität. Sie wirken gleichermaßen positiv auf die Qualität von Lehre und Forschung und tragen zudem dazu bei, die Berufszufriedenheit des wissenschaftlichen Personals zu erhöhen. Letzterer Aspekt ist vor allem insofern wesentlich, als die oben zitierte Erhebung von Enders und Teichler deutschen HochschullehrerInnen eine im Vergleich mit anderen Berufsgruppen relativ niedrige Berufszufriedenheit attestiert. Bei der Befragung gaben nur 64 Prozent der ProfessorInnen und lediglich 32 Prozent der Mittelbauangehörigen an, mit ihrer beruflichen Situation zufrieden zu sein (vgl. Enders/Teichler 1995, S. 88).

An das Bielefelder Beispiel lassen sich einige Beobachtungen anschließen, die vor allem das zuvor konstatierte Ineinandergreifen von hochschuldidaktischem und wissenschaftlichem Weiterentwicklungspotential betreffen, das schreibdidaktische Weiterbildung für junge ForscherInnen bereithält. Dabei ist vorauszuschicken, dass das Bielefelder Konzept auf der Annahme beruht, dass Lehrende akademische Schreibkompetenz erst dann nachhaltig vermitteln können, wenn sie ihre eigene Schreibpraxis reflektiert und sich ihre Lernprozesse und früheren Schwierigkeiten beim Schreiben vergegenwärtigt haben. Dieses Explizit-Machen eines in langjähriger Praxis erworbenen Erfahrungswissens erlaubt es Lehrenden, Schreibprobleme und Lernbedürfnisse von Studierenden besser zu verstehen und ihnen effektiver zu begegnen (vgl. dazu und zum Folgenden Haacke/Frank 2006,

S. 37ff.); es fällt ihnen leichter, studentische Arbeiten anzuleiten und Studierende bei ihren Schreibprozessen zu begleiten. Wenn Lehrende ihr praktisches Wissen mit Studierenden teilen, eröffnet sich zudem auch die Möglichkeit einer neuen dialogischen Lehr- und Lernkultur. Lehrende nehmen dann Studierenden gegenüber neben der Rolle von FachwissenschaftlerInnen auch stärker die Rolle von MentorInnen und LernbegleiterInnen ein. Wie es Stefanie Haacke und Andrea Frank ausdrücken, können Lehrende auf diese Weise „in die Kommunikation mit Studierenden eintreten als AgentInnen einer virtuosen Kompetenz des Lernens" (Haacke/Frank 2006, S. 42). Unter wissenschaftlichem Aspekt liegt die Entwicklungschance, die sich im Bielefelder Modell zeigt, in erster Linie darin, dass das Reflektieren der eigenen Schreibpraxis und der Austausch über Arbeitsweisen und Schreibstrategien den Blick auf Verbesserungsmöglichkeiten für das eigene Schreiben freigibt. Peer-Gespräche und gegenseitige Hilfestellungen können speziell auf jüngere WissenschaftlerInnen sehr motivierend wirken und eine positive Dynamik für ihre Arbeits- und Schreibprozesse erzeugen. Außerdem zeigen Erfahrungen bei der Arbeit mit Hochschullehrenden, dass diese oft Schwierigkeiten haben, wenn es darum geht, ihre Qualitäts- und Bewertungskriterien für wissenschaftliche Texte konkret anzugeben oder die Normen und Konventionen ihres Fachdiskurses explizit zu benennen (vgl. Kramer 2003, S. 190). Je mehr Klarheit Schreibende aber über solche implizit wirksamen Leitvorstellungen gewinnen, desto mehr empfinden sie ihre Schreibprozesse als steuerbar und desto geringer wird auch die Unsicherheit in Bezug auf Qualitätsanforderungen, die sich vor allem beim Schreiben von Qualifikationsarbeiten oft einstellt. Auch in dieser Hinsicht können die bewusste Auseinandersetzung mit wissenschaftlichen Textnormen der eigenen Disziplin und der Vergleich mit anderen Fachkulturen viel zur Weiterentwicklung und Verbesserung der eigenen Schreibpraxis beisteuern. Initiativen zur Förderung akademischer Schreibdidaktik liefern also auch im Hinblick auf Wissenschaft und Forschung Ansätze für eine Professionalisierung des Schreibens, die intuitive Zugänge sinnvoll ergänzen und Defizite von oft in hohem Maße individualisierten Arbeitsstilen ausgleichen.

Dass Lehrende der Uni Bielefeld einen „Jour fixe für schreibintensive Lehre" angeregt haben, dokumentiert aber noch einen weiteren positiven Aspekt schreibdidaktischer Weiterbildung. Stefanie Haacke und Andrea Frank beginnen einen „Vom Schweigen über das Schreiben" übertitelten Artikel von 2006 mit einer eher ungewöhnlichen Vorbemerkung: Sie weisen darauf hin, dass der Beitrag, der im Jahr 2002 geschrieben wurde, zum Zeitpunkt seines Erscheinens bereits „als ‚historisch' bezeichnet werden" müsse (Haacke/Frank 2006, S. 35). Während die AutorInnen nämlich 2002 noch die Frage umgetrieben habe, wie das Schweigen über das Schreiben an den deutschen Universitäten gebrochen werden könne, seien sie mittlerweile in der Lage zahlreiche Beispiele für Lehrende anzuführen, die schreibdidaktisches Engagement zeigten und die Vermittlung akademischer Schreibkompetenz zu ihrem Anliegen gemacht hätten (vgl. Haacke/Frank 2006, S. 35). Dass sich dieser Wandel – wie auch Frank und Haacke einräumen – einem Generationenwechsel in der ProfessorInnenschaft verdanken mag, macht ihn nicht weniger beachtenswert. Tatsächlich scheint das Schweigen über das Schreiben lange Jahrzehnte nicht nur auf der Lehre, sondern ganz allgemein auf der Universität gelastet zu haben. Eindrucksvolle Belege dafür finden sich in dem 1999 von Wolf-Dieter Narr und Joachim Stary herausgegebenen Band *Lust und Last des wissenschaftlichen Schreibens. Hochschullehrerinnen und Hochschullehrer geben Studierenden Tips.* Die Beiträge stammen zum Großteil von älteren, in den 1920er und 1930er Jahren geborenen WissenschaftlerInnen, die von den Herausgebern gebeten wurden, ihre Schreiberfahrung mit jüngeren KollegInnen und

Studierenden zu teilen. An den meist essayistisch gehaltenen Texten fällt auf, dass sie oft nicht nur ganz darauf verzichten, Tipps oder Ratschläge zu formulieren, sondern dass sie vielfach auch mit großer Offenheit von Leidensdruck und Schwierigkeiten beim Schreiben berichten. Es fallen Stichworte wie „Verlegenheit", „Mühsal", „Plage" „Pein", es ist die Rede von „qualvoller Selbstdisziplin" (von Hentig 1999, S. 19, S. 26), von „Angst", gar vom „Gefühl, sich auf ein Seil zu begeben und über einen Abgrund balancieren zu müssen" (Krippendorff 1999, S. 28); auch von „Verzweiflung" wird gesprochen und vom „Anlaß für Depressionen und Komplexe" (S. 33). Zuweilen wird etwas nüchterner von Problemen „nicht technischer, sondern emotionaler Art" (Kisker 1999, S. 45) berichtet, davon, dass es auch bei viel Erfahrung nur selten gelingt, „,flott' zu schreiben" (Goldschmidt 1999, S. 51) und dass „wissenschaftliche Texte große Mühe und viel Zeit" erfordern (S. 52). Während die Einsamkeit des Schreibens sehr häufig thematisiert wird, kommt der Austausch mit anderen nur als – beglückende – Ausnahmeerscheinung zur Sprache (vgl. Kisker 1999, S. 45; Goldschmid 1999 S. 50f.). Indessen fließen immer wieder Mutmaßungen über die Schreibpraxis anderer WissenschaftlerInnen ein. Diese zeugen nicht nur von einer weitgehenden Unkenntnis der Arbeitsweisen anderer, sondern sie verraten auch ein regelrechtes Bedürfnis danach, mehr über das Schreiben von KollegInnen zu erfahren. In einem Fall wird sogar explizit „Auskunft, vielleicht sogar bestätigende[r] Trost […] von anderen Beiträgen" des Bandes erwartet (Krippendorff 1999, S. 28). Über die Gründe für diese bis heute sehr verbreitete Kultur des Schweigens über das Schreiben kann hier nur spekuliert werden. Haacke und Frank etwa bringen sie in Anlehnung an Johan Galtung mit einer besonderen Haltung zu Fehlern in Verbindung, die vornehmlich die Wissenschaftskultur Frankreichs und Deutschlands charakterisiere. Anders als etwa im angloamerikanischen Kontext würden dort an Forschungsbeiträgen mit großer Ausschließlichkeit Fehler fokussiert und zum Anlass genommen, einen Beitrag in seiner Gesamtheit zu falsifizieren (vgl. Haacke/Frank 2006, S. 40). Angesichts der Berichte im Band von Narr und Stary ließen sich aber auch noch andere Hypothese bilden; beispielsweise die, dass die Anforderung, sich akademische Schreibkompetenz im Alleingang anzueignen und die Schreibsozialisation im Fach möglichst ohne Hilfe zu bewältigen, schlicht unter die Selektionsmechanismen des akademischen Feldes fällt. Wie es sich damit auch verhalten mag, es steht fest, dass die akademische Schreibkultur des deutschsprachigen Raums im Begriff ist, sich zu wandeln. Die Change Agents sind neben Graduiertenkollegs derzeit vor allem die universitären Schreibzentren, die einen systematisierten Erwerb von Schreibkompetenz an der Hochschule unterstützen, schreibdidaktische Lehrkompetenzen fördern und kollegialen Austausch zu Schreibthemen initiieren. Sie leisten damit einen wichtigen Beitrag zur Förderung einer offenen Wissenschaftskultur und einer bewussten Pflege des akademischen Schreibens, wie sie die frühe Seminarpädagogik bereits gekannt hat.

Bibliografie

Bräuer, Gerd (2007): Schreibdidaktische Beratung für Lehrende bei der Ausbildung von wissenschaftlich denkenden und handelnden Studierenden. In: Doleschal, Ursula/ Gruber, Helmut (Hg.): Wissenschaftliches Schreiben abseits des englischen „Mainstreams" Academic Writing in Languages other than English. Frankfurt am Main und andere: Lang. S. 179-192.

Dittmann, Jürgen und andere (2003): Schreibprobleme im Studium – Eine empirische Untersuchung. In: Ehlich, Konrad/ Steets, Angelika (Hg.): Wissenschaftlich schreiben – lehren und lernen. Berlin, New York: de Gruyter. S. 155-185.

Ehlich, Konrad (2003): Universitäre Textarten, universitäre Struktur. In: Ehlich, Konrad/ Steets, Angelika (Hg.): Wissenschaftlich schreiben – lehren und lernen. Berlin, New York: de Gruyter. S. 13-28.

Enders, Jürgen/ Teichler, Ulrich (1995): Berufsbild der Lehrenden und Forschenden an Hochschulen. Ergebnisse einer Befragung des wissenschaftlichen Personals an westdeutschen Hochschulen. Bonn: Bundesministerium für Bildung, Wissenschaft, Forschung und Technologie.

Goldschmidt, Dietrich (1999): Schreiben – mein Handwerk! Persönliche Erinnerungen. In: Narr, Wolf-Dieter/ Stary, Joachim (Hg.): Lust und Last des wissenschaftlichen Schreibens. Hochschullehrerinnen und Hochschullehrer geben Studierenden Tips. Frankfurt am Main: Suhrkamp. S. 49-53.

Gruber, Helmut (2010): Modelle des wissenschaftlichen Schreibens. Ein Überblick über zentrale Ansätze und Theorien. In: Saxalber, Annemarie/ Esterl, Ursula (Hg.): Schreibprozesse begleiten. Vom schulischen zum universitären Schreiben. Innsbruck, Wien Bozen: StudienVerlag. S. 17-39.

Haacke, Stefanie/ Frank, Andrea (2006): Typisch deutsch? Vom Schweigen über das Schreiben. In: Kissling, Walter/ Perko, Gudrun (Hg.): Wissenschaftliches Schreiben in der Hochschullehre. Reflexionen, Desiderate, Konzepte. Innsbruck, Wien Bozen: StudienVerlag. S. 35-44.

Hentig, Hartmut von (1999): Eine nicht lehrbare Kunst. In: Narr, Wolf-Dieter/ Stary, Joachim (Hg.): Lust und Last des wissenschaftlichen Schreibens. Hochschullehrerinnen und Hochschullehrer geben Studierenden Tips. Frankfurt am Main: Suhrkamp. S. 19-26.

Hofer, Christian (2006): Blicke auf das Schreiben. Schreibprozessorientiertes Lernen. Theorie und Praxis. Wien, Berlin: Lit Verlag.

Huber, Ludwig/ Frank, Andrea (1991): Bemerkungen zum Wandel des Rollenverständnisses von HochschullehrerInnen. In: Webler, Wolf-Dietrich/ Otto, Hans-Uwe (Hg.): Der Ort der Lehre in der Hochschule. Weinheim: Deutscher Studien-Verlag. S. 143-160.

Kisker, Klaus Peter (1999): Der notwendige Druck. In: Narr, Wolf-Dieter/ Stary, Joachim (Hg.): Lust und Last des wissenschaftlichen Schreibens. Hochschullehrerinnen und Hochschullehrer geben Studierenden Tips. Frankfurt am Main: Suhrkamp. S. 44-48.

Kramer, Femke und andere (2003): Creating a Basis for a Faculty-oriented Writing Programme. Approaches, Opportunities and Pitfalls in the Academic Writing Project in Groningen. In: Björk, Lennart und andere (Hg.): Teaching Academic Writing in European Higher Education. Dordrecht, Boston, London: Kluwer Academic Publishers. S. 185-194.

Kramer, Helmut (Hg.) (1986): Überleben an der Uni. Hochschuldidaktische Erfahrungen an der Massenuniversität. Wien: Verl. für Gesellschaftskritik.

Krippendorff, Ekkehart (1999): Schreiben – mit Papier und Kugelschreiber. In: Narr, Wolf-Dieter/ Stary, Joachim (Hg.): Lust und Last des wissenschaftlichen Schreibens. Hochschullehrerinnen und Hochschullehrer geben Studierenden Tips. Frankfurt am Main: Suhrkamp. S. 27-35.

Kruse, Otto (2005a): Zur Geschichte des wissenschaftlichen Schreibens. Teil 1: Entstehung der Seminarpädagogik vor und in der Humboldtschen Universitätsreform. In: Das Hochschulwesen. 2005/5. S. 170-174.

Kruse, Otto (2005b): Zur Geschichte des wissenschaftlichen Schreibens. Teil 2: Rolle des Schreibens und der Schreibdidaktik in der Seminarpädagogik seit der Humboldtschen Universitätsreform. In: Das Hochschulwesen. 2005/6. S. 214-218.

Kruse, Otto (2006): Was Hochschulen tun können, um wissenschaftliches Schreiben besser anzuleiten. In: Kruse, Otto und andere (Hg.): Prozessorientierte Schreibdidaktik. Schreibtraining für Schule, Studium und Beruf. Bern, Stuttgart, Wien: Haupt. S. 151-173.

Kruse, Otto/ Ruhmann, Gabriela (2006): Prozessorientierte Schreibdidaktik: Eine Einführung. In: Kruse, Otto und andere (Hg.): Prozessorientierte Schreibdidaktik. Schreibtraining für Schule, Studium und Beruf. Bern, Stuttgart, Wien: Haupt. S. 13-35.

Lahm, Swantje (2010): Lehrend in die Wissenschaft. Die Qualifizierung von Doktorand/innen für schreibintensive Lehre am John S. Knight Institute for Writing in the Disciplines, Cornell University, USA. In: Das Hochschulwesen. 2010/1. S. 21-26.

Lahm, Swantje (2012): „Ein Raum für uns". Der Jour fixe für schreibintensive Lehre. http://www.uni-bielefeld.de/Universitaet/Studium/SL_K5/slab/schreibenlehren/JourFix_Schreibintensive Lehre.html [25.04.2012].

Lahm, Swantje/ Haacke, Stefanie (2011): Die Fortbildung „Forschen – Schreiben – Lehren" für Doktorand/innen und Promovierte der Uni Bielefeld. http://www.uni-bielefeld.de/Universitaet/Studium/SL_K5/slab/schreibenlehren/Weiterbild_Schreibenlehr.html [25.04.2012]

Levin, Dirk/ Pasternak, Peer ([2005]): Künftige Trends in der Hochschulbildung. In: Pasternack, Peer und andere (Hg.): Die Trends der Hochschulbildung und ihre Konsequenzen. Wissenschaftlicher Bericht für das Bundesministerium für Bildung, Wissenschaft und Kultur der Republik Österreich. Wien: Bundesministerium für Bildung, Wissenschaft und Kultur. S. 101-135.

Macgilchrist, Felicitas/ Girgensohn, Katrin (2011): Humboldt meets Bologna. Developments and Debates in Institutional Writing Support in Germany. In: Canadian Journal for Studies in Discourse and Writing. Nr. 23.1. S. 1-19.

Narr, Wolf-Dieter/ Stary, Joachim (Hg.) (1999): Lust und Last des wissenschaftlichen Schreibens. Hochschullehrerinnen und Hochschullehrer geben Studierenden Tips. Frankfurt am Main: Suhrkamp.

Pohl, Thorsten (2009): Die studentische Hausarbeit. Rekonstruktion ihrer ideen- und institutionengeschichtlichen Entstehung. Heidelberg: Synchron.

Portmann-Tselikas, Paul R. (2005): Schreiben und Überarbeiten von Texten. In: Abraham, Ulf (Hg.): Schreibförderung und Schreiberziehung. Eine Einführung für Schule und Hochschule. Donauwörth: Auer, S. 174-186.

Pasternack, Peer und andere (Hg.) ([2005]): Die Trends der Hochschulbildung und ihre Konsequenzen. Wissenschaftlicher Bericht für das Bundesministerium für Bildung, Wissenschaft und Kultur der Republik Österreich. Wien: Bundesministerium für Bildung, Wissenschaft und Kultur.

Ruhmann, Gabriela (2005): Über einen ungehobenen Schatz der Hochschullehre. In: Welbers, Ulrich (Hg.): The Shift from Teaching to Learning. Bielefeld: Bertelsmann. S. 269-275.

Turner, George (1984): Massenuniversität und Ausbildungsnotstand. Wie die Krise überwunden werden kann. Frankfurt am Main: Fischer.

Andrea Bernhard

Transparency and Comparability within a Multidimensional Context
Strategies for improving the Quality of Academic Programmes

Abstract

Transparency in and comparability between higher education possibilities, especially in terms of individual academic programs, are important issues in today's employment environment. Employers are looking for the best employees, and students seek degrees that will be recognised both at home and in the international labour market. A growing competition between different types of higher education providers is now taking place, and all of them are eager to be among the leading academic institutions worldwide – either through benchmarking or high ranking. Such variety leads to a loss of trust in higher education on the one hand, and increased pressure in terms of accountability on the other hand. This article aims to investigate different strategies, local and international, which are aimed at providing high quality academic programs for students. To understand the environment of quality in teaching and learning within the higher education sector, emphasis is placed on higher education research in general, the impact of policy strategies, the teaching and learning environment and, of course, the quality of higher education from an international perspective. The focus is mainly on international aspects of assuring quality in academic programs with specific emphasis on the European context. The aim is not to compare countries but to make more clear the different initiatives in higher education around the world that aim to sustain and enhance the quality of academic programs. Based on these ideas, future strategies will be formulated that match the complexity of the higher education sector.

The main information gathering tools are a literature analysis on quality assurance in higher education (research papers, books, policy texts, internet platforms and surveys) and the author's former and current work with an Austrian quality assurance agency (Austrian Accreditation Council), a higher education institution (University of Graz) and the Austrian Rectors' Conference (Universities Austria). From these multifaceted perspectives, the author intends to provide insight into current international developments and offer future strategies for raising the quality of higher education programmes while at the same time supporting all participants in higher education (students, researchers, administrative staff), policy makers, quality assurance agencies, international organisations as well as society in general in assessing the quality of academic programmes and achieving more transparency while easing comparability in the highly diverse field of international higher education.

Starting Point

The entire higher education sector has had to adapt to fundamental and rapid changes and shifts; these are primarily linked to the integration of novel technologies, changing demands on the labour market and the ever increasing impact of globalisation. Relatedly, higher education is being confronted with constant change and increased diversity, and this situation has been the topic of intense debate at several conferences in the 1990s, e.g. "University of Tomorrow" and "University in the Twenty-First Century". The topics of these conferences included university autonomy, academic freedom, change and innovation (van Ginkel, 2003: 84). A main facet of these topics is the fact that universities are no longer the only institutions providing higher education. Now not only universities but the whole higher education sector has to cope with these numerous challenges and fundamental changes brought on by such factors as globalisation, ICT, socio-political transformations, lifelong learning and the growth of knowledge-based society overall. Higher education also gains "new opportunities by playing the key role in today's society" (Bernhard, 2012: 39).

This article deals with the impact of all these transformative processes on the quality of teaching and learning in the field of higher education, i.e. transparency in and comparability between academic programs. Before highlighting the multidimensional context of transparency and comparability, the theoretical framework on how research in higher education is done will be covered in the following section.

What about Research on Higher Education?

(…) higher education research is not a single community of practice but, rather, a series of, somewhat overlapping, communities of practice. We might seek to define these communities in terms of the topics they study, the method/ologies they use, the journals they publish in, their disciplinary backgrounds or some combination of these.

(Tight, 2004: 409)

For Malcolm Tight higher education research is an interdisciplinary field, as scientists with many different academic backgrounds and perspectives are involved (education, business, social science, economics, political science, law, history, etc.); concentration is thus on different aspects of higher education. To figure out an optimal starting point, and to understand the complexity of a project within this field of research, one always has to consider the interdisciplinary aspect of higher education research. With research in higher education being done for about a decade, the rather rudimentary research activities of educational scientists has been overshadowed by the huge number of works from economists and researchers in social and political sciences.

Within a synthesis report from the European Science Foundation "Forward Look on Higher Education in Europe Beyond 2010: Resolving Conflicting Social and Economic Expectations", written by a group of well-known researchers in the field of higher education in Europe, it is highlighted

that research on higher education can be characterised as a small field, as a theme-based and relatively fragmented field and as a field with an enormously varied institutional basis. These characteristics are seen both as risks and dangers as well as challenges and opportunities. (Brennan et al., 2008: 7)

This report highlights the situation in Europe, where only a small group of scientists carried out research on higher education before the 1970s. Until that time the main research topics on higher education focused on aspects of quantity and structures, knowledge, processes and people as well as institutions, organisations and visions (Teichler, 2005: 450f.).

Thus the landscape of European higher education research is much younger than that of the two frontrunners: the United States and Canada. As these countries have been much faster in creating mass higher education systems (see the often cited works of the well-known American scholar, Martin Trow, on the extensive growth or massification of higher education) they were eager to research higher education at an earlier time and established chairs and specific programmes as well as academic journals on higher education issues (Tight, 2007: 235). Europe as well as Australia, Asia and the Pacific Rim started their research into higher education much later (Sadlak/Altbach, 1997, cit. in Tight, 2007: 235).

Mala Singh, a professor of international higher education policy at the "Centre for Higher Education Research and Information" (CHERI) at the Open University in the United Kingdom, points out that "[i]n the last two decades, the scope and volume of higher education research has grown enormously" (Singh, 2010: 42). Nonetheless, it is not clear what direction it will take. Moreover, the theoretical as well as the methodological approaches are not comprehensively described; it is even an "a-theoretical community of practice" (Tight, 2004). Currently, especially the OECD, the Forum on Higher Education, Research and Knowledge of UNESCO as well as the World Bank, the European Commission, the European Science Foundation and the African Union's Harmonisation Strategy are responsible for "a number of global and regional developments relating to policy and research on higher education" (Singh, 2010: 43f.).

This article primarily focuses on comparative educational research in the context of different quality assurance strategies in the field of teaching and learning on the programme level rather than research and administration or the institutional level. This kind of research concentrates on the relationship between the development of education and globalisation in terms of an intercultural exchange between different nation-states as well as a supranational movement (Lenhardt, 2008: 1009). Today the international dimension, and even the super-national movement, is becoming a far-reaching challenge for higher education institutions. The increasing importance of internationalisation started within the last century, and the process is ongoing. In terms of comparative higher education, there are two classical works: Joseph Ben-David (1992), a knowledgeable sociologist from Israel, conducted a comprehensive study on the higher education systems of England, France, Germany and the United States as the dominant "centers of learning"; and Burton R. Clark (1983), an American professor of education, undertook a broad comparative analysis concerning the basic elements of higher education (knowledge, work, authority, integration, change, values and preferences) in the United States, the United Kingdom, Sweden, Japan, Italy and Germany and to some extent additionally in Poland, Mexico and Thailand.

In summary, scientists from various research areas have worked out different theories on what higher education systems and their underlying dynamics are. Empirical analyses of specific countries were made in order to develop certain theories, e.g. James Fairweather (2000) regarding the American higher education system and Peter Scott (2007) regarding the British higher education system. In contrast, Clark (1996), Huisman (2000) and Colding, and Meek (2006) concentrated more on processes of differentiation and diversity. Other researchers, for instance Gellert (1993), Teichler (1998, 2007a) and Scott (2007) are conducting analyses in a much broader way and trying to come up with explanations based on empirical studies. Furthermore, the author's doctoral thesis (Bernhard, 2012) took a step towards specifying four elementary concepts or theories of higher education: massification (e.g. Trow, 1974), diversification (e.g. Huismann, 1998; Colding/Meek, 2006), privatisation (e.g. Geiger, 1986) and internationalisation (e.g. Knight, 2007, Teichler, 2007b). All of these theories emphasise aspects of structural development rather than teaching, learning or research directly.

The next section will go more into more depth regarding how the transformation processes mentioned above have an impact on transparency and comparability within higher education, i.e. between higher education programmes.

Transparency and Comparability within a Multidimensional Context

The need for transparency and comparability with such intensive diversity in the types of academic programs as well as institutions is one of the leading reasons for the many ongoing discussions about quality assurance in higher education. The author has already undertaken a comprehensive study of the history, the definition and the transformative moment of quality assurance, including different important key elements (e.g. accountability, accreditation, assessment, auditing, evaluation), the implementation of a quality assurance system including critical evaluations as well as the international dimension of quality assurance (i.e. international networks, the European setting). Several limitations on the theoretical, methodological and comparative part of research in quality assurance that call for further research into how the complex field of quality assurance can affect higher education have been determined (Bernhard, 2012). Nonetheless, the primary lack within research on quality assurance is the missing definition of quality in higher education (D'Andrea, 2007: 210). Thus, this article is to be a further step in overcoming these limitations and so creates a more comprehensive picture of higher education that covers the academic disciplines of evaluation research and quality management.

In his keynote speech at the 3rd European Quality Assurance Forum in November 2008 in Budapest, the well-known professor of higher education policy (i.e. quality issues, employment and student feedback), Lee Harvey, referred to a need to "democratise quality" in order to promote a more enhancement-led approach instead of top-down approaches to accountability:

> So "democratising quality" is in part of a plea for a more democratic approach to quality assurance, to one that prioritises and enables substantive and specific, bottom-up improvement rather than autocratic generic accountability, control or compliance monitoring. However, it is more than a concern with quality assurance procedures as such, it is about what the outcome of those procedures might be and "democratising quality" is shorthand for a desire for an empowering and enhancing transformative quality higher education that underpins the fundamental elements of democracy (Harvey, 2009: 9).

This plea for a more democratic definition of quality assurance strongly emphasises the quality of teaching and learning within these continuous transformation processes in higher education. The leading transformation process is, of course, the increased access of students to higher education possibilities on the one hand and the establishment of numerous higher education providers on the other hand. This expansion process is seen as a shift from higher education for the elite towards mass higher education, and more recently towards universal or open access education (Trow, 1974). These are rather "ideal types" (Brennan, 2004: 22) and are not always sequential phases as they can coexist as well as moving away from mass higher education back towards elite higher education (Trow, 2006: 263f.). As by-products of this massification process within higher education, there are trends towards diversification, privatisation and internationalisation that are apparent in higher education systems all over the world (Bernhard, 2012: 29ff.).

Governments especially, and also the higher education institutions themselves, are eager to sustain and improve the quality of their educational offers within these rapid transformational processes. Cambell and Rozsnyai (2002: 15f.) name several challenges higher education is confronted with in their publication of a joint UNESCO/CEPES – European Commission project:

- quality higher education within a massified system
- increased access of students with constant or declining (public) funding
- increased demand for accountability due to deregulation and increased autonomy
- employability of graduates
- increased and improved information about higher education for a variety of stakeholders
- social and political issues (access, inclusion and equity)

This complexity within higher education increasingly requires quality assurance procedures to sustain and raise the transparency and comparability of higher education. Throughout the world the establishment of quality assurance systems operating mainly at the national level are visible. The following citation sums up the essence and core statement of the author's study on quality assurance: "A (…) quality assurance system should be able to guarantee transparency and control of academic programmes" and should ensure that the "diplomas and degrees of students are generally accepted." (Bernhard, 2012: 43)

Students are facing a plethora of different kinds of higher education providers and differently designed academic programmes and therefore a need for transparency tools is beyond debate. Furthermore, the quality of teaching and learning has to be assured and maintained; this can be achieved through continuous assessment and evaluation of academic programmes. Especially in the last three decades, quality assurance in higher education has increased in importance and became "a central objective of governmental policies and an important steering mechanism in higher education systems worldwide" (Van Damme, 2002: 6). Promoters of this development have mainly been operating on the international level – the UNESCO, the World Bank, the OECD and later on also the European Union. Although higher education requires external and internal quality assurance procedures through audits, peer review, evaluations, benchmarking, etc., this massified and increasingly diversified sector has difficulties maintaining high quality and standards (Brennan, 2004: 22). Hence, more multidimensional quality criteria are needed that include all the different interest groups (academics, students, employers) instead of narrowly defined criteria.

All over the world there are different local approaches aimed at assuring the quality of teaching and learning through internal and external procedures (e.g. accreditation, evaluations, quality audits). Some countries have created a single national agency that is responsible for quality assurance (e.g. Finland, UK) while others have several agencies with different responsibilities (e.g. Germany, Austria, U.S.); this shows the variety in political and cultural settings of the respective countries. New quality assurance approaches are at the forefront of discussions including different types of stakeholders: governments (especially the incumbent Ministries of Education), higher education institutions, quality assurance agencies, certifying bodies, students, employees, industry as well as the society as a whole. In summary, the quality of teaching and learning is a leading issue in higher education policies throughout the world and there is an extensive amount of scientific literature, surveys and international initiatives. In particular the OECD and the European Union are initiating serious pushes in this area of research. The next chapter will primarily focus on the European context and provide more clarity regarding the ongoing reforms within the member states of the European Union.

Initiatives at the European Agenda

Within Europe, the need for more visibility, transparency and comparability of quality in higher education is tightly linked to the "Bologna Declaration of the European Union Ministers of Education in June 1999" (European Ministers Responsible for Higher Education, 1999). The so-called "Bologna Process" created a completely new situation and can be seen as starting point for many transformations throughout Europe. One of the main goals of the Bologna Declaration was to create an international legal framework for recognition in the "European Higher Education Area" (EHEA) to promote European co-operation in quality assurance, stressing the necessary links between quality assurance and recognition and the need for closer cooperation between the different stakeholders in these two fields at the institutional, national and European levels. Through this process, national policies have been influenced and there have been efforts to establish a structure for quality assurance and accreditation at the European level (Eaton, 2005: 3). The developments within the Bologna Process are described in six Trend reports (1999, 2001, 2003, 2005, 2007, 2010). This year "The European Higher Education Area in 2012: Bologna Process Implementation Report" has been published as an integrated report including national and international statistics and questionnaires and covers the whole EHEA (EACEA, 2012). Instead of a description and analysis of the comprehensive Bologna Process, Figure 1 below from the Trend V Report (Crosier et al., 2007: 60) summarises the various influential variables that have an impact on higher education institutions and their programmes.

Next to quality the term "Curriculum/Learning Outcomes" is explicitly mentioned which emphasises the importance of the outcome orientation within the curricula development of academic programs. Nonetheless, learning outcomes are not only important within the EHEA but also for the output-orientation of teaching and learning at the international level:

> The outcome-based approach has been increasingly adopted within credit frameworks (...) and by national quality and qualifications authorities such as the QAA [Quality Assurance Agency for Higher Education] in the UK, the Australian, New Zealand and South African Qualification Authorities (Gosling/Moon, 2001: 7).

Figure 1: The Bologna Process

Source: Crosier et al., 2007: 60

This orientation toward outcomes is increasingly important for the labour market (employability) and more flexible concerning issues as "lifelong learning, non-traditional learning, and other forms of non-formal educational experience" (Purser, 2003: 26). But how are learning outcomes defined? The ECTS Users' Guide provides detailed information about learning outcomes within Europe and suggests the following short definition of learning outcomes: "(…) what a learner is expected to know, understand and be able to do after successful completion of a process of learning. They relate to level descriptors in national and European qualification frameworks." (European Commission, 2009: 11)

In this regard, learning outcomes are an essential part reflecting transparency and comparability within higher education systems and qualifications – and consequently are of increased importance for sustaining and improving the quality of academic programs. Learning outcomes also represent the shift from a traditional "teacher-centred approach" towards a "student-centred approach" – which is mostly defined as an outcome-oriented approach (Kennedy et al., 2006: 3). The emphasis of learning is on the student which is reflected in a strong relationship between teaching-learning assessment and a fundamental link between the design, transfer, evaluation and measurement of curricula (ebd.: 20).

Furthermore, the creation of a EHEA is tightly linked to the establishment of a common qualification framework to make different national qualifications more understandable among the European member states: the "European Qualification Framework" (EQF). In addition to the EQF, all countries are to develop their own "National Qualification Framework" (NQF) based on these learning outcomes in order to gain more transparency and comparability. While some countries have already implemented their own NQFs and published their reports to connect their NQF to the EQF (starting in this order: Ireland, Malta, United Kingdom, France, The Netherlands), other countries are currently on their way to finishing their reports (e.g. Germany, Austria) (European Commission, 2011).

The following chapter deals with some general elaborations on the different perspectives of quality assurance related to teaching and learning.

Academic Programmes under Review

> Are you genuinely seeking improvement to the quality of service to students and the quality of working life for staff or are you simply 'feeding the beast'? You know, there's somebody up there wants this data, whether it's internal or external, and once that information is available, that's it.
>
> (Interviewee in Newton, 2000: 155)

Within an in-depth study, Jethro Newton (2000) published a pointed article on "Feeding the Beast or Improving Quality?: academics' perceptions of quality assurance and quality monitoring". The above mentioned comment from an academic staff member points out the rather negative attitude towards quality assurance procedures. Despite such critiques, mainly coming from academics, quality assurance in higher education is an important issue for today's employment environment. Employers are looking for the best staff, and students want to have recognised degrees for the local job market, and increasingly also for the international labour market. A growing competition between different types of higher education providers is taking place (e.g. universities and colleges, virtual universities, industrial alliances). All of these institutions are eager to be among the leading academic institutions worldwide (via benchmarking, rankings, etc.). Hence, students face a highly complex choice between higher education programmes which have different curricula and different grading systems and are provided by different kinds of higher education institutions. What is the level of quality of all the available programmes? How can you assess this? What are the differences between expensive programmes and those offered free of charge? Such variety and complexity leads to a loss of trust in higher education on the one hand and increased demand for accountability procedures on the other hand.

Throughout the world higher education institutions apply different kind of quality assurance procedures. Peer review of teaching in higher education is very common in the English-speaking areas (U.S., Australia, England) and is different to the German method which deals more with the organisational evaluation of teaching. In this regard, peer reviews usually operate on the individual level and not on an organisational level or on a part of an organisation. Peer review in teaching means that teachers are assessing and evaluating the teaching ability of their colleagues (Gutknecht-Gmeiner, 2006: 47).

Heiner Rindermann, a researcher on higher education evaluations, states that the evaluation of academic programmes has a cognitive function (in terms of description and assessment) as well as positive practical consequences (Rindermann, 2003: 401). Through the evaluation of courses, the quality of teaching can be improved, the acceptance of teaching can be increased and consequently students can gain a more comprehensive as well as deeper and more practically applicable knowledge. Nonetheless the outcome of research on teaching evaluation shows that the quality of teaching will not automatically be improved through evaluation as beneficial contextual characteristics as well as arrangements that support the giving of feedback and include the guidance and training of teachers is needed. Thus possibilities and challenges for the relationship between scientific methods and practice at higher education institutions should be discussed more intensively in the future (ebd.).

Based on the information concerning research in higher education, aspects of transparency and comparability, in particular within the European context, as well as a brief look at the assessment of academic programmes and the future of high quality programmes will be at the centre of the final concluding section of this article.

Future Strategies for Improvement

One of the main challenges in increasing the impact of quality assurance procedures in higher education and consequently actually improving the quality of academic programmes and increasing the transparency and comparability at the national and the international level is the following: the missing link between the micro and macro level, the "teaching/learning processes" with the "national/state higher education policies" (D'Andrea, 2007: 209). Without a concrete roadmap to combine these two levels, the outcome of quality reviews of academic programmes will stand in isolation and will never reach the policy level or result in the initiation of possible changes aiming for improvement.

Next I will point out some future strategies for improving the quality of academic programmes, distinguishing between broader factors as well as giving insight into teaching and learning. The gap between the micro and macro level is the leading approach to naming some general strategies rather than focusing on specific details regarding how quality assurance procedures per se can be improved.

- **Quality assurance system.** Derived from the author's case study and comparative analysis of the ongoing trends within quality assurance systems of six countries, four recommendations for creating a functioning quality assurance system have been formulated (Bernhard, 2012: 258f.):
    1. Balance between "over-diversification" and "over-homogenisation" within a quality assurance system (Teichler, 2007a)
    2. Increased comparability and transparency through innovative transparency tools
    3. More orientation towards the perspectives of different stakeholders
    4. Support of the international dimension of quality assurance

These recommendations and guidelines show that a quality assurance system is highly complex and inherits far-reaching challenges within our higher education community. Nonetheless, quality assurance procedures are mostly perceived of as being a huge burden (i.e. excessive bureaucracy) for academics as well as students which lack follow-up measurements or visible change of problematic parts of an academic program. Within this context, an increased need for trust building between the different stakeholders in higher education is needed – academic staff, students, policy makers, quality assurance agencies, labour markets – so that out of these procedures academic programmes can indeed enhance their quality and also increase the transparency and comparability of different kinds of programmes within an international higher education "market".

- **EQR – NQR.** The development of these frameworks and the referencing between the national and the European layer will be an essential step towards increased transparency and comparability for all the different stakeholders within the EHEA. The implementation of the NQR is primarily the responsibility of the respective national government – they need to both promote and support this development. Nonetheless, an NQR without including a basic agreement which includes all important stakeholders will stand in isolation and will consequently not have an impact on the quality of the national (as well as the European) higher education system.

- **Learning outcome orientation.** The implementation of an outcome-focused approach within curricula development is very challenging for higher education institutions and implies a comprehensive paradigm shift. If an institution follows this path and moves its institutional strategy towards the aim of learning outcomes, it can "develop a "Zone of Mutual Trust", which could be the European Higher Education Area, which is transparent and aims for recognition and mobility without any significant barriers." (Gehmlich, 2009: 131)

- **Reputation of teaching.** Teaching is mostly seen as less important than research in the field of higher education. The quality of academic programmes can thus be improved in order to increase the reputation of teaching. This demands a cultural shift within the academic community. Cultural changes can be accelerated through catalysts, for example teaching awards (Pasternack, 2010: 34). Awards for research already have a long history but teaching awards have been developed only recently and could act as a motivating factor for the academic staff and also increase the resources to effectively solve lacks in such areas as teacher-student ratios and adequate equipment.

These aspects offer a selection of possible strategies for achieving high quality higher education. Different strategies or attempts at reforms are already to some extent in the works, but further observation and intensive discussion within the higher education community is needed. As national higher education systems not only face challenges at home but also international developments, no one can simply follow a "stand-alone strategy" without recognising these trends and trying to "play the game". Without increasing the transparency and comparability within individual national systems and also in the international higher education area, higher education systems are sure to be confronted with reduced international cooperation and ability to attract (international) students due to a loss of trust.

Bibliography

Ben-David, J. (1992): Centers of learning: Britain, France, Germany, United States. 2nd edition. New Brunswick/London: Transaction Publishers.

Bernhard, Andrea (2012): Quality Assurance in an International Higher Education Area. A Case Study Approach and Comparative Analysis. Wiesbaden: VS Verlag für Sozialwissenschaften.

Brennan, John (2004): The Social Role of the Contemporary University: Contradictions, Boundaries and Change. In: Ten Years On: Changing Education in a Changing World, CHERI. Milton Keynes: OU Press. pp. 22-26. http://www.open.ac.uk/cheri/documents/ten-years-on.pdf [28.04.2012].

Brennan, J. et al. (2008): Higher Education Looking Forward: An Agenda for Future Research. Strasbourg: ESF (European Science Foundation).

Campbell, Carolyn/ Rozsnyai, Christina (2002): Quality Assurance and the Development of Course Programmes. Papers on Higher Education Regional University Network on Governance and Management of Higher Education in South East Europe. Bucharest: UNESCO.

Clark, R. Burton (1983): The Higher Education System. Academic organization in cross-national perspective. Berkeley: University Press of California.

Clark, Burton (1996): Diversification of Higher Education: Viability and Change. In: Meek, V.L. et al. (eds.): The Mockers and Mocked: Comparative Perspectives on Differentiation, Convergence and Diversity in Higher Education. Oxford: Pergamon. pp. 16-25.

Colding, Andrew/ Meek, Lynn V. (2006): Twelve Propositions on Diversity in Higher Education. In: Higher Education Management and Policy. Vol. 18. No. 3. pp. 31-54.

Crosier, David/ Purser, Lewis/ Smidt, Hanne (2007): Trends V: Universities shaping the European Higher Education Area. An EUA Report. Brüssel. http://www.eua.be/fileadmin/user_up load/files/Publications/EUA_Trends_V_for_web.pdf [28.04.2012].

D'Andrea, Vaneeta-Marie (2007): Improving teaching and learning in higher education: can learning theory add value to quality reviews? In: Westerheijden, Don F. et al. (eds.): Quality Assurance in Higher Education. Trends in Regulation, Translation and Transformation. Dortrecht: Springer. pp. 209-223.

EACEA (Education, Audiovisual and Culture Executive Agency) (2012): The European Higher Education Area in 2012: Bologna Process Implementation Report. Brussels. http://eacea. ec.europa.eu/education/eurydice/documents/thematic_reports/138EN.pdf [28.04.2012].

Eaton, Judith S. (2005): Quality and an International Higher Education Space. In: International Higher Education. No. 40. pp. 3-4.

European Commission (2009): ECTS Users' Guide. Luxembourg: Office for Official Publication of the European Communities. http://ec.europa.eu/education/lifelong-learning-policy/doc/ ects/guide_en.pdf [28.04.2012].

European Commission (2011): European Qualifications Framework. About EQF. http:// ec.europa.eu/eqf/about_en.htm [28.04.2012].

Fairweather, James (2000): Diversification or homogenization: How markets and government combine to shape American higher education. In: Higher Education Policy. Vol. 13, No. 1. pp. 79-98.

Gehmlich, Volker (2009): Learning Outcomes – A Successful Approach? In: Schrittesser, Ilse (ed.): University goes Bologna: Trends in der Hochschullehre. Entwicklungen, Herausforderungen, Erfahrungen. Wien: Facultas. pp. 122-133.

Geiger, Roger (1986): Private Sectors in Higher Education. Structure, Function, and Change in Eight Countries. Ann Arbor: The University of Michigan Press.

Gellert, Claudis (ed.) (1993): Higher education in Europe. London: Jessica Kingsley Publishers.

Ginkel, van Hans (2003): The University of the Twenty-First Century: From Blueprint to Reality. In: Higher Education in Europe. Vol. XXVII. No. 1. pp. 83-85.

Gosling, David/ Moon, Jenny (2001): How to use Learning Outcomes and Assessment Criteria. 3rd edition. London: SEEC Office.

Gutknecht-Gmeiner, Maria (2006): Externe Evaluierung durch Peer Review. Vergleichende Analyse gängiger Verfahren, Neudefinition von Peer Review sowie Einsatzmöglichkeiten für Qualitätssicherung und Qualitätsentwicklung in der beruflichen Erstausbildung. Doctoral thesis at the University of Klagenfurt.

Harvey, Lee (2009): Democratising quality. In: Bolleart, Lucien (ed.): Trends in Quality Assurance. A Selection of Papers from the 3rd European Quality Assurance Forum. Brussels: European University Association. pp. 5-9.

Huisman, Jeroen (1998): Differentiation and diversity in higher education: A theoretical and empirical analysis. In: Smart, C. (ed.): Handbook of Theory and Research. Vol. 13. New York: Agathon Press. pp. 75-110.

Huisman, Jeroen (2000): Higher education institutions: as different as chalk and cheese? In: Higher Education Policy, Vol. 13. pp. 41-53.

Kennedy, Declan/ Hyland, Áine/ Ryan, Norma (2006): Writing and Using Learning Outcomes: a Practical Guide. In: EUA Bologna Handbook – Making Bologna Work. Implementing Bologna in your institution. Berlin: Raabe Verlag. C 3.4-1

Knight, Jane (2007): Internationalization: A Decade of Changes and Challenges. In: International Higher Education, No. 50. pp. 6-7.

Lenhardt, Gero (2008): Vergleichende Bildungsforschung – Bildung, Nationalstaat und Weltgesellschaft. In: Helsper, Werner/ Böhme, Jeanette (eds.): Handbuch der Schulforschung. 2nd edition. Wiesbaden: VS Verlag für Sozialwissenschaften. pp. 1009-1028.

Newton, Jethro (2000): Feeding the Beast or Improving Quality? Academics' perceptions of quality assurance and quality monitoring. In: Quality in Higher Education. Vol. 6. No. 2. pp. 153-163.

Pasternack, Peer (2010): Hochschulqualität und Lehrpreise. In: Tremp, Peter (ed.): „Ausgezeichnete Lehre"! Lehrpreise an Universitäten. Erörterungen – Konzepte – Vergabepraxis. Münster/New York/München/Berlin: Waxmann. pp. 27-38.

Purser, Lewis (2003): Report on Council of Europe Seminar on Recognition Issues in the Bologna Process, Lisbon, April 2002. In: Bergan, Sjur (ed.): Recognition Issues in the Bologna Process. Strassburg: Council of Europe Publishing. pp. 23-30.

Rindermann, Heiner (2003): Methodik und Anwendung der Lehrveranstaltungsevaluation für die Qualitätsentwicklung an Hochschulen. In: Sozialwissenschaften und Berufspraxis (SuB). Vol. 26. No. 4. pp. 401-413.

Scott, Peter (2007): Back to the Future? The Evolution of Higher Education Systems. In: Kehm, Barbara (ed.): Looking Back to Look Forward: Analyses of Higher Education after the Turn of the Millennium. Kassel: INCHER. pp. 13-27. (Werkstattberichte. Vol. 67)

Singh, Mala (2010): Higher education research: global themes and local settings. In: CHERI (Centre for Higher Education Research and Information) (2010): Higher education and society: a research report. London: CHERI. pp. 42-49. http://www.open.ac.uk/cheri/documents/HigherEducationandSociety.pdf [28.04.2012].

Teichler, Ulrich (1998): Massification: A Challenge for Institutions of Higher Education. In: Tertiary Education and Management. Vol. 4. No. I. pp. 17-27.

Teichler, Ulrich (2005): Research on Higher Education in Europe. In: European Journal of Education, Vol. 40. No. 4. pp. 447-469.

Teichler, Ulrich (2007a): Higher education systems. Conceptual frameworks, comparative perspectives, empirical findings. Rotterdam: Sense Publishers.

Teichler, Ulrich (2007b): Die Internationalisierung der Hochschulen. Neue Herausforderungen und Strategien. Frankfurt/New York: Campus Verlag.

Tight, Malcolm (2004): Research into higher education: An a-theoretical community of practice? In: Higher Education Research and Development. Vol. 23. No. 4. pp. 395-411.

Tight, Malcolm (2007): Bridging the Divide: A comparative analysis of articles in higher education journals published inside and outside North America. In: Higher Education. Vol. 53. pp. 235-253.

Trow, Martin (1974): Problems in the Transition from Elite to Mass Higher Education. In: Policies for Higher Education, the General Report on the Conference on Future Structures of Post-Secondary Education. Paris: OECD. pp. 55-101. (Reprinted by the Carnegie Commission on Higher Education in Berkeley, California, 1973)

Trow, Martin (2006): Reflections on the Transition from Elite to Mass to Universal Access: Forms and Phases of Higher Education in Modern Societies since WWII. In: Forest, James F./ Altbach, Philip (eds.): International Handbook of Higher Education. Dortrecht: Springer. pp. 243-280.

Van Damme, D. (2002): Trends and Models in International Quality Assurance and Accreditation in Higher Education in Relation to Trade in Education Services. Paper presented at the OECD/US Forum on Trade in Educational Services, 23-24 May 2002. http://www.unizg.hr/fileadmin/upravljanjekvalitetom/pdf/docsmjernice/oecd_trends_and_models.pdf [28.04.2012].

Werner Lenz

Akademisches Lehren – Akademisches Lernen

Widersprüche

Die Universität in Österreich ist ein widersprüchlicher Ort. Sie hat ein hohes Image, über den Zugang ihrer Studierenden bestimmen jedoch extern erworbene Voraussetzungen. Die Universität soll international hochwertige Leistungen in der Forschung erbringen, zugleich aber auch eine Lehre, die den Bedarf der Studierenden und ihrer AbnehmerInnen am Arbeitsmarkt erfüllt. Gefordert werden seitens des Staates erhöhte AbsolventInnenquoten, eine entsprechende Aufstockung des Personals erfolgt aber nicht. Wissenschaftlicher Nachwuchs soll unterstützt und gefördert werden, gleichzeitig werden den jungen WissenschaftlerInnen anstrengende Lehrleistungen – bei prekären, kurzfristigen Anstellungsverhältnissen – abverlangt. Alle Studierenden haben ein Recht auf forschungsbasierte Lehre und auf ausreichendes Lehrangebot, sodass keine ungewollte Verzögerung des Studiums eintritt, aber die Thematisierung dieser Widersprüche und ihrer Konsequenzen – vor allem in Hinsicht auf wissenschaftlichen Nachwuchs und generelle universitäre Qualität – erhält wenig Aufmerksamkeit.

Österreichische Universitäten sind Großorganisationen geworden. Eine Industrialisierung von Wissenschaft hat weltweit stattgefunden. Sie drückt sich, was die Lehre betrifft, in der Akademisierung von weiteren Berufsfeldern und im wachsenden Interesse am Erreichen universitärer Abschlüsse und Zertifikate aus. Während die Forschung, ob man das nun richtig findet oder nicht, sei in diesem Zusammenhang dahingestellt, neue Organisationsmodelle vorgeschrieben bekommt und sich auferlegt (z.B. Konzentration auf wenige Schwerpunkte), lastet die Lehre letztlich auf individuell Lehrenden. Meines Erachtens fehlt in der Epoche des Lebenslangen Lernens ein Anstoß, die Lehre an Universitäten gemäß dem zur Verfügung stehenden Personal und den finanziellen Mitteln regional und national neu zu planen. Die Großorganisation Universität leistet sich, so ist mein Eindruck, auf Kosten des wissenschaftlichen und studentischen Nachwuchses ein Verharren in antiquierten Organisationsformen. Die von mir registrierten Widersprüche und die daraus entstehenden Irritationen versuche ich in diesem Beitrag darzulegen.

Hilflos

Über akademisches Lehren und studentisches Lernen zu schreiben, lässt mich zögern. Seit Jahren sind es dieselben Bilder, mit denen die mediale Berichterstattung diese Art des Lehrens und Lernens der Öffentlichkeit vermittelt: überfüllte Hörsäle mit jungen Menschen, die sich in Bänken und auf Stufen drängen. Selbst bei mir haben sich diese Bilder einer überfüllten Universität festgesetzt. Bei meinen Kolleginnen und Kollegen in Österreich und Deutschland ist es seit Jahren selbstverständlich geworden über zu viele Studierende zu klagen, über den damit verbundenen hohen Aufwand an Betreuung, den ProfessorInnen zu leisten haben, und den dadurch entstehenden Verlust an kostbarer Zeit, der sie hindert Forschungen zu erbringen, die die Welt retten oder die Forschenden ins internationale Rampenlicht stellen. Ich habe den Eindruck, gegen diese Bilder der Überfüllung kommen die Worte und Erklärungen nicht an, die anderes schildern wollen. Sie könnten von den vielen Seminaren berichten, bei denen es eine Höchstgrenze von etwa 20–30 Studierenden gibt und alle Interessierten einen Studienplatz bekommen oder von Instituten und Studiengängen, die insgesamt nicht mehr Studierende haben, als woanders in einem Seminar zugelassen werden.

Offensichtlich gefallen sich Universitäten und ihre etablierten Angehörigen in der Rolle von Opfern. Sie schildern die Studierenden wie eine Heuschreckenplage, die über sie herfällt, ihre Arbeitsfelder kahl frisst und ihre Energien verbraucht. Seht her, flüstern die HochschullehrerInnen entkräftet, wir würden gern mehr tun, aber so können wir doch nicht! Erklärend möchte ich hinzufügen, dass ProfessorInnen an Universitäten eine Lehrleistung von 8–12 Wochenstunden erbringen – maximal 30 Wochen im Jahr (dieses hat 52!). Schon zwei Stunden Lehre mehr pro Semester (freiwillig oder niedrig honoriert) wären ein wertschätzender und entlastender Beitrag für den universitären Lehrbetrieb! (Vgl. Lenz 2012, S. 123ff.).

Splitter

Gegen die Bilder, die wir aus den Massenmedien kennen, überfüllte Hörsäle und junge Menschen, die in Bänken und auf Stufen kauern, möchte ich von einem Erlebnis berichten. Was ich Anfang Februar 2012 in einem Gasthaus in Graz gehört habe: Wirtin zu drei älteren Damen: „Sie können den großen Tisch nehmen, die Studenten kommen heute nicht." „Sie kommen heute nicht?" „Nein, im Februar haben sie Ferien!" „Schon wieder, waren nicht gerade Weihnachtsferien?" Ich mische mich nicht ins Gespräch ein und zelebriere bei einem Mittagessen meine vorlesungsfreie Zeit. Ferien habe ich als Hochschullehrer leider keine. Kauend denke ich vor mich hin: Der große Tisch wird dieses Jahr noch öfters ohne StudentInnen bleiben. Auf den vorlesungsfreien Februar folgt zwar ein heißer März – vier Wochen Hochschullehre, unterbrochen von einer Woche Konferenz im Ausland, dann aber gibt es erneut drei Wochen vorlesungsfreie Zeit – Ostern. Es folgen Mai und Juni, wobei Pfingsten, andere Feiertage und ein Rektorstag frei von Lehre sind. Der Juli leitet die dreimonatige Sommerpause ein. Anfang Oktober bis Mitte Dezember ergibt sich wieder intensive Gelegenheit zu Lehre, unterbrochen nur von einigen Feiertagen. Dann aber folgt die Weihnachtsruhe etwa drei Wochen bis ins neue Jahr – drei Wochen Lehre im Jänner und die Ferialzeit beginnt wieder von vorne ab Februar: siehe oben!

Man könnte meinen, diese Unterbrechungen geben Zeit zum Selbststudium, zum Lesen, zum Studieren. Man könnte auch meinen, Lehre geschieht an der Universität beiläufig, füllt Lücken, achtet nicht auf Kontinuität, überlässt die Studierenden einem Terminroulette, das Gleichgültigkeit gegenüber Lerninteressen oder Lernbedarf signalisiert. Die Organisation Universität vermittelt den Eindruck, dass sie der Lehre und den Studierenden keine hohe Achtung zollt. Richtig! Im Wertespektrum gelten die AdressantInnen der Lehre als Randerscheinung, wenn nicht als Störung. Dies begründet sich in den widersprüchlichen Erwartungen, die die Universität erfüllen soll.

Soziale Lernprozesse

Neben der Aufgabe des wissenschaftlichen Forschens erfüllt die Universität auch soziale Aufgaben. Dazu gehört die Vermittlung von Erkenntnissen. Diese hat eine berufsvorbereitende Funktion. Sie sozialisiert die Studierenden auf akademischem Niveau, bereitet sie wohl mehr nebenbei, also durch informelles Lernen, als mit planvoller Absicht auf künftige berufliche (Führungs-)Aufgaben vor. Auf alle Fälle werden Studierende sozialen und individuellen Lernprozessen ausgesetzt. Zu letzteren gehört, dass sie sich trotz Beratung und vorgegebener Curricula in einem hohen Grad selbst organisieren – sowohl was den Ablauf des Studiums als auch was die Themen und Inhalte betrifft.

Gerade bei diesen hängt es von der jeweiligen Motivation und von der Bereitschaft der Studierenden ab Zeit und Energie aufzubringen, ob sie das vorgegebene Wissen lernen und hinterfragen, ob sie es aus eigener Initiative erweitern und in Beziehung setzen oder ob sie mit minimalem Aufwand die erforderlichen Prüfungen hinter sich bringen.

Die Universität ist mit der Zunahme an Studierenden ein Ort intensivierter Berufsvorbildung geworden. Die Akademisierung von Berufen, die stärkere Nutzung wissenschaftlicher Erkenntnisse im Arbeitsleben und die Bevorzugung akademischer – oder zumindest teilweise studierter – AbgängerInnen der Hohen Schulen auf dem Arbeitsmarkt halten Studien hoch im Kurs. Mit dieser veränderten Rolle wollen sich zumindest die österreichischen Universitäten ungern identifizieren. Das Etikett Forschung prangt weiterhin mächtig im Selbstverständnis.

Für die Aufgabe der Lehre scheinen sich die Universitäten zu schämen. Es klingt auch innerhalb der Universitäten nach Imageverlust viele Studierende in den Veranstaltungen zu haben, auch wenn sie kompetent betreut und fachkundig sowie emotional engagiert bis zum Studienabschluss begleitet werden. Die stete Forderung von Politik und Wirtschaft, die Zahl der AbsolventInnen oder der berufstätigen Studierenden zu erhöhen brandet zwar an die Gestade der Universitäten. Derartige Ansinnen versickern aber zu Füßen der Verantwortlichen innerhalb der Universität, die ihren Blick in den Forschungshimmel richten und sich nicht davon beeinflussen lassen, dass der überwiegende Teil der Studierenden an der Universität etwas lernen will, um es in einer sinnvollen beruflichen Tätigkeit umzusetzen. Studierende und AbsolventInnen transferieren somit wissenschaftliche Erkenntnisse in die Gesellschaft. Diese wichtige Brückenfunktion wird seitens der Universität zu wenig geschätzt, beachtet und berücksichtigt. Der Zusammenhang zwischen Wissenschaft und Gesellschaft wird zwar verbal gut geheißen aber nur wenig realisiert.

Berufsfelder entgrenzen sich

Die Anforderungen an die beiden Kernaufgaben der Universität, Forschung und Lehre, haben sich verändert. Seit kurzem werden interdisziplinäre Orientierung und ein Beitrag zum lebenslangen Lernen erwartet. Beides rückt die Universität stärker in ihre soziale Verpflichtung, sich mit gesellschaftlichen Problemstellungen zu beschäftigen. Interdisziplinarität ergibt sich aus der Komplexität von gesellschaftlichen Problemlagen, die nicht von Einzeldisziplinen bewältigt werden können. Außerdem verändern sich die Berufsfelder und die Arbeitswelt. Sie „entgrenzen" sich, indem zusätzliche Funktionen wie z.B. Marketing, Verkauf, Beratung, Leadership, interkulturelles Verständnis oder innovative Problemlösungen bedeutsam werden (vgl. Lenz 2010). Durch die zunehmende Akademisierung der Berufswelt wird es notwendig, am jeweiligen Arbeitsplatz mit AbsolventInnen anderer Fachrichtungen zusammenzuarbeiten. Schließlich erfordern der intensivierte Praxisbezug und der Wunsch, anwendbare, verwertbare wissenschaftliche Erkenntnisse zu produzieren, eine transdisziplinäre Vorgangsweise.

Interprofessionelle Kompetenzen

Lebenslanges Lernen ist eine Notwendigkeit geworden. Der Wandel in der Arbeitswelt, bedingt durch Globalisierung, Europäisierung, Konsumverhalten und demographische Änderungen, erfordert ständiges Weiterlernen für Beruf und Lebenswelt. Interdisziplinarität selbst kann als Beispiel für ein Lernprojekt gesehen werden, aber genauso ist es die Globalisierung, durch die wir Mitglieder einer Weltgesellschaft werden.

Das Konzept des Lebenslangen Lernens ist in Österreich in Form der „LLL – Strategie 2020" (vgl. Lenz 2012, S. 143ff.) seit Juli 2011 politisch akzeptiert. In Verbindung mit dem Bologna-Abkommen baut es auf Lerngelegenheiten, die einer modularen Denkweise entsprechen. Von HochschulabsolventInnen werden Profile mit übergreifenden Fähigkeiten und allgemeinen Kompetenzen erwartet. Nicht was man studiert, sondern dass man ein Studium absolviert hat, wird honoriert. Zunehmend gewünscht ist eine „interprofessionelle Kompetenz", der wohl Kenntnisse in Einzelwissenschaften zugrunde liegen, die aber über traditionelles Fachwissen hinausgehen.

Bildung als kritisches Potential

Das europäische – und in Folge auch das österreichische – Konzept des lebenslangen Lernens will allen Interessierten im Laufe der Lebensspanne den Wiedereinstieg in Lern- und Bildungsprozesse ermöglichen. Dies ist eine Folge der Ökonomisierung aller Lebensbereiche, wodurch Bildung als Mittel für den Erwerb brauchbarer Qualifikationen und Kompetenzen angesehen wird. Es verweist aber auch auf das kulturelle Potential von Bildung für autonomes Urteil, planvolles Entscheiden und solidarisches Handeln.

Die Dominanz ökonomischer Interessen und Werte drängt zwar Bildung als emanzipatorisches Potential immer mehr zurück. Doch gerade an Universitäten ist kritische Substanz vorhanden, die sich besonders gegen finanzielle Sparmaßnahmen, z.B. Studiengebühren, und organisatorische Restriktionen, z.B. Aufnahme- und Ausleseverfahren, zu Wort meldet. Ein kritisches Potential, das sich bei den Studierenden in Form eigenständigen Denkens, selbständigen Urteilens, selbstbestimmten Lernens oder innovativer Problemsicht äußert. Bei der Betrachtung der universitären Realität entsteht der Eindruck, dass es widersprüchlich bleibt, was sich die Verantwortlichen der Universität, die Lehrenden oder Studierenden wirklich wünschen: die ganze Bandbreite von anpassender bis zu eigenständiger Haltung ist in den genannten Gruppen zu bemerken.

Interdisziplinäre Zukunft

Das Studium an der Universität bekommt stärkeren berufsvorbildenden Charakter – auch wenn das noch ungern zur Kenntnis genommen wird. Nur sehr wenige AbsolventInnen können an der Universität als wissenschaftlicher Nachwuchs bleiben und dies meist auch nur mit kurzfristigen Verträgen und unsicheren Aussichten auf eine dauerhafte, gesicherte wissenschaftliche Laufbahn. Für den Großteil der Studierenden bedeutet das Studium die Ausstattung, um auf dem Arbeitsmarkt Fuß zu fassen und um an der Gesellschaft passiv und gestaltend teilzuhaben.

Zugleich unterliegen die Universitäten dem internationalen und – vermittelt durch ministerielle Vorgaben – dem gesellschaftlichen Druck ihre Forschung in größeren Schwerpunkten als bisher neu zu positionieren. Neue interdisziplinäre Kooperationen in Lehre und Forschung beginnen sich organisatorisch zu etablieren. Dies ist z.B. der Fall beim Interdisziplinären Master-Lehrgang „Angewandte Ernährungsmedizin" ab März 2011, bei dem die Medizinische Universität Graz und die steirische Fachhochschule Joanneum zusammenarbeiten. Ein anderes Beispiel bietet die seit drei Jahren bestehende Fakultät für Umwelt-, Regional- und Bildungswissenschaft (http:/www.uni-graz.at/urbi), an der z.B. das interdisziplinäre Studium „Systemwissenschaft" organisatorisch angesiedelt ist. Es zeigt sich außerdem bei den Angeboten wissenschaftlicher Weiterbildung, wo innovative Studiengänge neues interdisziplinäres Wissen vermitteln.

Auf Skepsis und Zweifel nicht vergessen
Für AbsolventInnen ist es ein Vorteil, wenn sie auf eine wenig vorhersagbare Arbeitswelt, auf eine „offene Zukunft" vorbereitet werden. Der Trend zu fachlichen und sozialen Kompetenzen, zu einer Universität als Institution der Kompetenzvermittlung, soll aber nicht auf eine wichtige soziale Funktion der Hohen Schule vergessen lassen: Wissen zu produzieren sowie Erkenntnisse und Argumente kritisch zu beurteilen. Was in Ansehung der vor sich gehenden Ökonomisierung aller Lebensbereiche Bildung, im Sinne einer kritischen Instanz, hochhält, ist das Erlernen und Betreiben von Wissenschaft unter den Aspekten von Skepsis und Zweifel. Der Naturwissenschaftler und langjährige Wissenschaftsmanager Herbert Markl sieht das bildende Moment von Forschung darin, dass sie lehrt begründet zu zweifeln: „Forschung bildet, indem sie anstelle von Vorurteil und bloßer Mutmaßung nachweisliche Belege verlangt und dadurch unbegründeter Wissensanmaßung widerspricht. Gebildet ist dann nicht, wer besonders viel weiß, sondern wer einsieht, wie wenig wir letzten Endes mit guten Gründen wissen können – was allerdings einerseits sehr viel, andererseits wirklich nicht neu ist!" (Markl 2009, S. 154).

Von Mode 1 zu Mode 2

Der Wandel, der sich in den letzten Jahren in der Wissenschaft abzeichnet, bleibt nicht ohne Auswirkungen auf die wissenschaftliche Lehre. Doch welche Veränderungen gehen im Sektor Wissenschaft vor sich? WissenschaftsforscherInnen (vgl. Novotny u.a. 2001) haben dies unter der Bezeichnung „Mode 2" zusammengefasst. „Mode 1" beschreibt die traditionelle Form wissenschaftlicher Produktion, die akademisch von den Forschenden initiiert ist – Forschungsthemen werden in diesem Modell meist als offene Fragen der wissenschaftlichen Disziplin bezeichnet. Die Diskussion und Problemsicht in der wissenschaftlichen Disziplin ist die tonangebende Richtung für weitere Forschung. Die WissenschafterInnen bleiben disziplinär getrennt unter sich. Außerdem erhalten von den selbstreferentiellen WissenschafterInnen nur diejenigen wissenschaftliche Erkenntnisse Anerkennung, die mittels eines von ihnen akzeptierten methodischen Sets produziert wurden. Alles verbleibt somit innerhalb einer Disziplin – nicht zuletzt die Grundzüge der Lehre und die Rekrutierung junger NachwuchswissenschaftlerInnen. Diese könnten erfolgreich werden, wenn sie sich den Vorgaben anpassen – ebenso den Maßstäben für die Beurteilung von Qualität, die allenfalls in Feindschaften zwischen den Schulen innerhalb einer Disziplin für Widerspruch sorgte.

„Mode 2" beschreibt neuere Tendenzen in der Entwicklung von Wissenschaft, die die Verbindung zur Gesellschaft und die Bewältigung komplexerer Problemstellungen, also Trans- und Interdisziplinarität betreffen. „Mode 2" kennzeichnet aber auch den politischen Wunsch nach intensiverer Steuerung der Forschung und damit einhergehend nach effektiveren und nutzbaren Ergebnissen durch, meist ökonomisch interessierte, AbnehmerInnen. Davon bleibt die Lehre nicht unberührt. Selbststeuerung und Selbstverantwortung sind gewünscht – allerdings im Rahmen vorgegebener Erfolgserwartungen einer von ökonomischen Werten dominierten Gesellschaft.

Umweg Universität

Mit der Beschreibung des Wandels von „Mode 1" zu „Mode 2" befinden wir uns in der aktuellen Diskussion über Sinn und Aufgabe von Universitäten – somit auch über die Rolle von Studium und aktueller Lehre. Ich möchte die Gelegenheit nutzen, als Zeitzeuge einen individuellen Blick auf meine eigenen Erinnerungen, die den Wandel von Wissenschaft und ihrer Lehre in den letzten fünf Jahrzehnten umfassen, zu werfen.

Meine ersten Erfahrungen ein Studium aufzunehmen liegen genau fünfzig Jahre zurück. Im Juni 1962 maturierte ich. Als erstes Mitglied in der Geschichte unserer Familie hatte ich ein Gymnasium besucht, durchlaufen und absolviert. Klare Vorstellungen, was ich mit der Matura anfangen sollte, waren weder in meinem Elternhaus noch bei mir vorhanden. Elterlicher Ansporn für mein Lernen konnte in der oft gehörten Bemerkung, „der Bub soll es einmal besser haben als wir", zusammengefasst werden. Ein Motiv, das ich später, als ich Bildungswege anderer erkundete und analysierte, immer wieder antraf: Lernen, um etwas davon zu haben. Menschen, die materiell nur bescheiden abgesichert sind, denken dabei an höheres Einkommen, Menschen mit guter materieller Ausstattung wollen ihren Status erhalten und verbessern – sie können es sich aber auch leisten über das Materielle hinaus an bildende Aspekte eines Studiums zu denken.

Von der Zielsetzung „Bildung durch Wissenschaft" habe ich erst viel später gehört. Zunächst war mein Studium auch, wie bei vielen meiner KommilitonInnen, ein Weg zu einem Beruf, in meinem Fall, zu einer möglichen Laufbahn als Lehrer an einer höheren Schule. Studieren stellte sich allerdings als ein erneuter Umweg heraus. Die meisten meiner gleichaltrigen Mitschüler (es gab noch keine Koedukation) traten unmittelbar nach der Matura in die Berufswelt ein: Bank, Post, Bahn, Feuerwehr, Polizei, Industrie … Mein Umweg betraf das geregelte Einkommen. Hatte ich vor einigen Jahren bei meinen Freunden in der Hauptschule bemerkt, wie sie nach dem Schulabschluss mit Beginn einer Lehre Kinobesuche, Abende im Kaffeehaus und dann auch ein Moped finanzieren konnten, so war für mich als gelegentlich jobbenden Studenten an Auto, Wohnung, Familiengründung nicht zu denken. Ein Zimmer als Untermieter, Taschenbücher und viel geistige Nahrung standen am Programm. Das Ziel, es einmal „besser zu haben", rückte in die Ferne: zumindest materiell kam ich ihm nicht näher. Hatte ich es „besser", weil ich relativ selbstbestimmt meine Lebens- und Lesezeit einteilen konnte, mich materiell aber ständig einschränken musste?

Freies Studium

Das Studium war von Unsicherheit begleitet. Mit einer Mischung aus Staunen, Stolz, Ehrfurcht, Befangenheit, Neugier und Lernfreude besuchte ich Vorlesungen und Proseminare in den Fächern Geschichte und Geographie. Im Auditorium Maximum der Universität Wien lauschte ich dozierenden Philosophen und Psychologen. Ich registrierte StudentInnen, die in den Lehrveranstaltungen Zeitungen oder Bücher lasen, sich unterhielten oder mitdiskutierten. Ich erlebte eine fremde Welt, mehr abweisend als einladend, die mich gar nicht wahrnahm. Verrauchte Imbissstuben gaben mir Raum für Kommunikation, wo ich mich mit Gleichgesinnten wieder aufrichtete, nachdem wir uns vor dem Atem der Wissenschaft in den Hörsälen tief gebückt hatten.

Aus heutiger Sicht meine ich Wissenschaft als ein soziales System erlebt zu haben, das sich weder um die Herkunft der Hörerinnen und Hörer, so bezeichnete die Universität ihre StudentInnen, noch um deren Zukunft viele Gedanken machte. Lehre war ein Außenposten des geschlossenen Systems Wissenschaft. Die Freiheit der Studierenden bestand darin sich selbst zu organisieren. Herauszufinden, welche Prüfungen wichtig waren, um im Studium voranzukommen, oder mit welchem Thema bei welchem Professor (Professorinnen waren Ausnahmeerscheinungen) eine Abschlussarbeit zu schreiben war. Schon der Gang zu einem Assistenten war schweißtreibend, einem Professor mich zu nähern vermied ich lieber.

Was hat sich bis heute geändert? Die Zahl der Studierenden, nicht aber die der Lehrenden, hat sich seit damals etwa verfünffacht. Beratung durch Studierende, AssistentInnen und ProfessorInnen ist selbstverständlich. Curricula regeln den Ablauf des Studiums. Die Studienwege zu den Abschlüssen sind genau markiert. Wurde die Freiheit des Studierens der Sicherheit eines Studienplans geopfert? Wurde das ungeregelte Studium durch eine verlässliche Ordnung des Studienverlaufs abgelöst? Solche auf eindeutige Gegensätze zielenden Fragen können nicht einfach mit „ja" oder „nein" beantwortet werden. Sie beleuchten die Bandbreite der Diskussion – freies oder angeleitetes Studium.

Meines Erachtens ist die ausführliche curriculare Absicherung und Leitung des Studiums auch eine Antwort auf ein Bedürfnis nach Sicherheit und Qualität. Sowohl die Leistungen von HochschullehrerInnen als auch die der Studierenden unterliegen damit einer gewissen Kontrolle. Nicht zuletzt bringt die größere Zahl der Studierenden die Notwendigkeit mit sich rechtlichen Schutz und sachliche Sicherheit für Lehrende und Lernende zu schaffen.

Gehorsame Haltung

Was kommt auf Studierende zu, die sich heute als Lernende in ein universitäres Seminar begeben? Ich erlaube mir eine schematische Sicht, wobei es meines Wissens bemerkenswerte Ausnahmen gibt. Großteils setzen sich die StudentInnen zu Beginn eines Semesters unbelastet von der Thematik in die Veranstaltung und treffen auf eine Lehrende oder einen Lehrenden, die oder der inhaltlich gut vorbereitet über thematischen Einblick und über die Macht der Literaturliste verfügt. Diese ist Vorgabe, die von den Studierenden in einzelnen Sitzungen zu referieren und abzuarbeiten ist. Zudem wird noch eine schriftliche, in wissenschaftlichem Stil verfasste Arbeit verlangt. Die Beurteilung liegt bei der LeiterIn der Lehrveranstaltung. Die Struktur der Lehre ist monokratisch. Thema, Inhalte, Durchführung, Beurteilung liegen in der Hand einer Person. Die Studierenden agieren abhängig, indem sie sich den Vorgaben unterwerfen. Sie gewöhnen sich dabei an eine gehorsame Haltung, die sich in Fragen wie z.B.: „Frau Professor/Herr Professor, wie wollen Sie, dass das Thema behandelt wird? Wie viele Seiten soll/muss die Seminararbeit umfassen? Genügt es, dieses eine Buch zu bearbeiten? Wie soll ich zitieren?" ausdrückt. Diese und ähnliche Fragen repräsentieren eine Einstellung, die nicht von Eigenverantwortung, sondern von Selbstaufgabe zeugt. Keine akzeptable Zielsetzung oder Verhaltensweise für künftige AkademikerInnen oder Führungskräfte. Die akademische Lehre repräsentiert den Druck, den eine Großorganisation ausübt. Die Regel verlangt Übereinstimmung – alternatives Querdenken, abweichendes, eigenständiges Handeln wird als Störung der wenn nicht als Angriff auf die wohletablierte Ordnung interpretiert.

Diese Kritik wendet sich nicht allein gegen einen Stil der Universität. Der Neurobiologe Gerald Hüther von der Universität Göttingen nennt als Ursache für „leidenschaftslose Pflichterfüller" bereits das Schulsystem. Dort lernen die Kinder und Jugendlichen, damit sie gute Noten bekommen, sich an das System anzupassen und gut zu funktionieren. Hüther, der die Lehrenden nicht anklagt sondern sie als entmutigte Persönlichkeiten mit wenig Gestaltungsspielräumen sieht, urteilt über eine Fehlform des Unterrichtens: „Es ist ein großes Missverständnis, zu denken, indem man dem anderen sagt, wie er's machen soll, könne man bei ihm im Hirn irgendeine Veränderung auslösen. So geht das nicht. Das geht nur, wenn der andere sich davon berühren lässt. Wenn er das toll findet. Dann will er's wissen. Und wenn er's wissen will, dan lernt er's auch." (Hüther 2012, S. 8).

Keine Angst vor morgen

Studierende sind nicht weltfremd. Sie haben Lern- und Lebenserfahrungen durch gelegentliches Jobben, durch regelmäßiges Arbeiten, durch Workcamps und Praktika, durch Aufenthalte im Ausland oder durch soziale Dienstleistungen. Sie haben gelernt sich selbst zu organisieren und ihre beruflichen Vorstellungen zu äußern. Studierende lernen, um in Zukunft beruflich tätig sein zu können. Sie wollen sich in unterschiedlichen Berufsfeldern in verantwortlichen und später leitenden Positionen engagieren. Sie wollen ihr Wissen und Können zur Geltung kommen lassen, an gesellschaftlichen Entwicklungen teilhaben, diese mitbestimmen, sozial verantwortlich handeln und ein materiell relativ gesichertes Leben führen.

Die gegenwärtige Gesellschaft steht unter Strom. Täglich gibt es Alarm vor Krisen: Klimakollaps, Finanzdrama, Lebensmittelpreise, Wirtschaftskriminalität und nicht zuletzt zu wenige Arbeitsplätze für AbsolventInnen mit höheren Bildungsabschlüssen. Angst vor dem Morgen wird verbreitet – nur Konsum und Spaß im Heute trösten scheinbar.

Ausbildung und Bildung an der Universität sollten Alternativen bieten. Forschungsbasierte Lehre soll und will Studierende unterstützen sich nicht entmutigen zu lassen. Es geht nicht darum die sich globalisierende Gesellschaft schön zu reden, sondern sie kritisch zu analysieren und im Beruf sowie Alltag die eigenen Kompetenzen, die Haltungen und Fähigkeiten zu entfalten.

Für eine offene Zukunft studieren

Die Dynamik unserer Gegenwart deutet auf eine offene Zukunft. Die Arbeitswelt wandelt sich, neue Berufe entstehen. Schon heute unterscheiden viele in ihrer Biographie, was sie studiert haben und was sie tatsächlich beruflich tun.

Die Universität kann ihre berufsvorbildende Funktion mittels Lehre verbessern:

- neben Wissen zunehmend Kompetenzen vermitteln,
- den Blick für die Welt und für soziale Verantwortung erweitern,
- die Zusammenhänge von Erkenntnisgewinn, Studium und Berufswelt aktiver aufzeigen,
- sich berufstätigen Studierenden attraktiver öffnen.

Akademisches Lehren wird als die Vermittlung wissenschaftlich erkundeten Wissens definiert. Das ist eine dürre, vordergründige Definition, die der Praxis nicht genügend entspricht. Nicht nur, weil Lehren von Wissenschaft komplexer auftritt, sondern weil sich dieses Lehren nicht nur als isoliertes Faktum verstehen lässt. Lehren von Wissenschaft besteht, wie jedes Lehren, aus einem kommunikativen Prozess, der nicht neutral sondern mit bestimmten Absichten und Interessen verbunden ist.

Wer die Interessen der gegenwärtigen studierenden Generation ernst nimmt, sieht im Vermitteln von Wissen nur einen Aspekt. Für eine Welt mit offener Zukunft bedarf die junge Generation nicht nur der Fähigkeit des Übernehmens und Nachahmens sondern auch der Kraft eigenständig Probleme zu analysieren und Erkenntnisse hervorzubringen. Akademisches Lehren hat seine Grenzen. Es sollte den Weg frei geben für akademisches Lernen – das eigenständige und gemeinsame Hervorbringen von Kenntnissen, um lebenswerte Bedingungen unseres Daseins zu sichern. Nicht die Lehre sondern das Lernpotential, die Lernfähigkeit und der Lernerfolg der Studierenden erfordern mehr Aufmerksamkeit für diesen Weg in die Zukunft selbstbestimmter und solidarischer AkademikerInnen.

Bibliografie

Hüther, Gerald (2012): Schule produziert leidenschaftslose Pflichterfüller. In: Der Standard. 16. April 2012. S. 8.

Lenz, Werner (2010) (Hg.): Interdisziplinarität – Wissenschaft im Wandel. Wien: Löcker.

Lenz, Werner (2012) (Hg.): Bildung – Eine Streitschrift. Abschied vom lebenslänglichen Lernen. Wien: Löcker.

Markl, Hubert (2009): Bildung durch Forschung, Forschung durch Bildung. In: Schlüter, Andreas, Strohschneider, Peter (Hg.): Bildung? Bildung! 26 Thesen zur Bildung als Herausforderung im 21. Jahrhundert. Berlin: Berlin-Verlag. S. 154-163.

Nowotny, Helga/ Scott, Peter/ Gibbons, Michael (2001): Rethinking science: knowledge in an age of uncertainty. Cambridge: Polity.

II
Perspektiven für die Universitäre Weiterbildung – Perspectives for Continued Higher Education

Christian Hofer

Vom Wesen der Hochschuldidaktik.
Das Kollegiale Beratungs- und Weiterbildungssystem
bei *treffpunkt sprachen* – Zentrum für Sprache,
Plurilingualismus und Fachdidaktik

Abstract

Im Text werden Aspekte und Charakteristika einer modernen Hochschuldidaktik thematisiert sowie Abgrenzungsbemühungen zu anderen Didaktiken vorgenommen. Als hochschuldidaktische Kernelemente stellen sich dabei Interdisziplinarität, Zielgruppenheterogenität und unklare Profilschärfe heraus. Autodidaktik und eine lernendenzentrierte Lehrauffassung geben sich als Fundamente zu erkennen, die dazu auffordern, in der hochschuldidaktischen Aus- und Weiterbildung vor allem die Selbstkompetenz von Lehrenden und HochschuldidaktikerInnen zu fördern. Selbstkompetenz wird in diesem Zusammenhang in doppelter Hinsicht gedeutet: einerseits als bewusster und reflektierender Umgang mit dem eigenen beruflichen Handeln sowie dem persönlichen Wachsen, andererseits als die Fähigkeit, Studierenden lernendenzentrierte Lernangebote zur Verfügung zu stellen. Diesen Überlegungen folgend wird das Kollegiale Beratungs- und Weiterbildungssystem von treffpunkt sprachen – Zentrum für Sprache, Plurilingualismus und Fachdidaktik präsentiert, reflektiert und in bildungswissenschaftliche sowie hochschuldidaktische Überlegungen eingebettet. Neben Beratung und Coaching wird auf die Kollegiale Hospitation sowie auf die modulare Aus- und Weiterbildung „Sprachenlernen mit Erwachsenen" eingegangen, die sich durch das eigens eingeführte didaktische Prinzip „Zielgruppenheterogenität" ausweist. Der Diskurs ergibt, dass produktive hochschuldidaktische Fort- und Weiterbildung vor allem dann gewährleistet ist, wenn man positive und anregende „Lernatmosphären kreiert", um – auf informeller, non-formaler und formaler Ebene – Lernprozesse selbstwirksam und eigenverantwortlich zu stützen und aufzubauen.

Hochschuldidaktik als Handlungs- und Spannungsfeld

„Länder, deren wichtigste Ressource die Bildung ist, setzen auf didaktische Qualifizierung ihres Lehrpersonals" (Baranova/Koke 2011, S. 58). Diesen Schlüsselsatz wählen die Autorinnen in ihrer Reflexion über fächerübergreifende hochschuldidaktische Weiterbildung. Zurecht: Hochschulen erkennen den Investitionswert in Lehre und Lehrende, auch im Vergleich zu Forschung, immer mehr an. Sie erkennen, dass hohe Qualität von Lehre und Lernen wertvoll und zudem nachhaltig in wirtschaftlichem Sinne ist. Studierende werden vermehrt zu KundInnen, die das Lehrgeschehen evaluieren und bewerten, Lehre ein Gut, das man ersteht. Das Bild der Universität als Ausbildungsstätte für junge, wissensdurstige MaturantInnen ist passé. Lernen, studieren, sich universitär fortbilden, findet lebenslang, lebensbegleitend statt (vgl. Cendon 2010). Universitäten und Hochschulen etablieren fakultätsübergreifende Zentren zur Förderung hochschuldidaktischer Aktivitäten und zur hochschuldidaktischen Forschung. Einzelne Institute sorgen für die Fortbildung ihrer Lehrenden. Hochschuldidaktik hat dabei „den Anspruch, eine eigenständige

Didaktik zu sein, nicht lediglich Übertragung der Schuldidaktik auf die Universitätsstufe" (Tremp 2009, S. 214). Dies ist evident, hat Hochschuldidaktik neben der Reflexion von Lehr- und Lernprozessen im Sinne einer Hochschuldidaktikforschung auch andere weitreichende Aufgaben (zugesprochen bekommen). Hochschuldidaktische Tätigkeit erstreckt sich von der Konzeption und Durchführung von Aus- und Weiterbildungen, vor allem in modularer Form, bis hin zu Aufgaben, die dem Bildungsmanagement zugeordnet werden können, wie zum Beispiel Evaluierung oder Budgetierung von Bildungsmaßnahmen. HochschuldidaktikerInnen, in idealem Falle selbst aus der Praxis stammen, konzipieren, hospitieren, beraten, evaluieren, lehren, organisieren, forschen: ein facettenreiches Aufgabengebiet. Nicht zuletzt aufgrund dieses Aufgabenspektrums hebt sich Hochschuldidaktik von Schuldidaktik und anderen Fachdidaktiken ab. Sie muss ein übergeordnetes System im Auge behalten und ist dementsprechend interdisziplinär ausgerichtet. Kröber und Szcyrba (2011, S. 71) merken bezüglich Standards in der Hochschuldidaktik an:

> Eine Diskussion über Standards, an denen die Kompetenzen von Hochschuldidaktikern gemessen werden, kommt erst langsam in Gang. Aktuell entstammen Hochschuldidaktiker/innen diversen Disziplinen; potentiell kann jede/r Akademiker/in sich durch „learning by doing" sich die Berufsbezeichnung „Hochschuldidaktiker/in" geben. Hinzu kommt, dass die Hochschuldidaktik als interdisziplinäres Wissenschaftsgebiet eine eigene, von anderen Disziplinen abzugrenzende Expertise eher abgesprochen wird: Lehramtsausbilder/innen, Erziehungswissenschaftler, Psychologen, auch Soziologen und Wirtschaftswissenschaftler/innen entwickeln von ihrem jeweiligen disziplinären Blick ausgehend Verständnisse, was hochschuldidaktische Konzepte seien.

Neben dem interdisziplinären Charakter stecken in den Aussagen der Autorinnen weitere Aspekte, die in der Hochschuldidaktik zu sehen sind. Deren Thematisierung könnte ein Beitrag in Richtung Profilstärkung und Professionalisierung sein; sie werden an dieser Stelle jedoch nur angerissen. Ein Spannungsfeld der Hochschuldidaktik ist in den didaktischen Kategorien *Setting* und *Zielgruppe* zu lokalisieren. Zwar hat man es in der Hochschuldidaktik mit der Universität als klarem Forschungs- und Handlungssetting zu tun, die Zielgruppe *Studierende* oder *an der Universität Lernende* ist jedoch als wesentlich breiter und unspezifischer anzusehen als beispielsweise die Zielgruppe *SchülerInnen*. Auch wenn jeglichem Lernprozess Heterogenität innewohnt (vgl. Hofer 2010), ist es erwachsenenbildnerisches Grundlagenwissen, dass Erwachsene aufgrund ihrer spezifischen Vorerfahrungen *anders* lernen, wobei auch Lernmotive oftmals nicht eindeutig ersichtlich sind (zum Lernen mit Erwachsenen vgl. beispielsweise Arnold, Krämer, Stürzl, Siebert 2005). Nicht umsonst sollte Horst Sieberts Bonmot „Erwachsene: lernfähig, aber unbelehrbar" (Siebert 1997, S. 23) als Ankerpunkt jeglicher hochschuldidaktischer Grundlagenforschung dienen. Es gilt: das Spannungsfeld „klares Setting – unklare Zielgruppe" nicht aus den Augen zu verlieren. Auch aus der Sicht der lehrenden HochschuldidaktikerInnen und hinsichtlich der Frage nach notwendigen und befähigenden Kompetenzen kommt ein typisches Phänomen der Erwachsenenbildung zu tragen: unklare Profilschärfe. Sowie „ErwachsenenbildnerIn" oder „SupervisorIn" keine durch eine gesetzlich vorgeschriebene Ausbildung gesicherte Berufsbezeichnung ist, so ist dies in analogem Sinne auch bei der Hochschuldidaktik der Fall, wie die oben zitierten Autorinnen anmerken. Zwar gibt es an vielen Universitäten, wie bereits erwähnt, Aus- und Weiterbildungsmaßnahmen, die notwendiges Rüstzeug vermitteln; stärkere Kooperationen und einheitlichere Entwicklungsbemühungen zwischen einzelnen Institutionen wären zu Gunsten einer Profilentwicklung nach wie vor begrüßenswert. In diesem Zusammenhang ist die Tatsache nicht zu vernachlässigen, dass viele Lehrende an Hochschulen nebenberuflich tätig sind. An dieser Stelle mache ich mit zwei Fragen auf ein zu erörterndes Spannungsfeld aufmerksam: Wie kommt ein Lehrbeauftragter, der eine Lehrveranstaltung pro Semester hält, dazu, etwaige kostspielige Weiter- und Ausbildungsmodule zu absolvieren, die ihn hochschuldidaktisch befähigen? Wie kommen Studierende dazu, Lehrveranstaltungen über sich ergehen zu lassen, die zwar fachlich befruchtend wären, aber mangels didaktischer Kompetenzen des Lehrenden einen geringen Lern- und Lehrwert aufweisen? Es liegt unter anderem an der Hochschuldidaktik, beide Perspektiven zu erkennen und zu diskutieren, und es ist an der Zeit, das fachliche Wissen dem didaktischen Wissen gleichzusetzen.

Hochschuldidaktik ist zudem, mehr als andere Didaktiken, eine in hohem Maße autodidaktisch geprägte. Selbstorganisiertem und selbstreguliertem Lernen kam bislang ein wesentlicher Stellenwert zu. Während angehende LehrerInnen fachdidaktische Ausbildungen mit höherer oder minderer Qualität zu durchlaufen haben, eignen sich viele HochschullektorInnen und Lehrbeauftragte ihr „Unterrichtswissen" im Selbststudium bzw. im Laufe ihrer beruflichen Erfahrungen an. Generell wird ein Lehrauftrag „erledigt", in den meisten Fällen fehlt es jedoch an professioneller didaktisch-methodischer Begleitung. Grundlegende hochschuldidaktische Aufgabengebiete sind nicht zuletzt deshalb in der Entwicklung von Maßnahmen der didaktischen und pädagogischen Beratung, Begleitung und Hospitation zu sehen (an vielen Universitäten gibt es bereits beachtliche Konzepte) sowie im Auf- und Ausbau einer Selbstkompetenz, die den Lehrenden hilft, sich eigenständig, eigenverantwortlich (vgl. Didaktik der Eigenverantwortlichkeit: Hofer 2009) und reflektierend weiterzuentwickeln.

Kompetenzförderung von Hochschullehrenden: Selbstkompetenz

Selbstkompetenz stellt demnach eine der wichtigsten Fähigkeiten eines Hochschullehrenden dar. Dies ist in doppelter Hinsicht begründbar. Zum einen sind Hochschullehrende AutodidaktikerInnen, die ihre Weiterentwicklung bis dato selbst in die Hand nehmen müssen; auf der anderen Seite hat sich, nicht zuletzt aufgrund des Kompetenzdiskurses und der Fokussierung auf Kompetenzentwicklung Lernender und Studierender, in der Hochschuldidaktik eine individualisierte und teilnehmendenorientierte Lehr- und Lernauffassung durchgesetzt (vgl. Siebert 1997). Begutachtet man aktuelle Literatur, so lässt sich Lernendenzentriertheit ohne weiteres als fundamentales hochschuldidaktisches Prinzip festlegen. Es ist Johannes Wildt, der den Wechsel von einer Lehrkultur zu einer Lernkultur aus Lernendenperspektive denkt und Chancen und Herausforderungen diskutiert (vgl. Wildt 2011, S. 25). Er stellt fest: „Für einen hochschuldidaktischen Diskurs, der die Lehre vom Lernen aus denkt, ist es deshalb erforderlich, einen umfassenderen Begriff studentischen Lernens zu entfalten" (ebd., S. 25). Damit thematisiert er das Wesen der Hochschuldidaktik von Grund auf. Wissenstheoretische Rückendeckung bekommt ein derartiges Lernverständnis dabei aus der Reformpädagogik, der Kognitionspsychologie, der Neurowissenschaft und dem Konstruktivismus (vgl. ebd., S. 25). Gerade letzterer zeigt sich als wesentliche Basis eines lernendenzentrierten hochschuldidaktischen Ansatzes: „Basierend auf der konstruktivistischen Annahme, dass Wissen in objektiver, transportabler Form nicht existiert, sondern stets eine kognitive Einzelleistung erfordert, ist hierbei die aktive Wissenskonstruktion durch den Lernenden das Ziel des Lehr-Lern-Prozesses" (Paetz/Ceylan et al. 2011, S. 29); (zu konstruktivistischen Lernprozessen vgl. auch Hofer 2011). Den Aspekt der Lernendenzentriertheit betonen zudem Nadja-Verena Paetz, Firat Ceylan et al. (2011, S. 36). Sie erkennen darin neue Herausforderungen für Lehrpersonen:

Es tritt ein Wandel im Lehrverständnis ein, wonach Lehren strikt aus der Perspektive des Lernens gedacht wird. Gegenstand der Lehre ist nicht mehr das zu lehrende Wissen, sondern die zu erlernende Kompetenz, die zwar das Wissen einschließt, jedoch den Schwerpunkt verlagert von der Vermittlung von Inhalten hin zum Erwerb von Kompetenzen. Es ist naheliegend, dass ein solcher Wandel neue Anforderungen an die Tätigkeit und die Rolle der Lehrenden heranträgt.

In diesem Zusammenhang wird des Öfteren von einer Kompetenz des *Selbst* gesprochen, die Lernenden ermöglicht, Lernprozesse gemäß ihren Lernbedürfnissen und Kompetenzansprüchen zu fördern (vgl. Faulstich 2003). Aus Lernendenperspektive ist dabei von eigenverantwortlichem Lernen (vgl. Hofer 2009), von autonomem Lernen (vgl. den Beitrag von Anja Burkert in diesem Buch), von selbstbestimmtem Lernen (vgl. Hofer 2006) oder von selbstreguliertem Lernen (vgl. Thielsch 2011) die Rede. Für Lehrende besteht Selbstkompetenz nicht nur in der „Selbstwahrnehmung, dem bewussten Reflektieren der eigenen Fähigkeiten, der Bewertung der eigenen Handlungen" (Paetz/Ceylan et al. 2011, S. 43), sondern auch in der Förderung und Befähigung erwähnter kompetenzorientierter Lernformen für Lernende. Angelika Thielsch (2011, S. 55-70) bespricht und diskutiert Wege und entwickelt Modelle zum Aufbau von Selbstkompetenz in dieser doppelten Hinsicht. Denn Thielsch (2011, S. 56) erkennt zurecht:

Adults are learners who are ready to learn. Still, even though their learning is marked by self-directed aspects, most students need to be supported to develop this self-directed self; a support which teachers should offer. In higher education one key to do so is to become a learner-centered teacher and such to put the students in the centre of one's course design.

Ein/e Hochschullehrende/r könnte demnach auch als *lernendenzentrierte/r Lehrende/r* bezeichnet werden. Selbstkompetenz kann sich dabei nur dann entfalten, wenn der/die lernendenzentrierte Lehrende über metakognitives Wissen (vgl. auch Hofer 2011) verfügt. Thielsch (2011, S. 59) definiert:

It is defined as the behaviour of a person who seeks to understand his or her learning. It implies thinking of learning itself as well as planing how to do it and monitoring the learning process (…) Successful learning in consequence does not only depend on the learning action itself. The reflection about one's learning is equally important.

Bereits im letzten Jahrzehnt wurde eine Reihe von Lehrkompetenzmodellen entwickelt, die Selbstkompetenz als fundamentale hochschuldidaktische Lehrkompetenz lokalisieren. Webler (2003, S. 74) beispielsweise umschreibt Selbstkompetenz derart: „Definition der eigenen Rolle; Distanzfähigkeit; Reflexionsfähigkeit; Fähigkeit, positiv zu denken und Positives zu sehen; Fähigkeit, zu ermutigen, ohne zu schönen; Fähigkeit, für eigene Integrität zu sorgen; Selbstpflege, um leistungsfähig zu bleiben." Derartige Modelle sind hilfreich und durchdacht (vgl. auch Paetz/Ceylan 2011); sie müssten dennoch an aktuelle bildungsgesellschaftliche Phänomene sowie an die skizzierte Lernendenzentriertheit angepasst werden.

Kompetenzentwicklung bei *treffpunkt sprachen* – Zentrum für Sprache, Plurilingualismus und Fachdidaktik

Im Folgenden wird skizziert, wie und auf welchen Ebenen Lernen und Kompetenzentwicklung bei *treffpunkt sprachen* stattfinden. Es soll aufgezeigt werden, wie oben genannte Phänomene und Aspekte einer aktuellen Hochschuldidaktik in einem praktischen Handlungsfeld umgesetzt werden. *treffpunkt sprachen* wurde 2009 von einem Sprachenzentrum in ein Zentrum für Lehre und Forschung umgewandelt. Arbeitsschwerpunkte sind Mehrsprachigkeit, Sprachendokumentation, Fachdidaktik, Sprachendidaktik, Sprachlernforschung und Sprachenlehre (vgl. Unger-Ullmann 2011). In meiner Funktion als didaktischer Berater, Coach und Lehrendenfortbildner am Zentrum lege ich Wert auf ein bereicherndes Lernumfeld für die Lehrenden und auf regelmäßige und kontinuierliche Weiterentwicklungsmöglichkeiten für jede/n Lehrende/n. Ich versuche genannte hochschuldidaktische Dimensionen am Institut durch verschiedene Modelle und Beratungssysteme gewinnbringend zu integrieren.

Die Hochschullehrenden, bei *treffpunkt sprachen* sowohl hauptberuflich als auch nebenberuflich tätig und angestellt, lernen und bilden sich auf verschiedenen Ebenen und zu verschiedenen Gelegenheiten weiter, wobei es mir wichtig ist, ihnen, im Sinne eines Facilitators, vielfältige Lern- und Weiterbildungsmöglichkeiten zu offerieren. Lehrende haben zum einen unterschiedliche Lernbedürfnisse (in fachlich-inhaltlichem und persönlichkeitsbildend-rhetorischem Sinne), zum anderen wünscht sich nicht jede/r auf dieselbe Art und Weise zu lernen und sich fortzubilden. Die eine Lehrende will Weiterbildung auf autodidaktischem und selbstregulierendem Weg (weshalb eine Bibliothek eingerichtet wurde und verwendete Lern- und Unterrichtsmaterialien dem gesamten Lehrendenteam zur Verfügung stehen), eine andere besucht mit Begeisterung und regelmäßig Fortbildungen. Lernbedürfnisse einzelner Sprachenlehrender hängen nicht nur von fachlichen Weiterbildungswünschen ab, sondern auch vom jeweiligen Niveau der Kompetenzentwicklung. Ein Novize/eine Novizin mit geringerer Lehrerfahrung bildet sich in anderen Bereichen fort als ein Experte/eine Expertin mit langjähriger Praxis. Paetz, Ceylan et al. (2011, S. 53ff.) beziehen sich auf ein fünfstufiges Kompetenzentwicklungsmodell nach Dreyfus und Dreyfus (1986). Demnach benötigt ein Novize/eine Novizin eher Orientierungs- und Überblickswissen, ein Experte/eine Expertin knüpft an Ressourcen und Routinen an. ExpertInnen bilden sich dabei vielmehr auf metatheoretischer Ebene fort; sie haben das Bedürfnis, ihr erlangtes Wissen zu verarbeiten und zur Verfügung zu stellen. Hochschuldidaktische Lehre sollte deshalb nicht nur aus dem Unterrichtsgeschehen an sich bestehen, sondern zu gleichen Teilen, in handlungsforschendem Sinne, aus dem reflektierenden Umgang gemachter Erfahrungen und Erkenntnisse. Im Rahmen von Gesprächen, Projekten, Fortbildungen und gemeinsamen Publikationen kann wissenschaftliche Lehre erheblich aufgewertet werden.

Die Sprachenlehrenden lernen miteinander und untereinander sehr stark auf *informeller Ebene.* „Informelles Lernen beinhaltet jene Lernprozesse, die nebenbei, quasi „en passant" passieren. Es erfolgt meist nicht intendiert, also ohne Absicht und Ziel (…) Die Lernprozesse werden von der oder dem Lehrenden selbst gesteuert" (Cendon 2010,

S. 43). Ein großer Teil des Lernens findet informell und unter den Lehrenden selbst statt; das Lernpotential des informellen Lernens darf dabei nicht unterschätzt werden. Lehrende tauschen sich untereinander aus, besprechen ihre Erfahrungen, geben einander Tipps. Das Anbieten einer positiven und angenehmen Atmosphäre, eines wirklichen Treffpunkts, ist dabei fundamental. Als didaktischer Coach sehe ich es auch als Aufgabe, derartige Lernprozesse zu ermöglichen und zu fördern; manchmal genügt das Herstellen von Kontakten. Im Rahmen des informellen Lernens wird den Lehrenden bewusst, dass die Lehre keine EinzelgängerInnentätigkeit ist, sondern immer in Kooperation mit KollegInnen stattfindet. Seit Jahren bekomme ich immer wieder das Feedback, dass der Erfahrungsaustausch und die Möglichkeit miteinander zu sprechen, über die Maßen befruchtend sind und zur Weiterentwicklung beitragen. Zudem wird Handlungskompetenz gerade durch die Einbettung in eine ExpertInnengemeinschaft ausgebaut: „Experten sind in einen sozialen Kontext mit anderen Experten ihrer Domäne eingebettet und erfahren von diesen Anerkennung" (Paetz/Ceylon et al. 2011, S. 56). Einmal mehr gilt: Lernen findet in Beziehungen statt.

Lernen findet bei *treffpunkt sprachen* darüber hinaus auf *nicht-formaler Ebene* statt. „Nicht-formales Lernen ist planvolles, intendiertes und zielgerichtetes Lernen. Die Organisation dieses Lernens übernehmen immer Dritte (…) Nicht-formales Lernen findet meist in institutionalisierter und strukturierter Form statt (…)" (Cendon 2010, S. 43). Dabei sind Lernarrangements auf nicht formaler Ebene zwar organisiert und strategisch durchdacht, schließen aber mit keiner Teilnahmebestätigung oder sonstigen Zertifizierung ab. Im Zentrum für Sprache, Plurlingualismus und Fachdidaktik handelt es sich dabei hauptsächlich um Einzel- und Gruppenberatungen, die ich mit Sprachenlehrenden zu temporär wichtigen Themen und Lernbedürfnissen gestalte. Wichtig dabei ist, dass die Lehrenden das Gefühl haben und im Wissen sind, mich als didaktischen Berater kontaktieren zu können. Themen der Beratungen ergeben sich einerseits aus Evaluierungsergebnissen, andererseits aus persönlichen Entwicklungswünschen oder aus Problemstellungen während des Unterrichtsprozesses. Auch NovizInnen, die das erste Studienjahr im Zentrum arbeiten, erhalten ein eigens konzipiertes Coaching und eine didaktische Begleitung. Neben Beratungen und Coachingsitzungen sind es Kollegiale Hospitationen der Lehrenden untereinander, die von mir mitorganisiert und begleitet werden. Diese erweisen sich als überaus fruchtbar, sinnstiftend und gewinnbringend. Zum Lernen auf nicht formaler Ebene sind auch Arbeitsgemeinschaften zu zählen. Die Hospitationen finden in organisiertem Rahmen zu bestimmten Fachthemen statt (zum Beispiel Entwickeln von Beurteilungs- und Bewertungskriterien) und am Ende des Semesters in Fach- und Sprachgruppen zur Besprechung der gemachten Lehrerfahrungen (zu Kollegialer Beratung, Kollegialer Hospitation und Arbeitsgemeinschaften siehe weiter unten).

„Formales Lernen findet in der Regel in einer Bildungseinrichtung statt. Es ist intendiert, planvoll, zielgerichtet und führt zu einem Zertifikat oder zu einem anerkannten Abschluss (…) (Cendon 2011, S. 43f.). *Lernen auf formaler Ebene* findet bei *treffpunkt sprachen* vornehmlich bei Lehrendenfort- und weiterbildungen statt, die von ExpertInnen außerhalb des Lehrendenteams und von mir konzipiert und abgehalten werden und zumeist sprachenübergreifend stattfinden. Zum anderen handelt es sich bei der modular gestalteten Ausbildung „Sprachenlernen mit Erwachsenen" um formales Lernen mit Zertifikatsabschluss (auch hierzu folge den unteren Ausführungen).

Das kollegiale Beratungs- und Ausbildungssystem bei *treffpunkt sprachen*

Psychologischer und philosophischer Hintergrund

Um den geschilderten hochschuldidaktischen Aspekten und Dimensionen gerecht zu werden, verfügt *treffpunkt sprachen* über ein didaktisches Betreuungs-, Beratungs- und Ausbildungssystem. Bereiche und Abläufe im System werden regelmäßig reflektiert und weiterentwickelt bzw. haben sich über längere Erprobungsphasen hinaus etabliert. Wesentlich dabei ist die Lernförderung auf den genannten drei Ebenen, um unterschiedliche Lernzugänge zu berücksichtigen sowie die Orientierung an den jeweiligen Kompetenzniveaus der einzelnen Lehrenden und HochschuldidaktikerInnen zu bewerkstelligen. Die Basis aller Gespräche, Beratungen und Coachings, dies sei an dieser Stelle nur erwähnt, stellt zum einen der Personenzentrierte Ansatz nach Carl Rogers dar. Rogers Axiomen entsprechend wird dabei auf die Selbstentwicklung, die Förderung und das Ausschöpfen des persönlichen und in weiterer Folge auch des beruflichen Potentials der Lehrenden Wert gelegt. Im Sinne des hochschuldidaktischen Merkmals der Selbstkompetenz, stellt die coachende Tätigkeit eine Begleitung dar, um Verhaltensweisen und Verhaltensmuster zu regulieren und Selbstentfaltung im beruflichen Rahmen zu garantieren. Über den beruflichen Kontext hinaus geht es dabei auch um die „Stärkung des ganzen Menschen" (Schlee 2008, S. 60). Rogers wollte seine KlientInnen „insgesamt stärken und selbstständiger machen, ihnen die Chance zum persönlichen Wachstum geben, damit sie eigenständig und unabhängig von einem Therapeuten ihre Lebensformen bestimmen konnten" (ebd., S. 60). In dieser Hinsicht ist es in der coachenden hochschuldidaktischen Tätigkeit zentral, die Verbindung von persönlicher Entwicklung und beruflichem Fortkommen zu sehen; deren Verquickung ist als zentrales Beratungselement zu lokalisieren. Zudem fußen die Beratungen und Coachings auf den rogerianischen Axiomen *Kongruenz*, *Anteilnahme* und *Wertschätzung* (vgl. ebd., S. 58-62).

Beratungen und Coachings sind nicht nur psychologisch-beratend orientiert, sondern zum anderen auch philosophisch. Philosophische Gespräche (vgl. Grazei 2011) stellen ein weiteres Fundament der Beratungstätigkeit bei *treffpunkt sprachen* dar. Philosophisch orientierte Gespräche sollen die Lehrenden zusätzlich dabei unterstützen, Selbstkompetenz zu entfalten, zu entwickeln und aufzubauen. Angelehnt an Peter Kampitz kommt der Philosophie hierbei die Aufgabe zu, zur Lebensgestaltung beizutragen, was sich in weiterer Folge auf das berufliche Handeln auswirkt. Philosophie biete zwar und vor allem für schwierige Entscheidungssituationen keine Patentrezepte an (vgl. Kampitz 2011, S. 13), „sie kann zur Selbstbestimmung anleiten und damit die Freiheit des einzelnen entfalten und befördern" (ebd., S. 13). Das philosophisch orientierte Gespräch dient innerhalb der Beratungen ergo handlungs- und selbstregulierend. Vielmehr und ergänzend soll es aber als Ankerpunkt für persönliche, direkte, gemeinschaftliche Interaktionen dienen und vor allem als Pendant zu einer allzu sehr autodidaktisch markierten Wissensquelle. HochschuldidaktikerInnen, die, wie bereits skizziert, in hohem Maße daran gewohnt sind, sich *selbst* ihr Wissen und ihre Bildung zu „verschaffen", scheinen Merkmalen der modernen Wissensgesellschaft oft über die Maßen zu entsprechen. Zu Paradoxien der Wissensgesellschaft formuliert Peter Kampitz (ebd., S. 13):

> Natürlich leben wir in 2 Räumen. Im Cyberspace als einem „kybernetischen Raum" und im handfesten konkreten Raum unserer Lebenswelt. Konnte Kant noch das moralische Gesetz in mir und den gestirnten Himmel über mir als das bezeichnen,

was uns mit Ehrfurcht erfüllt, stehen wir heute eher vor einem digitalen Himmel, der über uns schwebt und zu dem wir aufblicken. Gewiss, der „homo digitalis" und seine Möglichkeiten können als Gewinn für die verwaltende Lebensführung dienen, für die orientierende oder nach Orientierung suchende Lebensführung ist er weitgehend ungeeignet. Dies scheint auch ein Dilemma unserer sogenannten „Wissensgesellschaft". Das auf Millionen von Festplatten gespeicherte Wissen, das auf Abruf und Knopfdruck bereitsteht, überfordert uns, denn es scheint nicht mehr wichtig zu sein, Wissen zu haben, sondern eher zu wissen, wo und wie dieses Wissen zu haben ist.

Das philosophische Gespräch als Medium direkten Kontaktes und Austausches wird der oben geschilderten Technisierung von Wissensinhalten, Bildung und einer derartig verwaltenden Lebensführung nicht entgegentreten können; es soll vielmehr die Gelegenheit bieten, im Miteinander selbstkompetent zu werden.

Beratung und Bildung auf non-formaler Lernebene

Wie bereits erwähnt, orientiert sich das Betreuungssystem von *treffpunkt sprachen* an den Kompetenzniveaus und der Anstellungsdauer der Hochschullehrenden. Neu eingestellte Lehrende, die ein erfolgreiches Bewerbungsgespräch durchlaufen haben (zu den Einstellungskriterien, siehe Unger-Ullmann 2011, S. 95), werden innerhalb des ersten Unterrichtssemesters bzw. des ersten Studienjahres gesondert begleitet. Zum einen erhalten sie eine organisatorische Einführung von Seiten der Büroleitung (hierbei geht es um Fragen der Infrastruktur, der Raum- und Bibliotheksbenutzung und mehr), wobei es für das Zentrum wesentlich ist, dass Lehrende, soweit es geht, von organisatorischen Belangen befreit werden. Zum anderen nehmen sie an einer einjährigen modularen Aus- bzw. Weiterbildung, „Sprachenlernen mit Erwachsenen" (siehe Beratung und Bildung auf formaler Lernebene), teil. Außerdem werden sie didaktisch begleitet. Vor Lehrveranstaltungsbeginn bekommt jede/r Lehrende eine methodisch-didaktische Einführung in das universitäre Lehr- und Lerngeschehen und in die Spezifitäten des hochschulischen Sprachenunterrichts. Auch wenn einzelne Lehrende schon sehr erfahren sind, sind sie für das einführende Coaching meist sehr dankbar. Unterstützung, Beratung und Förderung brauchen NovizInnen und neu ins Lehrendenteam Eingetretene meist in den Bereichen Struktur und Aufbau des Lernprozesses, Kommunikation und Interaktion im Lehr- und Lerngeschehen, mediengestütztes und autonomes Lernen, Sozialformen im Unterricht, Umgang mit großen und heterogenen Lernendengruppen, Steuerung von Gruppenprozessen, Umgang mit Störfaktoren, Formen der Evaluierung, Bewerten und Beurteilen. In dem gesicherten und privaten Gesprächsrahmen besteht die Möglichkeit, den Fokus auf verschiedene Themenfelder zu richten und auch über etwaige Ängste und Unsicherheiten zu sprechen. Ein weiterer Teil dieser Erstberatung besteht aus der Besprechung des Evaluierungssystems der Lehrveranstaltungen von *treffpunkt sprachen* (formelle und informelle Evaluierungsmethoden; zur Evaluierung und dem Evaluierungsbogen siehe Hofer 2009, S. 153-183). Ein Teil dieses ersten Gespräches sind außerdem Interessen, die über die reine Unterrichtstätigkeit hinausgehen (wie etwa der Wunsch, selbst eine Lehrendenfortbildung abzuhalten bzw. Mitarbeit an Projekten etc.). Etwa einen Monat nach Lehrveranstaltungsbeginn kommt es zu einem zweiten Coaching- und Beratungsgespräch. Eine erste informelle Evaluierung wird besprochen, anhand derer der bisherige Verlauf der Lehrveranstaltung sowie das weitere Unterrichtskonzept analysiert werden. Diese Zweitgespräche erweisen sich als überaus sinnvoll und effizient, da erste Erfahrungen diskutiert und der weitere Unterrichtsverlauf reguliert werden können. Bei Bedarf und Wunsch kann eine unterstützende Hospitation des Unterrichts stattfinden; dieser Unterrichtsbesuch wird anhand eines entwickelten Hospitationsbogens gemeinsam besprochen, wobei Stärken und das jeweilige Entwicklungspotential besprochen werden. Zu einem dritten Beratungsgespräch kommt es nach Abschluss der ersten Lehrveranstaltung. Diese wird mit Blick auf das nächste Arbeitssemester resümiert. Zudem wird auf das Ergebnis der Semesterevaluierung fokussiert, womit die Lehrveranstaltung sehr detailliert besprochen werden kann. Es sei an dieser Stelle noch einmal betont, dass allen Beratungen und Gesprächen der kollegiale Austausch sowie eine angenehm-konstruktive Atmosphäre gemein sind. Zum Semesterabschluss nehmen die NovizInnen auch an der Arbeitsgemeinschaft in der jeweiligen Sprachgruppe teil.

Die Arbeitsgemeinschaften schließen das Unterrichtssemester ab. In Sprachgruppen (Englisch, Französisch, Italienisch, Spanisch, Deutsch als Fremdsprache und „andere Sprachen") treffen sich die Lehrenden mit dem „didaktischen Moderator" und der „organisatorischen Moderatorin". Gemeinsam werden Erfahrungen des letzten Unterrichtssemesters besprochen, wobei gerade der Erfahrungsaustausch überaus gewinnbringend ist. Probleme werden diskutiert und gemeinsame Lösungsvorschläge erarbeitet, auf Evaluierungsergebnisse eingegangen und Neuerungen und Aspekte von organisatorischer Seite besprochen. Weiterbildungswünsche für kommende Fortbildungsveranstaltungen werden gesammelt und Lern- und Unterrichtsmaterialien in einem überschaubaren Rahmen ausgetauscht. Die Arbeitsgemeinschaften bedeuten für das Organisationsteam zwar einen recht großen Aufwand, aber lohnen sich über die Maßen, nicht zuletzt deshalb, da während des Semesters selten Zeit und Ressource vorhanden ist, sich in der gesamten Sprachgruppe zu treffen. Neben den Arbeitsgemeinschaften und der didaktisch-pädagogischen Begleitung der NovizInnen gibt es auch für Kompetente und ExpertInnen regelmäßig Coachings und Beratungsgespräche. Lehrende wenden sich mit unterschiedlichen Lernanliegen an mich als Coach, gemeinsame Lösungen, Arbeitsschritte und Entwicklungsziele werden erarbeitet. Die Themen dieser Coachings betreffen entweder den fachlich-didaktischen Bereich bzw. persönlichkeitsbildende Aspekte, wobei das Spektrum der Beratungen weitreichend ist. Es reicht von Unsicherheit in der Notengebung, bis hin zu raschen Interventionsmaßnahmen bei sehr heterogenen Lernendengruppen. Auch Problemstellungen, mit denen Lehrende immer wieder konfrontiert werden und die sie selbst nicht bewältigen oder ergründen können, werden gemeinsam besprochen. Dies kann beispielsweise sein: der „rote Faden" in der Unterrichtskonzeption, Umgang mit dem „Setting Hochschule", die persönliche Abgrenzungsfähigkeit, Organisations- und Zeitmanagement, Ängste und Unsicherheiten sowie interkulturell basierte Phänomene und Problemstellungen (wie unterschiedliche Lehrhaltungen und Lehrauffassungen, die eines gemeinsamen Austausches bedürfen). Eine vertrauliche Atmosphäre ist garantiert, wobei sich die Lehrenden bewusst sind, dass Lehren keine Einzelgängertätigkeit, sondern einen gemeinsamen Entwicklungsprozess zwischen allen Beteiligten darstellt.

Berufliche und persönliche Weiterentwicklung ist für das Zentrum nicht nur auf der Ebene der NovizInnen oder der Kompetenten von Bedeutung, auch die Förderung der *Professionals* mit langjähriger Arbeitspraxis gewinnt zunehmend an Bedeutung. Erfahrene Lehrende, die über ein hohes Ausmaß an selbstwirksamen Routinen verfügen, bekommen die Möglichkeit, ihren reichen Wissensschatz auf einer Metaebene zu verarbeiten. Sie leiten oder partizipieren an diversen Projekten (siehe Beiträge in diesem Buch), entwickeln Lern- und Unterrichtsmaterialien, führen Fort- und Weiterbildungen durch oder verfassen praxisorientierte wissenschaftliche Texte zu ihren Interessens- und Spezialgebieten. Als ein Beispiel sei eine erfahrene Hochschuldidaktikerin für Deutsch als Fremdsprache genannt, die eine eintägige Weiterbildung für Sprachenlehrende zum Thema „Handlungsorientiertes Beurteilen und Bewerten" gestaltete und nun das Thema in einem handlungsforschenden fachdidaktischen Projekt bearbeitet. Die daraus erwachsenden Erkenntnisse und Forschungsergebnisse, die der Praxis entspringen, können im Rahmen eines Wirkungskreises, bestehend aus Praxis-Forschung-Praxis, im Anschluss wieder in das Handlungsfeld Sprachenlehre integriert werden. An dieser Stelle sei erwähnt, dass Kompetenzen und Forschungsschwerpunkte der Lehrenden in einem eigens konzipierten Projekt, „LehrendenKompetenzProfil", erfasst und visualisiert wurden (dazu und zu „Lehrendenportfolio" siehe Beiträge in diesem Buch).

Neben den Gesprächen und Beratungen, die gemeinsam mit dem didaktischen Coach durchgeführt werden, gibt es für die Lehrenden eine zusätzliche und selbstregulierte Lern- und Entwicklungsmöglichkeit auf non-formaler Ebene: die Kollegiale Hospitation. Es hat sich erwiesen, dass die direkte und gegenseitige Beobachtung des Unterrichts ein enormes Lernpotential in sich birgt (vgl. Schlee 2008). In der Kollegialen Hospitation, die bei *treffpunkt sprachen* seit mehreren Jahren erfolgreich Anwendung findet, finden sich zwei Lehrende zusammen (eine erweiterte Form der Kollegialen Hospitation siehe „Sprachenlernen mit Erwachsenen" in diesem Beitrag), die im Unterricht der Kollegin/ des Kollegen hospitieren und diesen im Rahmen von Gesprächen reflektieren und mitentwickeln. Begleitet werden sie dabei von mir als didaktischem Coach und pädagogischem Berater. In einem Erstgespräch wird über den Ablauf der Hospitation gesprochen (Dauer, Ausmaß, kollegiale und nicht bewertende Atmosphäre, Hospitationskriterien bzw. vereinbarte Beobachtungskriterien; diese können je nach Schwerpunktsetzung und Interessen eher den methodisch-didaktischen Wirkungsbereich oder den Lehrauftritt und die Lehrendenpersönlichkeit betreffen; bei Zweitem bietet sich die Hospitation in einer fachfremden Sprache an, denn dies lenkt vom Fokus der Sprachvermittlung ab). Generell gibt es dabei die Möglichkeit, die Beobachtungskriterien breit zu fassen (siehe Abbildung „Kollegiale Hospitation" im Anhang) bzw. auf einige Aspekte zu fokussieren. Anhand eines ausgefüllten Beobachtungsbogens bzw. eigener Notizen gibt es im Anschluss an die Hospitationen, die sich von einer Unterrichtsstunde bis hin zu einem Monat ziehen können, ein moderierendes Gespräch, in dem Lernerfahrungen, jeweilige Stärken und Entwicklungsmöglichkeiten in einem wiederum geschützten Rahmen besprochen werden. Der Abschluss der Kollegialen Hospitation wird mit Unterschriften bestätigt und kann so als eine Fort- und Weiterbildungsmaßnahme gesehen werden. Die Rückmeldungen der Lehrenden sind durchwegs positiv: Sie erweitern ihr Methodenrepertoire, lernen neue Unterrichtsstile kennen, beobachten den Umgang mit Gruppen und Studierenden, bekommen eigene Probleme von einer Außenperspektive gespiegelt und vieles mehr. Zudem lernen sie einander kennen und entwickeln bisweilen Freundschaften.

Bildung auf formaler Lernebene

Auf formaler Ebene sind innerhalb eines Weiterbildungssystems die regelmäßigen Lehrendenfortbildungen zentral. Pro Semester wird eine Fortbildung angeboten. Diese richten sich nicht nur an die LektorInnen von *treffpunkt sprachen*, sondern auch, je nach Themenstellungen, an andere Sprachen- und Hochschullehrende. Die Themen der vornehmlich ganztätigen Veranstaltungen, die mit einer Teilnahmebestätigung abschließen, variieren je nach geäußerten Interessen und Lern- und Entwicklungsbedürfnissen. In jedem Fall sind es eigens konzipierte und auf den Bedarf zugeschnittene Veranstaltungen, die zum einen von mir selbst konzipiert und durchgeführt werden, zum anderen von interessierten Lehrenden oder externen FachexpertInnen. Die Fortbildungen sind meist sprachenübergreifend ausgerichtet, wobei die Lehrenden in den Evaluierungen vor allem die Möglichkeit zum gegenseitigen Erfahrungsaustausch immer wieder betonen. Diese Veranstaltungen sind tendenziell praxisorientiert, basieren aber auf wissenschaftlichen Theorien und werden durch theoretische Aspekte unterstützt, wodurch sie sich von gängigen „Train-The-Trainer"-Veranstaltungen absetzen. Die große Herausforderung für die ErwachsenenbildnerInnen und LehrveranstaltungsleiterInnen besteht in der Zielgruppe „Sprachenlehrende verschiedener Sprachen", da es gilt, die verschiedenen Lehrhaltungen (meist kulturell bedingt) und spezifischen Zugänge zur Sprache zu berücksichtigen (Lehrende, die etwa ausschließlich fachspezifische Englischkurse unterrichten, richten einen anderen Fokus auf die Fortbildung als Lehrende, die Deutschkurse auf Basisniveau abhalten). Es ist eine Herausforderung, die Fortbildungskonzepte so auszurichten, dass sie alle Lerninteressen abdecken. Als Beispiele seien einige Fortbildungen der letzten Studienjahre erwähnt: Gendersensible Sprachenlehre, Kreativität als sprachendidaktisches Prinzip, Auftreten und Kommunikation für Sprachenlehrende, Heterogenität als Chance und Herausforderung, die Lehrendenpersönlichkeit in Lehr- und Lernprozessen, konstruktivistisches Sprachenlernen.

Auf formaler Lernebene wurde von mir für *treffpunkt sprachen* die hochschuldidaktische Aus- und Weiterbildung „Sprachenlernen mit Erwachsenen" konzipiert. Zum einen sollte damit die Möglichkeit geschaffen werden, Lehrenden eine hochschuldidaktische Ausbildung auf wissenschaftlichem Niveau sowie ein Lernarrangement auf formaler Lernebene zu bieten. Die Ausbildung ist berufsbegleitend und in modularer Form angelegt. Neben den vier Blockmodulen mit voller Anwesenheitspflicht gibt es Seminar- und Reflexionsarbeiten zu erledigen; des Weiteren sind ein Praktikum und eine Kollegiale Hospitation zu absolvieren. Innerhalb der Ausbildung wird mit verschiedenen Lernformen gearbeitet. Neben dem Lehrvortrag und aktuellen wissenschaftlichen Inhalten sind der gemeinsame Erfahrungsaustausch bzw. das erfahrungsgeleitete Lernen zentral (vgl. Unger-Ullmann 2011). Gerade im gemeinsamen Diskurs und im Austausch miteinander wird die berufliche Praxis auf hohem Niveau reflektiert und gewinnbringend weiterentwickelt. Eine konzeptionelle Besonderheit der Ausbildung stellt die gezielt eingesetzte *Zielgruppenheterogenität* dar. Diese Zielgruppenheterogenität wird in „Sprachenlernen mit Erwachsenen" als strategisches didaktisches Prinzip eingesetzt und präsentiert sozusagen den Alternativpol zu der gängigen fachdidaktischen Kategorie *Zielgruppenorientierung* (vgl. Siebert 2003). Basierend auf dem Stellenwert des erfahrungsgeleiteten Lernens und dem Erfahrungsaustausch als zentraler Lernform (diese wird moderierend und unter Zuhilfenahme verschiedenster Sozialformen, die wiederum in die eigene Lehrpraxis einfließen können, umgesetzt) richtet sich das Prinzip der Zielgruppenheterogenität nach den erwähnten Kompetenzstufen *Novize/Novizin, Fortgeschrittene/r, Kompetente/r, Gewandte/r, Experte/Expertin* (vgl. auch Cendon 2010, S. 46f.). So sind in der hochschuldidaktischen Ausbildung nicht nur LektorInnen und angehende HochschuldidaktikerInnen vertreten, sondern auch Studierende im Masterstudium oder in einer fortgeschrittenen Lehramtsausbildung sowie Native Speakers, denen es an einer didaktischen und erwachsenenbildnerischen Ausbildung fehlt. Auch LehrerInnen mit Schulpraxis haben die Möglichkeit, mit der Ausbildung ihr berufliches Handlungsfeld auszubauen. Dies erfordert natürlich ein darauf ausgerichtetes didaktisches Konzept sowie die notwendige Flexibilität in Lernprozessen bzw. Lernwünschen. Zentral dabei ist eine selbstregulierende und eigenverantwortliche Lernhaltung seitens der Teilnehmenden, die vor der Ausbildung besprochen wird. Der Lehrveranstaltungsleiter wird in diesem zielgruppenheterogenen Rahmen vor allem zu einem Moderator, der *sich selbst entwickelnde Lernprozesse* steuert, lenkt und für jede/jeden Teilnehmende/n in gewinnbringende Bahnen lenkt. Individuelle Betreuung und Coaching nehmen dabei einen großen Stellenwert ein, sodass die Lehrperson regelmäßig verschiedene Rollen einnehmen muss, vom Vortragenden, zum Moderator bis hin zum Beratenden. Wichtig dabei ist die emphatische Haltung von Seiten der Lehrperson im konstruktivistischen Sinne (vgl. Hofer 2011). Auch die Professionals mit langjähriger Berufserfahrung nehmen in der Ausbildung mehrere Rollen ein und unterstützen während und zwischen den Ausbildungsphasen die NovizInnen (etwa Studierende ohne Unterrichtserfahrung), indem sie von ihren Wissensressourcen berichten. Sie sind zum einen Teilnehmende, werden aber selbst zu Ausbildenden. Dies nicht nur während der Unterrichtsphasen (durch speziell angeleitete Übungen, Sozialformen und Lernszenarien), sondern auch im Rahmen der integrierten Praktika und Kollegialen Hospitationen. So haben Philologie-Studierende als NovizInnen den Auftrag, in Lehrveranstaltungen der Professionals ein Praktikum zu absolvieren. Sie übernehmen selbst Unterrichtseinheiten von Lehrveranstaltungen ausgewählter Professionals und hospitieren in deren Lehrveranstaltungen. So haben sie die Möglichkeit, eigene Unterrichtskonzepte zu entwerfen sowie Raum und Zeit, sich Wissen über Beobachtung anzueignen. Gemachte Erfahrungen werden mit den jeweiligen Professionals sowie gemeinsam in der Ausbildung besprochen. Professionals wiederum, die über eigene Lehrveranstaltungen und langjähriger Unterrichtspraxis verfügen, organisieren im Rahmen der Ausbildungen Kollegiale Hospitationen bei und mit mehreren KollegInnen, wobei man von erweiterten Kollegialen Hospitationen sprechen könnte. Gemachte Erfahrungen werden im Anschluss innerhalb von peer groups reflektiert. So erweist sich die gezielt eingesetzte Zielgruppenheterogenität auf mehreren Ebenen als gewinnbringend. Professionals haben die Gelegenheit, ihren Wissenshorizont aus mehreren Perspektiven zu erweitern und NovizInnen ein vielschichtiges „Wissensnetz", in dem sie beobachtend und selbstentdeckend lernen können. Es ist erstaunlich, wie sich die Teilnehmenden auf diese Weise gegenseitig stützen und wie wohlwollend sie andere an ihrem Wissen teilhaben lassen. Einmal mehr gilt: Lehre ist Teamarbeit und Teamentwicklung. Innerhalb der Ausbildung haben Kompetente und Professionals eine ihrer eigenen Lehrveranstaltungen zu reflektieren (siehe Abbildung 2) und sich kontinuierlich auf einer metakognitiven Ebene zu bewegen. So wird, wie es Angelika Thielsch gezeigt hat, selbstkompetentes Verhalten und Schaffen gefördert und entwickelt. Ergänzend werden in Folge die wichtigsten Ziele sowie Inhalte der einzelnen Module aufgelistet:

Ziele der Ausbildung:
* Weiter- und Zusatzausbildung für den Sprachenunterricht mit Erwachsenen
* Praxisorientierung und Berücksichtigung aktueller Forschungsergebnisse
* Qualitative Verbesserung der Lehrtätigkeit sowohl in methodischer als auch in theoretischer Hinsicht
* Erwachsenenbildnerisches und hochschuldidaktisches Grundlagenwissen

- Erwerb von Handlungs- und erwachsenenpädagogischer Kompetenz

Zielgruppen:
- Sprachenlehrende
- Sprachenstudierende
- PädagogInnen und Pädagogik-Studierende mit sprachlicher Zusatzqualifikation
- MuttersprachlerInnen ohne didaktisch-methodische Ausbildung

Module:

Sprachenlernen mit Erwachsenen 1: Wissenschaftliche, methodische und didaktische Grundlagen der Erwachsenenbildung

In diesem Seminar beschäftigen sich die Teilnehmenden mit Prinzipien, Grundlagen und den Besonderheiten der Erwachsenenbildung, auch im Vergleich zu anderen Handlungsfeldern der Bildung. Kernelemente derartiger Überlegungen sind: lebensbegleitendes Lernen, wissenschaftstheoretische Hintergründe, lerntheoretische Modelle zur Kompetenzentwicklung, offene und geschlossene Lernformen, formales und non formales Lernen. Daraufhin wird ein Bogen zu sprachendidaktischen Überlegungen geschlagen, wobei in Folge die Makroebene des Sprachenunterrichtes und der Sprachenlehre von Interesse ist: Die Teilnehmenden erstellen eigenständige Unterrichtskonzepte, wobei unterschiedliche Lernformen, wie autonomes oder interkulturelles Lernen, Aspekte des Medieneinsatzes, Möglichkeiten und Instrumente zur Leistungsbewertung und (Selbst-)Evaluierung Berücksichtigung finden.

Sprachenlernen mit Erwachsenen 2: Kompetenzorientiertes Sprachenlernen: Sprechen – Schreiben – Grammatik – Wortschatz

Aufbauend auf den Inhalten zu „Sprachenlernen mit Erwachsenen 1" und dem Wissen um Aspekte einer kommunikativ-interaktiven sowie kompetenzorientierten Didaktik im Hintergrund (die Termini und Zugänge zu „Interaktion", „Kommunikation" und „Kompetenz" finden besondere Berücksichtigung) beschäftigen sich die Teilnehmenden mit der Mikrostruktur der Sprachenlehre, sprich der methodischen Ebene einzelner Lehr- und Unterrichtssegmente. Folgende Bereiche werden behandelt und abgedeckt: Elemente, die Bildungsveranstaltungen an sich betreffen: „Vorstellen", „Auflockern – Konzentration", „konstruktives Feedback", Methoden einer Selbst-Evaluierung; Übungen zur Förderung der Schreibkompetenz mit der Ausrichtung: „Schreiben kann auch gemeinsam stattfinden"; Kommunikative und interaktive grammatikalische Inhalte mit der Ausrichtung: „Weg mit den Einsetzübungen"; Möglichkeiten zur Erarbeitung und zum Ausbau des Wortschatzes. Es sollen Möglichkeiten aufgezeigt werden, Sprachenlehre ohne vollkommene Orientierung auf ein Lehrbuch gestaltbar zu machen. Diverse Unterrichtsmethoden werden veranschaulicht mit Blick auf unterschiedliche Handlungsfelder und Zielgruppen. Einzelne kommunikativ und interaktiv orientierte Methoden werden selbst entwickelt, mit dem Wissen im Hintergrund, was es bedeutet, kommunikative Sprachlehrkonzeptionen vorzunehmen.

Sprachenlernen mit Erwachsenen 3: Die heterogene Lernendengruppe: Herausforderungen, Chancen, Umgangsmöglichkeiten

Erwachsenenbildung sowie Sprachenlehre sind häufig von Heterogenität geprägt. Das Seminar stellt das Phänomen sowie das Konstrukt der Heterogenität ins Zentrum, wobei auch auf theoretische Aspekte im gesamtgesellschaftlichen Zusammenhang eingegangen wird. Lernende divergieren: Lernniveaus, Lernvoraussetzungen, Lernmotivation, soziokulturelle Hintergründe können verschieden sein. Dies soll in der Planung und Gestaltung einer Lehrveranstaltung berücksichtigt werden. Die Teilnehmenden diskutieren Möglichkeiten, eine Lernendengruppe zu moderieren und zu steuern und trotzdem Aspekten einer lernendenzentrierten Didaktik Folge zu leisten. Die Teilnehmenden sollen in der Lage sein, sich auf dynamische und alternierende Zielgruppen einzustellen und ihre methodisch-didaktische Kompetenz drauf abzustimmen. Vertiefend wird auf Lernformen und Unterrichtsinstrumente, die diesbezüglichen Stellenwert innehaben, eingegangen: Selbsteinstufung und Selbstevaluierung, autonomes und mediengestütztes Lernen, Gender und Diversity in der Sprachenlehre, interkulturelles Lernen. Es gilt: „Es ist normal, verschieden zu sein".

Sprachenlernen mit Erwachsenen 4: Beurteilen – Bewerten – Evaluieren
Schriftliche oder mündliche Prüfungen zu konzipieren, durchzuführen und zu bewerten ist gleichermaßen zentrale Anforderung an Lehrende wie ein vernachlässigter Aspekt in vielen Ausbildungszweigen. Von Sprachlehrenden wird professionelles und kompetentes Prüfen und Beurteilen erwartet, die geforderten Kompetenzen sind zahlreich: Lernenden-, kompetenz- und handlungsorientiertes Prüfen; konstruktives Abgleichen von Lernzielen, Lehrmethoden und Prüfungsformen (Alignment); Wissen über verschiedene Prüfungsformate, geeignete Bewertungskriterien und deren Gewichtung; Orientierung an testtheoretischen Gütekriterien (Objektivität, Validität, Reliabilität); angemessenes Prüfungsverhalten etc. Ziel dieses Seminars ist es, die Teilnehmenden zu einer kritischen Reflexion ihrer Prüfungspraxis anzuregen und sie mit dem „State of the Art" im didaktisch-wissenschaftlichen Diskurs zum Thema Assessment vertraut zu machen. Zu diesem Zweck wird auf genug Raum für gegenseitigen kollegialen Austausch über Test- und Prüfungsformate und das eigenständige Erarbeiten verschiedenster formativer und summativer Beurteilungsformen Wert gelegt.

Sprachenlernen mit Erwachsenen 5: Lehrhaltungen und Lehrendenrollen: Potentiale, Selbstbetrachtung, Praktikumsreflexion
Dieses Seminar richtet den Fokus auf den/die Teilnehmenden als Lehrperson und Erwachsenenbildner. Das Lehr- und Lerngeschehen ist zu einem großen Teil geprägt von der Interaktion zwischen Lernenden und Lehrenden. Gesprochen werden kann von einer „Lernendenbeziehung". Dabei ist natürlich die Arbeitsweise sowie das Auftreten von Bedeutung. Das Ausmaß der Lernmotivation hängt zum Teil mit dem „lernenden Ich" zusammen. Die Teilnehmenden arbeiten am Rollenverständnis eines fachorientierten Erwachsenenbildners. Moderne und innovative Kompetenzkonzepte ergeben ein facettenreiches Lehrendenverständnis: Wie gehe ich in meiner Rolle als Fachvortragender vor, wie in meinem Auftrag als Moderator und Coach? Eigene Stärken und Verbesserungspotentiale sollen exploriert werden. Coaching- und Reflexionsstrategien helfen dabei. Zudem findet eine Reflexion und Supervidierung des begleitenden Praktikums statt.
    Zur Abrundung werden einige Rückmeldungen von Lehrenden und Studierenden betreffend der Praktika und Kollegialen Hospitationen angeboten:
    Es war sehr interessant und sehr lehrreich auch andere Methoden und Zugangsweisen kennenzulernen, zu sehen, wie andere die Einheit aufbauen und mit Inhalten füllen. Man sieht den Unterricht aus einem anderen Blickwinkel (es ist so wie beim Autofahren, einmal

auf dem Beifahrersitz zu sitzen). Ich habe bei den KollegInnen eine tolle Methodenvielfalt und eine strenge zeitliche Planung der Einheit erfahren. (eine Lehrende)

Eva bei ihrer Tätigkeit zu beobachten war in erster Linie neu für mich, spannend und sehr interessant. Ich war erstaunt über die große Harmonie, die in der Gruppe herrschte (…) Die Hospitationen waren für mich sehr sinnvoll. Eva wurde zu meinem Vorbild in Sachen Unterrichten, denn es gab kaum Dinge, die ich bei ihrer Art zu unterrichten zu kritisieren hatte. Der Kurs lief dynamisch und farbenfroh ab. Farbenfroh im Sinne von abwechslungsreich, spannend und harmonisch. Was ich sehr bewunderte, war die Neugier, die Eva bezüglich ihrer Kursteilnehmer hatte. Jede Meinung zählte. Selbst wenn Studierende Antworten gaben, die unpassend waren, Eva hörte sie an und nahm sie ernst. Das Interesse und die Neugier schafften ein sehr freundschaftliches Miteinander, das ich bewunderte. (Eine Studierende)

Die Hospitation bei meinen Kolleginnen für Französisch und Deutsch als Fremdsprache hat mir großen Spaß gemacht. Einerseits war es einmal eine große Abwechslung, sich intensiv mit einer anderen Sprache als der eigenen zu beschäftigen und andererseits war es sehr interessant zu beobachten, wie die Kolleginnen agieren, sowohl was den Inhalt und die Methodik ihrer Kurse betrifft, als auch die persönliche Komponente; also, wie sie sich präsentieren, wie sie mit kritischen Situationen umgehen und wie sie auf einzelne Studierende eingehen. Besonders sinnvoll erscheint mir so eine Hospitation, da man die Kolleginnen in Aktion und die Anwendung ihres Repertoires in der Praxis erlebt. Manche Dinge hat man aus der eigenen Lehrtätigkeit wiedererkannt, während andere wie eine Art „Aha-Erlebnis" gewirkt haben und man einiges aus diesen Erfahrungen mitnehmen kann. Durch die Beobachtungen der Kolleginnen reflektiert man auch das eigene Tun und überlegt sich, wie man es besser machen könnte. (Eine Lehrende)

Abschließende Bemerkungen

Die vorangegangen Reflexionen zum Lernen an der Hochschule legen einen weitgefassten Lernzugang nahe. Eine Institution oder eine Hochschule, die hochschuldidaktische Konzepte überlegt und entwirft, sollte Lern- und Entwicklungsmöglichkeiten auf einem breiten Spektrum in jeglichen Bildungsentwurf integrieren. Hochschuldidaktisches Lernen findet, mehr als in anderen Bildungsbereichen, vernetzt und miteinander verschränkt auf informellen, formalen und non-formalen Lernebenen statt. Die autodidaktischen Wurzeln und Traditionen sowie eine lernendenzentrierte Lehr- und Lernkultur, in der die moderne Hochschuldidaktik fußt, legt die Konzeption von Bildungsmaßnahmen und Lernszenarien nahe, die vor allem die Selbstkompetenz von Lehrenden und in weiterer Folge auch von Lernenden fördern sowie selbstregulierte und selbstverantwortliche Lernprozesse auslösen und ermöglichen. Für eine/n HochschuldidaktikerIn geht es vermehrt darum, Lernatmosphären zu kreieren, in denen Lehrende auf vielfältige Weise lernen und ihre Wissensressourcen auf erfahrungsorientierte Weise verarbeiten können. Im Falle von *treffpunkt sprachen* – Zentrum für Sprache, Plurilingualismus und Fachdidaktik sind solche „Lernatmosphären" in folgenden Settings zu sehen: Gespräche in einem kollegialen Rahmen, persönliche Beratungen und Coachings, expertenorientierte Arbeitsgemeinschaften, punktuelle und themenbezogene Fort- und Weiterbildungen, Kollegiale Hospitationen und Ausbildungsmodule, wobei dem gemeinsamen Erfahrungsaustausch und der Selbstreflexion eine besonderer Stellenwert zukommt. Eine breit gefächerte Lernauffassung meint auch, innerhalb dieser Lernatmosphären und auf allen Lernebenen verschiedene Lernformen anzuregen, wie zum Beispiel autonomes Lernen, Lernen mit Neuen Medien, entdeckendes Lernen, erfahrungsbasiertes Lernen oder kooperatives Lernen (vgl. etwa Faulstich 2003). Fördert die Hochschule die Entwicklungsbedürfnisse und Weiterbildungsinteressen ihrer Hochschullehrenden auf diesen Ebenen und folgt sie einer einfühlenden und interaktiven Haltung, ist eine Win-Win-Situation für Hochschule und ihre Lehrenden gegeben. Ich schließe meine Überlegungen mit einer pädagogischen Zielsetzung von Werner Lenz, die im Zeichen der skizzierten Selbstentfaltung steht: „Individuelle Existenz mit sozialen Beziehungen und selbstbestimmtem Lernverhalten ermöglichen" (Lenz 2005, S. 119).

Bibliografie

Arnold, Rolf/ Krämer-Stürzl, Antje/ Siebert, Horst (2005): Dozentenleitfaden. Planung und Unterrichtsvorbereitung in Fortbildung und Erwachsenenbildung. Berlin: Cornelsen.

Baranova, Sanita/ Koke, Tatjana (2011): Fächerübergreifende hochschuldidaktische Weiterbildung für Lehrende der universitären Lehrerbildung: im Kontext Europas und aus der Perspektive Lettlands. In: Jahnke, Isa/ Wildt, Johannes (Hrsg.): Fachbezogene und fächerübergreifende Hochschuldidaktik. Bielefeld: Bertelsmann. S. 55-68.

Cendon, Eva (2010): Kompetenz- und Lernergebnisorientierung: Neue Perspektiven für die Umsetzung von lebenslangem Lernen. In: Schröttner, Barbara/ Hofer, Christian (Hrsg.): Kompetenzen – Interdisziplinäre Rahmen. Competences. Interdisciplinary Frameworks. Graz: Leykam Grazer Universitätsverlag. S. 41-52.

Cendon, Eva (2011): Lernen und Zukunft. Die Universität an der Schnittstelle von Theorie und Praxis. In: Schröttner, Barbara/ Hofer, Christian (Hrsg.): Looking at learning. Higher Education. Language. Place/ Blicke auf das Lernen. Hochschule. Sprache. Ort. Münster/New York/München/Berlin: Waxmann. S. 41-54.

Faulstich, Peter (2003): Weiterbildung. Oldenbourg. München.

Grazei, Claudia (2011): Lebensweltlich orientierter Philosophieunterricht. Über neue Methoden zur alltagsbezogenen Förderung philosophischer Kompetenzen. Universität Graz. Hochschulschrift.

Hofer, Christian (2006): Blicke auf das Schreiben. Schreibprozessorientiertes Lernen. Theorie und Praxis. Wien: LIT-Verlag.

Hofer, Christian (2009): SprachKompetenzProfil. Ein Projekt der Eigenverantwortlichkeit in der globalisierten Welt. In: Schröttner, Barbara/ Hofer, Christian (Hrsg.): Education-Identity-Globalization. Bildung-Identität-Globalisierung. Graz: Leykam Grazer Universitätsverlag. S. 153-182.

Hofer, Christian (2010): Kompetenzen in Spannungsfeldern. Vielfalt als Chance begreifen. In: Schröttner, Barbara/ Hofer, Christian (Hrsg.): Kompetenzen – Interdisziplinäre Rahmen. Competences. Interdisciplinary Frameworks. Graz: Leykam Grazer Universitätsverlag. S. 29-40.

Hofer, Christian (2011): Lernen und Didaktik. Skizze eines konstruktivistischen Sprachenlernens. In: Schröttner, Barbara/ Hofer, Christian (Hrsg.): Looking at learning. Higher Education. Language. Place/ Blicke auf das Lernen. Hochschule. Sprache. Ort, Münster/New York/München/Berlin: Waxmann. S. 113-125.

Kampitz, Peter (2011): Ein Wegweiser zum „Savoir-vivre". In: Wiener Zeitung. 31. Mai. S. 13.

Lenz, Werner (2005): Bildung im Wandel. LIT-Verlag. Wien.

Kröber, Edith und Birgit Szczyrba (2011): Zwischen disziplinärer Herkunft und hochschuldidaktischer Identität – Auf dem Weg zu professionellen Standards in der Hochschuldidaktik. In: Jahnke, Isa/ Wildt, Johannes (Hrsg.): Fachbezogene und fächerübergreifende Hochschuldidaktik. Bielefeld: Bertelsmann. S. 69-80.

Paetz, Nadja-Verena/ Ceylan, Firat/ Fiehn, Janina/ Schworm, Silke/ Harteis, Christian (2011): Kompetenz in der Hochschuldidaktik. Ergebnisse einer Delphi-Studie über die Zukunft der Hochschullehre. Wiesbaden: VS Verlag.

Schlee, Jörg (2008): Kollegiale Beratung und Supervision für pädagogische Berufe. Hilfe zur Selbsthilfe. Ein Arbeitsbuch. Stuttgart: Kohlhammer.

Siebert, Horst (1997): Didaktisches Handeln in der Erwachsenenbildung. Neuwied: Luchterhand.

Thielsch, Angelika (2011): Learning and Self-Direction. Ways to foster self-directed learning in Higher Education. In: Schröttner, Barbara/ Hofer, Christian (Hrsg.): Looking at learning. Higher Education. Language. Place/ Blicke auf das Lernen. Hochschule. Sprache. Ort. Münster/New York/München/Berlin: Waxmann. S. 55-70.

Tremp, Peter (2009): Hochschuldidaktische Forschungen – Orientierende Referenzpunkte für didaktische Professionalität und Studienreform. In: Schneider, Ralf/ Szczyrba, Birgit/ Welbers, Ulrich/ Wildt, Johannes (Hrsg.): Wandel der Lehr- und Lernkulturen. Bielefeld: Bertelsmann. S. 206-219.

Unger-Ullmann, Daniela (2011): Lernen und Management. Prozessorientiertes Arbeiten und erfahrungsgeleitetes Lernen im Bildungs- und Lehrmanagement. In: Schröttner, Barbara/ Hofer, Christian (Hrsg.): Looking at learning. Higher Education. Language. Place/ Blicke auf das Lernen. Hochschule. Sprache. Ort. Münster/New York/München/Berlin: Waxmann. S. 83-100.

Webler Wolff-Dietrich (2003): Lehrkompetenz – über eine komplexe Kombination aus Wissen, Ethik, Handlungsfähigkeit und Praxisentwicklung. In: Welbers, Ulrich (Hrsg.): Hochschuldidaktische Aus- und Weiterbildung. Grundlagen – Handlungsformen – Kooperationen. Bielefeld: Bertelsmann. S. 53-82.

Wildt, Johannes (2011): Ein Blick zurück – Fachübergreifende und/oder fachbezogene Hochschuldidaktik: (K)eine Alternative? In: Jahnke, Isa/ Wildt, Johannes (Hrsg.): Fachbezogene und fächerübergreifende Hochschuldidaktik. Bielefeld: Bertelsmann. S. 19-36.

Interaktion und Kommunikation	+		-
Förderung der Kommunikation/Interaktion zwischen den Studierenden			
Förderung der kommunikativen Kompetenz			
Umgang mit wenig motivierten Lernenden-Lösungsstrategien			
Rhetorische Aspekte: Blickkontakt, Körpersprache, Auftreten etc.			
Einzelbetreuung ↔ Gruppenmoderation			
Konfliktsituationen			
Struktur und Aufbau	**+**		**-**
Gesamtstruktur der Einheit			
Klare Arbeitsanweisungen			
Offenlegen einzelner Lernziele			
Zeitliches Management			
Methodik und Didaktik	**+**		**-**
Medieneinsatz: Präsentation/ Visualisierung der Lerninhalte			
Methodeneinsatz: Vielfalt und Sinnhaftigkeit			
Aufteilung der 4 Kompetenzen			
Förderung des autonomen Lernens			

Sprache und Sprechen	+		-
Einsatz der Stimme und deutliches Sprechen			
Einsatz/Umgang mit verschiedenen Sprachen			
Anteil „teacher-talk"/Sprechzeit LehrendeR			

Mein Kommentar

Kommentar der/des Lehrenden

Datum: _____

Lehrveranstaltung:_____

Unterschrift Coach: _____

Unterschrift LehrendeR: _____

Abbildung 1

Lehrende/Lehrender: _____

Die Reflexion meiner Lehrveranstaltung _____ .

Bitte reflektieren Sie die folgenden Fragestellungen.

1.) Haben Sie in Ihrer Lehrveranstaltung Merkmale und Phänomene wiedererkannt, die für die Erwachsenenbildung typisch sind? Gibt es Merkmale, die typisch für das Lernfeld Universität sind? Beziehen Sie sich auf die in Modul 1 besprochenen Aspekte.

2.) Haben Sie in der Lehrveranstaltung „kritische Situationen" erlebt (Probleme mit Teilnehmenden, der Gruppe, dem Raum, den Medien etc.). Wenn ja, wie sind Sie damit umgegangen und haben Sie zufriedenstellende Lösungsstrategien entwickelt?

3.) Bitte systematisieren Sie ihre Lehrveranstaltung anhand des „Mobiles" von Arnold: Zielgruppe, Inhalte, Methoden, Ziele, Erfolgskontrolle-Beurteilung, Aufbau/Phasen, Rahmenbedingungen, Ausbilder, Medien, Lerngerüst (Einstieg/Ausstieg).

4.) Wie sind Sie an die Planung Ihrer Lehrveranstaltung herangegangen? Haben Sie vor Lehrveranstaltungsbeginn ein Konzept erstellt oder jede Einheit einzeln geplant? Gibt es etwas, was Sie im nächsten Semester anders machen wollen?

5.) Auf welche Weise haben Sie die kommunikative und interaktive Kompetenz der Studierenden gefördert?

6.) Haben Sie Elemente eines autonomen Lernens in Ihrer Lehrveranstaltung berücksichtigt? Wie Sind Sie vorgegangen?

7.) Beschreiben Sie bitte eine Methode, die Ihnen besonders zugesagt hat. Verwenden Sie dafür das Beschreibungsformular auf den „Interaktiven Sprachlernmethoden".

8.) Wie haben Sie die Lernendengruppe wahrgenommen, wie die Gruppendynamik? Zeichnete sich die Gruppe durch Homogenität oder Heterogenität aus? Welche Motivationsstrategien haben Sie eingesetzt, um den Lernprozess in der Gruppe zu stützen? Bitte schildern Sie Ihre Erfahrungen.

9.) Nach diesem Semester: Wie sehen Sie sich als Lehrperson? Welche Rollen, die sich aus dem Unterrichtsspektrum ergeben, sagen Ihnen besonders zu? Wo liegen Ihre Stärken, in welchen Bereichen würden Sie sich gerne verbessern und brauchen Sie Unterstützung? Wie wollen Sie dies erreichen?

10.) Haben Sie in der Lehrveranstaltung Formen des Feedbacks bzw. der Selbstevaluation durchgeführt?

11.) Sie haben im Zuge Ihrer Ausbildung im Unterricht einer Kollegin/eines Kollegen hospitiert. War dies sinnvoll für Sie? Was haben Sie insbesondere für sich und ihre eigene Lehrtätigkeit mitgenommen?

12.) Haben Sie in der Lehrveranstaltung unterschiedliche Lerntypen wahrgenommen? Wenn ja, welche und wie sind sie methodisch-didaktisch auf die Lernenden eingegangen?

13.) Nach Besuch der Module 1-5 und nach den Unterrichtserfahrungen: Wie würden Sie für sich „Sprachenlernen" definieren?

Danke für Ihr Engagement!

Abbildung 2

Ada Pellert

Rollenkonzepte in der akademischen Weiterbildung – eine Aufgabe für die Personalentwicklung

Abstract

Weiterbildung – als eine in den letzten Jahren verstärkt hinzugekommene Kernaufgabe der Hochschulen – ist ein eigenes Professionsfeld, das besondere Ansprüche an die didaktische und die Managementkompetenz des akademischen Personals stellt. Moderne, berufsbegleitende Weiterbildungskonzepte erfordern unterschiedliche Lernsettings und Lernarchitekturen, die in arbeitsteiliger Form die verschiedenen Rollen von Lehrenden mit einem funktionierenden Weiterbildungsmanagement verknüpfen müssen. Hochschulische Weiterbildung zeichnet sich darüber hinaus durch Forschungsbasierung und ein entsprechendes Reflexionsniveau aus. Daraus ergeben sich mannigfaltige Spannungsfelder, die in der Personalentwicklung thematisiert werden müssen, um ein nachhaltiges Engagement der Hochschulen in der Weiterbildung auch personell ermöglichen zu können.

Herausforderungen der wissenschaftlichen Weiterbildung

Die Hochschulen des deutschsprachigen Raumes beginnen erst langsam das Thema des Lebenslangen Lernens für sich als institutionelle Herausforderung zu begreifen. Die akademische Weiterbildung ist jener Bereich, mit dem Hochschulen meist beginnen, sich auf neue Zielgruppen vorzubereiten. Da die überwiegende Mehrheit der Hochschulen aber aktuell noch mit anderen Aufgaben intensiv beschäftigt ist (zum Beispiel mit dem verstärkten Zustrom von Studierenden durch doppelte Abiturjahrgänge und den Wegfall der Wehrpflicht sowie mit der Exzellenzinitiative in Deutschland, die sehr stark auf die forschungsgeleitete Profilierung der Hochschule abstellt), beschäftigen sich erst einige wenige Hochschulen systematisch mit der Herausforderung der Weiterbildung und deren Integration in ihre strategische Ausrichtung. In den letzten Jahren waren die Hochschulen im deutschsprachigen Raum vor allem damit befasst, nach geeigneten Formen der Institutionalisierung von Weiterbildung zu suchen (vgl. Hanft/Knust 2007). Die Aufgabe der Weiterbildung wurde oft an Vereine, GmbHs bzw. Institute ausgelagert, um die nötige Flexibilität in der organisatorischen und finanziellen Gestaltung der weiterbildenden Studienangebote zu erreichen.

Zunehmend wird nun aber über Ziel- und Leistungsvereinbarungen die Verpflichtung zur Entwicklung weiterbildender Angebote von staatlicher Seite im gesetzlichen Aufgabenkatalog der Hochschulen verankert. Mit Blick auf die mittelfristige sozioökonomische und demografische Entwicklung richtet der Staat verstärkt die Aufmerksamkeit auf diese neuen Aufgaben der Hochschulen. Dies zum einen über Indikatoren der Budgetierung oder über Ziel- und Leistungsvereinbarungen und zum anderen – wie gerade in Deutschland geschehen – durch ein groß angelegtes Projekt des Bundesministeriums für Bildung und Forschung (BMBF) in Form des Wettbewerbs „Aufstieg durch Bildung: offene Hochschulen" (vgl. BMBF 2011), um hierüber durch zusätzliche Projektgelder die Beschäftigung der Hochschulen mit neuen Zielgruppen zu stimulieren. Insbesondere in regionalen, eher peripheren Lagen beginnen zudem einzelne Hochschulen den demografischen

Wandel in Form von sinkenden Studierendenzahlen erstmals selbst zu spüren, wodurch die aktive Auseinandersetzung mit neuen Zielgruppen ebenfalls gefördert wird. Durch diese verschiedenen Initiativen und Einflüsse wird insgesamt die Mission des Lebenslangen Lernens verstärkt an die Hochschulen herangetragen und rückt damit langsam in den Fokus ihrer Aufmerksamkeit.

Weiterbildung – die besondere Herausforderung für Hochschulen

Weiterbildung von bereits berufserfahrenen Menschen, die einen eher problem- als disziplinbezogenen Zugang erfordert, ist dabei eine besondere Herausforderung für die ExpertInnenorganisation Hochschule, denn diese ist in ihrer klassischen Struktur durch disziplinorientierte Angebotsorientierung gekennzeichnet: „Societies have problems, universities have departments" lautet ein treffendes Bonmot der Hochschulforschung. Die ExpertInnenorganisation hat erhebliche Schwierigkeiten, sich als ganze Organisation sozusagen von außen zu betrachten und eine systematische Nachfrageorientierung in ihre Studiengänge einzubauen. Gelungene Weiterbildungsaktivitäten setzen jedoch bei einer Analyse der potenziellen Nachfrage an. Am Anfang muss die Frage stehen „Wen wollen wir erreichen, und wie sehen die konkreten Bedürfnisse dieser Zielgruppe aus?" Durch das Bearbeiten vorhandener Analysen und Studien sowie durch Befragungen (z.B. von Arbeitgeber-, Arbeitsmarkt- oder Berufsfeldvertretern), kann die Hochschule sich in einem ausgewählten Berufs- oder Praxisbericht dieser Nachfragesicht annähern. Es geht darum, möglichst vielfältige Rückkoppelungsschleifen zu etablieren, um Angebots- und Nachfrageentwicklung in ein ausgewogenes Gleichgewicht zu bringen. Nachfrageorientierung bedeutet dabei nicht, sich an einen einmal erhobenen Bedarf einer bestimmten Zielgruppe anzupassen. Die Hochschule muss vielmehr und genauso intensiv darüber nachdenken, wofür sie steht, was sie besonders gut kann und mit welchen Stärken sie eine Zielgruppe ansprechen möchte.

Der Einstieg in den hoch kompetitiven Weiterbildungsmarkt bedeutet für Hochschulen vor allem, dieses permanente Zusammenspiel zwischen Angebotsorientierung und Nachfragesicht adäquat zu organisieren. Die Auseinandersetzung mit den Bedürfnissen einer Zielgruppe ist ein besonderes Kennzeichen der hochschulischen Weiterbildung und stärker ausgeprägt als im grundständigen Bereich, da man es mit Zielgruppen zu tun hat, die ihren Bedarf schon eher artikulieren können als 20-Jährige im Rahmen ihrer Erstausbildung. Gleichwohl ist der dynamische Arbeitsmarkt des 21. Jahrhunderts dadurch gekennzeichnet, dass die Entwicklungen und damit der Bedarf des nächsten Jahrzehnts sich nicht exakt prognostizieren lassen und daher immer eine gemeinsame Interpretation dieser Bedürfnisse vonnöten ist. Um mit John Erpenbeck und Volker Heyse (vgl. Erpenbeck/ Heyse 2007) zu sprechen, geht es bei der Kompetenzentwicklung des 21. Jahrhunderts vor allem darum, Handlungsfähigkeit in ergebnisoffenen Situationen mit zu unterstützen. Das bedeutet für die Angebotsentwicklung in der hochschulischen Weiterbildung eine Öffnung für die Ansprüche externer Gruppierungen und vor allem die Etablierung adäquater Kommunikationsorte, damit dieser Dialog alle Phasen der Angebotsentwicklung begleiten und in zyklischen Verbesserungsschleifen zu immer höherer Passgenauigkeit von Angebot und Nachfrage beitragen kann. Wesentliche Voraussetzungen für ein erfolgreiches Engagement in der Weiterbildung sind somit: die Neugier, mehr über das „Fremdbild" der eigenen Einrichtung bei verschiedenen externen Anspruchsgruppen zu erfahren, die institutionsinterne Aufmerksamkeit für das Thema, die Formulierung von eigenen Stärken und Schwächen sowie eine Auseinandersetzung mit den generellen Anforderungen und Erwartungen an hochschulische Weiterbildung. Die meisten Menschen sehen Hochschulen dann als geeignete Orte der Weiterbildung an, wenn sie eine ausgewogene Mischung zwischen wissenschaftlicher Reflexion, Forschungsbasierung und Praxisorientierung vorfinden. Wenn das Interesse an der Entwicklung von Praxisfeldern, an neuen Partnerschaften und an der Auseinandersetzung mit unterschiedlichen Handlungslogiken heterogener Akteurinnen und Akteure gegeben ist, dann ist ein wichtiges Fundament für ein erfolgreiches Engagement in der Weiterbildung gelegt. Es darf aber nicht übersehen werden, dass die institutionellen Rahmenbedingungen der Hochschulen sowie die Karriereanreize und die bislang stark rechtliche Steuerung nicht dazu angetan waren, diese Öffnung sehr stark zu unterstützen. Sie musste den vorhandenen Strukturen oft abgetrotzt werden.

Besonderheiten der Teilnehmerinnen und Teilnehmer

Es ist zu beobachten, dass das lange gelebte Selbstverständnis vieler Hochschulen immer weniger zu den sich rasant verändernden Lebensläufen und Berufsbiografien und den sich verändernden gesellschaftlichen Rahmenbedingungen einer wissensbasierten Gesellschaft passt (vgl. Kerres und andere 2012). Organisation und Inhalte vieler hochschulischer Studienangebote gehen immer noch davon aus, dass die berufliche Entwicklung im Erwachsenenalter in klar gegliederten, nacheinander ablaufenden zeitlichen Phasen erfolgt: Nach dem Schulabschluss nimmt man ein Studium auf, mit Abschluss des Studiums beginnt man eine Berufstätigkeit und vielleicht bildet man sich dann im Laufe seiner Berufstätigkeit, eventuell von der Arbeitgeberin bzw. vom Arbeitgeber unterstützt, punktuell weiter. Strukturen und Leitbilder sind immer noch stark von der Vorstellung der 20-jährigen Vollzeitstudentin und des 20-jährigen Vollzeitstudenten durchdrungen, obwohl die Realität der Studierenden heute eine deutlich andere ist. Alle Untersuchungen zu „Nontraditional-Students" (vgl. Wilkesmann und andere 2012) zeigen, dass diese beinahe die Mehrheit der Studierenden ausmachen. Die Angebots- und Organisationsstrukturen der Hochschulen passen nur partiell zu diesen sehr vielfältigen Biografien und Lebensentwürfen. Studierende erwarten heutzutage vermehrt flexible Strukturen, die es ihnen ermöglichen, persönliche Lebensumstände, aber eben auch Berufstätigkeit mit dem Studium zu vereinbaren. Dies trifft sowohl für jene zu, die sich in der Erstausbildung an den Hochschulen befinden (vgl. Kerres und andere 2012) als auch und in besonderem Maße für Weiterbildungsstudierende. Gerade Studierende, die schon ein Erststudium abgeschlossen haben und erste Berufsjahre hinter sich gebracht haben, sind zumeist auf der Suche nach einem Studienmodell, das es ihnen zum einen ermöglicht, ihr Berufs- und Privatleben mit einem „Bildungsleben" zu kombinieren. Sie sind also an zeitökonomischen, flexiblen Studienangeboten und -strukturen interessiert. Zum anderen ist für diese Zielgruppe die Reflexion ihrer beruflichen Erfahrungen von besonderer Bedeutung. Hans G. Schuetze und Maria Slowey (2012, zitiert in Wolter 2011, S. 27) unterscheiden in Anlehnung an eine ältere OECD-Studie folgende Typen von „life long learners": „second chance learners" (z.B. Studierende des zweiten Bildungsweges), „deferrers" (z.B. Studierende, die nach dem Erwerb der Studienberechtigung zunächst eine Berufsausbildung absolvieren, erwerbstätig sind und erst danach ein Studium aufnehmen), „recurrent learners" (solche Studierende, die zum Erwerb eines weiteren akademischen Grades an die Hochschule zurückkehren – diese Gruppe wird mit der Einführung der neuen Bachelor/Master Studienarchitektur deutlich anwachsen), „returners" (z.B. vorübergehende Studienab- oder unterbrecherInnen, die ihr Studium zu einem späteren Zeitpunkt wieder aufnehmen), „refreshers" (die ihr Wissen und ihre Kompetenzen auffrischen wollen) oder „learners in later life" (z. B. Seniorenstudierende). Die bislang typischen Zielgruppen wissenschaftlicher Weiterbildung sind vor allem die „recurrent learners" und die „refreshers".

Rollen der Lehrenden

Der Lehrkörper eines Studiengangs muss jene Qualifikationen aufweisen, die für die Lehre in praxisbezogenen hochschulischen Weiterbildungsstudiengängen erforderlich sind. Insbesondere betrifft dies die wissenschaftliche Qualifikation, etwa ausgedrückt durch den Anteil an habilitierten Lehrenden und die berufspraktische Qualifikation, ausgedrückt durch einen entsprechenden Anteil an Praktikern und Praktikerinnen als Lehrende im Studienprogramm. Darüber hinaus müssen diese Erfahrungen in der Weiterbildung aufweisen, da diese Lehrsituation sich deutlich vom grundständigen Studium unterscheidet. Und die Lehrenden müssen das jeweilige didaktische Format kennen: Beispielsweise müssen Tutorinnen und Tutoren sich den besonderen Anforderungen der Konzeption von onlinebasierten Lerneinheiten stellen. Am Beispiel der an der Deutschen Universität für Weiterbildung, Berlin (DUW) eingeführten Lehrendenrollen soll im Folgenden kurz die Vielfalt der Rollen erläutert werden (vgl. DUW 2011).

Als *Dozentinnen* und *Dozenten* bezeichnen wir jene Lehrenden, welche die Präsenzphasen mit Fokus auf die Vertiefung berufspraktischer Handlungskompetenzen gestalten. Das Ziel der Präsenzphasen ist, dass die Studierenden adäquate Handlungsstrategien entwickeln und entsprechende Fähigkeiten, etwa auch im Bereich der Personal Skills und Soft Skills, erwerben können. Dozentinnen und Dozenten sind in der überwiegenden Zahl Hochschullehrende sowie Expertinnen und Experten aus der Praxis. Kollaboratives webbasiertes Lernen, unterstützt durch eine Lernplattform ist ein wesentliches weiteres Element des DUW Studienmodells. Hier sind Lehrende in zweifacher Rolle eingesetzt: zum einen als *Fachtutorinnen* und *Fachtutoren*, die Studierende in allen fachlichen Fragen unterstützen. Sie übernehmen innerhalb der Onlineeinheiten die Konzeption und das fachliche Tutoring und treten in regelmäßigen Kontakt mit den Studierenden über schriftliche Rückmeldungen (etwa zu den Lösungen von Einsendeaufgaben, E-Mail-Kontakte etc.). Sie beteiligen sich zudem aktiv am Geschehen auf dem Online-Campus und kommentieren Beiträge der Studierenden. Da nicht alle Fachtutorinnen und Fachtutoren für die onlinebasierte Lehr-Lern-Kommunikation ausgebildet sind, werden ihnen zum anderen *E-Tutorinnen* und *-Tutoren* zur Seite gestellt. Diese sind auf die Begleitung des Kommunikationsprozesses im Sinne der Moderation spezialisiert. Sie unterstützen die Konzeption, sie sind primäre Ansprechpartnerinnen und Ansprechpartner für die Studierenden, holen die Rückmeldung der Studierenden ein und reagieren auf spezifische Anforderungen. Alle Tutorinnen und Tutoren sind in der Regel Hochschullehrende oder Expertinnen und Experten aus der Praxis, das heißt, sie verfügen über Hochschulabschlüsse und umfassende wissenschaftliche bzw. berufsfeldbezogene Erfahrungen. In einigen Fällen sind sie gleichzeitig als Dozentinnen und Dozenten in den Präsenzveranstaltungen oder als Autorinnen und Autoren von Studienmaterialien tätig. Der Abstimmungsprozess ist dann natürlich einfacher, als wenn sich diese Rollen auf verschiedene Lehrpersonen verteilen. In diesen Fällen ist die Studiengangleitung besonders gefordert, die Abstimmung und die Kommunikation zwischen diesen verschiedenen Lehrendenrollen sicherzustellen. Die *Studiengangleitung* – meist eine wissenschaftliche Postdoc-Stelle – spielt eine zentrale Rolle für das Gelingen eines weiterbildenden Studiengangs. An diese Position werden besondere Anforderungen gestellt, vor allem entsprechende Berufsfeldkenntnisse, aber auch eine einschlägige hochschulische Ausbildung. Gleichzeitig kann die Studiengangleitung als eine Art Hybridaktivität zwischen Management und inhaltlicher Entwicklung angesehen werden. Ihr wird daher eine hohe Kommunikationsleistung abverlangt, sowohl im Hinblick auf die differenzierten Rollen des Lehrkörpers als auch im Hinblick auf die fachliche Beratung der Studierenden, deren wichtigste Anlaufstelle sie sind. In ihrer inhaltlich-konzeptionellen Arbeit wird die Studiengangleitung durch die *wissenschaftliche Gesamtleitung* eines Studiengangs unterstützt, die in der DUW jeweils durch eine Professur wahrgenommen wird. Die wissenschaftliche Gesamtleitung hat vor allem in der Konzeption, Entwicklung und qualitätsentwickelnden Begleitung des Studiengangs eine wesentliche Rolle inne. So entstehen die meisten Studienangebote über die Berufsfeld- und Praxiskontakte sowie die wissenschaftlich-praxisbezogenen Arbeiten dieser wissenschaftlichen Gesamtleitung. Neben dem Einbringen eines einschlägigen Kontaktnetzes und der Formulierung einer ersten Angebotsskizze ist es zudem Aufgabe der wissenschaftlichen Gesamtleitung, die Auseinandersetzung mit dem Berufsfeld in immer neuen Kommunikationsformen nicht abreißen zu lassen und darauf zu achten, dass die Zusammensetzung des Lehrkörpers in entsprechender Weise sowohl den Wissenschafts- als auch den Praxisbezug widerspiegelt. Unterstützt wird die wissenschaftliche Gesamtleitung dabei meistens durch einen *Fachbeirat,* der die Entwicklung und Durchführung eines Studienganges begleitet. Hier wird darauf geachtet, prominente Vertreterinnen und Vertreter des Praxisfeldes zu gewinnen, die gleichzeitig Interesse an einer inhaltlichen Entwicklung passgenauer Weiterbildungsangebote haben. Sie werden in einer für sie zeitlich passenden Form dafür gewonnen, immer auch einen „evaluierenden Blick" auf den Studiengang aus Sicht des Praxisfeldes zu werfen. Nicht zuletzt hat die Erstellung des *Lehrmaterials* im Blended-Learning-Modell der DUW einen hohen Stellenwert. Die Verfasserinnen und Verfasser dieser Studienmaterialien nehmen eine zentrale Position unter den Lehrenden ein, denn die Studienhefte sind die verschriftlichte Lehre der DUW und stellen ein Seminar in Schriftform dar. Die didaktisch aufbereiteten Studienhefte werden in Abstimmung mit der Studiengangleitung erstellt und laufend aktualisiert. Die Autorinnen und Autoren sind in der Mehrzahl Hochschullehrende von Präsenzhochschulen und zu einem kleineren Teil ausgewiesene Expertinnen und Experten aus der Praxis. Sie zeichnen sich durch die erfolgreiche Umsetzung theoretischer Ansätze und Methoden in ihrer jeweiligen beruflichen Praxis aus und stehen in besonderer Weise für das Gelingen des Praxishandelns. In einigen Fällen werden Studienhefte von Autorenteams verfasst (in der Regel bestehend aus einer Hochschullehrerin oder einem Hochschullehrer und einer Expertin oder einem Experten aus der Praxis).

Aufgaben für die Personalentwicklung

Die Entwicklung von Weiterbildungsangeboten betreffend hat die wissenschaftliche Leitung, wie bereits angedeutet, zumeist die Funktion, im Austausch mit dem jeweiligen Praxisfeld die Angebotsentwicklung zu initiieren. Das setzt aber voraus (dies zeigt sich an den meisten erfolgreichen hochschulischen Weiterbildungsangeboten), dass es sich um Wissenschaftlerinnen und Wissenschaftler handelt, die eine hohe intrinsische Motivation für die Auseinandersetzung mit Berufs- und Praxisfeldern mitbringen, sei es aufgrund ihres angewandten Forschungsverständnisses, sei es aufgrund ihrer speziellen disziplinären Ausrichtung. Das Beziehungs- und Strukturkapital renommierter Hochschullehrender ist ein wichtiger und durch nichts zu ersetzender Teil des Erfolgs von Weiterbildungsangeboten und Voraussetzung für das Gewinnen eines entsprechend ausgewiesenen Lehrkörpers. Die aktive Entwicklungsleistung einzelner Hochschullehrender und ihre intrinsische Motivation für diese spezielle Form der Lehre ist eine Ressource, die durch keine Maßnahmen der Weiterbildung ersetzt werden kann. Wenn Weiterbildung sich aber über verdienstvolle Einzelaktivitäten hinaus entwickeln soll, dann stellt sich die Frage, wie ein Engagement in der Weiterbildung auch entsprechend begleitet und belohnt werden kann (zum Beispiel über die Karrierekriterien). Hier spielt insbesondere die Verankerung der den Erfolg einer hochschulischen Einrichtung messenden Kriterien eine wichtige Rolle. Hier muss sich das Engagement in der Weiterbildung ebenso niederschlagen wie in den individuellen, die akademische Laufbahn bestimmenden Karrierekriterien für Nachwuchswissenschaftler und -wissenschaftlerinnen. Mittelfristig wird eine differenzierende Schwerpunktsetzung innerhalb einer Hochschullehrerinnen und Hochschullehrerkarriere für eine zunehmende Professionalisierung auch im Weiterbildungsbereich notwendig sein.

Die Studiengangleitung verlangt vielfältige Kompetenzen

Für hauptamtliche Studiengangleitungen auf Postdoc-Level sind insbesondere die Kompetenz im Projektmanagement, die Bereitschaft zur Beschäftigung mit Vertriebsformen und Marktforschung sowie die Freude an der Auseinandersetzung mit der Praxis von großer Bedeutung. Auch die Rückbindung an die angewandte Forschung ist ein wesentlicher Aufgabenbereich der Studiengangleitung, wobei hier zusätzlich auf spezialisiertes Forschungspersonal zurückgegriffen werden muss. Die Studiengangleitung hat die wichtige Aufgabe, tatsächlich forschungsbasierte Weiterbildung zu ermöglichen, indem sie die forschungsorientierten Zugänge mit dem aktuellen Lehrgeschehen verknüpft. Da die Studiengangleitung das „kommunikative Herz" eines Studienganges ist, hat außerdem die Verknüpfung der wissenschaftlich-inhaltlichen Fachkenntnisse mit sozial-kommunikativen Fertigkeiten große Bedeutung. Eine wesentliche Aufgabe ist zudem die Entwicklung und Weiterentwicklung einer entsprechenden Lernarchitektur. Spezielles Know-how in der Didaktik von Weiterbildung ist unerlässlich, wobei es vor allem um die Gestaltung der „Gesamtarchitektur" und das „Orchestrieren" der verschiedenen Rollen des Lehrkörpers geht. Auch die Vorbereitung auf diese einzelnen Rollen im Lehrkörper ist Aufgabe der Studiengangleitung: Autorinnen und Autoren von Studienmaterialien müssen entsprechend begleitet und durch Lektoratsarbeit unterstützt werden. Ähnliches gilt für den Bereich des onlinebasierten Lernens: Es sind entsprechende didaktische Konzeptionen (ausgerichtet nach kleinen oder großen Gruppen, nach der Reflexion von Praxisberichten oder der Entwicklung von Social Skills) in gemeinsamen hochschuldidaktischen Weiterbildungen zu vertiefen und die Erfahrungen, welche die Fachtutorinnen und Fachtutoren und die E-TutorInnen und -Tutoren aus anderen Zusammenhängen mitbringen, auf die speziellen Anforderungen und das spezifische Modell der jeweiligen Hochschule anzupassen. In

Präsenzveranstaltungen mit berufserfahrenen Studierenden bewähren sich in der Regel nur Hochschullehrende, die sehr viel Kontakt mit der Praxis haben, sodass die erfahrenen Studierenden den Eindruck gewinnen, dass sie tatsächlich in ihrer Berufserfahrung verstanden und ernst genommen werden. Auch hier geht es wieder darum, verschiedene Arten von „praktischer" Erfahrung (zum Beispiel auch in Form von Kamingesprächen mit ausgewiesenen Praktikerinnen und Praktikern) mit den Erfahrungen wissenschaftlich orientierter Expertinnen und Experten des jeweiligen Berufsfeldes zu verknüpfen.

Hochschulische Weiterbildung – Testzone für die Hochschule der Zukunft

Insgesamt löst ein systematischeres Engagement in der hochschulischen Weiterbildung einen Bedarf an spezialisierter hochschuldidaktischer Weiterbildung aus. Die Investition in den weiterbildenden Lehrbereich ist aber auch von hohem Wert für den grundständigen Bereich, da mittelfristig die Grenzen zwischen sogenannten grundständigen und weiterbildenden Studierenden ohnehin verschwimmen werden. Die „Life Long Learning"-Institution Hochschule wird nur noch verschiedene Lernerinnen und Lerner in unterschiedlichen Lebensphasen unterscheiden, die unterschiedliche Vorerfahrungen aufweisen, sich aber alle im Erwachsenenalter befinden und verschiedene Anforderungen zeitlich und organisatorisch miteinander verknüpfen müssen. Die in der Weiterbildung gewonnenen Erfahrungen werden insgesamt dem Lehrbetrieb einer modernen Universität zugutekommen. Insofern kann Weiterbildung auch als eine Testzone für eine stärkere Ausrichtung der Hochschulen an den unterschiedlichen Bedürfnissen vielfältiger Zielgruppen angesehen werden. Besonders engagierte Lehrende in der Weiterbildung können im Übrigen von äußerst interessanten Impulsen für ihre Forschungsarbeit berichten, sodass die derzeit manchmal noch unterstellte Dichotomie zwischen jenen, die im Forschungsbetrieb arbeiten und jenen, die sich in der Weiterbildung engagieren, mittelfristig insbesondere für den Bereich der angewandten Forschung nicht mehr zu konstatieren sein wird.

Bibliografie

BMBF (2011): Wettbewerb: Aufstieg durch Bildung: offene Hochschulen. http://www.wettbewerb-offene-hochschulen-bmbf.de [01.02.2012]

DUW (2012): Modulhandbuch „Masterstudiengang Bildungs- und Kompetenzmanagement". Berlin.

Erpenbeck, John/ Heyse, Volker (2007): Die Kompetenzbiographie. Wege der Kompetenzentwicklung. 2. aktualisierte und überarbeitete Auflage. Münster: Waxmann.

Hanft, Anke/ Knust, Michaela (Hg.) (2007): Weiterbildung und Lebenslanges Lernen in Hochschulen. Eine internationale Vergleichsstudie zu Strukturen, Organisation und Angebotsformen. Münster: Waxmann.

Kerres, Michael und andere (Hg.) (2012): Studium 2020: Positionen und Perspektiven zum Lebenslangen Lernen an Hochschulen. Münster: Waxmann.

Schuetze, Hans G./ Slowey, Maria (Hg.) (2012): Global Perspectives in Higher Education and Life Long Learning. London: Routledge Chapman& Hall.

Wilkesmann, Uwe und andere (2012): Abweichungen vom Bild der Normalstudierenden – Was erwarten Studierende? In: Kerres, Michael und andere (Hg.) (2012): Studium 2020. Positionen und Perspektiven zum Lebenslangen Lernen an Hochschulen. Münster: Waxmann. S. 59-81.

Wolter, Andrä (2011): Die Entwicklung wissenschaftlicher Weiterbildung in Deutschland: Von der postgradualen Weiterbildung zum lebenslangen Lernen. In: Beiträge zur Hochschulforschung. 33. Jahrgang. Nr. 4, S. 8-34.

Eva Cendon

Reflective Learning und die Rolle der Lehrenden

Abstract

Der Beitrag soll – anknüpfend an Erfahrungen betreffend Aufbau und Umsetzung eines Studienmodells für Weiterbildungsstudierende – den zentralen Aspekt des „reflective learning" (Moon 2004) aus der Perspektive der Lehrenden vertiefend beleuchten. Dabei werden folgende Fragen diskutiert: Was bedeutet reflexives Lernen an einer Weiterbildungsuniversität? Wie lässt sich Reflexion stärker in Lehr-Lernprozesse integrieren? Wie lassen sich die Ergebnisse und die Effekte von reflexiven Lernprozessen messen und beurteilen? Und, nicht zuletzt: Welche Konsequenzen ergeben sich daraus für die Rolle der Lehrenden?

Einleitung

But the promise of the student's higher education is realized when the student is able to raise him[-] or herself out of that state of 'delight' (…) and to reflect on what he or she is doing and thinking. Only in that moment of self-reflection can any real state of intellectual freedom be attained; and then only to a limited degree. Only through such a position of critical self-evaluation can the restricted epistemological validity of one's position, and its possible ideological strains, be recognized for what it is. Only through becoming a continuing 'reflective practitioner' can the student – and graduate – avoid succumbing naively to conventional 'wisdom'. And only in that way will the student gain a measure of personal integrity. (Barnett 1990, S. 160)

Reflexionsfähigkeit ist eine der immer wieder als zentral herausgestellten Kompetenzen von Hochschulabsolventinnen und -absolventen. Mit Blick auf die lange Tradition und auf aktuelle Entwicklungen im Hochschulbereich lässt sich festhalten: Wenn Lernende neben dem disziplinären Fachwissen etwas lernen sollten, dann Reflexionsfähigkeit, Argumentation und kritisches Denken (vgl. Pellert 1999, S. 55). Der eingangs zitierte Hochschulforscher Ron Barnett stellt Reflexion im Sinne einer kritischen Auseinandersetzung mit dem eigenen Wissen als das zentrale Moment des hochschulischen Lernens heraus und betont die Notwendigkeit, dass Lernende zu Reflective Practitioner werden (vgl. Barnett 1990, S. 160).

Eine Beobachtung der Autorin ist der Umstand, dass auf die zentrale Rolle der Lehrenden wenig(er) Augenmerk gerichtet wird. Während auf die bildungspolitisch aktuellen Themen Kompetenzentwicklung und Lernergebnisorientierung zumindest auf curricularer Ebene reagiert wird, mit dem Versuch, den Fokus auf die Lernenden – im Sinne der Lernendenzentrierung – zu richten, bleibt die sich damit wandelnde Rolle der Lehrenden im Hintergrund. Und dies, obwohl sie als Mittlerinnen und Mittler die Lernprozesse der Lernenden begleiten und fördern müssen.

Dieser Beitrag stellt eine Verknüpfung zwischen Reflexion, der Notwendigkeit der entsprechenden Gestaltung von Lehr-Lernprozessen und der Rolle der Lehrenden her. Dabei wird auf Texte von Jennifer Moon Bezug genommen, die sich seit über einem Jahrzehnt im anglo-amerikanischen Raum in Theorie und Praxis mit Reflexion, reflexivem

Lernen und kritischem Denken befasst. Sie beleuchtet damit verbundene Anforderungen an Konzeption, Durchführung und Beurteilung von Lernprozessen vor dem Hintergrund der bildungspolitischen Entwicklungen. Zudem werden die Erfahrungen der Autorin als Mit-Entwicklerin eines Studienmodells, welches das Konzept des Reflective Practitioner von Donald A. Schön (1983) in den Mittelpunkt des Lehr-/Lernverständnisses stellt und Reflexion als zentrales Element im Lehr-/Lernprozess betont, sowie ihre eigene Rolle als Lehrende einbezogen. Diese Erfahrungen bieten den Kontext, um akademische Lehrkompetenz in der wissenschaftlichen Weiterbildung als Begleitung von Reflexionsprozessen zu konkretisieren.

Reflexion

Zunächst ist die Frage zu stellen: Was bedeutet Reflexion? In einer ersten Annäherung lässt sich Reflexion mit Jennifer Moons Worten folgendermaßen umschreiben (Moon 2004, S. 4):

> ... a form of mental processing with a purpose and/or an anticipated outcome that is applied to relatively complicated or unstructured ideas for which there is not an obvious solution. This suggests close association with, or involvement in, learning and the representation of learning.

Reflexion ist der Umgang mit bereits Vorhandenem und stellt eine Form der kognitiven Bearbeitung, Weiterverarbeitung oder Strukturierung von komplexen Ideen oder Konzepten dar, wobei das betrachtete Material größtenteils bekannt ist (vgl. Moon 2008, S. 128). Grundsätzlich kann dabei Reflexion unterschiedliche zeitliche Perspektiven haben: Sie kann sich auf Vergangenes, auf Gegenwärtiges oder auf Zukünftiges beziehen (vgl. van Manen 1995). Um die unterschiedlichen Qualitäten von Reflexion sichtbar zu machen, ist folgende Kategorisierung von Max van Manen hilfreich. Diese Kategorisierung ist hierarchisch, denn die einzelnen Kategorien bilden auch einen Entwicklungsprozess ab (vgl. Moon 2004, S. 62):

Reflexion lässt sich ganz grundlegend als Denken und Handeln auf Basis des gesunden Menschenverstandes einordnen und damit als basale Abwechslung von Reflexion und Aktion. In einer nächsten Stufe fokussiert Reflexion auf Vorgänge und Ereignisse. Diese Art der Reflexion ist differenzierter und weist in die Richtung einer Reflexion über die Handlung (vgl. Schön 1983). Reflexion kann sich in einer dritten Kategorie auf persönliche Erfahrung oder die Erfahrung anderer beziehen. Hier handelt es sich um eine systematische Reflexion mit dem Ziel, ein neues Verständnis zu erreichen. Dabei können mehrere Ereignisse gemeinsam oder die Ergebnisse einer Reflexion erneut reflektiert werden. In eine vierte Kategorie schließlich lässt sich Selbstreflexion fassen. Hier findet Reflexion über die Reflexion selbst statt und beinhaltet Reflexion über das eigene Wissen und damit Metakognition.

Lernen

Lernen und Reflexion lassen sich für Lehrende nur aus ihrer Repräsentation – unabhängig davon, in welcher Form diese erfolgt – ablesen. Über die Beschreibung der Repräsentation von Lernen wiederum lassen sich Entwicklungsstufen des Lernens identifizieren. In Bezug auf das Zusammenspiel von Lernen und Reflexion und die Rolle der Lehrenden ist das folgende, von Jennifer Moon entwickelte, Stufenmodell im Sinne einer Landkarte des Lernens („Map of Learning") hilfreich (vgl. Moon 2004, S. 141-146; Moon 2001, S. 6):

Tabelle 1: Landkarte des Lernens (adaptiert nach Moon 2004, S. 138)

Art des Lernens	Stufen des Lernens	Repräsentation des Lernens	Rolle der/des Lehrenden
Oberflächenlernen (Surface Learning)	bemerken	auswendig gelernte Repräsentation	VermittlerIn
	Sinn geben	kohärente Reproduktion ohne Verknüpfung zu weiteren Ideen	VerknüpferIn
tiefes Lernen (Deeper Learning)	Bedeutung geben	Ideen integriert, miteinander verbunden, Anzeichen einer ganzheitlichen Perspektive	FeedbackgeberIn, MittlerIn zwischen Wissenswelten
	Arbeiten mit Bedeutung	bedeutungsvolle Darstellung, Einbezug von weiterem Wissen, reflexiv	Coach oder BeraterIn
	transformatives Lernen	kritischer Überblick über Wissen, eigenes Wissen und Wirken in Relation, Eigensinn, Kreativität	MentorIn

In der dargestellten Landkarte des Lernens ist das *Bemerken* die am wenigsten differenzierte Art von Lernen. Auf dieser Lernstufe werden von den Lernenden unverbundene Informationen aufgenommen und benannt. Die Repräsentation des Gelernten auf dieser Lernstufe erfolgt durch eine Reproduktion des Gelernten – Abweichungen ergeben sich aus dem Vergessen oder aus Ungenauigkeiten in der Wiedergabe. Eine zentrale Funktion der oder des Lehrenden ist auf dieser Lernstufe, das Lernmaterial den Lernenden näher zu bringen, d.h. als VermittlerInnen ihre Aufmerksamkeit zu wecken.

Auf der zweiten Lernstufe, dem *Sinn geben*, werden sich die Lernenden bewusst, dass die gelernten Ideen einen gewissen Zusammenhang aufweisen. Dadurch wird eine Verknüpfung einzelner Informationen möglich. Der Zugang bleibt allerdings oberflächlich, Bezüge zu bereits vorhandenem Wissen können noch nicht hergestellt werden. Die Repräsentation des Gelernten erfolgt durch eine kohärente Wiedergabe, die mit weiteren Ideen weder verknüpft noch weiterverarbeitet wird. Die Rolle der Lehrenden besteht darin, als VerknüpferInnen diesen Überblick über das Lernmaterial zu unterstützen und das Schlussfolgern zu fördern; dies aber ohne die weiteren Gedankengänge und Argumentationen der Lernenden einzubeziehen. Lehren bleibt somit „surface teaching" (Moon 2004, S. 142), also an der Oberfläche.

In der Lernstufe *Bedeutung geben* beginnt der tiefere Zugang zum Lernen. Die Lernenden bekommen ein Verständnis für die Bedeutung der Inhalte, Lernen wird im Rahmen der gelernten Inhalte bedeutungsvoll. Im hochschulischen Kontext ist diese Stufe die Basis für ein produktives Anwachsen und Vertiefen des Gelernten über einen bestimmten Zeitraum hinweg. Jennifer Moon konkretisiert dies folgendermaßen: „It allows the building of an understanding of the discipline." (Moon 2004, S. 143) Die Repräsentation des Gelernten zeigt sich bei den Lernenden in Ideen und Konzepten, die integriert und gut miteinander verbunden sind, sowie in ersten Anzeichen für eine ganzheitliche Perspektive. Die Rolle der Lehrenden besteht darin, die Lernenden dabei zu unterstützen, das neu Erlernte mit bereits Gewusstem in Beziehung zu setzen. Zur Verknüpfung von vorhandenem Wissen und neuem disziplinären Wissen eignen sich Diskussionen, Tutorien und das Feedback an Lernende. So lässt sich das Herstellen von Verbindungen zwischen den unterschiedlichen Wissensarten gewinnbringend unterstützen.

Ab der vierten Stufe des Lernens, dem *Arbeiten mit Bedeutung,* ist es nicht mehr notwendig, dass die Lernenden mit dem Lernmaterial konfrontiert werden. Das Gelernte ist nun Teil der kognitiven Struktur der Lernenden und hat Potenzial, weitere Lernprozesse in Gang zu setzen. Die Lernenden greifen dafür vielleicht zu externen Ressourcen. Der wichtige Prozess auf dieser Stufe ist das Arbeiten mit der Bedeutung des Vorhandenen, um daraus ein vertieftes Verständnis zu erreichen und Gedanken zu einzelnen Fragestellungen zu klären. Dies kann vom einfachen Überdenken und Durcharbeiten des Gelernten bis hin zum Hervorbringen neuer Ideen und Konzeptionen reichen. Jennifer Moon fasst die zentrale Bedeutung dieser Stufe wie folgt zusammen: „The ability to work with meaning and generate new meaning is fundamental to a deep learning approach and the generally accepted functions of a higher education system." (Moon 2004, S. 145) Die Repräsentation von Lernen beinhaltet im besten Fall eine bedeutungsvolle Darstellung, die weiteres persönliches und disziplinäres Wissen auf eine Art einbezieht, die auf Vorwegnahme und Reflexion hindeutet. Die Rolle der Lehrenden ist dabei jene eines Coaches: Generieren von Ideen, Beratung, Formulieren von Fragen, die das Arbeiten mit Bedeutung fördern sowie das Geben von Zwischenfeedback sind zentrale Aufgaben.

Auf der Stufe des *transformativen Lernens* zeigen die Lernenden, dass sie in der Lage sind, ihre Referenzrahmen, also ihr eigenes Wissen und das Wissen anderer sowie den Prozess des Wissens selbst, zu evaluieren. Dieser Prozess erfordert mehr Kontrolle über die eigene kognitive Struktur sowie mehr Klarheit in den Lernprozessen und in der Art und Weise, wie dieses Lernen repräsentiert wird, als auf der Stufe des *Arbeitens mit Bedeutung.* Lernende auf dieser Stufe sind von sich aus motiviert. Sie können sich Unterstützung von Diskussionen und von Umgebungen ableiten, in denen ihre Ideen und Konzepte von anderen geprüft und kritisiert werden. Die Repräsentation von Lernen auf dieser Stufe zeigt sich im Vermögen der oder des Lernenden, einen kritischen Blick auf Wissen einzunehmen und das eigene Wissen und Wirken in Relation dazu setzen zu können – und dies mit Eigensinn und Kreativität. Die Rolle von Lehrenden als Mentor oder Mentorin, der bzw. die den Lernprozess bis zu dieser Stufe unterstützen kann, könnte darin bestehen, die Lernenden bei der Entwicklung ihrer Fähigkeiten zu begleiten und zu fördern. Jennifer Moon formuliert dies so: „In formal education terms, 'transformative learning' is the place of intellectual excitement and of the deeply satisfying discourse that can occur in good-quality tutorial work." (Moon 2004, S. 146)

Reflexives Lernen

Reflexion ist nicht auf jeder Stufe von Lernen möglich; vielmehr erfordert es eine über das einfache Aneignen von Informationen hinausgehende Auseinandersetzung mit diesen. Ausgehend von dem beschriebenen Modell lassen sich mehrere Verbindungen zwischen Reflexion und Lernen herstellen (vgl. Moon 2001, S. 6). Reflexion findet bei den schon genannten Stufen des Lernens statt, die dem tieferen Lernen zuzuschreiben sind: *Bedeutung geben, Arbeiten mit Bedeutung* und *transformatives Lernen*. Wenn Lernende das Gelernte präsentieren – beispielsweise durch das Halten eines Vortrags, das Malen eines Bildes oder das Schreiben eines Essays – durchlaufen sie in der (Wieder-)Aufarbeitung des Gelernten einen reflexiven Lernprozess. Das Ausbauen von Erlerntem durch das Zurückgehen zu Ideen, die auf der untersten Stufe gelernt wurden, und das Wiederaufbereiten dieser Ideen durch Reflexion ist eine weitere Verbindung. Dabei werden diese Ideen mit aktuellen Erkenntnissen zusammengeführt.

Darüber hinaus gibt es weitere Gründe dafür, warum Reflexion für das Lernen eine so wichtige Rolle spielt (vgl. Moon 2001, S. 7): Reflexion entschleunigt die Aktivitäten und erlaubt den Lernenden, über das Gehörte, das Gelesene oder das Gesehene nachzudenken. Deshalb ist es im Rahmen von Lernprozessen wesentlich, dass Lehrende sicherstellen, dass es immer wieder Pausen zur Reflexion gibt. Reflexion erlaubt den Lernenden, das Erlernte stärker in Besitz zu nehmen, es für sie sinnstiftender zu machen und ihr Verständnis dafür zu verbessern. Sie stärkt damit auch die Positionierung der Lernenden gegenüber dem Erlernten. Des Weiteren unterstützt Reflexion das Lernen, indem sie die Metakognition fördert, also das Bewusstsein für die eigene kognitive Arbeitsweise. Und, nicht zuletzt, fordert Reflexion Lernen heraus – durch die Bearbeitung von kompliziertem oder schlecht strukturiertem Material verbessern Lernende ihre kognitiven Fähigkeiten.

Reflexives Lernen hat zwei Aspekte. Zum einen hat es einen ordnenden Aspekt: Es dient dazu, komplexe Wissensmengen zu ordnen, zu strukturieren und damit die Komplexität zu reduzieren. Zum anderen hat es einen akkumulierenden Aspekt: Es dient dazu, bereits Gelerntes und Gewusstes neu zusammenzusetzen, neue Zusammenhänge zu erkennen, Anschlussstellen zu finden und daraus Neues zu lernen. Unterschiedliche Arten der Reflexion ermöglichen somit verschiedene Erkenntnisse. Reflexives Lernen hängt, wie andere Arten des Lernens auch, auf vielfältige Weise mit Emotionen zusammen. So können Emotionen – positive wie negative – Anlässe oder Auslöser für Reflexion sein. Aber auch die Reflexion selbst kann Auslöser für Emotionen sein, in der Auseinandersetzung mit oder durch Infragestellen von Einstellungen und Werthaltungen. Emotionen können kognitive Prozesse erleichtern oder verändern – ein Beispiel dafür ist das Aufgehen in Tätigkeiten, welches als Phänomen des Flow bezeichnet wird. Und Emotionen zeigen sich nicht zuletzt in der emotionalen Intelligenz, hier verstanden als das Vermögen, sich in die Gefühlszustände anderer hineinzuversetzen. Insgesamt, und das ist das Wesentliche dieser Form von Lernen, beinhaltet reflexives Lernen die Möglichkeit, sich selbst im Verhältnis zu seinem Wissen sowie zur Qualität seines Wissens einzuschätzen und weiterzuentwickeln. Ziel dabei ist, unabhängiges Urteilen zu erreichen.

In seiner tiefsten Ausprägung erlaubt reflexives Lernen, unterschiedliche Perspektiven bewusst einzunehmen. Es ermöglicht die Auseinandersetzung mit wichtigen vorgängigen Erfahrungen, Metakognition sowie das Einbeziehen eines breiteren Kontextes der betrachteten Sachverhalte. Zugleich besteht ein Bewusstsein für die Möglichkeiten der

Einflussnahme durch Emotionen. Während oberflächliches reflexives Lernen eher explorativen Charakter hat, geht es bei tiefem reflexivem Lernen um die Identifizierung und Bewertung von Sachverhalten. Jennifer Moon betont dabei die Nähe zu kritischem Denken: „… in particular, it seems that the development[s] of effective reflection and critical thinking are both contingent on the progression of the learner away from a absolutist position and towards contextual knowing." (Moon 2008, S. 129)

Reflexion an einer Weiterbildungsuniversität

Reflexion und Reflexionsfähigkeit sind wichtige Qualitäten hochschulischen Lernens, und – so sollten die Ausführungen zu Arten des Lernens und reflexivem Lernen zeigen – sie erfordern eine bestimmte Tiefe und Qualität von Lernen. Insbesondere die Verknüpfung von unterschiedlichen Wissensbeständen und das daraus zu generierende neue Wissen stellen höchste Ansprüche an die Lehr-Lernprozesse. An einer Universität für Weiterbildung, an der Lernende dazu angehalten werden, ihre beruflichen Erfahrungen mit akademischem Wissen im Rahmen eines berufsbegleitenden weiterbildenden Studiums zu verbinden, sind die (Weiter-)Entwicklung von Reflexionsfähigkeit und das reflexive Lernen zentrale Elemente. Handlungsleitend ist hier das Konzept des Reflective Practitioner des US-amerikanischen Philosophen Donald A. Schön (1983). Schön, der sich auf Arbeiten von John Dewey (vgl. Schön 1983, S. 357) bezog, stellte das reflexive professionelle Handeln in den Mittelpunkt seiner Ausführungen. Er plädierte für ein Modell reflexiver Praxis, das auf der Gleichwertigkeit von Theorie und Praxis beruht und das er auf drei Ebenen beschrieb – wie Wolf Hilzensauer (2008, S. 4f.) treffend zusammenfasst: „… sich die eigenen Erfahrungen zu Nutze zu machen (*looking to our experiences*), diese mit unseren Gefühlen zu koppeln (*connecting with our feelings*) und sich dabei auf die uns bekannten Theorien zu beziehen (*attending to our theories*)". Im Studienmodell wird dieser Anspruch durch die Einbeziehung von Reflexion als zentrales Element des Lernens übernommen. Dies geschieht beispielsweise durch die systematische Reflexion von praktischen Theorien der Lernenden als „theories-in-use" (Argyris/Schön 1974, S. 15) zum Zweck einer theoriebasierten und gleichzeitig berufsbezogenen Weiterentwicklung. In diesem Setting ändert sich auch die Rolle der Lehrenden. Sie lernen gemeinsam mit den Lernenden im Wechselspiel von Theorie und Praxis sowie von den Lernenden bzw. von deren Handlungswissen und professioneller Expertise. Daraus folgt, dass die Lehr-Lernprozesse nicht mehr nur durch ein hierarchisches Verhältnis geprägt sind, welches durch den Wissensvorsprung der Lehrenden gekennzeichnet ist, sondern, dass zwischen Lehrenden und Lernenden vielmehr ein kooperatives und kollaboratives reflexives Lernen als Partnerinnen und Partner im Lernprozess möglich wird.

Prinzipien für reflexives Lernen

Reflexives Lernen lässt sich an einigen generellen Prinzipien für die Gestaltung von Lehr-Lernprozessen festmachen. Im Folgenden wird versucht, ausgehend von den allgemeinen Prinzipien, die Jennifer Moon zu kritischem Denken entwickelt hat (vgl. Moon 2008, S. 130-134), eine Bündelung von Reflexion und reflexivem Lernen, das eine große Nähe zu kritischem Denken aufweist, vorzunehmen (vgl. Moon 2008, S. 129). Wo erforderlich, wird eine Konkretisierung zum Umgang mit Weiterbildungsstudierenden vorgenommen.

Lehrende als MittlerInnen: Ein erstes wichtiges Prinzip für den Umgang mit Lernenden: Niemand kann eine andere Person reflexiv oder kritisch denkend „machen", daher kann die Rolle des oder der Lehrenden nur eine unterstützende, vermittelnde sein. Für die Lehrenden geht es nicht darum, auf das eigene Wissen zu fokussieren, sondern darum, die Lernenden zu ermuntern, mit ihrem eigenen Wissen zu arbeiten – dies in einem Prozess des „connected teaching" (Moon 2008, S. 131).

Unterschiedliche Strategien der Unterstützung: Es gibt unterschiedliche Strategien, um reflexives Lernen und damit auch kritisches Denken zu befördern. Zum Teil wird der Zugang in eigenen Kursen gelegt, zum Teil als Querperspektive in alle Kursen und Lehrveranstaltungen integriert. Wichtig ist, dass die Förderung von reflexivem Lernen und kritischem Denken von allen Lehrenden mit verantwortet und mitgetragen wird. Durch einen möglichst breiten Ansatz (vgl. Jenert 2008, S. 12-14) bzw. die Bündelung unterschiedlicher Strategien können die Lernenden ihr Denken und Lernen entlang der einzelnen Stufen des Lernens weiter entwickeln.

Weiterentwicklung der Denkart: Die Weiterentwicklung von einem absoluten Wissen in Richtung eines kontextualen Wissens lässt sich mit dem ‚Herauslocken' der Lernenden aus ihren ‚Komfortzonen des Wissens' unterstützen. Damit ist auch gemeint, dass Lehrende die Lernenden dazu bringen, ihre Denkarten, die sich gerade bei Weiterbildungsstudierenden auch im Rahmen ihrer professionellen Praxis herausgebildet haben, zu überprüfen und weiterzuentwickeln bzw. neu zu strukturieren und zu kontextualisieren.

Schaffen einer offenen Atmosphäre: Das Erkennen von möglichen Hindernissen ist ein erster Schritt, um reflexives Lernen und damit kritisches Denken zu fördern. So verhindert zu Beginn oft der Respekt vor dem akademischen Kontext, der Sprache und dem ExpertInnenwissen der Lehrenden den aktiven Austausch und die Auseinandersetzung mit den eigenen Denkkonzeptionen. Auch Weiterbildungsstudierende, die nach einigen Berufsjahren wieder an die Hochschule zurückkehren und ihre damaligen Lernerfahrungen mitbringen, oder Lernende ohne ersten Hochschulabschluss, für die der akademische Kontext und die Atmosphäre neu sind, zeigen sich zu Beginn oft verunsichert. Hier ist entscheidend, wie die ersten Interaktionen ablaufen und inwieweit die Lehrenden in ihren Kommentaren zeigen, dass ein respektvoller Umgang möglich und Offenheit für die Fragen und die Beiträge der Lernenden vorhanden ist.

Der geschützte Klassenraum: Eng verknüpft mit dem vorherigen Prinzip ist der geschützte Raum, den die Lernenden vorfinden: Das Verlassen von Komfortzonen wird nur dann gelingen, wenn ein entsprechender Rahmen es ermöglicht, Ideen zu entwickeln, Problemstellungen herauszukristallisieren und zu konkretisieren und sich dabei auch selbst auszuprobieren. Für (Weiterbildungs-)Studierende heißt das, sehr unterschiedliche Zugänge kennenzulernen und eine grundsätzlich tolerante Haltung gegenüber anderen Perspektiven zu entwickeln. Dieser Rahmen ermöglicht reflexives Lernen und kritisches Denken.

Interaktion zwischen den Lernenden: Lernen und Denken als soziale Prozesse benötigen Interaktion. Im Sinne einer gemeinsamen Wissensproduktion ist der Austausch zwischen den Lernenden essenziell. Darüber hinaus unterstützt das mehrperspektivische Wahrnehmen eines Problemfeldes den Übergang zu einem kontextualen Denken. Für Weiterbildungsstudierende haben diese beiden Punkte eine besondere Bedeutung: Zum einen sind sie in ihrer professionellen Umgebung gefordert, immer wieder mit unterschiedlichen Akteurinnen und Akteuren gemeinsam Wissen zu konstruieren und können so im hochschulischen Kontext ihre Mit-Lernenden als Peers einbeziehen. Zum anderen ist in Bezug auf professionelle und disziplinäre Hintergründe das Kennenlernen der unterschiedlichen Perspektiven und Wahrnehmungen förderlich für die kritische Auseinandersetzung mit den eigenen „blinden Flecken".

Kontinuität im Reflexionsprozess der Lernenden: Damit Reflexion zu einem wichtigen Element im Denk- und Lernprozess der Lernenden wird und es auch bleibt, ist es wichtig, sie im Lehr-Lerngeschehen kontinuierlich einzubinden, beispielsweise über regelmäßige Reflexionsrunden in Lehrveranstaltungen bis hin zu Lerntagebüchern, (E-)Portfolios, Selbsteinschätzungen. Wichtig sind dabei ein roter Faden sowie Kontinuität. Für Weiterbildungsstudierende bietet sich hier als wesentlicher Anknüpfungspunkt die Verschränkung von Theorie und Praxis an.

Schreiben als zentrales Element für reflexives Lernen: Lehrende sind auf die Repräsentation von Reflexion angewiesen. Insofern ist die Verschriftlichung eine wichtige Form der Repräsentation – und bei großen Studierendenzahlen auch besonders hilfreich. Zudem unterstützt der Prozess des Schreibens die Lernenden bei einer Reflexion zweiter Ordnung, d. h. bei einer Reflexion über bereits Reflektiertes zu einem späteren Zeitpunkt (vgl. Moon 2001, S. 14). Darüber hinaus ist diese Reflexion der zweiten Ordnung, vor dem Hintergrund der Theorie-Praxis-Verschränkung bei Weiterbildungsstudierenden, auch eine gute Vorbereitung auf deren Praxisforschungsarbeiten im Laufe des Studiums.

Definition von reflexivem Lernen im Kontext: Wichtig ist es, kontextbezogen zu klären, was reflexives Lernen heißt, sodass alle Beteiligten – Lehrende und Lernende – wissen, worauf sie sich beziehen. So kann sich reflexives Lernen für Weiterbildungsstudierende beispielsweise an dem Modell des Reflective Practitioner von Donald A. Schön (1983) orientieren und eine Reflexion der beruflichen Praxis als zentrales Element reflexiven Lernens mit einschließen. Für Lernende ist wichtig, dass Reflexion und reflexives Lernen veranschaulicht werden – am besten anhand konkreter Beispiele. So wird es möglich, Reflexion vom individuellen Prozess zum akademischen Prozess zu machen. Ein gemeinsames Verständnis darüber, was Reflexion und Reflexionsfähigkeit sind und woran sie sich zeigen, schafft auch die Voraussetzung für die Beurteilung von Reflexion.

Beurteilung als Unterstützung für reflexives Lernen: Die Beurteilung ist für Lernende oft der Anlass zu Reflexion, unter anderem, weil es um eine Fremdbewertung geht. Als Unterstützung für die Weiterentwicklung von reflexivem Lernen ist die Note aber nur bedingt hilfreich. Unter der Voraussetzung, dass die Beurteilungskriterien klar und für alle transparent sind, ist es viel wichtiger – das zeigen die Erfahrungen mit Weiterbildungsstudierenden – ein entsprechendes Feedback durch die Lehrende bzw. den Lehrenden zu erhalten, das den Lernenden ermöglicht, neue Impulse für die Weiterentwicklung ihrer Reflexionsfähigkeit zu erkennen.

Heterogenität in der Entwicklung zu reflexivem Lernen: Der Reflexionsgrad bei Lernenden ist unterschiedlich – damit müssen Lehrende zurechtkommen und arbeiten. Damit eine Weiterentwicklung möglich ist, soll der bzw. die einzelne Lernende individuell gefordert und gefördert werden, denn manche Lernende benötigen für ihre Weiterentwicklung mehr Unterstützung als andere. Bei Weiterbildungsstudierenden mit zum Teil sehr unterschiedlichen beruflichen und disziplinären Hintergründen erhöht sich die Heterogenität. Daher ist das Finden eines konkreten gemeinsamen Verständnisses von reflexivem Lernen ein wesentliches Moment.

Lehrende zeigen reflexives Lernen: Die Art des Lehrens, des Umgangs mit den Lernenden, die Form der Interaktion, das Feedback und die Beurteilungen: All dies setzt voraus, dass die Lehrenden den Prozess des reflexiven Lernens nicht nur kennen, sondern auch selbst immer wieder beschreiten. Als reflektierende Praktikerinnen und Praktiker müssen sie in der Lage sein, ihre Lehre, das Umfeld, die beteiligten Akteurinnen und Akteure sowie sich selbst immer wieder kritisch zu reflektieren. Im Umgang mit Weiterbildungsstudierenden zeigt sich, dass die Erfahrung und Reflexionsfähigkeit und damit die Fähigkeit, Übersetzungsleistungen in die unterschiedlichen Kontexte, (Unternehmens-)Kulturen und (Fach-)Sprachen im Spannungsfeld von Theorie und Praxis zu erbringen, für Lehrende eine unabdingbare Voraussetzung ist, um reflexive Lehr-/Lernprozess erfolgreich zu steuern.

Reflexion und die Gestaltung von Lehr-/Lernprozessen

Wie lassen sich Reflexion und Reflexionsfähigkeit durch die Lehrenden unterstützen? Wie lässt sich Reflexion bei den Studierenden anregen? Dazu finden sich konkrete Vorschläge bei Jennifer Moon (vgl. Moon 2004, S. 175f.):
- *wenig strukturiertes Material nehmen*: Eine unklare Aufgabenstellung, Situationen oder Fälle aus der Praxis, bei denen beispielsweise erst die Problemstellung herausgefunden werden muss, sind gute Ansätze, um Reflexion anzuregen. Wenn erlernte Analyse- und Handlungskriterien nicht mehr greifen, dann ermöglicht die Reflexion den Lernenden, beispielsweise durch Verknüpfungen neue Wege zu beschreiten.
- *die richtigen Fragen stellen*: Reflexion wird angeregt durch entsprechende Fragen. Dem Reflexionszyklus von Graham Gibbs (vgl. Roffey-Barentsen/Malthouse 2009, S. 7f.) folgend, lässt sich ein Ereignis so auf unterschiedlichen Ebenen anhand folgender Fragen reflektiert darstellen: Was ist passiert? Was habe ich mir gedacht und was habe ich gefühlt? Was war gut, was war schlecht? Welchen Sinn kann ich aus der Situation ziehen? Was hätte ich anders machen können? Wenn diese Situation wiederkehrt, was werde ich tun?
- *Herausforderungen bieten*: Dies kann sowohl durch unklare Aufgabenstellung, nicht strukturiertes Material als auch durch entsprechende Fragen unterstützt werden. Wichtig ist dabei, dass die Lernenden ihre ‚Komfortzonen' des bereits Gelernten verlassen müssen und dass das Geforderte über das bereits Bekannte und Gewusste hinausreicht.

- *Aufgaben stellen, die die Integration von vorhandenem Wissen und neu Gelerntem för-dern:* Dies fördert die Verknüpfungsleistung und ist insbesondere bei Weiterbildungs-studierenden vor dem Hintergrund der Verschränkung von Theorie und Praxis zentral. Die Integration ermöglicht den Lernenden, ihr professionelles Wissen anders einzubetten und ihm eine neue Bedeutung zu geben.
- *Aufgaben stellen, die das Ordnen von Gedanken erfordern:* Eine hohe Komplexität von Aufgaben veranlasst Lernende, Strategien zu entwickeln, diese zu strukturieren und zum Teil zusammen, zum Teil getrennt voneinander weiterzuentwickeln, um daraus Neues entstehen zu lassen.
- *Aufgaben stellen, die eine Einschätzung/Bewertung erfordern:* Das Evaluieren von Auf-gaben erfordert zumindest einen zweiten Blick auf diese. Konkret erfordert die Re-zension eines Buches oder Artikels – neben dem Vermögen, den Text in Kurzform wiederzugeben – sich mit dem Text vertieft auseinanderzusetzen, sich zu ihm in Be-zug zu setzen und die Beurteilung im besten Fall unter der Einbeziehung weiterer Quellen vorzunehmen.

Repräsentation durch reflexives Schreiben

Für Lehrende ist zentral, dass die Reflexion der Lernenden sichtbar wird, d.h., es geht um die Repräsentation von Reflexion. Dieses Sichtbarwerden des reflexiven Moments erfolgt zumeist durch Sprache – schriftlich oder mündlich. Die Stufen der Reflexion im hoch-schulischen Schreiben, die Jenny Moon wie folgt beschreibt, dienen dazu, den Grad der Reflexion anhand der Repräsentation einzuschätzen (Moon 2001, S. 12f.):

Beim *beschreibenden Schreiben* werden Ereignisse nur beschrieben. Es gibt abseits der Beschreibung keine weitere Diskussion, d.h. es wird lediglich der Kontext dargestellt. Die-se Art von Schreiben beinhaltet keine Reflexion. Auch bei der *beschreibenden Reflexion* handelt es sich um eine Darstellung von Ereignissen, es zeigen sich aber Anzeichen tiefer gehender Überlegungen in weitgehend beschreibender Sprache. Auf die Wahrnehmung unterschiedlicher Blickwinkel oder Standpunkte gibt es noch keinen Hinweis. Die *dialogi-sche Reflexion* deutet ein Heraustreten aus den Ereignissen und Handlungen an und führt zu einer gehobenen Diskursebene. Es gibt Anzeichen für ein erstes Überdenken, einen Diskurs mit sich selbst und eine Erforschung der eigenen Rolle. Die Güte von Urteilen sowie mögliche Alternativen für Erklärungen und Hypothesen werden berücksichtigt. Die Reflexion ist analytisch oder integrativ, und sie verbindet Einflussfaktoren und Perspekti-ven. Bei der *kritischen Reflexion* schließlich sind sich die Lernenden ihrer eigenen Kon-textbezogenheit bewusst. Sie nehmen wahr, dass dieselben Handlungen und Ereignisse in anderen Kontexten mit anderen Erklärungen versehen werden können und somit von vielfältigen historischen und sozio-politischen Einflüssen beeinflusst sind.

Für die Beurteilung von schriftlichen Reflexionsarbeiten sind Fragen zu klären, die an dieser Stelle nur kurz angedeutet werden sollen: Wird ein finales Produkt oder ein Prozess beurteilt? Wird Beurteilung mit einer bewertenden Note kombiniert oder wird sie nur in Form eines Feedbacks gegeben? Erhalten Lehrende Zugriff auf Originalquel-len (z.B. Lerntagebücher) oder nur auf einen zu beurteilenden Ausschnitt? Dies alles sind Fragen, die sich Lehrende – insbesondere vor dem Hintergrund ihrer Rolle bei der Un-terstützung von reflexivem Lernen – für den konkreten Lehr-Lernkontext stellen müssen (vgl. Moon 2006, S. 107-121).

Reflexion fördern und fordern

Mit Bezug auf das Stufenmodell von Lernen und die unterschiedlichen Stufen von Reflexion stellt sich die Frage, welche Möglichkeiten Lehrende haben, die Reflexion der Lernenden zu fördern und gleichzeitig zu fordern, sodass eine entsprechende Vertiefung und Weiterentwicklung der Reflexion erreicht werden kann. Im Folgenden sollen Arten von Übungen, konkretisiert durch Beispiele, aufgezeigt werden, die es Lernenden ermöglichen, Reflexion zu vertiefen und weiterzuentwickeln (vgl. Moon 2001, S. 13f.).

1) Übungen, die es ermöglichen, die eigenen Lernprozesse gewissermaßen von außen zu betrachten: Bei diesen Übungen schreiben Lernende über ihre eigenen Lernprozesse aus einer kritischen Perspektive – beispielsweise über eine konkrete Lehr-Lernsituation aus der Perspektive des oder der Lehrenden.

2) Übungen, die Reflexionen über das gleiche Thema aus unterschiedlichen Perspektiven (von Personen, Institutionen) beinhalten: Eine Situation wird durch die Lernenden aus unterschiedlichen Perspektiven beleuchtet. So kann eine konkrete Lehr-Lernsituation aus unterschiedlichen Perspektiven reflektiert werden: zum Beispiel aus derjenigen des bzw. der involvierten Lernenden, der Lehrperson, der Mitstudierenden, weiterer Beteiligter.

3) Übungen, in denen über dasselbe Thema aus der Sicht unterschiedlicher Disziplinen oder Professionen reflektiert wird: Die Lernenden nehmen unterschiedliche disziplinäre oder professionelle Standpunkte zu einem Thema ein, beispielsweise beschreiben sie reflexives Lernen aus Sicht einer Neurobiologin, eines Psychologen, einer Sprachwissenschaftlerin oder einer Weiterbildnerin.

4) Übungen, die den Einfluss emotionaler Reaktionen auf die Reflexion einbeziehen: Die Lernenden beschreiben ein real erlebtes oder ein fiktives Ereignis, beispielsweise eine Lernerfahrung. Ausgehend von diesem Ereignis verfassen sie fiktive Reflexionen zu unterschiedlichen Zeiten nach diesem Ereignis. Jede Reflexion wird dabei mit einem anderen emotionalen Bezug zum Ereignis – beispielsweise Trauer, Aggression, Freude – geschrieben. Anhand dieser Übung lässt sich zeigen, wie der Gefühlszustand Betrachtungsweisen verändert. Im weiteren Blick auf die Reflexionsfähigkeit erlaubt diese Art der Übung das Erkennen der Konstruiertheit von Wissen und die Problematik rund um die „Richtigkeit" von Schlussfolgerungen.

5) Kollaborative Methoden, um Reflexion zu vertiefen: Der Einsatz kollaborativer Methoden mithilfe von *Critical Friends* oder auch im Tandem-Lernen (vgl. Cendon/Pellert 2011) ist eine wichtige Möglichkeit, um Reflexion insbesondere über einen längeren Zeitraum und mit einem vertrauten Gegenüber zu vertiefen. Die Lernenden als Peers sind sich zugleich unterstützende und kritische Gegenüber, wobei Weiterbildungsstudierende oftmals unterschiedliche disziplinäre und berufliche Hintergründe aufweisen. Das methodische Vorgehen und die Rollen müssen dabei genau erläutert werden, sodass das Ziel – Vertiefung der Reflexionsfähigkeit – erreicht werden kann.

6) Reflexion zweiter Ordnung: Reflexion zweiter Ordnung liegt immer dann vor, wenn die Lernenden aufgefordert werden, eine vorangegangene reflexive Arbeit zu betrachten und darüber eine reflexive Gesamtdarstellung zu schreiben. Eine Möglichkeit, dies zu tun, ist ein Lerntagebuch mit doppeltem Eintrag: Die eine Hälfte einer Seite wird für die erste Reflexionsschleife verwendet, die andere Seite bleibt zunächst unbeschrieben. Zu einem späteren Zeitpunkt sehen die Lernenden das Geschriebene noch einmal durch und schreiben weitere Kommentare, die aus einem besseren Überblick und einer zweiten Reflexion der ersten Arbeit resultieren.

Die Rolle der Lehrenden

Die Ausführungen zeigen, dass selbst in einem in hohem Maße selbst gesteuerten hochschulischen Lernprozess, in dem die Weiterentwicklung von Reflexion im Mittelpunkt steht, die Rolle der Lehrenden zu beachten ist. Lehrende setzen Reflexionsprozesse in Gang und begleiten Lernende bei der Vertiefung der Reflexion. Die Rollen der Lehrenden – als VermittlerInnen, VerknüpferInnen, FeedbackgeberInnen, Coaches oder MentorInnen – verändern sich mit der Lernebene. Was im Bereich weiterbildender Studiengänge zum Teil schon differenzierter gelebt wird, nämlich diese Rollen adäquat auszufüllen und akademische Lehrkompetenz entsprechend zu entwickeln, sollte in der hochschulischen Lehre mehr Aufmerksamkeit erfahren. Dabei kann an bereits Vorhandenes angeknüpft werden. Das Ziel einer solchermaßen gelebten akademischen Lehrkompetenz muss sein, Lernende dabei zu unterstützen, Reflective Practitioner zu werden, und zwar in dem Sinne, wie es Ron Barnett (1990) zu Beginn formuliert hat. Es geht für Lernende also nicht darum, sich möglichst große Wissensmengen anzueignen, vielmehr geht es darum, unterschiedliche Wissensbestände miteinander zu verknüpfen und das Wissen kontextbezogen anzuwenden. Jennifer Moon bringt die erforderlichen Lehr-Lernprozesse, die Rolle der Lehrenden und die Zielstellung hochschulischen Lernens dabei folgendermaßen auf den Punkt (Moon 2008, S. 128):

> Perhaps it is not just critical thinking with which we are concerned. We might suggest that the frequent allusion to critical thinking [and reflection, Anmerkung EC] in higher education is actually a reference to the underlying epistemological development and not just to the thinking process, and thus another way of saying that educational processes should support the shift of learners from absolute conceptions of knowledge towards contextual knowing.

Bibliografie

Argyris, Chris/ Schön, Donald A. (1974): Theory in Practice. Increasing Professional Effectiveness. San Francisco: Jossey-Bass.

Barnett, Ronald (1990): The Idea of Higher Education. Maidenhead and New York: The Society for Research into Higher Education and Open University Press.

Cendon, Eva/ Pellert, Ada (2011): Tandem-Lernen in Masterstudiengängen – Konzept, Erfahrungen, Schlussfolgerungen. In: Berendt, Brigitte und andere (Hg.): Neues Handbuch Hochschullehre, Berlin: Raabe Verlag. A.3.10.

Hilzensauer, Wolf (2008): Theoretische Zugänge und Methoden zur Reflexion des Lernens. Ein Diskussionsbeitrag. In: bildungsforschung. Jahrgang 5. Ausgabe 2. S. 1-18. http://bildungsforschung.org/index.php/bildungsforschung/article/view/77 [28.01.2012].

Jenert, Tobias (2008): Ganzheitliche Reflexion auf dem Weg zu Selbstorganisiertem Lernen. In: bildungsforschung. Jahrgang 5. Ausgabe 2. S. 1-18. http://bildungsforschung.org/index.php/bildungsforschung/article/view/76/79 [28.01.2012].

Moon, Jennifer (2001): Reflection in Higher Education Learning. PDP Working Paper 4. Heslington: LTSN Generic Centre. https://www.york.ac.uk/admin/hr/researcher-development/students/resources/pgwt/reflectivepractice.pdf [28.01.2012].

Moon, Jennifer A. (2004): Reflection in Learning & Professional Development. Theory and Practice. London and New York: RoutledgeFalmer.

Moon, Jennifer A. (2006): Learning Journals. A Handbook for Reflective Practice and Professional Development. 2nd Edition. London and New York: Routledge.

Moon, Jennifer A. (2008): Critical Thinking. An exploration of theory and practice. London and New York: Routledge.

Pellert, Ada (1999): Die Universität als Organisation. Die Kunst, Experten zu managen. Wien: Böhlau.

Roffey-Barentsen, Jodi/ Malthouse, Richard (2009): Reflective Practice in the Lifelong Learning Sector. Exeter: Learning Matters.

Schön, Donald A. (1983): The Reflective Practitioner. How Professionals Think in Action. New York: Basic Books Inc.

Van Manen, Max (1995): On the Epistemology of Reflective Practice. In: Teachers and Teaching: Theory and Practice. Volume 1. No. 1. pp. 33-50. http://www.maxvanmanen.com/files/2011/04/1995-EpistofReflective-Practice.pdf [27.01.2012].

Anita Mörth

Was bringt das Qualitätsmanagement der Lehrkompetenz?

Abstract

Mit zunehmender Autonomie machen sich Hochschulen das Qualitätsthema verstärkt zu eigen. Statt nur auf externe Anforderungen zu reagieren und hochschulische Aktivitäten von Qualitätsarbeit unberührt zu lassen, werden diese vermehrt von Qualitätsanstrengungen durchdrungen. In diesem Zusammenhang ist in den letzten Jahren das Thema Didaktik/ Lehrkompetenz stärker in den Blick gerückt. Der Artikel schlägt einen Bogen von der Bedeutung und Entwicklung des Qualitätsmanagements in der Lehre bis hin zu konkreten Qualitätsmaßnahmen für die Lehrkompetenz im Kontext universitärer Weiterbildung.

Qualität in Forschung und Lehre – ein Vergleich

Die Kernaufgaben der Universitäten, Forschung, Lehre und Weiterbildung, stehen, Qualität und Qualitätsmanagement betreffend, in interessanten Bezügen zueinander. Liest man klassische Schriften, gilt die Universität im deutschsprachigen Raum primär als Ort der Forschung. In diesem Selbstverständnis gilt die „Forschung als Basis der Universität und des gesamten akademischen Karriere- und Reputationssystems" (Wolter 2005, S. 253). Sie ist zentral, quasi Daseinsberechtigung der Universität und hat scheinbar aus sich selbst heraus Qualität entwickelt und Qualitätsinstrumente eingesetzt, ohne diese als solche wahrzunehmen oder zu benennen. Der Leistungsvergleich von Forschungsergebnissen unter Wissenschaftlerinnen und Wissenschaftlern, auch über die eigene Universität hinaus, hat zu Wettbewerb und Leistungssteigerung geführt. In weiterer Folge sind Benchmarks entstanden, die für Universitäten zum Teil sehr großen Stellenwert haben.

Die Lehre hat sich aus dem Erfordernis der Ausbildung zukünftiger Forscher und Forscherinnen – sozusagen notgedrungen – ergeben. Diese, mit steigenden Studierendenzahlen zunehmende Notwendigkeit der Lehre hat aber nicht dazu geführt, dass der Lehre und der Qualität der Lehre besonders große Bedeutung zuteil wurde. Auch für das Selbstverständnis der Universität war die Lehre – trotz der realen Bindung eines großen Teils der zeitlichen Ressourcen – lange kaum relevant. Zentral geblieben sind die Forschung und – mehr oder weniger stark damit verknüpft – die Inhalte, die in der Lehre vermittelt werden.

> Die strikt verstandene Einheit von Forschung und Lehre bedeutet, daß nur so gelehrt und gelernt wird, wie es für den innovativen Prozeß des wissenschaftlichen Fortschrittes nötig ist. Die Wissenschaft soll sich auch in dem Sinne selbst reproduzieren können, daß die Professoren ihren eigenen Nachwuchs heranbilden. Der künftige Forscher ist das einzige Ziel, für das die Universität der forschenden Gelehrten Ausbildungsaufgaben übernimmt. (Habermas über das Universitätsmodell des deutschen Idealismus; 1987, S. 84)

Auf die Fragen, wie hoch die Qualität in der Forschung tatsächlich ist und was beispielsweise Zitierhäufigkeiten oder Veröffentlichungen in peer-reviewten Zeitschriften über die

Qualität von Forschung aussagen, möchte ich an dieser Stelle nicht näher eingehen. Jedoch möchte ich die Differenz in Bezug auf die Bedeutung von Qualität in der Forschung und in der Lehre zum Ausgangspunkt für die weiteren Ausführungen nehmen. Ergibt sich die Aufmerksamkeit für die Forschung und somit für die Qualität der Forschung aus dem Selbstverständnis der Universität als Ort der Forschung, muss eine solche Aufmerksamkeit für Qualität in der Lehre erst durch Qualitätsvorgaben von außen hergestellt werden.

Die Qualität der Forschung scheint also gesichert. Die späteren ForscherInnen erwerben im vorangehenden Studium Forschungskompetenz, herausragende Forschungsleistungen dienen dabei schon lange als Benchmark zwischen den Universitäten. Exzellenz in der Lehre ist im Gegensatz dazu neu, einen vergleichbaren Stellenwert im Ranking von Universitäten hat sie bis heute nicht erlangt: In das Reputationsranking von Times Higher Education fließen die Forschungswerte im Vergleich zu jenen der Lehre mit doppeltem Gewicht ein (vgl. Baty 2011). Auch in die Gesamtwertung dieses internationalen Universitätsrankings fließt die Lehre mit nur 30 Prozent ein, während die Forschung und die Zitationen gemeinsam mit insgesamt 60 Prozent einfließen (vgl. Times Higher Education 2011). Einen Schritt in Richtung Abbau des Forschungsüberhangs in den Rankings könnte man im Versuch sehen, die Vielfalt der Leistungen von Hochschulen sichtbar zu machen: In einer Sonderauswertung des durch das Centrum für Hochschulentwicklung (CHE) durchgeführten CHE-Hochschulrankings werden die Dimensionen Forschung, Internationalität, Anwendungsbezug und Studierendenorientierung separat betrachtet (vgl. CHE 2011).

> Der erstere (der Lehrer) ist nicht für die letzteren (die Schüler), Beide sind für die Wissenschaft da; (...) er würde, wenn sie sich nicht von selbst um ihn versammelten, sie aufsuchen, um seinem Ziele näher zu kommen durch die Verbindung der geübten, aber eben darum auch leichter einseitigen und schon weniger lebhaften Kraft mit der schwächeren und noch parteiloser nach allen Richtungen muthig hinstrebenden. (Humboldt 1809/10, S. 230)

Die Lehre, in vielen Fällen als Notwendigkeit und Übel angesehen, wird von Forscherinnen und Forschern ausgeübt, die das Lehren selbst nie gelernt haben, da der Erwerb von Lehrkompetenz nicht Teil des Studiums ist. Früher wurde Lehrkompetenz auch als weniger zentral angesehen, weil die Tätigkeiten nach dem Studium vorwiegend in Bereichen der Wissenschaften lagen. Da aber mit dem Anstieg der Studierendenzahlen die Vielfalt der Tätigkeiten nach dem Studium zunahm, veränderten sich die Inhalte und Ziele der Studien: Studierende lernen nicht nur das Forschen, sondern werden nunmehr, mit zunehmendem Praxisbezug, auf spätere außeruniversitäre Tätigkeiten vorbereitet bzw. dafür ausgebildet. Mit diesen Entwicklungen einhergehend ist eine Veränderung der Wissensvermittlung erforderlich. Allgemeine Didaktik und Hochschuldidaktik im Speziellen sind zu einem breiten Feld geworden und haben sich kontinuierlich entwickelt: von der Inhalts- über die Lehr- hin zur Lernendenzentrierung, zu vermehrtem Methodeneinsatz und zum systematischen Einbezug von E-Learning.

> Allein der Hauptgesichtspunkt bleibt die Wissenschaft. Denn sowie diese rein dasteht, wird sie von selbst und im Ganzen, wenn auch einzelne Abschweifungen vorkommen, richtig ergriffen. (Humboldt 1809/10, S. 229)

In Bezug auf die „Überlegenheit" der Forschung gegenüber der Lehre sei noch ein weiterer Aspekt genannt: die Finanzierung von Hochschulen. Verbunden mit Vorgaben ist in Deutschland auch die Finanzierung im Bereich Lehre verspätet eingetroffen – der Qualitätspakt Lehre fördert Studienbedingungen und Lehrqualität erst im Zeitraum 2011 bis 2020 mit rund zwei Milliarden Euro. Die Geldgeber Länder und Bund selbst nennen es „ein in der Geschichte der deutschen Hochschulpolitik beispielloses Engagement für die Hochschullehre" (vgl. BMBF 2011). Schön – sieht man es als Versuch des Staates, die professionelle Auseinandersetzung mit Lehre zu fördern – *und* traurig, denkt man an das verspätete Eintreffen der Finanzierung. In der Exzellenzinitiative mit einem Volumen von 2,7 Milliarden Euro beispielsweise, in deren Mittelpunkt die Verbesserung der Forschung steht, ist erstmals in deren *dritten* Förderrunde die Berücksichtigung der Lehre vorgesehen, wie einer Pressemitteilung der Gemeinsamen Wissenschaftskonferenz (GWK) zu entnehmen ist (vgl. GWK 2010). In wieweit sich dies in den geförderten Projekten widerspiegeln wird, bleibt abzuwarten.

Für die Lehre gibt es erst vereinzelt Wettbewerbe wie den Wettbewerb „Exzellenz in der Lehre", ausgeschrieben von Stifterverband und Kultusministerkonferenz, mit zehn Millionen Euro gefördert, oder den Wettbewerb „Bologna – Zukunft der Lehre", ausgeschrieben von Volkswagenstiftung und Stiftung Mercator. Im Vergleich zur Forschungsförderung kann die Qualität der Lehre mit derartigen Wettbewerben aber nur sehr punktuell gefördert werden. Der Grad der Nachhaltigkeit ist oft gering, da die Förderung nur einzelne Projekte innerhalb einer Hochschule trifft und eine Verankerung in der Organisation zumeist nicht unterstützt wird. Zu Recht weist daher die Deutsche Gesellschaft für Hochschuldidaktik (DGHD) auf die Notwendigkeit einer nachhaltigen, strukturell verankerten Förderung und finanziellen Unterstützung von Lehrkompetenzentwicklung hin (dghd 2010).

> Vor allem aber braucht die Lehre die Forschung zu ihrer Substanz. Daher ist das hohe und unaufgebbare Prinzip der Universität die *Verbindung von Forschung und Lehre;* (…) weil der Idee nach der beste Forscher zugleich der einzige gute Lehrer ist. (…) Nur wer selbst forscht, kann wesentlich lehren. (Jaspers/Rossmann 1961, S. 68f.)

In Bezug auf das hierarchische Verhältnis von Forschung und Lehre möchte ich ein Beispiel anführen, das darlegt, dass Lehren und Forschen noch einen langen Weg vor sich haben, bis sie ein angemessenes Verhältnis zueinander finden. An österreichischen Fachhochschulen, an denen per se die praktische Ausbildung im Vordergrund steht, differieren die Karrierewege: Im Gegensatz zu Universitäten werden nicht die ForscherInnen zu ProfessorInnen, sondern diejenigen, die sich in der Lehre engagieren. Problematisch ist dies dementsprechend für die Forschenden, weil es für diese an den Fachhochschulen kaum Karriereoptionen gibt. Gleichzeitig herrscht an Universitäten in Berlin große Skepsis gegenüber den Personalkategorien „wissenschaftliches Personal mit Schwerpunkt Lehre" sowie „Hochschuldozentinnen und -dozenten", welche 2011 im Berliner Hochschulgesetz eingeführt wurden. Es wird die Trennung von Forschung und Lehre befürchtet (vgl. Senatsverwaltung für Bildung, Wissenschaft und Forschung 2011, S. 36). Vielleicht besteht aber auch Angst vor der „Konkurrenz"? Werden die eigens für die Lehre eingestellten Lehrenden die besseren Lehrenden an den Hochschulen sein oder werden kostengünstige Professuren zweiter Klasse befürchtet? Und was würde dies dann über den Stellenwert der Lehre aussagen?

> (...) Privatdozenten (...) von Ausländern im allgemeinen als merkwürdigste Erscheinung des deutschen Universitätssystems empfunden (...) mit meist unbedeutenden Honorareinnahmen und unsichereren Zukunftsaussichten (...) von den Fakultäten ohne große Schwierigkeiten und in großer Zahl zugelassen (...). In ihrem Idealismus für die Wissenschaft und in ihrer gesunden Konkurrenz in der Lehre sieht Helmholtz die wesentlichsten Seiten der Einrichtung der Privatdozenten. (Boschan 1988, S. 22 über Helmholtz' Anschauung im Jahre 1877)

Qualität und Lehrkompetenz

Lehren hat zwar eine lange Tradition, in Bezug auf Qualität wird ihr aber, wie bereits beschrieben, erst seit kurzem Beachtung geschenkt. Im Gesamtkontext *Qualität in der Lehre* kann als ein erster großer Schritt die Evaluation von Lehrveranstaltungen gesehen werden, die, seit den 1990er-Jahren in Deutschland durchgeführt (vgl. Winter 2005, S. 115f.), überhaupt erst zu einer Erhebung des Status quo führte und in der Folge (zum Teil erst deutlich später) auch Grundlage von Verbesserungskreisläufen wurde. Ein nächster Schritt war die Einrichtung von Didaktik- und Lehrentwicklungszentren Ende der 1990er Jahre, später zum Teil auch E-Learning-Zentren, die sich – gemeinsam oder getrennt voneinander – mit der Didaktik-Beratung von Lehrenden befasst haben. Einen Schritt weiter gehen einige Jahre später die Anstrengungen zur Etablierung einer Qualitätskultur, die beispielsweise Ausdruck in inneruniversitären „Gute-Lehre"-Preisen findet (vgl. Mörth/ Pellert 2011).

> Gegen die Idee der Einheit von Forschung und Lehre scheint die Erfahrung zu stehen, daß im selben Menschen die eigentümlichen Qualitäten des Forschers und des Lehrers keineswegs vereinigt zu sein brauchen. Max Weber erinnert an Helmholtz und Ranke, die als schlechte Lehrer galten. (Jaspers/Rossmann 1961, S. 69)

Auf dem Weg von Serviceangeboten für eine bessere Lehre hin zu systematischer Qualitätssicherung und Qualitätsmanagement sind aber auch außeruniversitäre Vorgaben wesentliche Anstoßgeber. Wenn die Lehre von der Universität selbst nicht ausreichend Aufmerksamkeit erhält, können externe Vorgaben hilfreich und notwendig sein. Nicht unerwähnt bleiben darf dabei aber, dass der Grad zwischen hilfreichen Vorgaben und Überregulierung sehr schmal ist.

> Verrechtlichung, Massenandrang und Verschulung lassen die universitäre Lehre zur mühevollen Pflichtübung, die Freiheit der Lehre – und die des Lernens, die daraus folgen müßte – zur Farce werden. (Pellert 1999, S. 65)

Als externe Vorgaben seien hier beispielhaft der Beschluss der Kultusministerkonferenz (KMK) „Qualitätssicherung in der Lehre" (KMK 2005) genannt, die „Qualitätsoffensive in der Lehre" der Hochschulrektorenkonferenz (HRK 2007) sowie die „Empfehlungen zur Qualitätsverbesserung von Lehre und Studium" des Wissenschaftsrats (2008). Im Beschluss der KMK gibt es innerhalb des Abschnitts „Kernelemente nachhaltiger Qualitäts-

sicherung" beispielsweise konkrete Empfehlungen zur „Förderung der Lehrkompetenz"
(KMK 2005, S. 9; Hervorhebungen durch die Autorin):

> Hierzu gehören insbesondere entsprechende Angebote der Hochschulen sowie ggf.
> *hochschul- und länderübergreifende Hochschuldidaktikzentren und -Institute zur Ent-*
> *wicklung und Durchführung von Weiterbildungsangeboten vor allem für den wis-*
> *senschaftlichen Nachwuchs und offen für eine ggf. kontinuierliche Weiterbildung des*
> *Lehrpersonals.* (...) Gleichzeitig ist sicherzustellen, dass die *Lehrkompetenz ein we-*
> *sentliches nachzuweisendes Kriterium im Rahmen von Berufungsverfahren* darstellt.
> Der Wissenschaftsrat hat hierzu am 20.05.2005 detaillierte Empfehlungen zur Aus-
> gestaltung von Berufungsverfahren verabschiedet.

Die Umsetzung solcher Vorgaben hat sich zwischenzeitlich schon konkretisiert: Im Bereich der Berufungsverfahren versucht beispielsweise die Universität Hamburg mit dem
Projekt „Lehrqualität berufen und fördern", die *Lehrkompetenz als Einstellungskriterium*
von Professoren und Professorinnen ernst zu nehmen und zeigt drei Möglichkeiten zur
Beurteilung der Lehrkompetenz auf, die zukünftig Entscheidungsgrundlage für die Be-
rufungskommissionen sein sollen: ein vom Bewerber/von der Bewerberin selbst zu er-
stellendes Lehrportfolio, die Beurteilung durch Studierende (studentische Hospitationen)
und die Beurteilung durch eine Lehrende oder einen Lehrenden (Lehrgutachten). Als
weiterführende Maßnahme ist darüber hinaus ein begleitendes Coaching für Neuberufene
angedacht (vgl. Universität Hamburg 2011).

Im Bereich Weiterbildung gibt es deutschlandweit bereits in vielen Bundesländern *Lehr-*
kompetenzzentren, die Weiterbildung und Services für Hochschulen anbieten. 2010 wurde
sogar ein bundesweiter Konsens über die Anerkennung von Leistungen in der hochschuldidaktischen Weiterbildung erzielt, um Mobilität zu erleichtern, Einzelfallprüfungen zu
vermeiden und den Angeboten eine größere Reichweite zu geben (vgl. Mürmann 2010).
Wenn damit auch der Transfer in die Hochschulen noch nicht gesichert ist (vgl. dghd
2010, S. 3), so ist es zumindest eine Basis für die Kompetenzentwicklung der einzelnen
Lehrenden. Auf dem Weg zu Qualitätsmanagement und Lehrkompetenz stellt sich, um
Matthias Heiner und Johannes Wildt zu zitieren, die Frage „nach einer empirisch vali-
dierten Basis für ein Konzept der Lehrkompetenzentwicklung, das geeignet ist, die hochschuldidaktische Kompetenzentwicklung als Steuerungsinstrument in die Personal- und
Organisationsentwicklung an den Hochschulen zu integrieren" und die Frage nach „Indikatoren für die Leistungen hochschuldidaktischer Weiterbildung (...), die sich auf Strukturen, Umfang, Zielgruppen und Effekte der hochschuldidaktischen Weiterbildung beziehen
und damit die Eckpfeiler für ein mögliches Qualitätsmanagement (...) begründen." (Hei-
ner/Wildt 2009, S. 19f.)

Einen möglichen Weg in die Zukunft zeigt das Berliner Zentrum für Hochschulen mit
seinen „Strukturbildenden Maßnahmen". Hier wird je nach „Ausgangssituation und Fragestellung ein auf die jeweilige Problemlage und Zielformulierung zugeschnittenes Angebot entwickelt. Dies können spezifische Beratungen, Prozessbegleitung bei Veränderungsprozessen oder auch Inhouse-Qualifizierungen sein" (Brendel/Kiehne, 2011 S. 14). Enge
Abstimmungsschleifen mit der Zielorganisation und bedarfsorientierte Maßnahmen können einzelne Prozesse anstoßen und begleiten – müssen aber, um Nachhaltigkeit zu erlangen, unter Einbezug der Hochschulleitung von der Hochschule selbst systematisch weiterentwickelt werden (vgl. Brendel/Kiehne 2011, S. 25f.).

Lehrkompetenz und Qualität in der Lehre
am Beispiel universitärer Weiterbildung

> Auf der einen Seite wird ihr (der wissenschaftlichen Weiterbildung) – im Blick auf den steigenden Weiterbildungsbedarf und die der Hochschule zuwachsende Transferfunktion in die Gesellschaft hinein – eine hohe oder steigende Relevanz zugeschrieben, auf der anderen Seite kam die Weiterbildung defacto bislang über ein eher randständiges Aufgabenfeld der Hochschulen nicht hinaus. (Wolter 2005, S. 245)

Die Verbindung von Forschung und Lehre ist ein konstitutives Merkmal von Universitäten, deren konkrete Umsetzung für alle Universitäten eine spannende Herausforderung bleibt. Die Bedeutung von Qualität in der Lehre und von Lehrkompetenz ist vergleichsweise neu, Weiterbildung stellt ebenfalls ein relativ junges Handlungsfeld der Hochschule dar, das an vielen Universitäten nach wie nur ein Randthema und kein Kernthema ist.

Aus meiner Sicht könnte gerade die universitäre Weiterbildung richtungweisend für akademische Lehrkompetenz sowie für die erfolgreiche Verbindung von Forschung und Lehre sein, da sich in dieser Sonderform der Lehre die Anforderungen an Lehre besonders deutlich zeigen: Einerseits werden bei erwachsenen Lernenden Bedürfnisse und Ansprüche an Lehren und Lernen deutlich sichtbar, andererseits verdeutlicht die Weiterbildung die Notwendigkeit der Verknüpfung von Theorie und Praxis und stellt diesbezüglich klare Anforderungen an den Lehrkörper.

Die Studierenden haben knappere zeitliche Ressourcen und bezahlen zumeist nicht geringe Studiengebühren – dementsprechend sind die Ansprüche der Studierenden höher: in Bezug auf zeitgerechte Beurteilung und Rückmeldung, Betreuungsverhältnis, Service und Strukturen. Sie kommen mit einem klareren Ziel an die Universität (zurück), daher hat der Praxistransfer in der universitären Weiterbildung einen deutlich höheren Stellenwert. Zentral ist nicht mehr die Vorbereitung auf die Praxis, sondern die Reflexion der Praxis – die Studierenden selbst sind PraxisexpertInnen, die ihr Wissen und ihre Kompetenzen wissenschaftsbasiert und anwendungsorientiert weiterentwickeln wollen (vgl. Cendon 2011, S. 52).

Die Besonderheit auf Ebene der Lehrenden ergibt sich aus der Bedeutung des Praxistransfers in zweierlei Hinsicht: Einerseits stellt der erforderliche Fokus auf die Bedürfnisse der Studierenden in Bezug auf Praxisrelevanz sowie auf das Einbeziehen ihrer Erfahrungen aus der Praxis eine Herausforderung für alle Lehrenden dar. Andererseits muss der Lehrkörper über Praxiswissen verfügen. Infolge sind viele Lehrende Experten und Expertinnen aus der Praxis: externe, nicht professorale Lehrende.

> Durch lebenslanges Lernen verschiebt sich der Brennpunkt (...) hin zu einer Nachfrage- bzw. Bedarfsorientierung, zu den Lernbedürfnissen, Lernprozessen und Lernfortschritten der Lernenden. (Wolter 2005, S. 256)

Diese Art des Lehrens und Lernens wird – mit Bedeutungszunahme des Konzepts des Lebenslangen Lernens – einen immer größeren Stellenwert erhalten. Daher lohnt sich ein Blick auf Qualität und Lehrkompetenz in der universitären Weiterbildung.

Entwicklung eines gemeinsamen Qualitätsverständnisses – „Qualitätskultur"

Grundlegend für das Gelingen aller Qualitätsanstrengungen, demnach auch für die Qualität der Lehre und eine entsprechende Lehrkompetenz ist die Herstellung einer Qualitätskultur. Es geht darum, ein gemeinsames Qualitätsverständnis zu entwickeln, gemeinsam zu definieren, was gelungenes Lernen und Lehren ausmacht und konkrete Qualitätsziele festzulegen.

> Die Organisation der Bedingungen von Bildung ist gelungen, wenn die Bildungseinrichtung alle ihre Abläufe und Strukturen auf die Unterstützung der Bildungsbedürfnisse der Lernenden ausgerichtet hat und dabei selbst zu einer lernenden Organisation geworden ist. (Zech 2008, S. 13)

Ist die erfolgreiche Etablierung einer Qualitätskultur insgesamt kein einfaches Unterfangen, so stellt dies in der universitären Weiterbildung aufgrund des hohen Anteils an externen Lehrenden eine noch größere Herausforderung dar. Um externe Lehrende zu integrieren, bietet es sich an, eine Community der Lehrenden zu etablieren, dies auch strukturell zu unterstützen und Identifikationsmöglichkeiten für externe Lehrende zu schaffen. Unter diesen Voraussetzungen kann auch in einer Institution, die sich zu einem Großteil aus externen Personen zusammensetzt, eine Qualitätskultur entstehen.

„Die Qualität des Lehr-Lern-Prozesses bezieht sich auf die Kompetenzen der Lehrenden, das interaktive Verhältnis zwischen Lehrenden und Lernenden und auf lernprozessbezogene Elemente, die ein selbstbestimmtes Lernhandeln der Teilnehmenden fördern." (Zech 2011, S. 66) Ein eigens für die Weiterbildung geschaffenes Qualitätsentwicklungs- und -Testierungsinstrument, die *Lernerorientierte Qualitätstestierung in der Weiterbildung* (LQW) bringt die zentralen Aspekte des Lehr-Lern-Prozesses auf den Punkt.

Qualifikation der Lehrenden:
- fachliche Kompetenz
- didaktisch-methodische Kompetenz
- soziale Kompetenz
- personale Kompetenz
- Beratungskompetenz

Qualität der Lehrprozesse:
- Transparenz bezogen auf Ziele, Inhalte, Arbeitsformen und Lehrende
- dem Lernkontext angemessene Einflussnahme der Lernenden auf Inhalte, Ziele und Arbeitsformen
- kontinuierliche Reflexion von Lernprozess und Lernerfolg
- Raum, Zeit und Technik für praktisches Üben und Anwendungshandeln
- Ermöglichung von selbstorganisiertem Lernen
- Lernförderung und Lernberatung

Indikatoren für gelungenes Lernen, z. B.:
- Die Teilnehmenden können das Gelernte in Übungssequenzen anwenden.
- Die TN bringen ihre Bedürfnisse aktiv ein.

Abbildung 1: Spezifikationen des Qualitätsbereichs Lehr-Lern-Prozess (Zech 2011, S. 66)

Ausgehend von den Spezifikationen des Qualitätsbereichs „Lehr-Lern-Prozess" der LQW werden im Folgenden einige konkrete Anwendungsbeispiele und Instrumente beschrieben, die zur Qualitätsentwicklung und -sicherung der Lehrkompetenz beitragen. Die Beispiele entstammen teilweise meiner Tätigkeit im Qualitätsmanagement und in der Lehrentwicklung an der Deutschen Universität für Weiterbildung, Berlin (DUW).

Kompetenz der Lehrenden
Die Festlegung von Kriterien in Bezug auf die Lehrkompetenz ist ein erster wesentlicher Schritt. Für den Nachweis von Lehrkompetenz bietet das weiter oben beschriebene Beispiel der Berufungsverfahren interessante Ansätze.

> Von zentraler Bedeutung ist es jedoch, diesen Vorteil (den Wissens- und Qualitätsvorsprung von Hochschulen gegenüber anderen Institutionen im Feld der Weiterbildung) nicht durch eine wenig weiterbildungsorientierte Didaktik wieder zu verspielen, die an den speziellen Lernbedürfnissen berufstätiger Erwachsener – die in ihrem Handlungsfeld ja schließlich als Experten anzusehen sind – vorbeigeht, indem sie mehr am Modell des grundständigen Studium als am Modell der Kommunikation von Experten der Berufspraxis mit Experten der Wissenschaft orientiert ist. (Wolter 2005, S. 260)

Um die erforderlichen Kompetenzen nicht nur bei neu berufenen Professorinnen und Professoren sicherzustellen, sondern um eine entsprechendes Kompetenzniveau bei allen Lehrenden zu erreichen, sind die Weiterbildung der Lehrenden und das Coaching von neuen Lehrenden zentral. In der universitären Weiterbildung ist dabei auf den im Wesentlichen externen Lehrkörper – aus der Praxis und von anderen Hochschulen – und damit auch auf den höheren Fluktuationsgrad zu achten. Gehen wir davon aus, dass weder die Praxis-Expertinnen und -Experten noch die Hochschullehrenden anderer Universitäten mit den speziellen Anforderungen erwachsener und berufsbegleitender Studierender vertraut sind, so haben initiale Informationssituationen in Form von One-to-one-Schulungen und Briefings einen besonderen Stellenwert. Das Briefing und Coaching durch die Studiengangleitung und die laufende gemeinsame Weiterentwicklung der Lehrkonzepte erweisen sich in der Praxis als erfolgreich. Als unterstützende Materialien – zum späteren Nachlesen und als ausführliche Informationsquelle – eignen sich Handreichungen und Best-Practice-Beispiele. Und um auch außerhalb der Einzelcoachings die Zielrichtung zu unterstützen, können Lehrendenkonferenzen als Weiterbildungsmaßnahme fungieren: Bei solchen Treffen können didaktische und organisatorische Vorgaben besprochen und verfestigt, gelungene Praxisbeispiele ausgetauscht und somit ein von- und miteinander Lernen unterstützt werden. Übergeordnetes Ziel aller Maßnahmen ist das Herstellen eines gemeinsamen Verständnisses von Qualität in der Lehre.

Qualität des Lehrprozesses
Ist ein gemeinsames Verständnis von gelungener, qualitätsvoller Lehre hergestellt – gekennzeichnet durch Transparenz der Inhalte und Bewertungskriterien, Berücksichtigung der Erfahrungen und Vorkenntnisse der Studierenden, Theorie-Praxis-Reflexion, Möglichkeiten zur Selbstorganisation des Lernens, regelmäßiges umfangreiches Feedback in kurzen Intervallen zusätzlich und/oder ergänzend zur Benotung, um Lücken zu benennen und Verbesserungspotenzial aufzeigen – können institutionelle Vorgaben als unter-

stützende Maßnahmen dienen: etwa Vorlagen für Informationsblätter, die in der Lehre Einsatz finden.

Die Evaluation der Lehre durch Lehrende kann, neben der Erhebung und als Grundlage zur Verbesserung, auch als Informationsinstrument fungieren: Wird beispielsweise danach gefragt, wie gut der Praxistransfer gelungen ist, wird nicht nur der Umsetzungsgrad dieser Vorgabe erhoben: Die Lehrenden werden an diese Vorgabe erinnert und zur Reflexion über diese Qualitätsziel angeregt. Im Idealfall wird der Praxistransfer bei der folgenden Lehrveranstaltung (noch stärker) berücksichtigt.

In der eigenen Praxis haben sich die oben beschriebenen Maßnahmen bisher als praktikabel und erfolgreich erwiesen. Es zeigt sich aber auch, dass eine gleichzeitig wissenschaftsbasierte *und* an den Lernenden und deren Praxis orientierte Lehre nur dann funktioniert, wenn man auch die zweite Seite der Medaille beachtet: Denn das Lehren und das Lernen sind untrennbar verbunden und auch das Lernen muss gelernt sein: Insofern ist auch die Aufmerksamkeit der Studierenden auf die Ebene des Lernprozesses zu lenken. Wenn Lernendenzentrierung wirklich ernst genommen wird, eröffnen sich wieder neue Herausforderungen.

> ‚Learning‘ has always been, and continues to be, subservient to ‘teaching‘, in higher education debate and action. Sometimes, to show that learning is not forgotten, the two terms are run together in the phrase ‘teaching and learning‘, as if they are the same kind of activity with similar aims. That assumption (...) is illegitimate. The other qualification is that the manifold capabilities which fall under the umbrella term ‘learning‘ are not sufficiently understood.
>
> These are not accidental oversights on the part of the academic community. For if learning was put ahead of teaching in the discourse of higher education, and if the independence, creativity and personal endeavour which are part of learning were addressed; if both were taken on board seriously, what would be implied would be a major challenge to the power relations in higher education, between those who teach and those who are taught. (Barnett 1990, S. 161)

Bibliografie

Barnett, Ronald (1990): The Idea of Higher Education. New York: The Society for Research into Higher Education and Open University Press.

Baty, Phil (2011): Behind the numbers: reputation ranking methodology explained. http://www.timeshighereducation.co.uk/world-university-rankings/2010-2011/reputation-methodology.html [22.04.2012].

BMBF (2011): Qualitätspakt Lehre – Einsatz für optimale Studienbedingungen. http://www.bmbf.de/de/15375.php [22.04.2012].

Boschan, Bärbel (1988): Die Rektoratsreden von Fichte und Helmholtz – historische Beispiele zur Auseinandersetzung mit dem Verhältnis von Wissenschaft und Gesellschaft. In: Wissenschaftliche Zeitschrift der Humboldt-Universität zu Berlin. Reihe Gesellschaftswissenschaften. Band 37. S. 17-24.

Brendel, Sabine/ Kiehne, Björn (2011): Impuls zur nachhaltigen Entwicklung? Strukturbildende Maßnahmen am Beispiel des Berliner Zentrums für Hochschullehre. In: Zeitschrift für Hochschulentwicklung. 6. Jahrgang. Nr. 3. S. 10-27. http://www.zfhe.at/index.php/zfhe/article/view/357/442 [22.04.2012].

Cendon, Eva (2011): Lernen und Zukunft. Die Universität an der Schnittstelle von Theorie und Praxis. In: Schröttner, Barbara/ Hofer, Christian (Hrsg.): Looking at Learning. Blicke auf das Lernen. Münster: Waxmann. S. 41–54.

CHE (2011): Hochschulen sind exzellent – nicht nur in der Forschung! News vom 24.11.2011. http://www.che-ranking.de/cms/?getObject=2&getNewsID=1354&getCB=398&getLang=de [22.04.2012].

dghd (2010): Nachhaltige Förderung der Qualität der Lehre verlangt nachhaltigen Ausbau der Hochschuldidaktik! Stellungnahme der Deutschen Gesellschaft für Hochschuldidaktik (dghd) e.V. zu den hochschulpolitischen Entwicklungen 2008 und 2009. http://www.dghd. de/download.php?f=3dc0ba88d327dd2e9deb40fa2f72a070&target=0 [22.04.2012].

GWK (2010): Exzellenzinitiative geht in die dritte Runde. Pressemitteilung vom 12. März 2010. http://www.gwk-bonn.de/fileadmin/Pressemitteilungen/pm2010-02.pdf [22.04.2012].

Heiner, Matthias/Wildt, Johannes (2009): Professionalisierung von Lehrkompetenz an Universitäten – vom Schattendasein zur Referenz für Exzellenz? In: Journal Hochschuldidaktik. 20. Jahrgang. Heft 1. S. 17-20. http://umu.academia.edu/IsaJahnke/Papers/712204/Das_Pro jekt_PeTEX_E-Learning_und_Live-Experimente_verbinden [22.04.2012].

HRK (2007): Qualitätsoffensive in der Lehre – Ziele und Maßnahmen. Entschließung des Senats der HRK vom 16.10.2007. http://www.hrk.de/de/download/dateien/Entschliessung_Lehre. pdf [22.04.2012].

Habermas, Jürgen (1987): Eine Art Schadensabwicklung. Kleine Politische Schriften VI. Frankfurt am Main: edition suhrkamp.

Humboldt, Wilhelm von (1809/10): Über die innere und äussere Organisation der höheren wissenschaftlichen Anstalten in Berlin. http://edoc.hu-berlin.de/miscellanies/g-texte-30372/229/PDF/229.pdf [22.04.2012].

Jaspers, Karl/ Rossmann, Kurt (1961): Die Idee der Universität. Berlin, Göttingen, Heidelberg: Springer.

KMK (2005): Qualitätssicherung in der Lehre. Beschluss der Kultusministerkonferenz vom 22.09.2005. http://www.kmk.org/fileadmin/veroeffentlichungen_beschluesse/2005/2005_09 _22-Qualitaetssicherung-Lehre.pdf [22.04.2012].

Mörth, Anita/ Pellert, Ada (2011): Wege zur Qualitätskultur. In: Benz, Winfried und andere (Hg.): Handbuch Qualität in Studium und Lehre. Berlin: Raabe. C.2.1.

Mürmann, Martin (2010): Bundesweites Netzwerketreffen Hochschuldidaktik. AG 1 – Anerkennung von Leistungen der hochschuldidaktischen Weiterbildung. Konsens beim Netzwerketreffen am 9.11.2010 in Düsseldorf. www.bzhl.tu-berlin.de/fileadmin/user_ upload/Dokumente/DEKLARATION_Anerkennung_von_Leistungen_-_Konsens_Muen chen_03-03-2011.pdf [22.04.2012].

Pellert, Ada (1999): Die Universität als Organisation: Die Kunst, Experten zu managen. Wien: Böhlau.

Senatsverwaltung für Bildung, Wissenschaft und Forschung (2011): Vorlage zur Beschlussfassung über das Gesetz zur Modernisierung des Hochschulzugangs und zur Qualitätssicherung von Studium und Prüfung. März 2011. Berlin.

Times Higher Education (2011): World University Rankings 2011-2012. http://www.timeshigher education.co.uk/world-university-rankings/ [22.04.2012].

Universität Hamburg (2011) Lehrqualität berufen und befördern. http://www.zhw.uni-hamburg. de/zhw/?page_id=731 [22.04.2012].

Winter, Martin (2005): Mitwirkungschancen der Studierenden bei Qualitätssicherung und Studienstrukturreform. In: Beiträge zur Hochschulforschung. 27. Jahrgang. Heft 2. S.112–130.

Wissenschaftsrat (2008): Empfehlungen zur Qualitätsverbesserung von Lehre und Studium. Drucksache 8639-08 vom 4.7.2008. Berlin. http://www.wissenschaftsrat.de/download/ archiv/8639-08.pdf [22.04.2012].

Wolter, Andrä (2005): Hochschule, Weiterbildung und Lebenslanges Lernen. Ein Beitrag zum Funktionswandel der Hochschule. In: Wiesner, Gisela/ Wolter, Andrä (Hrsg.): Die lernende Gesellschaft: Lernkulturen und Kompetenzentwicklung in der Wissensgesellschaft. Weinheim und München: Juventa Verlag. S. 245-260.

Zech, Rainer (2008): Handbuch Qualität in der Weiterbildung. Weinheim und Basel: Beltz Verlag.

Zech, Rainer (2011): Lernerorientierte Qualitätstestierung in der Weiterbildung. Leitfaden für die Praxis. Hannover: Expressum-Verlag.

Andreas Fleischmann, Caroline Hein und Angelika Thielsch

„Gehet hin und mehret euch!" – Das Multiplikatorenprogramm der TU München zur Unterstützung engagierter Lehrender in den Fakultäten

Abstract

An jeder Hochschule gibt es die Lehrenden, die scheinbar mühelos die Begeisterung für das eigene Fach an ihre Studierenden weitergeben können, die ein gutes Gespür für die Stärken und Schwächen vorhandener Curricula haben und sich – angetrieben durch die eigene Motivation – für die Qualitätssteigerung der Lehre auf verschiedenen Ebenen einsetzen. Dies als Ausgangssituation nehmend wurde an der Technischen Universität München ein Programm für Multiplikatorinnen und Multiplikatoren entwickelt. Ziel des Programmes ist es, engagierte Lehrende in ihrem Bestreben zu unterstützen und ihr Wirken (karriereförderlich) sichtbar zu machen. Der vorliegende Artikel gibt Einblick über die Entstehung des Multiplikatorenprogrammes, seine Konzeptionierung und Umsetzung und betrachtet dabei insbesondere die Rekrutierung geeigneter Multiplikatorinnen und Multiplikatoren.

Einleitung

Engagement für die eigene Lehre lohnt sich immer. Diese Meinung ist es, die gute Hochschullehrende vom Rest unterscheidet. Es ist folglich nicht zwangsläufig nur die Qualität der Lehre, die als Indikator guter Lehre genommen werden sollte. Vielmehr sind es die persönliche Einstellung zur Lehre, die Bereitschaft, sich über das geforderte Maß hinaus dafür zu engagieren, sowie ein steter Blick auf die Studierenden, die geeignete Faktoren darstellen, um *wirklich* gute Lehrende zu erkennen.

Um ebenjene Gruppe von engagierten Lehrenden in ihrem Handeln zu unterstützen, hat das hochschuldidaktische Team der Technischen Universität München – Pro-Lehre – das Multiplikatorenprogramm entwickelt. Übergeordnetes Ziel des Programms ist es, individuelles Engagement für die Lehre sichtbar und für die betreffenden Lehrenden lebenslaufwirksam dokumentierbar sowie über die eigene Person hinaus wirken zu lassen. Darüber hinaus soll es für die Organisation als Ganzes spürbar sein. Damit reiht sich das Multiplikatorenprogramm in die auf unterschiedlichen universitären sowie politischen Ebenen angesiedelten Maßnahmen ein, um neben der Forschung nun auch die zweite Säule eines jeden Wissenschaftsbetriebs – die Lehre – angemessen wertzuschätzen und zu entwickeln. Anders jedoch als Lehrpreise und Förderungen einzelner Lehrprojekte verfolgt das Multiplikatorenprogramm zudem einen holistischen Ansatz: Engagierte Lehrende werden als Multiplikatorinnen und Multiplikatoren ausgebildet, um mithilfe ihres fachdidaktischen und fakultätsspezifischen Wissens andere Lehrende ihrer Fakultäten in der Lehre zu unterstützen, sie zu beraten und (durch das eigene Vorbild) zu motivieren. Gleichzeitig soll ein durch die Gruppe der Multiplikatorinnen und Multiplikatoren entstehender Informationsfluss und Austausch über gute Lehre dazu beitragen, ihren Stellenwert im universitären Alltag nachhaltig zu erhöhen.

Der vorliegende Artikel wird das Multiplikatorenprogramm, dessen Zielsetzung und konzeptionelle Entwicklung sowie die praktische Umsetzung vorstellen. Dabei soll im ersten Teil des Artikels ein Blick auf die Konzeptionierung des Programms gerichtet werden. Leitfragen in dieser Phase sind u.a. die Folgenden: Wie sollte ein solches Programm strukturiert sein, um Wirkungskraft zu haben? Welche Anreizsysteme sind für die unterschiedlichen Beteiligten zu entwickeln – seien es Fakultäten, direkte Vorgesetzte oder die Zielgruppe der Multiplikatorinnen und Multiplikatoren? Zudem wird vorgestellt, wie und über welche Zugangswege das Multiplikatorenprogramm an der Technischen Universität München organisatorisch implementiert wurde. Anschließend gibt der Artikel einen Einblick in die Rekrutierungs- und Ausbildungsphase der teilnehmenden Lehrenden und stellt zudem erste Projekte und Maßnahmen vor, die im Zuge der ersten Multiplikatorinnen- und Multiplikatoren-Generation entwickelt wurden. Beginnen wir aber zunächst mit der Ausgangssituation, die das ProLehre-Team dazu motivierte, ein Multiplikatorenprogramm zu entwickeln.

Ausgangssituation

In den vergangenen Jahren hat ProLehre (vgl. Dallmeier 2013 für eine detailliertere Vorstellung des ProLehre-Teams und seinen Aufgabenfeldern) das eigene Angebot zur Unterstützung und Weiterqualifizierung der Lehrenden der Technischen Universität München (TUM) wesentlich erweitert. Neben der klassischen hochschuldidaktischen *Personalentwicklung* durch Weiterbildungskurse und individueller Beratung rückt die *Strukturentwicklung* für gute Lehre zunehmend in den Vordergrund. Um als hochschuldidaktische Einrichtung solche Entwicklungen an den einzelnen Fakultäten initiieren, begleiten und beurteilen zu können, ist eine starke Präsenz vor Ort nötig. Im Zuge dieser Strategie waren es insbesondere die folgenden zwei Situationen, die uns dazu motivierten, ein Multiplikatorenprogramm zu entwickeln.

Zum einen zeigte sich, dass neben den Studierendenvertretungen und Studiendekanaten insbesondere einzelne engagierte Lehrende wichtige Lotsen für das hochschuldidaktisches Team von ProLehre sind, die erklärend, vermittelnd und orientierend in die Strukturen und die Kultur ihrer Fakultät einführen. Bei unseren Besuchen in den Fakultäten erleben wir Dozentinnen und Dozenten in ihrer natürlichen Umgebung, kompetent, engagiert und souverän. Es wird dabei nicht nur sichtbar, mit welcher Leidenschaft, mit welchem Zeit- und Arbeitsaufwand engagierte Lehrende sich für eine hohe Qualität ihrer Lehre und den Lernerfolg ihrer Studierenden einsetzen, sondern auch, wie sehr ihnen die Lehre ganz allgemein am Herzen liegt und wie gerne sie über ihre eigenen Lehrveranstaltungen hinaus eine Stärkung der Lehre an ihrer Fakultät sehen würden. Es wird auch sichtbar, wie sehr diese engagierten Lehrenden zuweilen unter einer Kultur leiden, die den Stellenwert der Lehre niedrig ansetzt und die Engagement für Lehre wenig zu schätzen weiß. So gibt es für engagierte Lehrende oft nur wenige Gelegenheiten für einen konstruktiven und inspirierenden Austausch über Lehrfragen an ihrer Fakultät.

Zum anderen stellten wir fest, dass der Erfolg hochschuldidaktischer Initiativen zur strukturellen Stärkung der Lehre an einzelnen Fakultäten wesentlich von einer guten Anpassung an die jeweilige Fach- und Lehrkultur abhängig ist. Die erfolgreiche Implementierung setzt ein tiefes Verständnis ebendieser Kultur voraus. Hier hat sich die Partnerschaft mit engagierten Lehrenden – sowohl als kritisch-konstruktiver Gesprächspartner bei der Konzeption als auch als Unterstützer bei der Umsetzung von Maßnahmen – als wichtiger Faktor erwiesen, um die Qualität und Akzeptanz solcher Maßnahmen zu steigern und den Entwicklungsaufwand zu reduzieren.

Nachdem das Potential der engagierten Lehrenden der TU München als Multiplikatorinnen und Multiplikatoren in ihren Fakultäten einmal sichtbar geworden ist, entstand die Idee, diese Zielgruppe besonders zu fördern und als wichtige Ressource systematisch in Maßnahmen zur Stärkung der Lehre einzubinden. Die Idee des Multiplikatorenprogrammes war geboren.

Zielsetzung

Das Multiplikatorenprogramm verfolgt im Wesentlichen zwei Zielrichtungen:
- engagierte Lehrende sollen gefördert und gestärkt werden und
- das überdurchschnittliche Engagement dieser Lehrenden soll als Ressource für strukturelle Verbesserungen der Lehre genutzt werden.

Förderung und Stärkung engagierter Lehrender
Die Förderung und Stärkung der teilnehmenden Lehrenden beinhaltet zum einen die *wertschätzende Wahrnehmung* ihres Engagements und *Bestärkung in ihrem Engagement*. Dies geschieht formal durch die Aufnahme in das Multiplikatorenprogramm. Dieses ist so gestaltet und kommuniziert, dass schon die Aufnahme des Programms als Auszeichnung wahrgenommen wird. Darüber hinaus ist das ganze Programm in seiner Struktur und Umsetzung auf einen konstruktiven und unterstützenden Umgang untereinander ausgerichtet. Und schließlich soll die Mitwirkung am Programm lebenslaufwirksam in einem Empfehlungsschreiben von Studiendekanin bzw. Studiendekan und Vizepräsidentin bzw. Vizepräsident für Lehre münden. Die Förderung und Stärkung beinhaltet zum anderen das *Schaffen von Synergien* durch das Zusammenbringen und Vernetzen von engagierten Lehrenden aus allen Fakultäten. Die Teilnehmenden sollen das Gefühl haben, nicht alleine und auf verlorenen Posten zu kämpfen, sondern Teil einer lebendigen Gemeinschaft von engagierten Lehrenden zu sein. In dieser Gemeinschaft soll eine gegenseitige Bestärkung, Inspiration und Unterstützung stattfinden. Die Förderung und Stärkung beinhaltet zum dritten die *Stärkung der engagierten Lehrenden* durch spezielle Beratungs- und Weiterbildungsangebote. Multiplikatorinnen und Multiplikatoren haben, auch als Zeichen der Anerkennung, aber auch zur Stärkung und Förderung, zum einen kostenlosen und priorisierten Zugang zum gesamten Weiterbildungsangebot von ProLehre, zum anderen soll eine Reihe von exklusiven und speziell zugeschnittenen Beratungs- und Weiterbildungsangeboten die Kompetenzen dieser Gruppe zusätzlich stärken.

Engagierte Lehrende als Ressource nutzen
Viele der überdurchschnittlich engagierten Lehrenden haben eine hohe intrinsische Motivation, nicht nur ihre eigene Lehre auf hohem Niveau weiterzuentwickeln, sondern sich auch für die Lehre allgemein an ihrer Fakultät zu engagieren. Meist fehlen ihnen dafür sowohl Ressourcen als auch das Mandat. Im Rahmen eines von der Hochschulleitung unterstützten Programms und in Partnerschaft mit den hochschuldidaktischen Mitarbeiterinnen und Mitarbeitern der TU München lassen sich sowohl Mandat als auch Ressour-

cen deutlich leichter erlangen. Die hier beschriebene Zielsetzung wurde in zwei Schritten durch die Konzeptionierung des Multiplikatorenprogrammes realisiert.

Konzeptionierung

Bei der Konzeptionierung des Multiplikatorenprogrammes standen für das zuständige Projektteam zwei Leitfragen im Vordergrund:
- Wie können wir sicherstellen, dass die Idee des Multiplikatorenprogrammes hochschulweit angenommen und realisiert wird?
- Wie müssen wir das Multiplikatorenprogramm gestalten, sodass die angestrebten Ziele auch wirklich erreicht werden können?

Im Folgenden wird vorgestellt, in welchen Schritten in der Entwicklungsphase des Programms vorgegangen wurde.

Fokus: Realisierbarkeit
Ein Programm, das hochschulweit wirken soll und potentiell stark in die Lehrkultur der Fakultäten eingreifen kann, braucht um realisiert werden zu können eine breit aufgestellte Unterstützung und Absicherung. Um dies zu erreichen, wurden in einem ersten Schritt die wichtigsten Interessengruppen an der Hochschule identifiziert. In Gesprächen und Workshops konnten die verschiedenen Interessen analysiert, auf deren Grundlage Argumente für die jeweilige Zielgruppe generiert und ins Konzept integriert werden. Davon ausgehend wurde ein Anreizsystem entwickelt, dessen primärer Fokus darauf liegt, die intrinsische Motivation der beteiligten Zielgruppen zu erhalten. Zwei relevante Forscher im Bereich der Motivationstheorie, Deci und Ryan (1985; vgl. Poeten 2002, S. 48), verweisen hierzu darauf, dass intrinsische Motivation nur dann entsteht, wenn die Zielpersonen sowohl das Handeln als auch die Handlungsziele selbst bestimmen können. Ein Anreizsystem sollte folglich in der Lage sein, unterschiedliche Persönlichkeiten *weiterführend* zu motivieren, indem es sie auf verschiedenen Ebenen anspricht. Für das Multiplikatorenprogramm wurde in der Folge eine Aufteilung in unterschiedliche Anreizebenen generiert, um für die Zielgruppe eine schnelle und bedarfsorientierte Suche nach der individuell passenden Maßnahme zu ermöglichen. Für die Gruppe der Multiplikatorinnen und Multiplikatoren sind diese Ebenen die folgenden:
- Zukunftsperspektive Wissenschaft (*ZukWi*)
- Persönliche hochschuldidaktische Qualifizierung (*HDQual*)
- Fachspezifische Lehrentwicklung (*FachLe*)
- Vergütung (*Ver*)

Für Vorgesetzte und Fakultätsleitung wurde in Anlehnung an Pfeffer et al. (2005) ein eigenes, grundlegenderes Set an Anreizebenen herangezogen:
- Formelle Maßnahmen
- Finanzielle Maßnahmen
- Karrierefördernde Maßnahmen

Vor diesem Hintergrund konnte nun ein Anreizsystem gestaltet werden, das nicht nur Anreize auf allen Ebenen bereitstellt, sondern das auch speziell auf die Bedarfe der unterschiedlichen Zielgruppen eingeht. Zudem können die entwickelten Anreize in Gesprächen mit der wichtigsten Zielgruppe des Programmes – den Lehrenden – kontinuierlich individuell ergänzt werden. Das Ergebnis ist ein flexibles System, das die intrinsische Motivation aller Beteiligten zu stärken vermag. Einen Überblick über die Anreize, ihre Zielgruppe sowie die Ebenen-Zuordnung (vgl. Abkürzungen oben) gibt Tabelle 1.

Tabelle 1: Zielgruppenspezifische und flexibel wählbare Anreize zur Stärkung der intrinsischen Motivation

Zielgruppe	Anreiz	Ebene
Multiplikatorinnen und Multiplikatoren	Interdisziplinäre Vernetzung und Gemeinschaft	ZukWi
	Zertifikat inkl. Empfehlungsschreiben des Studiendekanates der Fakultät	ZukWi
	Lehrdeputatsreduktion	Ver
	Hilfskräfte	Ver
	Kursgutscheine (hochschuldidaktische Weiterbildung)	HDQual und FachLe
	exklusive Veranstaltungen (z.B. Hochschuldidaktik am Mittag)	HDQual
	Sachmittel (z.B. Materialien, Ausrüstung)	Ver
	Leistungszulagen	Ver
	Honorar für Co-Trainings und Beratungen	Ver
	Projekt, das im Multiplikatorenprogramm umgesetzt werden soll, kann selbst ausgewählt werden	FachLe
Vorgesetzte	Motivation der Mitarbeitenden	Formell
	Vernetzung zu anderen Lehrstühlen über die Multiplikatorinnen und Multiplikatoren	Formell
	Weiterentwicklung der eigenen Lehre durch Einfluss der Multiplikatorinnen und Multiplikatoren	Formell
	Zusätzliche Lehrauftragsmittel	Finanziell
	Zusätzliche Hilfskraftmittel	Finanziell
	Zusätzliche Weiterbildungsmittel	Finanziell
	Exklusive Einzeltrainings durch ProLehre	Karriere
	Zertifikat über die Aktivität als Multiplikatorin bzw. Multiplikator (insbesondere zur Unterstützung von NachwuchswissenschaftlerInnen)	Karriere
Fakultätsleitung	Weiterentwicklung grundständiger Lehrformate	Formell
	Nachweis über das Engagement zur Förderung der Lehrqualität an der Fakultät	Karriere
	Unterstützung bei der Vorbereitung von Lehrpreisen	Formell
	Exklusive Weiterbildungsangebote für die Lehrenden der Fakultät	Finanziell
	Qualitativ hochwertige Lehre zum Anwerben zukünftiger Studierender	Karriere

Grundlegende Strategie war zudem, in persönlichen Einzelgesprächen zunächst wichtige Schlüsselpersonen über das geplante Programm zu informieren, in die Planung mit einzubeziehen und dadurch zu Fürsprecherinnen und Fürsprechern des Programms zu machen. All dies erfolgte, bevor der Gang durch die verschiedenen Entscheidungsgremien angetreten wurde. Um einen Einblick in die Vorgehensstrategie zu geben, sollen hier die Treffen mit vier zentralen Gruppen näher erläutert werden: den Studierenden, der Hochschulleitung, der Fakultätsleitung sowie den direkten Vorgesetzten.

Die *Studierenden* sind an der Technischen Universität München eine wichtige Kraft bei allen größeren Maßnahmen zur Verbesserung der Lehre. Ihr Hauptinteresse liegt in der schnellen, spürbaren und nachhaltigen Verbesserung der Lehre. Zudem entscheiden sie wesentlich über die Verteilung der Studienbeitragsgelder. In den Gesprächen mit der Studierendenvertretung wurde schnell ein Konsens darüber gefunden, dass nachhaltige Verbesserungen der Lehrkultur nicht nur von einem hochschuldidaktischen Zentralinstitut aus initiiert werden sollten, sondern auch aus der Fakultät heraus unterstützt werden müssen. Von den positiven Erfahrungen der Studierenden mit engagierten Lehrenden ausgehend, führten die Gespräche mit dieser Gruppe schnell zu dem Ergebnis, dass dieses Engagement eine wichtige Ressource für die Veränderung der Lehrkultur ist, die wir strategisch nutzen sollten. Die Studierenden sicherten uns ideelle Unterstützung zu, insbesondere beim Suchen überdurchschnittlich engagierter Lehrender an den Fakultäten. Darüber hinaus sicherten sie uns eine finanzielle Anschub-Finanzierung zu, unter der Auflage, dass auch die Fakultätsleitungen das Programm finanziell und ideell unterstützen.

Die *Hochschulleitung* der TU München steht Maßnahmen zur Verbesserung der Lehre grundsätzlich positiv gegenüber (so gibt es an dieser Universität beispielsweise bereits seit Beginn der 1990er Jahre – früh im Vergleich zu anderen Hochschulen Deutschlands – ein differenziertes hochschuldidaktisches Angebot). Mit Blick auf das Multiplikatorenprogramm war für die Hochschulleitung speziell ein Kernelement interessant: die Betonung der Existenz und Bedeutung engagierter Lehrender für die Hochschule sowie der damit verbundene Blick auf die Kompetenzen und nicht auf die Defizite der Mitglieder der TU München. Diese Möglichkeit, das Potential guter Lehrender durch das Multiplikatorenprogramm zu erschließen und dadurch „nutzbar" zu machen, war in den Gesprächen mit der Hochschulleitung strategischer Fokus und Türöffner. Wichtige Rahmenbedingung für die Unterstützung durch die Hochschulleitung war, dass das Programm nicht verpflichtend eingeführt wird, sondern auf Freiwilligkeit basiert; nicht durch Zwang, sondern durch Attraktivität des Programms soll die Beteiligung von Fakultätsleitung und engagierten Lehrenden erreicht werden. Unter dieser Auflage sicherte der damalige Vizepräsident Unterstützung für die Umsetzung des Projektes zu, insbesondere in den Entscheidungsgremien *Parlament Lehre* und *Vorstand Lehre*.

Um die Unterstützung der *Fakultätsleitung* zu bekommen und den fakultätsspezifischen Bedarf (bereits auf der ersten Ebene) zu ermitteln, wurden Einzelgespräche mit den Studiendekaninnen und Studiendekanen geführt. Multiplikatorinnen und Multiplikatoren sind in den Augen vieler Fakultätsleitungen eine willkommene zusätzliche Ressource, um die Qualität der Lehre an ihrer Fakultät zu fördern und nach außen sichtbar zu machen. Die meisten Studiendekaninnen und Studiendekane waren gerne bereit, das Programm ideell und – in geringem Maß – auch finanziell zu unterstützen. Auflage der Fakultät war zumeist, dass die beteiligten Lehrenden freiwillig an dem Programm teilnehmen, ihre

Vorgesetzten mit deren Teilnahme einverstanden sind und die strukturellen Projekte zur Verbesserung der Lehre mit dem Studiendekanat abgestimmt werden.

Die direkten *Vorgesetzten* der engagierten Lehrenden sind – neben den Multiplikatorinnen und Multiplikatoren – diejenigen, die am stärksten die Auswirkungen des Multiplikatorenprogrammes spüren könnten, da es ihre Mitarbeitenden sind, die neben (und mitunter sogar statt) ihrer regulären Arbeiten sich nun noch stärker für die Lehre engagieren. In den meisten Fällen sind diese Lehrenden so hoch intrinsisch motiviert, dass ihr Engagement im Programm nicht zulasten der anderen Arbeit geht; bislang befürworten und unterstützen die Vorgesetzten ihre Mitarbeiterinnen und Mitarbeiter bei der Teilnahme am Programm. Anreize für die Vorgesetzten sind Anerkennung über die Aufnahme von ihren Mitarbeitenden in das Programm, verbunden mit verstärkter Wahrnehmung und Positionierung in der Fakultät; zukünftig denkbar wären auch finanzielle Kompensationen von der Fakultät an dem jeweiligen Lehrstuhl.

Fokus: Wirksamkeit
Neben der Realisierbarkeit des Programms war das Erreichen der angestrebten Ziele der wichtigste Eckpunkt für die Konzeption des Programms. Hierbei wurde unterschieden zwischen den Elementen des Programms, die die Multiplikatorinnen und Multiplikatoren stärken und fördern, und den Elementen des Programms, die diese Gruppe bei der Entwicklung und Realisierung von Projekten unterstützen. Schließlich sollen die Multiplikatorinnen und Multiplikatoren – unterstützt und befähigt durch das Programm – Projekte entwickeln und umsetzen, die, im Sinne eines erfolgreichen Change Managements (vgl. Wehrlin 2011, S. 91), die Effektivität der TU München als Bildungsorganisation unterstützen und (wieder) stärken können.

Durch die enge Begleitung der Lehrenden seitens ProLehre in den einzelnen Projekten einerseits und dem regelmäßigen Austausch in der Gruppe der Multiplikatorinnen und Multiplikatoren andererseits, wird die Möglichkeit gegeben, die Projekte hinsichtlich hochschul- und fakultätsspezifischer Faktoren zu überprüfen und ihr Potential im Bezug auf Veränderungsprozesse kontinuierlich zu optimieren.

Solche Projekte zu unterstützen erfordert strategisches Wissen und das Beherrschen von Instrumenten des Change Managements. Hintergrund dafür ist u.a. der Folgende: Die Hochschullandschaft in Europa befindet sich aufgrund der im Rahmen des Bologna-Prozesses angestrebten Vernetzungsprozesse in einer Phase tiefgreifenden Wandels. Gerholz (2011, S. 39) weist darauf hin, dass „[…] universitäre Veränderungsprozesse voranschreiten […]" und dass die Voraussetzung zur Gestaltung dieser Prozesse als „[…] dynamisch und komplex zu charakterisieren […]" sei. Für die Ausgestaltung des Multiplikatorenprogrammes und insbesondere der Ausbildungsphase war dies richtungsweisend.

Um die angestrebten Veränderungsprozesse erfolgreich zu gestalten, orientiert sich das Multiplikatorenprogramm und seine Umsetzung an den von Kotter (1995) formulierten Handlungsschritten eines Change-Management-Prozesses. Die einzelnen Schritte sowie ihren Transfer auf das Multiplikatorenprogramm stellt Tabelle 2 dar.

Tabelle 2:   Schritte in Veränderungsprozessen nach Kotter (1995) in Relation zum Multiplikatorenprogramm

	Schritt	Bedeutung und Transfer
1	Am Ausgangspunkt des Veränderungsprozesses ein *Bewusstsein* für die Dringlichkeit der Veränderung herstellen.	Erste Gespräche mit unterschiedlichen Statusgruppen führen.
2	Eine engagierte und durchsetzungsstarke *Gruppe*, eine Allianz finden, die für das gute Gelingen des Veränderungsprozesses ausschlaggebend ist und die die Veränderungen vorantreiben will und kann.	Verbündete in der Hochschulleitung sowie der Fachschaft finden und gemeinsam ein erstes Konzept für ein Multiplikatorenprogramm entwickeln; mit diesem als Basis Drittmittel für die Umsetzung einwerben.
3	Die *Entwicklung* einer Vision und Strategie vorantreiben – somit ein konkretes Ziel –, um effektiv und effizient agieren zu können.	Konzeptionsphase des Multiplikatorenprogrammes durch eine Projektgruppe des Pro-Lehre-Teams.
4	Die Vision *kommunizieren*, damit die Organisation, das Team und generell alle Beteiligten erfahren, worum es geht bzw. wo es hingehen soll.	Gespräche mit verschiedenen Ebenen der Hochschule (Studierende, Lehrende, Fakultäts- und Hochschulleitung), um das Konzept zu verfeinern und bereits Namen potentieller Multiplikatorinnen und Multiplikatoren zu sammeln. In dieser Phase wurden zudem die Multiplikatorinnen und Multiplikatoren der ersten Generation rekrutiert.
5	Das *Handeln* im Sinne der neuen Ziele und Vision muss ermöglicht werden; ggf. sind dazu neue Fähigkeiten bei den Beteiligten zu schaffen.	Die Multiplikatorinnen und Multiplikatoren werden in der dreisemestrigen Dauer des Programmes begleitend ausgebildet (vgl. Kapitel 5.2).
6	*Projektplanung*: Etappenziele, kurzfristige, erreichbare Ziele planen und so Erfolge kreieren.	Im Rahmen des Multiplikatorenprogrammes werden von den engagierten Lehrenden verschiedene Projekte gefunden, geplant und initiiert.
7	Erzielte *Erfolge festigen* und weitere Veränderungen vorantreiben.	Alle Projekte werden evaluiert und entsprechend der Bedarfe erweitert, überarbeitet oder verstetigt.
8	Neue Ansätze nach Innen und Außen *verankern*.	Durch die Ausbildung immer weiterer Generationen werden die Erfolge sichtbarer und die so entstehenden Elemente der Lehrqualität kommuniziert.

Die praktische Umsetzung

Die vielschichtige Konzeptionierung des Multiplikatorenprogrammes im Vorfeld spiegelt sich auch im eigentlichen Ausbildungsprogramm wieder. Mit Hilfe dieses Programmes sollen die Multiplikatorinnen und Multiplikatoren auf zwei Ebenen Unterstützung erhalten. Auf der einen Ebene stellt es ein Weiterbildungsprogramm im eigentlichen Sinne dar. Auf der anderen bietet es einen mit der Ausbildung verzahnten Übergang in die konkrete Arbeit in der eigenen Fakultät. Dieser zweigeteilte Fokus auf Kompetenzerwerb und den späteren Einsatz in den Fakultäten ermöglicht den Beteiligten zunächst im geschützten Rahmen ihre neue Rolle auszutesten, die angestrebten Veränderungsprozesse zu reflektieren und sie darauf basierend strategisch zu planen. In dieser Ausrichtung reagiert das Multiplikatorenprogramm auf die Empfehlungen für eine erfolgreich implementierte Qualitätssicherung der Lehre an Hochschulen, wie beispielsweise Pohlenz (2010, S. 95) sie formuliert. In einem Artikel zu dieser Thematik formuliert dieser, dass für eine nachhaltige Qualitätssicherung insbesondere die beteiligten Agierenden weitergebildet werden sollten. So kann unter anderem erreicht werden, dass diese im Umgang mit bevorstehenden Veränderungen im beruflichen Alltag sicherer werden und ihr Fortschreiten dadurch unterstützen.

Auswahl der Multiplikatorinnen und Multiplikatoren

Der erste Schritt in Richtung Umsetzung erfolgt im Multiplikatorenprogramm durch die Auswahl der Multiplikatorinnen und Multiplikatoren. Gesucht werden die engagierten Lehrenden der Technischen Universität München, die sich für Lehre allgemein und im Speziellen an ihrer Fakultät begeistern; Lehrende, die hinterfragen, durch welche Maßnahmen die Situation für Lehrende und Studierende gleichermaßen optimiert werden kann. Der Erstkontakt zwischen diesen engagierten Lehrenden und ProLehre findet – wie bereits zu Beginn des Artikels erwähnt – oftmals in den hochschuldidaktischen Weiterbildungskursen statt. Ein noch besserer Einblick kann zudem durch die Arbeit an Lehrprojekten in einer Fakultät erhalten werden. In der dort stattfinden Kooperation mit den Lehrenden wird sichtbar, wie die „theoretisch" in Weiterbildungskursen erworbene Kompetenz nicht nur reflektiert, sondern auch erweitert und im täglichen Handeln in der Fakultät „gelebt" wird. Die Arbeit mit Lehrenden in diesem Kontext war und ist somit eines der wichtigsten Werkzeuge, um engagierte Lehrende und zukünftige Multiplikatorinnen und Multiplikatoren zu ermitteln. Angeregt durch die gesammelten Erfahrungen des ProLehre-Teams sowie im Rahmen der oben beschriebenen vorbereitenden Gespräche im Zuge der Implementierung des Programmes (mit Studiendekanaten, Fachschaften sowie der Hochschulleitung), konnten schnell potentielle Kandidatinnen und Kandidaten aus den Fakultäten der TU München für das Multiplikatorenprogramm gefunden werden. Durch *Informationsgespräche* und ein *qualitatives Auswahlverfahren* galt es im nächsten Schritt, aus einer Vielzahl von Lehrenden die erste Generation der Multiplikatorinnen und Multiplikatoren zu ermitteln.

Die Auswahlkriterien stammen aus drei Bereichen (*Motivation, Kapazität, Passung*) mit jeweils unterschiedlichem Informations- und Appellgehalt. In Tabelle 3 sind sie, zusammen mit den für die Auswahl relevanten Fragen, abgebildet.

Tabelle 3:   Kriterien und Leitfragen im Auswahlprozess

Kriterium	Leitfrage	Information und Appell
Motivation	Wenn Sie an die Lehre in Ihrer Fakultät denken, was würden Sie verändern, wenn Sie die Zeit, Mittel und nötige Unterstützung hätten?	Im Multiplikatorenprogramm können der Blick auf die Makroeben (Studiengangstrukturen, Prüfungsformate etc.) und die Mikroebene (Überarbeitung einer Grundlagenveranstaltung) gehen.
Kapazität	Worin bestehen derzeit Ihre Aufgaben in der Fakultät (im Bereich Lehre, akademische Selbstverwaltung etc.)? Wie schätzen Sie Ihre aktuelle Arbeitsbelastung ein?	Durch das Programm erhalten Multiplikatorinnen und Multiplikatoren in der Arbeitszeit „Raum", um sich mit Projekten der Lehrverbesserung zu befassen. Dennoch wird die Tätigkeit als solche (sowohl im Bereich der Ausbildung als auch die spätere Tätigkeit in der Fakultät) zusätzliche Zeit von den Beteiligten einfordern.
Passung	Wie lange sind Sie noch an der Uni beschäftigt? Wo sehen Sie sich in einem Jahr?	Das Programm dauert insgesamt drei Semester. Erst dann ist es möglich, die Teilnahme zertifiziert und somit lebenslaufwirksam dokumentiert zu bekommen.

Ziel des Auswahlprozesses ist, die engagierten Lehrenden über das Multiplikatorenprogramm ausführlich zu informieren und einen Einblick in die Position, die Aufgabenfelder und Interessen der jeweiligen Kandidatin bzw. des jeweiligen Kandidaten zu gewinnen. Es gilt herauszufinden, ob eine Teilnahme am Programm für die Person „passend" ist oder möglicherweise auf einen späteren Zeitpunkt vertagt werden sollte. Die Motivation dieses Vorgehens liegt in dem wertschätzenden Ansatz begründet, den das Multiplikatorenprogramm verfolgt (vgl. Kapitel 3.2).

Das Multiplikatorenprogramm und seine Elemente
Bei der Umsetzung des Multiplikatorenprogrammes steht die *Förderung und Stärkung* der engagierten Lehrenden der Technischen Universität München im Mittelpunkt. Ein erster Schritt, um dies zu erreichen, ist hierbei, aus den einzelnen Teilnehmenden eine Gemeinschaft zu bilden. Die Multiplikatorinnen und Multiplikatoren können sich gegenseitig bestärken, *best practice*-Ansätze untereinander austauschen und sich mit Ideen inspirieren; dies braucht Raum und Zeit; beides erhalten die Teilnehmenden in den verschiedenen Elementen der Ausbildung. Die einzelnen Elemente und ihre Funktion innerhalb des Programmes werden im Folgenden vorgestellt. Das Multiplikatorenprogramm als solches dauert für jede Gruppe – jede Generation – drei Semester. Jedes Semester ist dabei mit einem anderen Schwerpunkt versehen: 1. Semester: Ausbildung, 2. Semester: Coaching, 3. Semester: Einsatz.

Bildlich dargestellt wird sichtbar, dass die Aktivitäten der Multiplikatorinnen und Multiplikatoren zunächst im Rahmen der gemeinsamen, als Gruppe durchgeführten Ausbildungselemente stattfinden (vgl. Abbildung 1). Im zweiten Semester erfolgt zunehmend der praktische Transfer der im ersten Semester erarbeiteten Projektkonzepte in die Fakultät, in der die konkreten Projekte im dritten Semester dann schließlich umgesetzt werden. Folglich findet im Laufe der Ausbildung eine Verschiebung vom Wirken als Multiplikatorinnen und Multiplikatoren im außerfakultären Rahmen hin zu einem Wirken innerhalb der Fakultät statt.

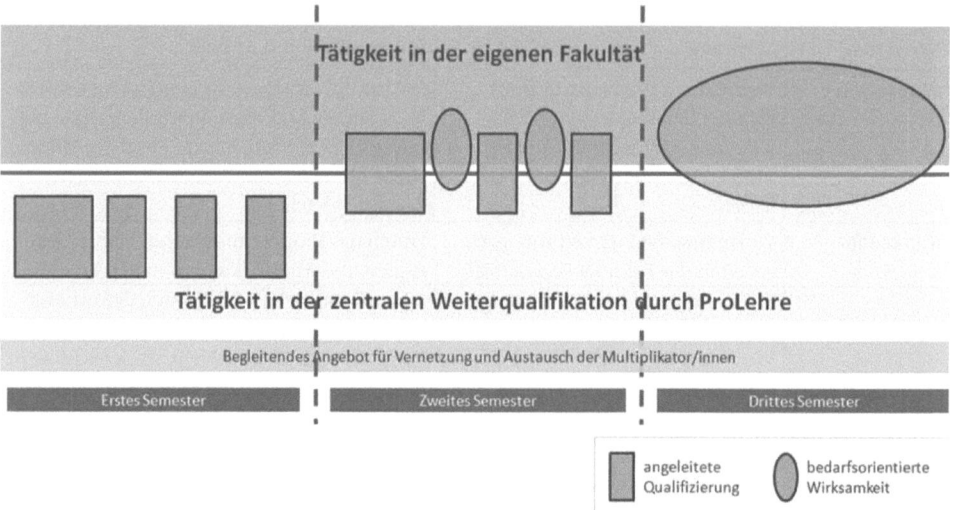

Abb. 1: Ausbildungskonzept und Aktivität in der Fakultät

In allen drei Phasen der Ausbildung gibt es sowohl Workshops als auch weitere begleitende Programmelemente (z.B. Hochschuldidaktik am Mittag), um die teilnehmenden Lehrenden zu jedem Zeitpunkt zielgerichtet weiterzubilden und (schließlich) einsatzbereit zu machen. Diese werden im Folgenden vorgestellt.

Die Workshops
Ein Kernelement der Ausbildung sind Workshops, in denen die Teilnehmenden neben dem Vertiefen zentraler Bereiche der Hochschuldidaktik die Möglichkeit haben, das eigene Wirken als Multiplikatorin bzw. Multiplikator zu entwerfen und in gesichertem Rahmen zu reflektieren. Da es sich bei der Zielgruppe um Personen mit bereits stark ausgeprägter Lehrkompetenz handelt, werden nicht ausschließlich Themen zum Lehren und Lernen an Hochschulen thematisiert, sondern zudem solche, die für die Tätigkeit als Multiplikatorinnen und Multiplikatoren hilfreich sind. So gibt es z.B. Ausbildungsblöcke zu *Change Management, Beratungskompetenz, Hochschulentwicklung* und *Projektmanagement.*

Den Beginn der Workshops bildet ein ganztägiges Kick-Off, in dem die Gruppe Zeit und Raum zum Kennenlernen, ersten Netzwerken und Reflektieren der eigenen Rolle erhält. In den darauf folgenden Workshops werden – kombiniert mit den jeweils für die Gruppe sinnvollen Themeninputs – die Teilnehmenden dazu motiviert und darin unterstützt, eigene Projekte für ihre Tätigkeit als Multiplikatorinnen und Multiplikatoren zu ermitteln, ihre Realisierung zu planen und sie anschließend zu initiieren.

Ein zentraler Bestandteil aller Workshops liegt auf einer Situations- und Kontextanalyse, die insbesondere auf die verschiedenen im Prozess beteiligten Agierenden abzielt. Dies dient nicht nur als Vorbereitung, sondern ist zugleich Erfolgsfaktor von Change-Management-Prozessen an Universitäten. So schreibt Gerholz (2011, S. 47): „Das Design von universitärem Wandel [kann] als ein Konglomerat von den Wahrnehmungen und Motiven der beteiligten Akteurinnen und Akteure sowie den situativen Rahmenbedingungen beschrieben werden."

Ein weiterer Bestandteil der Workshops – sowie der gesamten ersten Phase des Multiplikatorenprogrammes – ist, dass jede Multiplikatorin und jeder Multiplikator ein Projekt festlegt, dem sie bzw. er sich im Zuge der Tätigkeit widmen möchte. Dies erfolgt über die gesamte erste Phase des Multiplikatorenprogrammes und wird ergänzt durch ein *Online-Forum*, durch dessen Nutzung die Gruppe genügend Raum hat, sich gegenseitig zu inspirieren und zu unterstützen (z.B. mittels kollegialem Feedback). Hier können sich Kleingruppen mit gemeinsamen oder ähnlichen Projektideen organisieren und zwischen den obligatorischen Treffen mit allen Teilnehmenden auch in kleinerem Kreis an ihren Ideen weiterarbeiten. Jede Projektgruppe wird dabei von mindestens einer Mitarbeiterin bzw. einem Mitarbeiter von ProLehre eng begleitet und unterstützt.

Das begleitende Angebot
Ergänzt werden die verbindlichen Ausbildungsblöcke durch freiwillige Angebote, in denen die Multiplikatorinnen und Multiplikatoren ihre Kompetenzen weiter ausdifferenzieren und nach eigenem Ermessen weitere Verknüpfungen und Netzwerke bilden. Drei relevante Angebote werden hier vorgestellt.

Im einstündigen Format *Hochschuldidaktik am Mittag* können Multiplikatorinnen und Multiplikatoren das Mittagessen mit einem hochschuldidaktischen Input und Austausch verbinden. Insbesondere während der Coaching- und Einsatzphase kann dieses Format einen wichtigen Beitrag dazu leisten, die Dynamik der Gruppe zu erhalten und weiter auszubauen. Zudem können so kontinuierlich weitere Synergien erzeugt werden. Zu Hochschuldidaktik am Mittag haben (sobald das Programm mehrfach durchgeführt wurde) die einzelnen Generationen des Multiplikatorenprogrammes die Möglichkeit, sich regelmäßig zu treffen und so das Netzwerk der engagierten Lehrenden fakultätsübergreifen zu festigen.

Neben diesem einstündigen Format erhalten die Multiplikatorinnen und Multiplikatoren durch ihren neu gewonnenen Status innerhalb der ProLehre-Struktur die Gelegenheit, das gesamte *hochschuldidaktische Kursprogramm* der TU München kostenlos zu nutzen. So kann in den offenen Workshops an gewünschten Themen weiter gearbeitet und die eigene Kompetenz zielgerichtet erweitert werden. Dass sie bei der Anmeldung zu diesen Kursen bevorzugt werden und ihnen dadurch eine zeitnahe Teilnahme ermöglicht wird, unterstreicht den Status dieser Gruppe.

Schlussendlich stellt das ProLehre-Team die bereits erwähnte *kontinuierliche Begleitung* und Unterstützung aller Multiplikatorinnen und Multiplikatoren sicher. In erster Linie durch die Projektverantwortlichen des Multiplikatorenprogrammes, darüber hinaus sind enge Kooperationen zu den weiteren Arbeitsgebieten und Fakultätszuständigkeiten des Teams möglich und gewünscht. So werden im Zuge des Multiplikatorenprogrammes Projekte im Bereich Tutorinnen- und Tutorenqualifizierung mit den entsprechenden Spezialistinnen des ProLehre-Teams rückgekoppelt oder es entsteht durch die Kontakte der Fakultätsansprechpartnerinnen und -partner ProLehres ein breiteres Netzwerk der Multiplikatorinnen und Multiplikatoren im eigenen Fachkontext. Die geplanten Projekte können so, flankiert durch unterschiedliche Unterstützungsmechanismen und Kompetenzen, fundierter entwickelt und umgesetzt werden.

Ausblick: Die Vorhaben der ersten Generation

Obgleich bereits in der ersten Generation der Multiplikatorinnen und Multiplikatoren eine Vielzahl fakultätsspezifischer sowie interdisziplinärer Projekte realisiert werden, sollen an dieser Stelle exemplarisch drei Vorhaben in Kürze vorgestellt werden.

Projekt: Großgruppenübungen

Im Rahmen dieses Projektes wird ein Methodenkoffer für Großgruppenübungen in ingenieur- und naturwissenschaftlichen Fächern entwickelt und im Rahmen eines Weiterbildungsangebotes für andere Lehrende zugänglich gemacht. Anhand von zwei konkreten Fallbeispielen, dem aktuellen Forschungsstand sowie den Erfahrungen von Kolleginnen und Kollegen, werden methodische Grundlagen erarbeitet, die aktivierende und interaktive Lehre in Großgruppen realisierbar machen und zudem den Umgang mit sehr großen Gruppen (Massenveranstaltungen inklusive Live-Übertragungen in weitere Hörsäle) thematisieren.

Fokussierte Wirkung auf die Lehrqualität: Durch das Projekt soll die Lehrqualität auf zwei Wirkungsebenen adressiert werden. Lehrende von Veranstaltungen mit großen Gruppen, insbesondere Großgruppenübungen von über 800 Studierenden, erhalten eine spezifische Weiterqualifizierung, um ihre Veranstaltungen gezielt (noch) lernförderlich(er) planen und durchführen zu können. Zudem soll der Studienerfolg vergrößert und als erhoffte Folge die Quote der Studierenden, die ihr Studium abbrechen, verringert werden. Diese Wirkung zu erzielen ist gerade aus dem Grund nicht unrealistisch, da der adressierte Veranstaltungstyp insbesondere in den Einführungs- und Grundlagenveranstaltungen eingesetzt wird und somit entscheidend den Studienbeginn vieler Studierenden an der TU München prägt.

Projekt: Knigge der E-Mail-Kommunikation

Was tun, wenn man sich als Lehrperson oft über die nicht vorhandenen Manieren von Studierenden ärgern muss? Was tun, wenn die Kommunikation per E-Mail Formen annimmt, die man nicht tolerieren möchte? Eine Multiplikatorin und ein Multiplikator haben sich diese Fragen gestellt und entwickeln gemeinsam für Studierende einen *Knigge der E-Mail-Kommunikation*.

Fokussierte Wirkung auf die Lehrqualität: Auf Basis dieses Knigges soll direkt zu Beginn der Zusammenarbeit zwischen Lehrenden und Studierenden (z.B. im Rahmen der ersten Veranstaltungssitzung) klargestellt werden, wie ein gutes und produktives Miteinander aussehen kann. Durch den Knigge können zudem Erwartungen und Anforderungen an das gemeinsame Arbeiten explizit gemacht und diskutiert werden. Dadurch kann die Kommunikation in der Gruppe von der Lehrperson gezielt zu einem Zeitpunkt von der Inhaltsebene auf die Ebene der Schlüsselkompetenz „Teamkompetenz" gehoben werden, um anschließend den Fokus „ungestört – oder zumindest mit weniger Unterbrechungen – auf der fachlichen Ebene zu belassen. Zudem kann die Selbststeuerung der Lernenden gefördert werden, wenn das gemeinsame Arbeiten (mithilfe des Knigges) thematisiert wird und sie dadurch die eigene Verantwortung für den Lernprozess realisieren.

Projekt: WelcomeTeachers@tum

Vier Teilnehmende des Multiplikatorenprogrammes hatten ähnliche Ideen und haben sich zu einem Projektteam zusammengeschlossen. Sie arbeiten gemeinsam an einem Projekt, das die folgende Frage beantworten möchte: Wie können wir neue Kolleginnen und Kollegen besser auf die Lehre vorbereiten? Was brauchen sie, um sich schnell als Lehrende an der TU München orientieren zu können? Ziel ist, eine Einführungsveranstaltung mit Stationen zu hochschuldidaktischen Fragestellungen sowie organisatorischen und praktischen Informationen zu entwickeln, in der die Themen Lehre, Forschung und Verwaltung thematisiert und dadurch den neuen Lehrenden gebündelt zugänglich gemacht werden.

Fokussierte Wirkung auf die Lehrqualität: Der gewünschte Effekt dieses Projektes ist die Unterstützung der Lehrenden von Beginn an. Indem sie bei der Willkommensveranstaltung frühzeitig informiert und weitergebildet werden (z.B. in hochschuldidaktischen Kurzformaten), wissen die neuen Lehrenden zum einen, wo sie weiterführende Unterstützung erhalten, und gewinnen zum anderen die nötige Sicherheit in der Vorbereitung und Ausgestaltung ihrer (zumindest im Kontext der TU München ersten) Lehrveranstaltungen. Ein weiterer Effekt dieses Projektes soll darüber hinaus sein, die Bedeutung von Lehre zu fördern, indem sie in der Willkommensveranstaltung sichtbar gemacht und mit der Forschung auf einer Ebene thematisiert wird.

Fazit

Im Sommer 2011 begannen wir mit der Suche nach engagierten Lehrenden in den Fakultäten. Hauptsächlich gestützt auf bereits bestehende Kontakte aus dem hochschuldidaktischen Weiterbildungsprogramm und auf Empfehlungen aus den Fachschaften, konnten mühelos 16 geeignete Kandidatinnen und Kandidaten gefunden werden. In Einzelgesprächen haben wir mit allen Interessierten die Zielsetzung des Programms mit ihren persönlichen Zielen und Wünschen abgeklärt. Im September 2011 trafen die Multiplikatorinnen und Multiplikatoren das erste Mal aufeinander. Die positive Stimmung aus dem ersten Treffen hat bis heute angehalten, sich durch den Charakter des Programms und insbesondere die gemeinsame Arbeit an Projekten noch verstärkt. Alle Multiplikatorinnen und Multiplikatoren sind derzeit (März 2012) dabei, anspruchsvolle strukturelle Projekte zur Stärkung der Lehre an ihrer Fakultät zu konzipieren, viele Projekte werden von mehreren Multiplikatorinnen und Multiplikatoren gemeinsam bearbeitet, zum Teil fakultätsübergreifend. Parallel dazu arbeiten wir gerade an einer gemeinsamen Kommunikations- und Marketingstrategie, um die Multiplikatorinnen und Multiplikatoren und ihre Arbeit sichtbarer zu machen – auch als Vorbereitung auf die Rekrutierung der zweiten Generation des Multiplikatorenprogrammes, die im Sommer 2012 ins Leben gerufen wird. Diese zweite Generation wird auf der einen Seite begonnene Projekte weiterführen und weiterentwickeln und auf der anderen entlang der eigenen Kompetenzen und neu ermittelter Bedarfe ergänzende Maßnahmen und neue Projekte initiieren.

Im Laufe der Umsetzung des Multiplikatorenprogrammes ist der Wunsch gewachsen, die Projekte einzelner Multiplikatorinnen und Multiplikatoren gezielt bei der Bewerbung auf Lehrpreise und Förderprogramme, insbesondere den hochschulinternen „Ernst-Otto-Fischer-Preis" für innovative Lehrkonzepte sowie die vom Stifterverband ausgelobten „Fellowships für Innovationen in der Lehre" zu unterstützen. Das damit verfolgte Ziel liegt auf der Hand: Gute Lehre soll sichtbar(er) werden und mehr Lehrende dazu inspirieren, über die eigene Lehre nachzudenken. Im Rahmen dieses Fazits soll auch mit Blick auf die organisatorisch-personelle Umsetzung des Multiplikatorenprogrammes ein kritischer Blick geworfen werden.

Die Begleitung der insgesamt acht Projekte ist aufwändig. Im Wintersemester 2011/2012 wird das Multiplikatorenprogramm im ProLehre-Team von vier Personen (auf drei Stellen) betreut und ist damit das personalintensivste Projekt der Abteilung. Aber der Aufwand lohnt sich, da der Einsatz der hochschuldidaktischen Mitarbeiterinnen und Mitarbeiter de facto durch das Programm – im wahrsten Sinne des Wortes – multipliziert wird: Im Jahr 2012 werden in neun von 13 Fakultäten der Technischen Universität München wirksame strukturelle Projekte zur Stärkung der Lehre und Lehrkultur initiiert und realisiert werden. Selbst ein zehnköpfiges hochschuldidaktisches Team hätte das in diesem Volumen und in dieser Qualität alleine niemals erreichen können. Und die nächste Generation Multiplikatorinnen und Multiplikatoren steht bereits in den Startlöchern.

Bibliografie

Beel, Jöran (2007): Project Team Rewards. Rewarding and Motivating your Project Team. Scott Valley: Create Space LLC. http://team-rewards.de/files/Project_Team_Rewards---eBook_Medium_Quality_%28c%29.pdf [27.01.2012].

Dallmeier, Beate (2013): Supervisor-student interaction: Integrating perspectives – experiences from a project at the Technical University of Munich. In: Hofer, Christian/ Schröttner, Barbara/ Unger-Ullmann, Daniela (Hg.): Akademische Lehrkompetenzen im Diskurs. A Discourse on Academic Teaching Competencies. Münster, New York, München, Berlin: Waxmann. S. 142-154.

Deci, Edward. L./ Ryan, Richard M. (1985): Intrinsic Motivation and Self-Determination in Human Behavior. New York, London: Plenum Press.

Gerholz, Karl-Heinz (2011): Design universitären Wandels – Interventionen als Gestaltungsinstrument von universitären Veränderungsprozessen. In: Zeitschrift für Hochschulentwicklung (ZFHE). Jg. 6. Nr. 3. S. 39-58.

Kotter, John P. (1995): Leading Change: Why Transformation Efforts Fail. Harvard: Harvard Business Review.

Pfeffer, Thomas/ Sindler, Alexandra/ Kopp, Michael (2005): E-Learning als Leistung der Hochschule. Sechs Aufgaben der Organisation. In: Handbuch Organisationsentwicklung: Neue Medien in der Lehre. Dimensionen, Instrumente, Positionen. Münster, New York, München, Berlin: Waxmann. S. 7-98. http://www.iff.ac.at/hofo/pfeffer/2004_Pfeffer_6_Dimensionen.pdf [27.01.2012].

Poeten, Stefan (2002): Leistungsorientierte Anreizsysteme in Universitäten. Konstanz. http://kops.ub.uni-konstanz.de/bitstream/handle/urn:nbn:de:bsz:352-opus-8613/Poeten.pdf?sequence=1 [27.01.2012].

Pohlenz, Philipp (2010): Agenten des Wandels – Institutionalisierung von Qualitätsentwicklung auf Hochschulebene. In: Zeitschrift für Hochschulentwicklung (ZFHE). Jg. 5. Nr. 4. S. 94-103.

Wehrlin, Ulrich (2011): Hochschul-Change-Management. München: AVM – Akademische Verlagsgemeinschaft.

Beate Dallmeier

Supervisor-Student Interaction: Integrating Perspectives – Experiences from a Project at the Technical University of Munich

Abstract

This article focuses on ways of optimising the interaction between supervisors and students in informal and formal settings in the academic context. The currently published 'new modes of teaching and learning' are discussed with regard to their influence on teaching competence, particularly on the supervision of bachelor's and master's theses. This article argues that supervising competence is a rather undefined part of didactical activities. As a consequence, supervisors have to deal with several factors that hinder their work. A survey of the relevant literature is conducted to identify supervising skills that are required for beneficial supervisor-student interaction as well as ways to meet these requirements. Focusing on the period of writing a final thesis, the supervisor's and the student's role and perspective are examined. Subsequently, this article describes projects and offers, which integrate both perspectives at the Department for Teaching and Learning in Higher Education at the Technical University of Munich (ProLehre). In particular, the learning competence project is presented, which aims to enhance students' learning skills and the professional development of supervisors. The general overview leads to a detailed description of a subproject, which aims to optimise the interaction between supervisor and student during bachelor's and master's theses at the Department of Electrical Engineering and Information Technology at the Technical University of Munich. This subproject is based on the theories and results of the previous chapters. The main focus of the article could be summed up in the question 'How can supervisors meet their supervising competence requirements, while at the same time enhancing their students' self-management competencies?'

Supervising Students: A rather undefined Part of the Triangle of didactical Activities

In the recent debate about the quality of academic teaching, universities have announced the goal of achieving excellence in all working areas of their academic staff. As a result, departments for teaching in higher education have been offering a variety of workshops and other forms of advanced training. Universities have awarded innovative teaching concepts to motivate their staff and professors have been offering extra lectures and office hours in order to attract dedicated students. Thus, expectations towards lecturers are changing. Today much more than thoughtful teaching with good didactical intentions in the lecture room is required. Lecturers are also expected to offer a wide variety of counselling and supervising to enhance their students' learning. In order to guarantee this enhancement in the specific learning environment of universities, supervision has to be based on the realisation that students learn best when supervisors refer to their individual learning biography and their diverse learning preconditions (Dallmeier/Thielsch, 2011: 13). In a nutshell, the supervising activities are supposed to add further elements to the conventional forms of academic teaching and learning in order to foster the claimed shift from teaching to learning (Berendt, 2005: 37). According to that shift, supervisors and counsellors have to upgrade their skills in order to develop their teaching skills in the area of supervising theses and projects.

But the supervision of students is a part of academic teaching competence which has not been defined very well so far. The only precondition universities place upon staff is that supervising must be performed by academically qualified teaching staff. In the context of students' final theses, supervision includes a factual, a methodological and a didactical dimension and is always based on judicial conditions (Samac et al., 2010: 109). This article focuses on the didactical dimension as a part of teaching competence. As previously stated, this part lacks regulations and definitions in many ways. Wildt (2006: 13) has called for a triangle of didactical activities including the three corners of research/development, teaching/further education and advising. Supervising mainly belongs to the triangle's teaching corner, which is why there are hardly any additional regulations specifically concerning the supervision of students. Taking a closer look at the didactical triangle, supervising now seems to play the role of some kind of link between all the corners as it becomes more and more important and, therefore, describes an exclusive part within the didactic triangle. This "lowest possible student/teacher ratio (1:1)" even has "the potential for the most efficient results for the student" (Feltens, 2011: 155).

Next to factual and methodological knowledge (for example, collecting and interpreting data, written argumentation and recognising and solving problems), students' final theses should prove that they are able to apply autonomous learning and working strategies (Joint Quality Initiative, 2004). This demand is one aspect of the new claim of a shift away from teaching input, which leads to a concentration on learning outcomes (Fischer-Bluhm, 2005: 120). And this shift is the theoretical basis for the discussion on the best way to supervise students working on their bachelor's and master's theses. Students should no longer learn through instruction alone, but instead under the guidance of a facilitator. This guidance is not restricted to the space of the lecture room. It should be a process, in which learning and teaching mutually influence each other throughout all the university structures involved in this process (Auferkorte-Michaelis/Ladwig, 2011: 96). This means that lecturers must learn how to be good facilitators and students have to learn how to use these new possibilities. Lecturers can draw on a wide variety of didactical research results and tips derived from didactical practice. Focusing solely on the teaching of expertise and specialised knowledge should give way to the combined teaching of expertise and metacognitive competencies (Stickel-Wolf/Wolf, 2011: 315). The advantage of metacognitive competencies lies in the assumption that knowledge becomes obsolete or changes very quickly nowadays. A metacognitive competence, like a learning skill, has a beneficial influence on learning outcomes and supports students' self-competence (Hoidn, 2010: 23). The enhancement of this metacognitive competence is another aspect of the new mode of teaching and learning, which has now become firmly established in the context of university teaching. As a consequence, supervisors can select from a large number of methods and materials in order to support their students' learning. The teaching culture and the understanding of learning processes in modularised courses have already changed to a learner-centred environment.

The transfer and implementation of the new ideas into practice, however, is still slow going in certain areas. Supervisors often have to deal with several aspects that hinder implementation. One aspect is the lack of time lecturers have to spend on reflecting on supervising students. In addition, it is quite common to simply recycle conventional supervising ideas, despite the fact that new modes of teaching and learning might also require new modes of supervising. For example, supervisors often lack individual contact with their students because they have to assist a whole group of students at the same time. Another hindering influence is that supervisors are not always the person in charge of assessing and grading the final thesis, which means that supervisors have a lot of autonomy concerning the supervising process itself, but have little voice in grading their theses. Another challenge is the long duration of supervisor-student interaction. This is mainly due to the fact that written theses usually do not undergo any formative efficiency controls during the supervising process, but only one decisive efficiency control at the very end of the whole process. This aspect combined with the fact that final theses have an open outcome, make the supervision of students through the process complicated and hard to define. In general, scientific working processes are associated more with facts, whereas supervising situations necessitate a clear concentration on individuals. The mixture of both is another challenge supervisors have to face (Großmaß/Püschel, 2010). Interpersonal aspects also have to be considered, in particular, the fact that the role of supervisor is characterised by asymmetric communication. This situation means that students are dependent on the supervisors' assessment in the end, which makes it very difficult for supervisors to be on an equal level with their students during the writing process (Watzlawick's five axioms of communication, e.g. in Watzlawick et al., 2003: 50ff.).

Seeing as supervisors have to deal with the above-mentioned challenges of this rather undefined domain with few regulations and guidelines, it is very important that they develop a clear picture of their individual role in order to avoid misunderstandings.

Requirements Supervisors face in facilitating Students' Theses – How to meet them?

The requirements supervisors have to fulfil are better defined than the regulations, guidelines and the possibilities to further develop supervisors' competencies. According to Samac et al. (2010: 110ff.), supervisors provide assistance on any scientific questions concerning the content of the theses. Furthermore, they are expected to have expertise in related fields of research. Moreover, supervisors should be able to offer students methodological support regarding the specific procedure of writing a final thesis. Supervisors also give didactical support, i.e. they structure the writing project while providing guidance and advice and they know how to motivate their students. In some cases, supervisors are also in charge of assessing the completed thesis and organising and grading the defence (the oral examination). Theuerkauf and Steinmetz (2009: 12ff.) add some more detail to the above-mentioned requirements. According to them, supervisors should have knowledge of the department's specific scientific standards as well as knowledge of the requirements defined by the examination regulations. Another important aspect is the ability to judge whether the workload of a particular final thesis project is realistic. In addition, it is crucial for supervisors to have sound knowledge of conversation techniques and knowledge about counselling processes in order to guarantee competent advice for a wide variety of students.

But how can supervisors meet all these requirements and optimise their supervising competence? One possibility would be to regulate supervising activities and define obligatory competencies. Thus, supervisors would be forced, for example, to take part in special further education or to adhere to obligatory rules and follow standardised procedures. This would hinder supervisors and lower their motivation in most cases. According to the Self-Determination Theory (Ryan/Deci, 2002), adults have an intrinsic motivation to learn on their own account when the three psychological needs of autonomy, competence and relatedness are fulfilled. Therefore, a better approach to developing supervisors' competencies is to integrate colleagues and staff members into a supervisors' network, thus helping to promote mutual motivation, because they feel integrated into a community of like-minded people. This happens in all formal situations, in which supervising becomes a topic to be shared with others, for example, in a monthly meeting, a quality circle, a conference or an organised peer coaching. A department can further enhance this beneficial sense of relatedness by establishing informal learning locations for supervisors, for instance, an employee's lounge. Another promising aspect is offering supervisors central questions or issues in order to motivate them to voluntarily reflect on their supervising competence. These reflections can then lead to common statements of a supervisors' network in a department or be used to develop guidelines. The identification of standards and guidelines could be adapted, for example, from existing standards in the field of teaching or advising (Schiersmann et al., 2008: 35ff.). Integrating supervisors into the development of such guidelines would be an essential motivational trigger, because adults learn best when they feel autonomous and have freedom to act. Furthermore, it would be crucial to develop methods and processes of feedback, in which supervisors can experience their own level of competence. As ways of enhancing feedback processes are not content of this article, see for example Tietze, 2010 for further reading.

Another recommendation for optimising supervisor-student interaction is to think of the students' writing process as a project and incorporate insights from project management (Wildt/Auferkorte-Michaelis, 2003: 107). Project management can offer a wide variety of strategies and tools for dealing with time and resources during a writing process. A detailed look at implications from project management should be part of continuative studies concerning the supervisor-student-interaction, but two main assumptions – clarifying expectations and implementing structuring elements – should be mentioned here: One crucial point is to define success and to specify expectations for both sides at the very beginning of the supervisor-student interaction. The fact that the supervising should be learner-centred doesn't mean that instructional elements cannot be used at all. On the contrary, it is essential to instruct and guide students when needed and at other times to give students some freedom so they can enhance their autonomous working (Reinmann/Mandl, 2006: 645f.). Both students and supervisors can benefit from a clear, consistent and transparent concept with structuring elements. This helps students to deal with the load of various tasks during the final thesis and it makes it easier for supervisors to manage their own time and resources. Structuring elements can be, for example, conventional elements like office hours and requiring a prospectus. Other ideas would be a learning contract, a portfolio, peer coaching (a tandem consisting of two students) or letting the student write the minutes of the office hour (for best practice examples of portfolios, see Zubizarreta, 2009). Furthermore, supervisors need to be able to see the supervising process from both sides; the student's and their own (Szczyrba, 2006: 48). Being able to see a thing from both sides goes along with setting a good example during the process. For example, supervisors should stick to their own deadlines and be open to changes in the supervising process. Furthermore, they are supposed to meet the requirements, because good teaching can have a major influence on the learning process, fostering students' self-esteem and their intrinsic in-depth learning (Stahr, 2009: 76). The description of the project in chapter five offers an example of a project that integrates these considerations on the motivation of supervisors and the effects of supervising from the point of view of project management. But first, the following chapter will describe the interaction with supervisors from the student's point of view. This perspective is put into relation with the importance of acquiring learning skills during students' studies and points out influences that hinder students' progress on their final theses.

The Student's Perspective of Supervisor-student Interaction

For both supervisors and students, a final thesis is like a tightrope walk, because final theses are part of the student's learning process and, at the same time, the examination of this process. Especially during the writing of final theses, students have to show that they are capable of using learning and working strategies and can motivate themselves repeatedly during the long period of writing. Therefore, problems in certain parts of the final thesis are connected or based on particular problems within the writing process itself and not the writing, i.e. the product very often reflects the quality of the supervisor-student interaction. Learning skills can be influenced and trained by supervisors. According to Mandl and Krause (2001: 15), learning skills can be enhanced in two different ways: The direct way of training students by means of workshops and seminars or the indirect way by designing learner-centred learning environments. The latter method of integrating learner-friendly elements into the supervisor-student interaction has already been described above in chapter two. The next paragraph will discuss which aspects hinder the student's writing process and what students themselves can do in order to deal with these aspects and thus get the most benefit from the supervisors' assistance.

The first obstacle students come across when starting their final thesis is finding an appropriate topic and making specific suggestions on which topic they want to work. It can be useful to search for topics that are of interest to the student, for example, by looking through previous lecture or seminar contents or reflecting on recent research topics in the related field of study. It is much more motivating to write about a topic, in which one is interested. In addition, interest also helps to specify a topic for the final thesis, which is sometimes difficult as students have hardly any experience, let alone routines, in making such far-reaching decisions (Samac et al., 2010: 29). Receiving feedback at this early stage of the final thesis is helpful, but supervisor-student interaction should only take place once the student has already done some of their own preparatory work. If supervisors interfere too early, they put the student in a passive role right from the beginning, and if students ask for support too early, this might give the supervisor the impression that the student is only trying to "fish" for a topic, which most supervisors do not appreciate. According to Keseling (2004: 227), 60% of writing problems can be traced back to students' problems with forming ideas and not to problems with formulating, i.e. they are overburdened with the project management and with maintaining an overview of goals, sub-goals, requirements and tasks during the writing process. Students are not used to dealing with abstract situations, since most of the tasks during their academic career have been specific. This illustrates the need to put their ideas into some structured written form, like an agenda, a milestone plan, a prospectus or a mind map. Considered from both the supervisor's and student's point of view, these kinds of structuring elements are a necessity and a very helpful tool for optimising supervisor-student interaction. Furthermore, students are not used to or have no experience in finding, choosing and, most of all, in evaluating the literature they need as the basis for their work. From their perspective, they sometimes feel lost in this task and seek assistance from supervisors and counsellors. This task is a heavy burden for most students, especially since more and more information on research is available in online databases and libraries. Students might require interaction with their supervisors at this point, once again after some work on their own. To get constructive feedback and show initiative, students should ask supervisors specific questions, for example, via email in advance of an office hour. Another aspect supervisors often mention is that students forget about deadlines and do not keep appointments (Theuerkauf/Steinmetz, 2009: 1). From a student's perspective, this might be due to the fact that students do not recognise the additional value of a certain appointment. It is therefore vital that students demand transparency when they are not sure about the surplus or particular value of an appointment.

All these aspects might be summed up by saying that students lack previous knowledge and routines in the area of metacognitive competencies like learning skills. This lack of skills results in students not being able to deal with smaller tasks in the writing project as well as procrastination, i.e. the anxiety to start tasks and the need to postpone responsibilities. The postulated solution is to integrate both perspectives and thus optimise supervisor-student interaction and foster students' learning competencies. This will help them to manage projects on their own, like the writing of a final exam, and to be the proactive person who takes charge of their own learning process.

However, this article mainly focuses on the personal dimension of supervisors' and students' expectations, responsibilities and competencies. It remains questionable, to which extent other dimensions – like for example the systemic dimension – could optimize this interaction. The following chapters offer a general insight on several didactical projects and a subproject that aims to integrate both the supervisors' and the students' perspectives.

Didactical Projects at ProLehre: Combining Teachers' and Learners' Ideas

ProLehre, the Department for Teaching and Learning in Higher Education
Academic staff at the Technical University of Munich has the possibility of further developing their teaching skills through several offers at ProLehre, the Department for Teaching and Learning in Higher Education. ProLehre is a central institution of the university, and currently employs thirteen team members. The team is responsible for 'formal learning' offers, i.e. workshops on a wide variety of didactical topics on lecturers' teaching competence and their personal development.

The general subjects according to the Bavarian Standards for Teaching in Higher Education (Profilehre Bavarian Certificate) are teaching and learning at the university level (theory, methods, and materials), presentation and communication (skills for effective public speaking), academic counselling (problem solving, referral, and conflict management skills), oral and written exams (assessing student performance) and evaluation in higher education (assessing teaching practices). On top of these learning opportunities, lecturers can take part in a teaching advising session. This is where a ProLehre team member supervises a certain lecture, gives detailed feedback to the lecturer in a personal conversation afterwards and helps to develop further ideas and didactical possibilities to either foster student's learning opportunities or to enhance one's own teaching skills, or both. Another possibility for academic staff to develop their academic teaching skills is sitting in on each other's lecture with a colleague, observing each other's lecture and exchanging feedback. In addition to these formal learning offers, every department at the Technical University has a contact person at ProLehre, who supports all further activities concerning teaching and learning. The contact person, for example, gives advice when a lecture format is about to be modified, supports innovations in seminars and, most importantly, gives the academic staff informal possibilities to talk about their teaching on-site.

Along with the workshop and advising offers to help develop academic staffs' teaching skills, ProLehre runs several projects to promote all kinds of teaching and learning activities at the university. During my time as team member of ProLehre I was responsible for the kick-off and implementation of the learning skills project, which will be described in more detail in the following.

Fostering students' learning skills – a project as part of ProLehre
The learning skills project is directed at two different target groups and, therefore, tries to integrate both the perspective of students, on the one hand, and the perspective of teachers in a supervisory and counselling role, on the other. During students' studies, the key to a successful academic education is knowledge about one's own learning process and the ability to optimise this learning. Students have to learn how to learn in order to be flexible and to adapt to new challenges during their studies. This learning skill can be seen as one of the crucial soft skills in students' studies and a considerable competitive factor in working life. Learning skill means more than simply reproducing the knowledge heard or learned in lectures and seminars. On the contrary, learning skill describes a meta-competence, i.e. the ability to reflect about one's learning process, to know about appropriate learning strategies and techniques and then be able to regulate one's own learning process (Mandl/Krause, 2001: 12).

To help students acquire learning skills, we offer workshops, in which students can participate in different exercises that guide them through a process of self-reflection to evaluate their individual learning behaviour. In addition to these workshops, open office hours are offered to students of all academic departments, during which students can ask specific questions concerning their learning process. Most of them just need a little motivation to continue with their learning, while others get bogged down in the details of their learning materials and need help setting up a learning schedule for upcoming exams. Initial experiences have shown that workshops give interested students a lot of information and go into quite a lot of detail on learning skills. Students like the opportunity to practice learning strategies on their own and the different reflective tasks make them confident that they can sit back and look at themselves. The feedback on the additional open office hours has also been positive: students especially like the open atmosphere, the opportunity to get individual assistance, and the ease of access. Furthermore, we train dedicated students to become learning tutors who offer learning hours, in which they hand down their own learning experiences and their knowledge about learning at universities. These multipliers are trained in several workshops on learning theories, practical hints on learning at universities and on didactical issues for conducting tutorials with students.

The main advantage of the learning tutors is their authentic support, since they belong to the same group of students.

The second target group of the project are teachers in supervisory and counselling roles. The main focus of the workshops offered to these teachers is the field of counselling competence and deal with the effective and efficient handling of all the various requests students might have and careful use of the lecturers' individual capabilities. Another aspect is the topic of conveying metacognitive skills (e.g. learning skills) to students in order to foster their self-competence during their studies. As an example of this work with teachers in their role as supervisors and counsellors, a subproject dealing with the requirements this target group faces will be presented in the following chapter.

Integrating the Supervisors' and Students' Perspectives – Experiences and Results

Scope and initial situation
In the winter term 2010/2011, ProLehre, the Department for Teaching and Learning in Higher Education, started a cooperation project with the Department of Electrical Engineering and Information Technology at the Technical University of Munich. The project aims to adapt and optimise the current supervisor-student interaction into the final theses' process. From the academic perspective, it is very common for academic staff to be responsible for supervising and facilitating the students' writing processes, whereas professors are normally responsible for grading the bachelor's and master's theses. Any project concerning supervisors should always consider the whole context, which means in this case that the professors and persons in charge of the grading should also be involved.

The core project team consists of a group of five lecturers, each of whom is responsible for supervising a group of students and supporting them during their final theses, which is just one part of the teaching and research activities expected from them by the department. The initial question for this group was a very typical one, seeing as the field of academic teaching is still a rather undefined domain: Am I doing this right?

Objectives and expectations
Using a kick-off event with all project members allowed the following questions to be specified:
- What are the requirements facing supervisors?
- How can supervisors develop their teaching skills concerning the supervising of final theses?
- How can supervisors enhance the students' learning competence during the writing process?
- Is the supervisor-student interaction beneficial for both sides?

Based on these questions, the main objective of the project is the further development of the interaction between teachers and students during the writing process of a final thesis. The first underlying assumption is that better supervisor-student interaction leads to more effective interventions by supervisors and, therefore, increased quality of the writing process. In addition to this assumption, better interaction might strengthen students' learning skills through triggers and critical incidents.

Further steps: reflective team and online questionnaire

The current state is evaluated to answer the questions for supervisors described above. The evaluation method in this case is a reflective team process, moderated by the Pro-Lehre didactical team. Participants have stated, for example, that one of the strengths of the current situation is the constructive cooperation between the supervisors and the small number of students per supervisor. Whereas the lack of knowledge about how to be a skilled supervisor, the large amount of time spent supporting students in the area of learning skills (time management, planning a final thesis, ...) and the heterogeneity of the group (bachelor and master students at different working levels mixed together) have been named as the main weaknesses of the current situation. On the basis of these strengths and weaknesses, a tool has been developed to survey the students' perspective of supervisor-student interaction. An online questionnaire has been created to guarantee completely anonymous and detailed feedback on the current state of supervision. This questionnaire has two goals: the first goal is to evaluate the students' time management on a micro-level to lead students to reflect on their individual learning and writing process. The reflective thoughts students have while answering the questions help them to assess at which phase of the writing process they are currently at, whether they have any supervisory needs, and where they might be able to fill in the gaps on their own. The second aim is to obtain detailed feedback for supervisors on a meta-level, where they can assess all parts of the supervising process during a student's final thesis. The online questionnaire allows supervisors to identify in which parts of the process their guidance is beneficial and in which parts it is even an obstacle to self-reflective writing. Furthermore, they learn about their students' learning skills, their learning locations and what previous knowledge would be helpful for which part of the process. Table 1 shows the general topics of the online questionnaire.

Table 1: Surveying the students' perspective: topics of the online questionnaire

Topic	Description
General information	name of supervisor, type of final thesis
Current writing phase	week, process phase, tasks, learning location
Time inventory	time spent on thesis, time wasters, individual capabilities
Previous knowledge	prior papers, where do students generate knowledge, which tools are helpful, what is missing
Advice	frequency and benefit of feedback, further advice

The decision to conduct an online version of the questionnaire is based on the requirement that the survey should be easy to analyse and that students should have easy and permanent access to it. Every student who writes a final thesis at the Chair for Electrical Engineering fills in this online questionnaire every four weeks (through the entire writing process) in order to provide detailed feedback on all phases of the process. The questionnaire consists of 22 items, nine of which are open questions, and thirteen are multiple or single choice questions. The results of the online questionnaire are first analysed and arranged by ProLehre and then fed back to the supervisors to ensure the absolute anonymity of the students' data. Afterwards, the results are discussed and further steps and actions are identified in a second workshop with all project members.

Workshops fostering students' learning skills

Along with the online questionnaire, a first intervention starts in the form of workshops for students aiming at fostering their learning competence. Holding workshops, in which general standards and topics are discussed together with both bachelor and master students, is one of the results of the analysis of the current state. Supervisors combine certain general topics in workshops, so they have more free time and space during their office hours for individual questions and more detailed discussions on the students' theses. In detail, students have the possibility to take part in three workshops in a row, in which they learn about fundamental requirements concerning their final thesis. The first workshop deals with time management and tools for setting goals, planning, and how to reach them. The supervisors in this workshop explain, for example, the format and function of the time management tool, 'Meilensteinplan', (which can be compared to a Gantt chart): students create an overview of their final thesis project at the very beginning, in which they define certain milestones or sub-goals. This plan is brought to every office hour during the writing process, so the supervisor and the student can reflect on further steps or adapt the plan if necessary. This tool is one structuring element to optimise supervisor-student interaction, because it supports students' self-control concerning their time management during their final thesis. In the context of the second workshop, students have the chance to practice their presentation skills, because they have to present the methods and results of their theses during a final oral examination at the very end of their writing project. Since most students have few opportunities to improve their presentation skills, they are not used to giving presentations, such as those for the oral examination. In the workshop, they practice talking in front of an audience and structuring scientific contents. Moreover, the procedure and the do's and don'ts of this oral examination are taught. The third workshop, finally, gives supervisors the chance to communicate the department's standards concerning the writing of the thesis itself. Students learn about the phases of a writing process, formal parameters and specifications, and they are also made aware of the distinctive features of scientific/academic writing.

Experiences from the project

If supervisors insist that students work with these kinds of structuring elements, then it is necessary to make the reasons for those tools and methods clear and communicate them transparently. These elements can further reduce the distance between supervisors, students and the task, as it settles matters at an early point and avoids misconceptions. Furthermore, supervisors should bring examples from their own field of research and teaching. This is still the most convincing way for supervisors to be authentic. In the project, students have stated how these examples have motivated them in their own writing, since it gave them an informative insight into their supervisors' research activities. The supervisors in the project could further benefit from the synergies arising through collegial counselling. This counselling led to self-critical feedback, on the one hand, and expressed appreciation for the work pattern of the other, which is usually only one's own responsibility. Finally, supervisors reflected upon the first project run. According to them, it was very helpful to outsource certain tasks or elements during supervisor-student interaction. Thus, the workshops, in which general information was given to students, were rated as very beneficial for both sides. Therefore, supervisors can now concentrate more on individual aspects during the one-to-one interactions, whereas general aspects, like how to create a 'Meilensteinplan' or information about the department's formalities, are combined in the workshops.

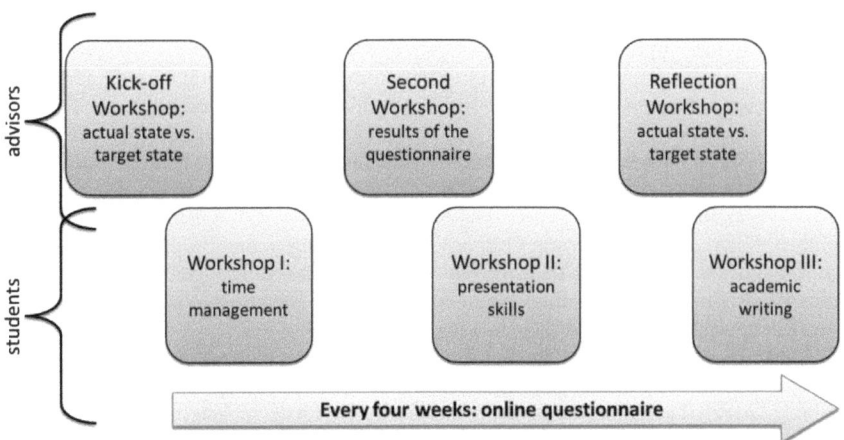

Figure 1: Example of a structured supervisor-student interaction (during one semester)

On the basis of this, one central guideline concerning supervisor-student interaction might be to only offer things which add a clear surplus or additional value to the writing process and to delegate or outsource the rest. Undefined expectations have led to more time-consuming and high effort supervising interactions in the past. Therefore, it is important for both sides to set and clarify the theses' goals right from the beginning. In order to guarantee that the persons involved are aware of the expectations and requirements, these have to be communicated in a comprehensive way and the target group has to have open access to them. In summary, students have to be sure at what points (concerning both content and time) they are expected to request feedback on the progress of their working and supervisors should ensure that the form and frequency of their feedback and intervention is suitable to help the work progress. As mentioned above, these supervising competence goals can only be achieved when students and supervisors work together and communicate their needs and demands in a transparent manner. The incorporation of this element of transparency into supervisor-student interaction is something that supervisors should emphasise more in supervisor-student interaction.

Bibliography

Auferkorte-Michaelis, Nicole/ Ladwig, Annette (2011): Anforderungsprofil Lehrkompetenz: Über die Einstellung zur guten Lehre. In: Böttger, Heiner/ Gien, Gabriele (eds.): Aspekte einer exzellenten universitären Lehre. Bad Heilbrunn: Klinkhardt. pp. 95-109.

Berendt, Brigitte (2005): The Shift from Teaching to Learning – mehr als eine „Redewendung": Relevanz – Forschungshintergrund – Umsetzung. In: Welbers, Ulrich (ed.): The shift from teaching to learning. Konstruktionsbedingungen eines Ideals; für Johannes Wildt zum 60. Geburtstag. Unter Mitarbeit von Johannes Wildt. Bielefeld: Bertelsmann (Blickpunkt Hochschuldidaktik, 116). pp. 35-41.

Dallmeier, Beate/ Thielsch, Angelika (2011): Vielfalt in der Universität – eine Herausforderung für Lehren, Lernen und Beraten. In: Zündschlüssel, Semesterzeitung der Fakultät für Maschinenwesen. TUM. Mai (6). pp. 12-13. http://www.zsk.mw.tum.de [09.01.2012].

Feltens, Wendy (2011): Coaching: Education's Missing Link? In: Böttger, Heiner/ Gien, Gabriele (eds.): Aspekte einer exzellenten universitären Lehre. Bad Heilbrunn: Klinkhardt. pp. 154-162.

Fischer-Bluhm, Karin (2005): Learning Outcome – ein Paradigmenwechsel? In: Welbers, Ulrich (ed.): The shift from teaching to learning. Konstruktionsbedingungen eines Ideals; für Johannes Wildt zum 60. Geburtstag. Unter Mitarbeit von Johannes Wildt. Bielefeld: Bertelsmann (Blickpunkt Hochschuldidaktik, 116). pp. 118-123.

Großmaß, Ruth/ Püschel, Edith (2010): Beratung in der Praxis. Konzepte und Fallbeispiele aus der Hochschulberatung. Tübingen: dgvt-Verlag.

Hoidn, Sabine (2010): Lernkompetenzen an Hochschulen fördern. Wiesbaden, St. Gallen: VS Verl. für Sozialwissenschaften.

Joint Quality Initiative (2004): Gemeinsame „Dublin Descriptors" für Bachelor-, Master- und Promotionsabschlüsse. Bericht einer informellen Gruppe der Joint Quality Initiative vom 23.03.2004. http://www.jointquality.nl/content/descriptors/DublinDeutsch.pdf [02.01.2012].

Keseling, Gisbert (2004): Die Einsamkeit des Schreibers. Wie Schreibblockaden entstehen und erfolgreich bearbeitet werden können. Wiesbaden: VS Verl. für Sozialwissenschaften.

Mandl, Heinz/ Krause, Ulrike-Marie (2001): Lernkompetenz für die Wissensgesellschaft. (Forschungsbericht Nr. 145). München: Ludwig-Maximilians-Universität, Lehrstuhl für Empirische Pädagogik und Pädagogische Psychologie.

Reinmann, Gabi/ Mandl, Heinz (2006): Unterrichten und Lernumgebungen gestalten. In: Krapp, Andreas/ Weidenmann, Bernd (eds.): Pädagogische Psychologie. 5. Aufl. Weinheim: Julius Beltz GmbH & Co. KG. pp. 613-658.

Ryan, Richard M./ Deci, Edward L. (2002): An overview of self-determination theory. In: Ryan, Richard M./ Deci, Edward L. (eds.): Handbook of self-determination research. Rochester, New York: University of Rochester Press. pp. 3-33.

Samac, Klaus/ Prenner, Monika/ Schwetz, Herbert (2010): Die Bachelorarbeit an Universität und Fachhochschule. Ein Lehr- und Lernbuch zur Gestaltung wissenschaftlicher Arbeiten. Wien: Facultas.wuv.

Schiersmann, Christiane von/ Bachmann, Miriam/ Dauner, Alexander/ Weber, Peter (2008): Qualität und Professionalität in Bildungs- und Berufsberatung. Bielefeld: W. Bertelsmann Verlag.

Stahr, Ingeborg (2009): Academic Staff Development: Entwicklung von Lehrkompetenz. In: Schneider, Ralf/ Szczyrba, Birgit/ Welbers, Ulrich/ Wildt, Johannes (eds.): Wandel der Lehr- und Lernkulturen. 40 Jahre Blickpunkt Hochschuldidaktik. Bielefeld: Bertelsmann (Blickpunkt Hochschuldidaktik, 120). pp. 70-87.

Stelzer-Rothe, Thomas (2009): Akademische Personalentwicklung: Anreize unter besonderer Berücksichtigung der Lern- und Motivationsforschung. In: Richthofen, Anja von/ Lent, Michael (eds.): Qualitätsentwicklung in Studium und Lehre. Bielefeld: Bertelsmann (Blickpunkt Hochschuldidaktik, 119). pp. 112-121.

Stickel-Wolf, Christine/ Wolf, Joachim (2011): Wissenschaftliches Arbeiten und Lerntechniken. Erfolgreich studieren - gewusst wie! 6. aktualisierte und erweiterte. Aufl. Wiesbaden: Gabler.

Szczyrba, Birgit (2006): „The Shift from Teaching to Learning"- Psychodramatische Perspektiven auf die Hochschullehre. In: Zeitschrift für Psychodrama und Soziometrie 5 (1). pp. 47-58.

Theuerkauf, Judith/ Steinmetz, Karin (2009): AssisThesis: Leitfaden zur Betreuung wissenschaftlicher Abschlussarbeiten. Berlin: Textlabor Technische Universität Berlin.

Tietze, Kim-Oliver (2010): Kollegiale Beratung. Problemlösungen gemeinsam entwickeln. 4. Aufl., Reinbek bei Hamburg: Rowohlt.

Watzlawick, Paul/ Beavin, Janet H./ Jackson, Don D. (eds.) (2003): Menschliche Kommunikation. Formen, Störungen, Paradoxien. Nachdr. der 10. unveränd. Aufl. 2000. Bern: Huber.

Wildt, Johannes (2006): Formate und Verfahren in der Hochschuldidaktik. In: Wildt, Johannes (ed.): Consulting, Coaching, Supervision. Eine Einführung in Formate und Verfahren hochschuldidaktischer Beratung. Bielefeld: Bertelsmann (Blickpunkt Hochschuldidaktik, 117). pp. 12-39.

Wildt, Johannes/ Auferkorte-Michaelis, Nicole (eds.) (2003): Professionalisierung der Hochschuldidaktik. Ein Beitrag zur Personalentwicklung an Hochschulen. Bielefeld: Bertelsmann.

Zubizarreta, John (ed.) (2009): The learning portfolio. Reflective practice for improving student learning. 2nd edition. San Francisco: Jossey-Bass (The Jossey-Bass higher and adult education series).

III
Perspektiven für die Praxis –
Perspectives for Practice

Anja Burkert

Promoting Learner Autonomy at Tertiary Level: The Teacher's Role

Abstract

In this paper I will explore the crucial role of the teacher in establishing a learning environment conducive to fostering learner motivation and autonomy. I will begin by briefly outlining the developments which have affected the field of language education in the last few decades and which have entailed a profound change in the role, not only of the learner, but also of the teacher. After discussing some definitions of the concept of learner autonomy and some of its sources, I will focus specifically on the complex and demanding role of the teacher. I will first be concerned with what has already been said about the teacher's responsibility in an autonomous classroom environment and then attempt, from my own perspective, to identify the attitudes and competencies necessary for the teacher to possess in order to assist their learners in taking greater control of their learning. What follows is an account of how my own role as a teacher changed when I started introducing aspects of a pedagogy for autonomy in my courses at Graz University. In this context, I will provide some findings and insights from a small-scale interview study which I conducted with first semester students at the English department of Graz University. I will close by emphasising the intricate relationship between the development of learner autonomy in one's classroom and one's own professional development as a teacher.

Recent Developments in Language Education: A brief Overview

Without doubt, the field of language education has been undergoing far-reaching changes in the last few decades. The advent of the Communicative Approach or Communicative Language Teaching (CLT) in the 1970s drastically influenced language teaching and learning and still remains the dominant paradigm today.

> (…) linguists began to see language as a skill-based human activity and to describe it in terms of its meaning and use. The accompanying specifications of aims of language learning as skills rather than knowledge brought with it a broadly learner-centred methodology based on simulating authentic language processes. This so-called communicative approach revolutionised many classrooms and has, to varying degrees, remained at the core of language teaching throughout Europe (Newby, 2003: 5)

The goal of language teaching and learning was now no longer seen in the mastery of linguistic structures, but in the acquisition of communicative competence (see, for example, Canale and Swain, 1980). This automatically entailed a shift of focus to the learner, who is supposed to develop his/her language skills by engaging in genuine communication, i.e. by actively using the language to express meaning (for the strong and weak versions of CLT, see Howatt, 1984: 279). As a consequence, learners and teachers now started to adopt different roles in the language classroom. Sheils (1988: 2f.), for example, lists manager of classroom activities, facilitator of learning, co-participant in the learning process, and negotiator as possible roles of the teacher in a communicative classroom.

Not a teaching method per se, but a rather open and flexible approach, CLT started to accommodate a number of new developments in the field of language education such as learner-centredness and learner autonomy, intercultural awareness, and teacher autonomy (for a detailed discussion of these new developments see, for example, Burkert, 2009). According to Wolff (1994: 407), these innovative trends have contributed to extending the parameters of language education to such an extent that it is appropriate today to speak of the so-called post-communicative era. This era is characterised by a shift of focus from teaching and the teacher to learning and the learner, whose cognitive skills and active engagement in the learning process are now of utmost importance. Significant insights from cognitive learning theories and constructivist psychology have largely contributed to this learner-centred view of language education. At the same time, the teacher is starting to explore his/her own thinking and attitudes, and is becoming a researcher of his/her own classroom (see, for example, Freeman and Richards, 1996; Richards, 1998; Stenhouse, 1975). In addition, the increasing mobility and globalisation of society with its specific demands on the individual, eg. the necessity for lifelong learning, has further strengthened the shift of focus to the learner who is supposed to take over responsibility for his/her own learning (for a detailed account of this change of perspective, see Cendon, 2010: 41-52). The rapid advancement of technology has also had a huge impact on linguistic communication and on language learning in an institutional context. As a consequence, these changes in the field of language education have created new challenges for the teacher, whose role has now become more complex and demanding than ever before.

Learner-Centredness and Learner Autonomy

The concept of learner-centredness entered the field of language education in the 1980s. Nunan and Lamb (2001: 27f.) define it as follows:

> (…) learner-centred classrooms are those in which learners are actively involved in their own learning processes. (…) In an ideal learner-centred context, not only will decisions about what to learn and how to learn be made with reference to the learners, but the learners themselves will be involved in the decision-making process.

However, in order for learners to become actively involved in their study programme, they need to be adequately prepared for this task. This process has come to be known as learner training and primarily involves awareness-raising, and the acquisition of relevant knowledge and study techniques (Tudor, 1996: 34-37). (For an account of learner-centred teaching at university level see, for example, Thielsch, 2011: 55-70.) According to Little (1991: 11), a learner-centred approach towards language learning and teaching will ultimately lead to what is generally referred to as learner autonomy. "(…) learner autonomy is the logical outcome of any attempt to make curricula and classrooms genuinely learner-centred."

The Concept of Learner Autonomy: Definitions and Sources

The most widely known definition of learner autonomy is that put forward by Henri Holec, who defined the concept in his report for the Council of Europe (for a more detailed account of this specific context, see Benson, 2001: 8). Holec's definition, however, only concerned the field of adult education, ie. adults developing their language skills by working in a self-access centre. Holec defines learner autonomy as "the ability to take charge of one's own learning" and claims that the autonomous learner must take "responsibility for all the decisions concerning all aspects of his learning". He lists the following aspects:
- determining the objectives;
- defining the contents and progressions;
- selecting methods and techniques to be used;
- monitoring the procedure of acquisition properly speaking (rhythm, time, place, etc);
- evaluating what has been acquired. (Holec, 1981: 3)

Another widely cited definition, which relates more closely to learning in a classroom environment, is the Bergen definition, developed by a group of participants at the 5th Nordic Workshop on Learner Autonomy in 1988. This definition clearly stresses the social dimension of learning.

Learner autonomy is characterized by a readiness to take charge of one's own learning in the service of one's needs and purposes. This entails a capacity and willingness to act independently and in co-operation with others, as a socially responsible person. An autonomous learner is an active participant in the social processes of learning, but also an active interpreter of new information in terms of what she/he already and uniquely knows. It is essential that an autonomous learner is stimulated to evolve an awareness of the aims and processes of learning and is capable of the critical reflection which syllabuses and curricula frequently require but traditional pedagogical measures rarely achieve. An autonomous learner knows how to learn and can use this knowledge in any learning situation she/he may encounter at any stage of her/his life (Bergen, 1990: 102).

The Bergen definition is definitely based on a constructivist view of learning according to which a learner acquires new knowledge only in relation to his/her past experience and previously acquired knowledge. This becomes obvious in the statement: "An autonomous learner is (…) also an active interpreter of new information in terms of what she/he already and uniquely knows." (For a detailed account of constructivist language learning at university level, see Hofer, 2011: 113-126.) The Bergen definition equally emphasises the meta-cognitive dimension of language learning, ie. awareness of goals and processes of learning, and also underlines the importance of the necessary knowledge and skills for lifelong learning: "An autonomous learner knows how to learn and can use this knowledge in any learning situation she/he may encounter at any stage of his/her life."

Before presenting, what he calls a "provisional definition of autonomy", David Little offers a list of the five most widespread misconceptions about the concept of learner autonomy. He states that learner autonomy does not mean learning without a teacher, nor does it require the teacher to abandon authority and control. Learner autonomy is not a new methodology, nor is it an easily described behaviour or a steady state that the learners have achieved (Little, 1991: 3f.). Little then proceeds to define autonomy as follows:

Essentially, autonomy is a capacity – for detachment, critical reflection, decision-making, and independent action. It presupposes, but also entails, that the learner will develop a particular kind of psychological relation to the process and content of his learning. The capacity for autonomy will be displayed both in the way the learner learns and in the way he or she transfers what has been learned to wider contexts. (ibid.: 4)

In his definition, Little puts the focus on meta-cognitive reflection but also on the fact that the skills the learner acquires will be useful in different contexts and maybe at a later point of time. In his discussion of learner autonomy, Little also emphasises that "our essential condition is one of interdependence" and that learning takes place first and foremost in interaction with other people (ibid.: 5).

While the development of autonomy in language education was certainly influenced by socio-political and ideological reasons (ie. empowering the individual as a responsible member of society), a main source of inspiration were constructivist theories of learning. Developed by the American psychologist and psychotherapist, George Kelly, the psychology of personal constructs maintains that individuals construe their own subjective reality through continuous testing of hypotheses. In the light of new experience, they constantly revise their own subjective constructs (Kelly, 1963: 43 as cited in Little, 1991: 17). Applied to language learning, this means that the learner has to "assimilate new knowledge to his current system of constructs" (ibid.: 18f.). From this it clearly follows that the transmission mode of teaching, which is widespread in traditional forms of teaching and learning, does not accommodate the learner who, instead, needs to be involved in actively constructing his/her own knowledge. When discussing constructivism, Fenner (2000: 79f.) likewise argues that "learning processes are individual, based on the learner's pre-knowledge and can only be monitored by the learner himself". This insight led Wolff (1994) to make the following statement: „Für mich besteht kein Zweifel daran, daß das konstruktivistische Paradigma das instruktivistische in der Schule ablösen wird und ablösen muß." (For me there is no doubt that the constructivist paradigm must and will replace the instructivist one in school. (my translation))

Another significant influence on the development of learner autonomy as an educational goal was Communicative Language Teaching. With its learner-centred dimension and its focus on authentic communication it laid the foundations for the development of learner autonomy. In addition, humanistic psychology also exerted a significant influence on the development of a pedagogy for autonomy. As Legutke and Thomas (1991: 269) put it: "The proponents of humanistic education have broadened our concept of learning by emphasising that meaningful learning has to be self-initiated. (…) driven by the basic human desire for self-realization, well-being and growth." Williams and Burden (1997: 38) offer a list of the fundamental features of humanistic approaches to language education. This list includes, for example, creating a sense of belonging; making the subject relevant to the learner; involving the whole person; encouraging self-esteem; developing personal identity; and allowing for choice. From this list it becomes obvious that humanistic approaches share a number of ideas with a pedagogy for autonomy.

The Teacher's Role in an Autonomous Learning Environment

Leni Dam (2003: 135), one of the most prominent figures in the field of learner autonomy, makes the following observation in relation to the significant role of the teacher in an autonomous classroom:

> Teachers who aim to promote a learner-directed learning environment encourage their learners to reflect on their learning, understand the process of learning and the function of language, and adopt patterns of learning in which they themselves take initiatives and feel in control of their progress. The teacher's task in this regard is of course onerous.

For Dam (2003: 136-140), the decisive questions for a teacher who wants to be successful in changing his/her traditional teaching role are not: "How do I get my learners to change?" and "How do I make my learners more responsible?", but the change must come from within the teacher him/herself. "(…) only when they realized the need for a change in themselves did they succeed in their goal." She also criticizes the fact that teachers often ask themselves: "How do I best teach this?" Rather, they should ask themselves: "How do I best help my learners in learning this or that?"

What Dam requires the teacher to do first is to "be willing to 'let go' so that her learners can 'take over'" (Page, 1992 as cited in ibid.: 138). This, of course, presupposes that the teacher, on the one hand, accepts a constructivist view of learning (i.e. that learning can only be done by the learner him/herself) and that the teacher is also aware of the fundamental difference between a teacher-directed teaching environment and a learner-centred learning environment (ibid.: 138). Dam equally stresses that teachers in a traditional teacher-directed teaching situation feel secure as they are in command. (For an account of a teacher's experiences with changing his role from a traditional teacher to a teacher in an autonomous classroom, see Lacey, 2009: 4-8)

What Dam also sees as crucial in an autonomous learning environment is that the teacher establishes and upholds a constant dialogue with his/her learners and also among the learners themselves. In this dialogue, the process of learning should be discussed and its outcomes evaluated. Dam finally offers a list of questions meant as a kind of checklist for teachers to find out whether they have met the demands put on teachers who want to promote autonomy in their classrooms. Here are some of these questions:

Have I supported the learners in setting up their individual goals and objectives?
Have I given my learners genuine choice as regards:
* What to do (type of activity, content of activity)?
* Who to work with?
* How to do it, including homework?
Have I prepared my learners to make these choices?
Have I introduced useful tools for raising the learners' awareness of their own learning as well as documenting and evaluating their learning process (posters, logbooks, portfolios)? (ibid.: 145)

Dam (1995: 78f.) admits that the development of learner autonomy is "a long and difficult process – especially for the teacher". She further specifies: "A prerequisite for developing learner autonomy is a feeling of confidence, trust, acceptance and respect on the part of teachers and learners alike." Also relating to the issue of trust, Little (1991: 44ff.) equally emphasises the high demands which are placed on the teacher in an autonomous classroom environment:

> For a teacher to commit himself to learner autonomy requires a lot of nerve, not least because it requires him to abandon any lingering notion that he can somehow guarantee the success of his learners by his own effort. Instead, he must dare to trust the learners. (Little 1991: 45)

Only if the teacher believes in the capacities of his/her learners, will he/she be able to abandon his/her traditional role of the one who is in control. Only then will he/she be able to 'let go' and hand over a share of the responsibility to his/her learners. Little also comments on the difficulty for teachers not to intervene when they see their learners grappling with a problem: "But it is precisely the grappling – the grinding together of conflicting constructs – that leads to learning, and much learner effort will be wasted if the teacher intervenes too quickly." (ibid.: 45)

Little (1991: 21f.) also claims that teachers in an autonomous classroom must accommodate in their teaching the personal constructs of their learners, but he also stresses that it is vital for teachers to be aware of their own personal constructs, too. "(…) teacher autonomy is a precondition for learner autonomy." In other words, teachers must be familiar with their own beliefs and attitudes towards teaching and learning which ultimately influence their behaviour in the language classroom.

In her discussion of the close interaction between autonomy and motivation, Ushioda (2003: 90-104) makes the following observation in relation to the pivotal role the teacher plays in a learning environment which is supposed to foster motivation and autonomy:

> From the teacher's perspective, 'motivation' is a question not of finding strategies and incentives to get learners to do what she wants, but of providing the right kinds of interpersonal support and stimulation so that learners will discover things they want to do for themselves.

According to Ushioda, it is crucial for teachers to establish an optimal learning environment which supports interpersonal interactions and thus promotes the growth of the learners' motivation. Ushioda (ibid.: 99) continues in the same vein:

> By providing positive interpersonal support and appropriately structured feedback, the teacher can scaffold learners' attempts to reflect constructively on their learning experience and redirect their thinking processes in healthier ways (Mc Combs 1994: 53, cited in Ushioda, 1996: 57). The task of the teacher here is not so much to tell learners what she thinks, but to lead them to reflect on and evaluate their own achievements and learning experience in a constructive manner. (Ushioda, 1996: 57)

What Ushioda sees as an important aspect of the responsibility of the teacher is assisting their learners in developing their meta-cognitive skills. Learners should be encouraged to reflect on the content and process of their learning and evaluate the outcomes. Ushioda also underlines the importance for learners to be able to express their own meanings in the target language and to be aware of themselves as agents in the learning process.

Attitudes and Competencies of the Teacher in an Autonomous Learning Environment: Personal Reflections

Thinking of my own experience with changing my traditional teacher role, I can only confirm what Dam says about the change which must come from within the teacher him/ herself. This is exactly how "my own story" started. For many years already, I had not been entirely satisfied with my teaching although I had always had students telling me that I was a great teacher and that they had learned so much in my lessons. I, however, was aware of the fact that something was missing in my classes. Yet, I had not been able to name, let alone identify exactly what this "something" was, until I came across the concept of learner autonomy. Reading about people having successfully implemented the ideas of autonomous learning in their classrooms, I soon realised what I had so far largely ignored in my own teaching. For example, I had never really given my students a say in decisions relating to their learning. It had always been me who had planned my lessons and then delivered them the way I thought best. This way I had rarely given my learners the opportunity to discover things for themselves. At the same time, I had thought that the success of a lesson depended totally on me, the teacher. For me, the way I presented and explained things was decisive for a positive outcome of a lesson, ie. whether students understood and "learned" the respective content. Nor had I ever encouraged my learners to reflect on their learning. (For a detailed account of my first steps in developing learn-er autonomy see Burkert 2011a). It was primarily the following statement by Wolff (1994) which made me think of my own classroom and realise that profound changes were necessary to make it conform to this description: „In einem nach konstruktivistischen Prinzipien gestalteten Unterricht wird das Klassenzimmer zur Lernwerkstatt, werden die Lernenden zu Forschern, die selbständig Wissen zusammentragen, analysieren und be-arbeiten." (Wolff 1994: 429). When teaching follows the principles of constructivism, the classroom will become a workshop in which the learners will become researchers who are busy gathering, analysing and working on knowledge. (my translation)

The deeper I delved into the literature on learner autonomy, the more I realised that my attitude towards teaching and learning was starting to change. I reconsidered some of my long-held beliefs and slowly adopted a totally different set of values which had a huge impact on my role as a teacher and, as a consequence, on my teaching practice.

Promoting the autonomy of one's learners seems to have as much to do with attitudes and values as with competencies. The most salient attribute of a teacher who strives to share responsibility with his/her learners is, in my opinion, trust in his/her learners and a belief in their capacities. Only if a teacher believes that his/her learners are willing and able to take on greater control of their learning, will he/she be able to "let go", ie. to resist the urge to direct and control all things going on in the classroom. Of course, one can-not expect one's learners to take charge of their learning overnight and without prepara-tion and support. For example, students who start studying a language at university and who have been educated in a rather traditional way throughout their years at school, need assistance and time until they start being engaged and involved in their learning. The vital aspect, however, is that the teacher believes in their abilities and leaves them enough space to develop to become autonomous learners.

An equally important attribute which could be called a competence but still has a lot to do with attitudes and values is a teacher's ability to create a positive and supportive learning environment. It is crucial for learners to feel confident and at ease, and not to be afraid of expressing their own opinions and making mistakes. They must feel free to experiment with the language so that meaningful and effective learning can take place. In order to establish an atmosphere conducive to learning, mutual respect and trust among all participants in the learning process – learners as well as teacher – are necessary prerequisites.

Another significant factor is a genuine interest in one's learners. Especially in a learning environment in which a teacher establishes a dialogue with his/her learners and takes their learning needs, wishes and suggestions seriously, the relationship between teacher and learners will become closer and more personal than in a teacher-directed classroom. Learners and teachers will be involved in discussions and negotiations relating to the content and process of learning. Also due to the extensive use of group work in an autonomous classroom, the teacher will in most cases not address the classroom as a whole, but will deal individually with groups and group members. Only if the teacher is genuinely interested in his/her learners will he/she seek to find out about their expectations of the course, their language learning experience to date, and their individual learning styles and preferences in order to assist them as best as he/she can in their learning.

Another important attribute seems to be the capacity for patience. There is no doubt that it takes significantly less time and effort for the teacher to explain aspects of grammar to his/her students in a frontal way than have the students work out rules for themselves. As Little claims, it is vital for teachers to resist intervening when they see their students struggle to come to terms with a problem. Patiently waiting for your students to come up with solutions which might even be incomplete and faulty demands a fair amount of patience from the teacher. The question of patience leads me to the next attitudinal characteristic a teacher ought to possess: tolerance of learners' errors. As Legenhausen puts it:

> Many traditional classrooms subscribe to a 'preventive pedagogy' and are organized in a way that minimizes the learners' opportunity for making errors. The autonomous classroom, by contrast, allows learners to freely form hypotheses and experiment with language, and the learners' utterances are thus characterized by a high degree of variability between deviant and well-formed structures (Legenhausen, 2003: 75).

It does not seem to be self-evident for most teachers to let their students hypothesise freely and to acknowledge that learning is an active process of construction which naturally entails making errors. Teachers tend to see mistakes as something negative which they must seek to eradicate as soon as they occur. In this connection, Little (1998: 10) makes the following observation:

> (…) error is an inevitable part of the language acquisition process. (…) and teachers have tended to treat errors as something to be avoided at all costs. The idea of language learning as a gradual and organic process, in other words, has not been central to our traditions of foreign language teaching.

In an autonomous classroom, not only should the learners reflect on their own learning, but the teacher must also regularly reflect on his/her teaching. In other words, self-reflectivity is another vital attribute for a teacher to possess. By reflecting on his/her teaching, the teacher must arrive at a deeper understanding of his/her own approach. It might be a good idea also for the teacher to keep a diary where he/she keeps track of the lessons taught and the good and bad points about them.

Another closely related characteristic is a readiness to confront one's own assumptions, beliefs and attitudes relating to teaching and learning languages, and re-evaluate them. Not all teachers are prepared to question their own teaching practices and the beliefs which lie behind them. Especially teachers who have been teaching for a long time and who think they have been quite successful as teachers may feel reluctant to rethink behaviours or practices which seemed to have always worked for them.

Developing as a teacher and leaving behind familiar practices also requires a fair amount of self-confidence. When you as a teacher realise that you want to change aspects of your teaching or even feel that it is time to rethink your whole teaching practice, what necessarily follows is a transitional phase of uncertainty and doubt. In order to continue to pursue one's goals and not to fall back on familiar patterns and well-tried practices it is crucial to be confident and to believe in oneself.

Changing one's traditional teacher role and taking up the challenge of promoting learner autonomy also requires a readiness to experiment and to take risks. When you let go of your role of the one "who knows it all" and who controls everything that goes on in the classroom, you will need to try out new behaviours and practices. Handing over a fair amount of responsibility and initiative to your learners also means that you do not know what is going to happen and how your learners will react. In other words, the behaviour of your learners will not be as foreseeable as it used to be when they were not really left any space to develop as learners.

Apart from these attitudinal characteristics and competencies, which could be subsumed under the heading of personal characteristics and competencies, what also seems of utmost importance for a teacher to possess is professional expertise in the form of solid skills in the target language and experience in teaching languages. Only a proficient user of the target language will be confident enough to give their learners the chance to express their own meanings, and to negotiate and discuss learning content. Working with authentic material, which is one characteristic of a classroom which promotes autonomous learning, can be challenging for a teacher whose linguistic skills are inadequate. This is of course especially true for language courses held at university level. Having gained a fair amount of experience in teaching languages at university level is undoubtedly an advantage for a teacher who seeks to adapt his/her practices to the demands of a learner-centred environment. Every group of learners is different and there are also huge differences among learners themselves, but after many years of teaching dealing with this heterogeneity has become part of a teacher's daily routine.

Another category of competencies could be labelled methodological and strategic competence. A teacher must of course know what it means to teach in an autonomous learning environment. As already mentioned above, learners must be prepared for their new responsibility, ie. they must be guided on their way to becoming more autonomous in their learning. It follows from this that teachers must know how to assist their learners in setting learning goals, and in monitoring and evaluating their learning. They must also know how to help their learners carry out efficient group work and they must be familiar with a wide range of learning strategies which they might want to share with their learners. Similarly, teachers must be familiar with tools such as learner and teacher diaries which will help their learners and themselves to reflect on the content covered in lessons. There is no doubt that solid knowledge of technological tools which can enhance autonomous learning is also of great benefit.

As a matter of fact, a teacher who seeks to promote the autonomy of his/her learners also has to have at his/her disposal a great variety of teaching and learning methods and a huge repertoire of activities which foster the learners' motivation and creativity. As Hofer (2011: 124) ends his article on teaching based on constructivist ideas: „Für eine konstruktivistische Sprachenlehre ist es deshalb zentral, Übungen und Methoden zu wählen, die multiperspektivische Zugänge gewährleisten, die entfaltend und nicht beschränkend wirken". (For teaching based on constructivist ideas it is therefore crucial to choose activities and methods which can be approached from multiple angles and which do not constrain but allow learners to thrive.(my translation))

What is also very important for a teacher who leaves his/her learners space for choice is the ability to set clear objectives for a lesson and to make these transparent to the learners. This may be even more important in a classroom where there is a lot of group- and project work going on and where learners are engaged in different activities and tasks. The same degree of clarity and transparency are of course necessary when the teacher sets out the requirements of the course and the criteria for evaluation.

Changes in my Role as a Teacher when Introducing Aspects of Learner Autonomy

It needs to be clarified from the beginning that introducing aspects of a pedagogy for autonomy at tertiary level is a radically different undertaking from establishing an autonomous classroom environment in a school context. Dam's (1995) classroom at a Danish secondary school, for example, is a classroom in which most or even all aspects of autonomous learning, as defined by Holec (1981: 3), are put into practice. In other words, learners choose the materials they want to work with, they choose partners for group work, they select the methods they want to use and define their own learning goals. Finally, they evaluate the outcomes of their own learning. In a university context, however, course content is generally predetermined in the form of ready-made course handouts, and the exams students have to sit are produced in collaboration with colleagues, especially in the case of parallel courses. Consequently, there is no room for choice concerning content, learning activities or learning methods.

Therefore, when I started to change my teacher role and to experiment with bestowing more responsibility on my learners, I approached this challenging task from the angle of reflection. I took Little's definition of learner autonomy as a starting point and attempted to first develop my students' reflectivity. To this end, I introduced learner diaries, which my students had to keep regularly and which they discussed with their neighbours at the beginning of each new lesson. As I was aware of the fact that my students were not used to reflecting on their learning, I set them a few guiding questions which I had adopted from Dam (1995) and adapted to my own teaching context. The questions I set were the following:

- What did we do in our lesson?
- How and why did we do it?
- Good/bad points?
- Suggestions for changes?

(For a more detailed account, see Burkert, 2011b).

At the same time, I started to promote collaboration and negotiation in my classroom. Most tasks were now fulfilled by my students in collaboration with their peers, and peer-reviewing of written home assignments became an integral part of most of my classes. Thus, there was now a considerable amount of discussion and negotiation going on in my classroom, and I soon realised that my teacher role was gradually becoming more complex and diverse. I no longer acted as transmitter of knowledge, but seemed to become more a facilitator of my students' learning and resource person as well as counsellor whenever they needed my help. (For a discussion of teacher roles within autonomous learning, see, for example, Voller, 1997: 102-106) There were moments when my students would not have noticed if I had left the classroom for some time. They were fully engaged in the tasks they were working on and they asked their peers when things were unclear. Although Dam (1995: 6) insists that developing learner autonomy demands "(…) constant effort on the part of teacher and learners (…)", I felt strangely relieved of the burden of responsibility which I used to carry in my teaching.

As I was now no longer the only person in the classroom responsible for taking decisions relating to learning, a more equal relationship seemed to develop between my students and me. I had definitely enhanced their confidence as learners by allowing them more space and trusting them in making choices. What also happened was the development of a more intensive exchange between individual learners and me as I no longer talked to the class as a whole, but addressed and was addressed by learners individually during teaching and learning time. This one-to-one contact had so far been largely restricted to conversations during office hours.

All in all, I was very cautious when first introducing changes into my teaching. As I said earlier, it demands a fair amount of self-confidence to let go of your traditional teacher role and to shift some responsibility to your learners who may not expect this to happen, especially in a university context. It also took me some time to get used to this "new" situation and to find my bearings. I realised that I could only be successful if I felt at ease with my "new" role and if I believed in the benefits of what I was doing.

Insights from my Interview Study and Implications for my Teaching Practice

As the observations of changes in my classroom were not grounded on any empirical evidence but were based on my purely subjective impressions, I decided to carry out a small-scale interview study with my students. I aimed to find out about my students' perceptions of the aspects of learner autonomy which I had introduced, and to see whether they were at least slowly moving towards becoming more autonomous and less teacher-dependent learners. (For a detailed account of this interview study, see Burkert, 2011b)

What I found out was that keeping a learner diary was a completely new task for my students, but that they saw the purpose and usefulness of such a reflective tool; most students' reflections, however, remained on a surface level. As far as goal setting and progress checking were concerned, it turned out that my students were entirely unfamiliar with such strategies to monitor their own learning. On the other hand, my students saw the benefits of group work and were very fond of the peer-reviewing sessions. They believed that both, strong and weak learners, were able to benefit from group work and peer-reviewing. My last research question concerned their awareness of their responsibility as learners. The surprising finding was that my students thought that it was mainly the learners' responsibility to ensure the success of a lesson.

One of the main insights from my interview study was that my students seemed to approve of a tool to keep track of their learning (ie. a learner diary), but that they needed more guidance in order to fully benefit from it. What this meant for me as a teacher was that I needed to prepare my students better to be able to reflect more deeply, not only on what we did in the classroom, but also on why and how we did things. I also realised that due to the way I had formulated the questions, my students reflected more on my teaching than on their own learning. Therefore I decided to add the questions "What did I learn in this particular lesson? What was new for me? etc." and also "In which areas would I need more explanations, more information, more practice etc.?" I also now started to ask my students to send me their reflections online (two students in each class), so that I would be able to respond individually to my students' reflections and give them some guidance.

Another insight from the study was that my students were completely unaware of the possibility of monitoring their own learning by setting themselves short- and long-term goals, as well as checking their own progress. What became clear to me was that my role as teacher was crucial in this respect. In order to help students to set themselves appropriate learning goals and to check their own progress, I on the one hand decided to add another question to the students' diaries: "Goals I want to set myself for the next class, the next few weeks, the next few months". On the other hand, I thought it might be useful to introduce self-assessment tasks in the form of linguistic descriptors which students would have to reflect on and use as benchmarks for their personal progress.

As my students seemed to greatly enjoy group work and collaboration with their peers, I decided to enhance this form of learning in my classes but in the future also to ensure documentation of concrete outcomes; a few students had complained about some of their peers' reluctance to contribute actively to the work in the group.

All in all, thanks to this small-scale research project, I realised that my impressions and observations had been founded on evidence. My students were motivated to gradually take over more responsibility for their own learning and they seemed very capable of doing so. For me, the teacher, this meant that my efforts had been worthwhile and that I seemed to be "on the right track".

Developing Learner Autonomy and the Teacher's Professional Development

When Leni Dam started giving her pupils in a Danish mixed-ability class more responsibility for their own learning, her motivation was "the tired-of-school attitude that this age group displays, as well as a general lack of interest in English as a school subject" (1995: 2). She describes her motivation and the actions she took in the following way:

In order to survive I felt I had to change my usual teacher role. I tried to involve the pupils – or rather I forced them to be involved – in the decisions concerning, for example, the choice of classroom activities and learning materials. I soon realised that giving the learners a share of responsibility (…) caused them to be actively involved and led to better learning.

This example nicely shows how a teacher, in a situation which felt like a "crisis", developed her own "rescue strategy" (Smith, 2011), which consisted in giving up her traditional teacher role and transferring part of the responsibility for the learning/teaching process to her learners. By taking this vital step, Dam, like a multitude of teachers who started implementing aspects of a pedagogy for autonomy in their teaching, had automatically set in motion her own professional development as a teacher. "Engaging with and developing learner autonomy, and taking control of one's own professional development as a teacher are inseparable" (ibid.). By asking learners, for example, to reflect on their learning, to exercise choice and to give their opinion on the learning/teaching process, teachers get useful insights which subsequently inform their own teaching practice. This cycle of planning one's teaching, putting into practice one's plans and finally evaluating the outcomes strongly resembles the phases of action research, which Lewin (1946) calls "the teacher's emancipation and empowerment." Legenhausen (2011) equally draws a parallel between developing autonomous language learning and engaging in action research. While in autonomous language learning, learners take charge of their own learning, in action research teachers take charge of their own professional development (Burns, 1999; 2010). In a very similar way, my own professional development as a teacher was triggered when I started to develop autonomous learning among my students at university. I had previously attended a multitude of in-service teacher seminars and had continuously sought to acquire new skills and knowledge in my professional field; however, it was not until I experimented with involving my students more in their own learning process that my teacher role started to change and I felt the urge to become a researcher of my own classroom. I certainly went through a stage of questioning and self-doubt and I am still in the process of learning how to teach in an autonomous classroom. I see developing as a teacher as a continuous challenge which I am very willing to take up. Engaging with a pedagogy for autonomy brought home to me the importance of regularly re-evaluating my own teaching practice and becoming involved in practitioner research in order to improve my teaching for the benefits of my learners.

Conclusion

In this article, I have attempted to show how the role of the teacher has become more complex and demanding in the last few decades due to the fundamental changes in the field of language education. These changes clearly shifted the focus from teaching and the teacher to learning and the learner. In order to equip learners, in my context university students, with the skills they need for their professional careers and lifelong learning, it is necessary to assist them in taking control of their own learning process. It is the teacher's responsibility to establish a learning environment in which learners are willing to take responsibility for their own learning and capable of doing so. Dealing in particular with the attitudes and competencies a teacher needs to possess in order to ensure that learning happens, I defined personal characteristics and competencies, professional expertise, and methodological and strategic competence. I also reported on my own engagement with learner autonomy and on how my role as a teacher changed in the process. I would like to conclude this article by quoting the lyrics of a cartoon frequently cited by Leni Dam in her talks: "A: 'I taught Spot how to whistle.' B: 'I can't hear him whistle.' A: 'I said I taught him, I didn't say he learned it.'"

Bibliography

Benson, Phil (2001): Teaching and Researching Autonomy in Language Learning. Harlow: Longman.

Bergen (1990): Developing Autonomous Learning in the Foreign Language Classroom. Bergen: Universitetet i Bergen, Institutt for praktisk pedagogikk.

Burkert, Anja (2009): Recent Innovative Developments in Language Education: The EPOSTL as a Tool to Bridge the Gap between Theory and Practice. Doctoral thesis. Graz University.

Burkert, Anja (2011a): Introducing aspects of learner autonomy at tertiary level. In: Reinders, Hayo/ Lamb, Terry (eds.): Innovation in Language Learning and Teaching 5.2. Routledge. p. 141-147.

Burkert, Anja (2011b): Developing learner autonomy at tertiary level. Universität Duisburg Essen. UVRR (Universitätsverlag Rhein Ruhr).

Burns, Anne (1999): Collaborative Action Research for English Language Teachers. Cambridge: CUP.

Burns, Anne (2010): Doing Action Research in English Language Teaching. A Guide for Practitioners. New York: Routledge.

Canale, Michael/ Swain, Merrill (1980): Theoretical bases of communicative approaches to second language teaching and testing. Applied Linguistics 1. p. 1-47.

Cendon, Eva (2010): Kompetenz- und Lernergebnisorientierung. Neue Perspektiven für die Umsetzung von Lebenslangem Lernen. In: Schröttner, Barbara/ Hofer, Christian (eds.): Kompetenzen – Interdisziplinäre Rahmen. Competences – Interdisciplinary Frameworks. Graz: Leykam Universitätsverlag. S. 41-52.

Dam, Leni (1995): From Theory to Classroom Practice. Learner Autonomy 3. Dublin: Authentik.

Dam, Leni (2003): Developing learner autonomy: the teacher's responsibility. In: Little, David/ Ridley, Jennifer/ Ushioda, Ema (eds.): Learner Autonomy in the Foreign Language Classroom. Dublin: Authentik. pp. 135-146.

Fenner, Anne Brit (2000): Learner Autonomy. In: Fenner, Anne Brit/Newby, David (eds.): Approaches to Materials Design in European Textbooks. Implementing Principles of Authenticity, Learner Autonomy and Cultural Awareness. Graz/Strasbourg: European Centre for Modern Languages/Council of Europe Press. pp. 78-89.

Freeman, Donald/ Richards, Jack C. (eds.) (1996): Teacher Learning in Language Teaching. Cambridge: Cambridge University Press.

Hofer, Christian (2011): Lernen und Didaktik. Skizze eines konstruktivistischen Sprachenlernens. In: Schröttner, Barbara/ Hofer, Christian (eds.): Looking at Learning. Higher Education. Language. Place. Blicke auf das Lernen. Hochschule. Sprache. Ort. Münster, New York, München, Berlin: Waxman. S. 113-126.

Holec, Henri (1981): Autonomy and Foreign Language Learning. Oxford: Pergamon.

Howatt, A.P.R. (1984): A History of English Language Teaching. Oxford: Oxford University Press.

Kelly, George (1963): A Theory of Personality. New York: Norton.

Lacey, Frank (2009): Autonomy, never, never, never! Independence newsletter. 42. pp. 4-8.

Legenhausen, Lienhard (2003): Second language acquisition in an autonomous learning environment. In: Little, David/ Ridley, Jennifer/ Ushioda, Ema (eds.): Learner Autonomy in the Foreign Language Classroom. Dublin: Authentik. pp. 65-67.

Legenhausen, Lienhard (2011): Plenary Talk at the Conference of the Learner Autonomy Special Interest Group in Venice, Italy. September 9th.

Legutke, Michael/ Thomas, Howard (1991): Process and Experience in the Language Classroom. Harlow: Longman.

Lewin, Kurt (1946): Action Research and Minority Problems. Journal of Social Issues 2. pp. 34-46.

Little, David (1991): Learner Autonomy 1: Definitions, Issues and Problems. Dublin: Authentik.

Little, David (1998): Media, technologies and foreign language learning. Dublin: Authentik.

McCombs, Barbara (1994): Strategies for assessing and enhancing motivation: keys to promoting self-regulated learning and performance. In: O'Neil, Harold F./ Drilings, Michael (eds.): Motivation: Theory and Research. pp. 49-69. Hillsdale, NJ: Lawrence Erlbaum.

Newby, David (2003): Theories of Language Learning and Teaching and their Influence on Classroom Practice. In: Heyworth, Frank (ed.): Challenges and Opportunities in Language Education. The Contribution of the European Centre for Modern Languages 2000-2003. Strasbourg: Council of Europe. p. 33-41.

Nunan, David/ Lamb, Clarice (2001): Managing the Learning Process. In: Hall, David R./ Hewings, Ann. (eds.): Innovation in English Language Teaching. A Reader. London: Routledge. pp. 27-45.

Page, Brian (Ed.) (1992): Letting Go Taking Hold. CILT: Bourne Press.

Richards, Jack C. (1998): Beyond Training. Cambridge: Cambridge University Press.

Sheils, Joe (1988): Communication in the modern languages classroom. Strasbourg: Council of Europe.

Smith, Richard (2011): Talk during the Pre-Conference Event of the Learner Autonomy Special Interest Group of IATEFL in Brighton, UK. April 15th.

Stenhouse, Lawrence (1975): An Introduction to Curriculum Research and Development. London: Heinemann.

Thielsch, Angelika (2011): Learning and Self-Direction. Ways to Foster Self-Directed Learning in Higher Education. In: Schröttner, Barbara/ Hofer, Christian (eds.): Looking at Learning. Higher Education. Language. Place. Blicke auf das Lernen. Hochschule. Sprache. Ort. Münster, New York, München, Berlin:Waxmann. pp. 55-70.

Tudor, Ian (1996): Learner-Centredness as Language Education. Cambridge: Cambridge University Press.

Ushioda, Ema (1996): Learner Autonomy 6. The Role of Motivation. Dublin: Authentik.

Ushioda, Ema (2003): Motivation as a socially mediated process. In: David, Little/ Ridley, Jennifer/ Ushioda, Emma (eds.): Learner Autonomy in the Foreign Language Classroom. Dublin: Authentik. pp. 90-104.

Voller, Peter (1997): Does the teacher have a role in autonomous learning? In: Benson, Phil/ Voller, Peter (eds.): Autonomy and independence in language learning. London: Longman. pp. 98-113.

Williams, Marion/ Burden, Robert L. (1997): Psychology for Language Teachers. Cambridge: Cambridge University Press.

Wolff, Dieter (1994): Der Konstruktivismus: Ein neues Paradigma in der Fremdsprachendidaktik? In: Wolff, Dieter (ed.): Die Neueren Sprachen: Lernerautonomie 93.5. Frankfurt/Main: Diesterweg. S. 407-429.

Anna Kanape-Willingshofer

Initiation into Academic Teaching.
The Early Careers of Academic Teachers and their Beliefs about the Development of Academic Teaching Competence

Abstract

The article attempts to draw a comprehensive picture of novice academic teachers' experiences in teaching, as well as their beliefs about how academic teaching competence develops throughout a career of teaching at university. From a psychological point of view teaching can be seen as a field of expertise and insightful results can be obtained from comparing teachers with little experience to experts in the field. In this chapter early academic teachers' beliefs about academic teaching and associated concepts are empirically researched. Subject knowledge, pedagogical skills, interpersonal relationships, research-teaching nexus and personality are seen as key elements of successful teaching at tertiary level. This chapter investigates novice university teachers' beliefs about those elements, as well as their experiences in early stages of teaching at university. It also examines how far key aspects of competent academic teaching are believed to be malleable and can be learned or improved upon. The insights obtained in the article are discussed with regard to their implications for academic teacher training, which has received growing attention not only in Austria, but in countries all over the world in the past decade.

> *Good teaching is not innate, it can be learned.*
> (Kane et al., 2004: 283)

In recent decades the general view of the qualities needed in a good academic has shifted from a focus on research skills towards a combination of research and teaching ability. Young researchers are increasingly made aware that teaching experience and competence, as assessed by institutional evaluation criteria, are essential for their future careers. For most researchers it is impossible to get a job which does not also involve teaching to a certain extent and, thus, a great publication and research record are not the only things that count. "[I]n recruiting teachers [universities] wish to attract individuals who are well-prepared, effective and who will remain in the teaching profession long enough to make a difference" (Clewell et al., 2000: 1). The pressure on universities to be outstanding not only in research, but also in teaching, also reflects upon the demands of academics to reveal a "double professionalism" (Beaty, 1998). Moreover, the view that academic teaching competence is innate to academic researchers is outdated as

> [m]ajor concerns have emerged about the inherent quality of teachers before recruitment. Above all, academics are selected according to scholarship-based criteria. Yet this system has gradually become irrelevant for institutions. [...] [H]igh academic proficiency is not a sufficient criterion; it does not ensure that faculty members have pedagogical skills. (Hénard, 2010: 31)

As a consequence, most European universities now offer new teachers (sometimes also compulsory) pedagogical training (Postareff et al., 2008). This illustrates the huge advances that have been made in this area since Brigitte Eckstein, then professor for crystal physics at TU Aachen, wrote her book „Einmaleins der Hochschullehre" (1978) from which the following quotation is taken:

> Im Gegensatz zu den Lehrern fast aller Schularten erhält der Hochschullehrer keine Ausbildung für den Unterricht. Er darf ohne Vorkenntnisse, mitunter sogar unter schweren Fehlannahmen über die psychologischen, didaktischen und sozialen Voraussetzungen des Lernens unterrichten. Beim Versuch, sich einschlägige Kenntnisse und Fertigkeiten eigenständig anzueignen, findet er nur wenig Hilfe: Die deutsche hochschuldidaktische Literatur ist selten auf verwertbare Handlungsanweisungen ausgelegt, und hochschuldidaktische Kurse werden bisher allenfalls sporadisch angeboten. (Eckstein, 1978: 9)

Although the factors relating to the difference between academic and school teaching have been identified (i.e. difference in purposes; orientation toward disciplines, not teaching; training as disciplinary specialists, not teachers; different roles in society; different roles and responsibilities of professors; difference of learners with regard to age, experience, and development, Menges & Austin, 2001: 1122), more work needs to be done to improve the training of university teachers. A review by Menges and Austin (2001) on the effectiveness of pedagogical training in tertiary education has revealed ambiguous results of whether trainings of academic teachers are effective. Various attempts have been made to investigate the influencing factors of teaching at university level. One method which has become popular during the last few decades in psychological research is expertise research. Here, differences between experts in certain fields and novices, i.e. people with little experience in that area are examined (for an extensive overview see Ericsson et al., 2006). As teaching is also seen as a field of expertise (see e.g. Berliner, 2004) it is interesting to compare novice teachers' experiences and beliefs to those of experts in academic teaching. In order "to understand better the complex nature of tertiary teaching" (2004: 283) Kane, Sandretto and Heath interviewed a group of 17 excellent science teachers from the University of Otago, New Zealand. It was examined what experienced teachers *say* about their teaching as well as what they *do* in their teaching practice. From the findings of the study Kane and colleagues created a model of the dimensions of tertiary teaching (see Figure 1).

The excellent teachers interviewed by Kane et al. (2004) identified the need for reflection as a superordinate ability: a good teacher at university is especially characterised by reflecting upon the five dimensions pictured in Figure 1 and thinking about how he/she can improve his teaching with regard to those dimensions. To investigate what novice teachers say about and do in their teaching, an empirical research has been conducted which is described in the following subchapters.

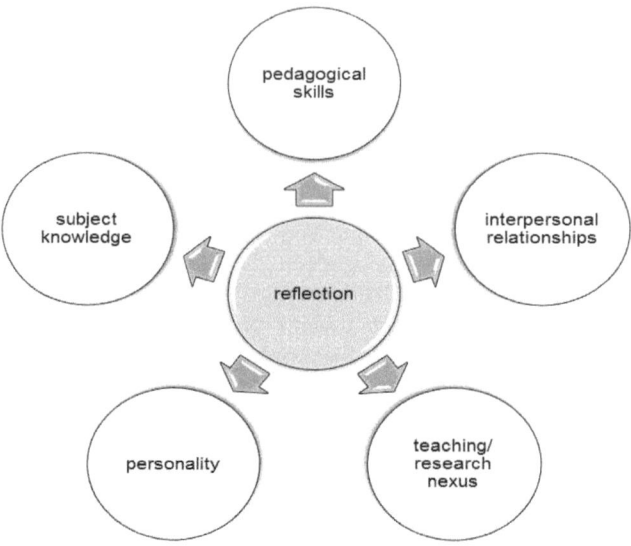

Figure 1: Dimensions of Tertiary Teaching (redrawn after Kane et al., 2004)

Empirical Research

Procedure

In order to investigate novice lecturers' beliefs and opinions about academic teaching, lecturers with less than 10 years (which is the average time needed to acquire expertise in a field according to Simon and Chase, 1973) of academic teaching experience were provided with a summary of the results obtained by Kane et al. (2004) and were – loosely in the style of the Delphi method (see e.g. Seeger, 1979) – asked to give their opinion on several statements drawn from the article. The questions were provided through an online questionnaire[1] with mainly open answer format. Most questions related to the five dimensions of tertiary teaching defined by the expert teachers in the study by Kane et al. (2004). Each dimension was approached with three different questions, which were kept consistent across all dimensions. Therefore, the participants were asked to respond to three questions, regarding a) the difference between novice and expert academic teachers, b) the acquisition and c) the impact on teaching of the five dimensions of good teaching, i.e. subject knowledge, pedagogical skills, interpersonal relationships, research-teaching nexus and personality. Moreover, their individual teaching experience, as well as their previous instruction in dimensions relevant for academic teaching, was assessed.

Sample

The sample consisted of 16 lecturers (7 male and 9 female) with an average academic teaching experience of 5.44 semesters (standard deviation = 3.56, min. = 1 semester, max. = 11 semesters). The lecturers had teaching assignments in seven different Austrian and

---

1 The questions and answers of the questionnaire were given in German and only afterwards translated into English to increase the readability of this article.

German tertiary education institutions in the winter term 2011/12 and came from eight different scientific research areas.

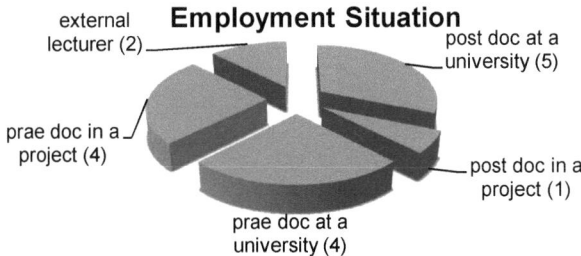

Figure 2: Employment Situation of Participants

As can be seen from Figure 2 the sample of novice lecturers not only represented a number of universities, but also a wide range of employment situations typically found in early academic careers. Roughly a third of the non-external lecturers are employed full-time (5), another third works half-time in a project or at university (5) and the remaining four lecturers have contracts between 30-35 hours.

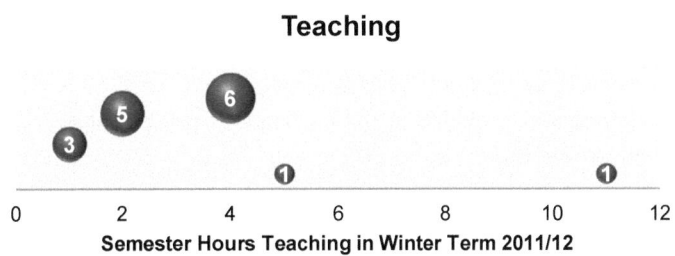

Figure 3: Teaching Hours in Winter Term 2011/2012

The novice teachers taught on average 3.31 semester hours in the winter term 2011/12 (Standard Deviation = 2.44), with a range of only one hour per week up to eleven hours per week as can also be seen in Figure 3 (numbers in bubbles indicate the number of lecturers teaching the respective number of hours). These statistics show that the sample of novice lecturers represents a comprehensive cross-section of people with early academic teaching careers.

Table 1 provides an overview of the lecturers' codes in combination with some personal information, their teaching experience as well as their present teaching amount and the number of tertiary institutions where they are teaching in winter term 2011/12:

Table 1: Overview of Lecturers

Code	Age	Sex	Teaching Experience (in sem.)	Teaching Amount (in sem. hrs)	Nr. of diff. Institutions
Lecturer 1	43	female	9	4	1
Lecturer 3	28	male	3	5	1
Lecturer 9	25	male	1	2	1
Lecturer 13	30	male	2	1	1
Lecturer 14	31	female	10	4	1
Lecturer 15	33	male	5	2	1
Lecturer 16	28	male	4	4	1
Lecturer 18	32	male	11	4	1
Lecturer 19	25	male	6	2	1
Lecturer 22	26	female	1	2	1
Lecturer 24	30	female	9	4	2
Lecturer 26	33	female	4	1	1
Lecturer 27	34	female	2	1	1
Lecturer 28	26	female	2	4	1
Lecturer 29	42	female	8	2	1
Lecturer 30	32	female	10	11	3
MEAN	**31,13**		**5,44**	**3,31**	**1,19**

Opinions of Novice Teachers Regarding Subject Knowledge
The following information was provided to the participants prior to answering the questions regarding subject knowledge:

> The experienced university teachers of the study by Kane et al. (2004) said that subject knowledge is central for teaching at university level. They thought it especially important to be up-to-date in science and to continuously educate themselves further.

The first question asked early career-academic teachers how they thought novice and experienced university teachers differed with regard to their subject knowledge. Most participants acknowledged that experienced teachers usually have broad, well-grounded and strongly interlinked subject knowledge due to longer scientific careers. Therefore, they are thought to be able to filter contents relevant for specific courses faster than inexperienced teachers who often – as one teacher put it – "learn alongside the students" (Lecturer 28) when acquiring new knowledge for every new lesson they are preparing. Novice university teachers, in contrast, are seen as having more up-to-date and specialised knowledge, because they usually come from a highly specialised area of research and their scientific knowledge has been gained more recently. Moreover, by developing new lectures and preparing courses 'on demand' they have a less extensive pool of teaching materials and contents than experienced teachers and therefore have to research (new and often recent) material. In addition, younger scientists are thought to show more openness towards recent research strands and methods and are more open-minded to new outcomes and findings. However, according to many participants, the differences outlined above are also affected by the personality of teachers which, in turn, influences how far recent research will be incorporated in teaching.

The second question asked novice teachers' beliefs of whether and how subject knowledge can be obtained or expanded. As might be expected, the participants agreed unanimously that subject knowledge could be increased through reading scientific literature, attending further workshops and seminars (also summer schools) and conducting their own research. Moreover, novice teachers also find exchanges with colleagues and especially giving lectures and courses particularly important with regard to extending their subject knowledge. Some also mentioned that depending on the research area, subject knowledge could be improved by studying the theory alongside relevant work in the field (e.g., for a psychologist this could mean working in a clinic with patients).

The novice teachers stressed the importance of subject knowledge for teaching and all agreed that, without it, teaching high-quality courses would be impossible. Some also stated that although subject knowledge is vital, it is by far not the only competence teachers need in order to be successful as, e.g. didactic concepts, bringing research and practical knowledge into the classroom or conveying competencies enabling students to gain knowledge through autonomous learning, are considered important too. It was also mentioned that in-depth subject knowledge helps especially in early teaching stages because it provides teachers with a feeling of security and, through that, they "can concentrate more on other not content-related aspects of teaching (e.g. pedagogical, rhetorical…)" (Lecturer 15). Moreover, good subject knowledge allows establishing connections between different contents and providing better examples for the students which, in turn, makes seminars more interesting. A participant also mentioned that knowing one's subject well, is likely to gain respect from the students and this also helps to be better accepted as a teacher.

Views of Novice Teachers Regarding Pedagogical Skills
Figure 4 shows the summarised information from Kane et al. (2004) on pedagogical skills, which was given to the participants to introduce the topic.

The excellent university teachers stated that pedagogical skills are of utmost importance, and especially the following elements play an important role:
1. Clarity (pronunciation, course structure, but also comprehensible explanations of content)
2. Relevance of content for real life
3. Organisation (in the course and by defining expectations)
4. Providing inspiration and motivation (stimulate students' interest)
5. Facilitating learning (teacher is seen as a knowledge resource)
6. Flexibility and adaptability (various methods, adapting to different types of courses)
7. Preparation (including experiences from last semester)
8. Lifelong learning (commitment to self-improvement, learning from students)

Figure 4: Information on pedagogical skills given in the questionnaire

The novice teachers had a range of opinions regarding the differences between beginners and experienced academic teachers' pedagogical skills. Some stated that the longer people work as teachers the more pedagogical skills they develop (especially as academic teachers do not get much additional education on pedagogics), but some also thought that teachers could be dulled by decades of teaching. Although experienced teachers might be calmer, more confident and knowledgeable about organisation, presentation and structuring, novice teachers are believed to be more motivated and can, therefore, convey their enthusiasm to students easier even though they are, by definition, lacking experience. Again, individual teachers' personality seems to play a more important role than experience in teaching as some early as well as some experienced teachers are considered pedagogically skilled.

The novice academic teachers were divided on the subject of whether pedagogical skills can be learned. Some see those abilities as learnable whereas others stated that there is at least a certain amount of pedagogical skills which some people simply bring with them whereas others "will never learn it" (Lecturer 15). It seems that especially a certain amount of empathy, social intelligence or also the "ability to take over other people's perspectives" (Lecturer 19) are essential abilities for good teaching, but are regarded as only marginally changeable by novice teachers. According to most of the participants, the best way to improve pedagogical skills is teaching and particularly asking students or colleagues for feedback. Moreover, reflective skills and practical workshops were regarded more beneficial to novice teachers than reading about pedagogical theories in order to increase one's skills.

Novice academic teachers stated that pedagogical skills are vital for teaching, especially as they see these skills as means to spark students' interest in a certain topic. This is seen as one of the key elements in teaching as "knowledge itself can be obtained from books or readers" (Lecturer 16), but generating initial interest is the most important fact in further self-regulated knowledge acquisition. The point was also made that young researchers remember their own student days very vividly and, therefore, try to take over students' perspectives and avoid teaching styles that they themselves disliked (e.g., no reading out lecture notes). This change of perspective is also thought of as very important when trying to predict which concepts or theories students might have problems understanding. Novice teachers see great developmental potential in employing empathy and reflection in their teaching. This was highlighted in two statements which mentioned that practical experience in teaching is central to the development of good pedagogical skills.

Views of Novice Teachers Regarding Interpersonal Relationships
The existence of good interpersonal relationships between teacher and students is not only important in tertiary education. To examine the novice teachers view on interpersonal relationships, the following introduction was provided:

> According to the good university teachers in the study, interpersonal relationships are highly relevant in the success of a course. Good lecturers try to establish relationships with their students, even in large lecture halls and this results in mutual respect, empathy and a better appreciation by the lecturer of where students stand in order to pick them up from there and thus enable learning.

The opinions of the interviewed novice teachers with regard to differences between younger and more experienced university lecturers vary widely. Some state that a lecturer's ability to establish interpersonal relationships and the extent to which he/she does this, depends not only on the personality of the teacher, but also on the students attending a course. Moreover, the lecturer's age is thought to have an influence, insofar as it usually correlates with the time of their socialisation at university. Universities are seen to have changed with regard to the hierarchical gap between students and teachers which is thought to have decreased in the past decades. Moreover, experienced teachers usually have "a bigger power distance" (Lecturer 13) simply due to their age and position and therefore seem to have fewer problems with establishing authority and receiving respect from the students. One of the chief concerns of novice teachers seems to "keep the balance" between "being a buddy to the students or being very strict to create authority" (Lecturer 15). Here, more experienced teachers have an advantage, according to the novice teachers, as they are respected and perceived as authorities anyway and, therefore, can more easily allow closer relationships with students. However, if desired, younger teachers can establish casual interpersonal relationships with the students very easily as they can "more closely relate to students' problems and interests" (Lecturer 14). One participant mentioned that from a younger teacher's perspective the relationships with students tend to be closer insofar as one remembers one's first classes and students better than those after 40 years of teaching.

The interviewed novice teachers' opinions on whether handling interpersonal relationships can be learned, varied from "I am sure that can be learned" (Lecturer 15) to "that can hardly be learned as it strongly depends on a person's personality" (Lecturer 16). However, most of them regard the ability to establish and use interpersonal relationships adequately in teaching as being partly governed by one's own personality and, accordingly, there are interindividually varying options for improvement. The novice teachers also agree that what can be modified with regard to interpersonal relationships is not something that can be learned from models, theories or books. Instead they named a number of ways to improve one's abilities in that area: seminars, coaching, reflection, supervision, methods used in conflict management, trainings, but also through observational learning, self-awareness and experience. The novice teachers thought that the most important factors in teaching university students are empathy, sociability, respect and understanding.

The majority of novice teachers considered good interpersonal relationships with their students extremely important. Only two mentioned that keeping a "certain distance is important as you do not want to befriend your students" (Lecturer 22), while another feared that developing relationships with individual students might lead to inequalities in grading and assessment. It was even argued that students' liking or disliking a teacher defines how much they learn in a course (thus, subject knowledge would become less important). However, having good relations with students "for me does not mean that I have to have a good relationship with each and every student. Conflicts should also be allowed" (Lecturer 19). The novice teachers regard good relationships with their students insofar essential as "in my opinion a personal and appreciating contact with groups and incorporating students' interests in a course also improves the quality of students' contributions" (Lecturer 14). Establishing good relationships needs to be done in such a way as not to lose one's authority and respect and could be achieved by, e.g. remembering students' names and their contributions to the course. According to the interviewed teachers, a good student-teacher relationship is evidenced by students asking and responding to questions, engaging in interactive workshops, and showing higher motivation for learning and more openness towards the contents of the course. Having good interpersonal relationships with the students is, however, not only positive for the students as some teachers stated that they "draw their energy for teaching primarily from those relationships" (Lecturer 26).

Views of Novice Teachers Regarding the Research-Teaching Nexus
To introduce the topic of connecting teaching and research, the interviewees received the following information:

> The experienced university teachers regarded establishing a teaching/research nexus as important. They stated that research and teaching mutually influence each other, which they see as a central difference from teaching at a school. On the one hand, research and scientific insights should be integrated into teaching and, on the other, hand, ideas for research can frequently be generated in lectures.

Similarly to subject knowledge, connecting research and teaching is seen easier feasible for more experienced teachers due to their greater knowledge base of the research field. Moreover, as they have conducted more research compared to younger researchers it is also easier for them to introduce own research ideas or results into the classroom. Longer scientific careers usually also imply more experience with mentoring students' research and, therefore, it is expected that experienced teachers have fewer difficulties in instructing and supervising students' research, also within a classroom or a university course. However, three early career teachers saw an advantage on their side, as younger lecturers are often more strongly involved in research than older ones who may "sometimes have too little time to pursue research" (Lecturer 22). Most participants stated again that the connection of research to teaching is not so much a question of age but has to do with the individual teacher's personality. It was also mentioned that younger lecturers frequently have to teach basic or methodology courses where it seems harder to connect teaching with research. Older university teachers, on the other hand, can more often choose the topic of their courses and, thus, are better able to integrate their own research into their courses and students' research topics.

On the question of whether the ability to connect research and teaching can be acquired or fostered, the issue of which courses are taught by young lecturers was again raised. The novice teachers agreed that it is possible to learn how to establish such a nexus, e.g., by looking at best-practice models and peer-exchanges. However, a certain motivation to improve and engage in such educational practices on the one hand, but also gaining experience in intertwining research and teaching are vital. This, as was referred to in previous questions, is not easy as only few content seminars are taught by novice teachers. While the opportunity to teach courses on one's own research topics are often rare during early scientific careers, such opportunities for incorporating research and teaching or also using ideas generated in a lecture for scientific work, can be put into practice more easily in seminars related to one's own research topic.

Novice teachers use several ways to connect their teaching and their research, but mainly they try to bring recent research into the classroom. Only one lecturer stated that he/she uses "courses to receive new impulses with regard to my own research by critically discussing it with the students" (Lecturer 18), whereas others find "generating research ideas out of teaching" (Lecturer 15) especially tricky. It was reiterated that the extent to which research and lectures can be connected depends on the subject and the type of course being taught. Nearly half of the interviewees stated that they are unsure how to connect research and teaching or that it is only of limited feasibility in their courses. With regard to the importance of intertwining teaching and research opinions differed widely, as it was mentioned that it is "rather unimportant as new research results should be taught, but not on a daily basis as they are often dismissed again shortly afterwards; moreover, education should not only lead to research but in general also cater to the industries and other jobs" (Lecturer 13). In contrast, most of the other participants felt that a connection is important as it "raises the relevance of the presented contents and, thus, strengthens students' identification with the content, which, in turn, should lead to an increase in motivation and learning commitment" (Lecturer 3). The novice teachers also mentioned several strategies they use for introducing research into their teaching: bringing "devices or material from my research to my lecture" (Lecturer 1), including "recent research literature in presentations" (Lecturer 29), fostering students' ability to undertake "source criticism and to develop the ability to critically scrutinise secondary literature" (Lecturer 22) as well as "using my international networks to help motivated students with internships or research scholarships" (Lecturer 29).

Views of Novice Teachers Regarding Personality
The teacher's personality was identified by Kane et al. (2004) as the fifth aspect of what makes university teachers great teachers. Figure 5 shows the information given to the participants before the question block on personality.

The last dimension which was regarded as essential by the excellent university teachers is the personality of a teacher, i.e. characteristics which are mainly stable and only hardly malleable. According to the teachers in the study the following aspects are important for university teaching:
1. Enthusiasm (the teacher is highly eager for knowledge himself/herself and fosters and enables knowledge acquisition)
2. Passion for science and the one's own research topic
3. Sense of humour
4. Approachability (students can easily approach the teacher and ask questions or discuss problems and things that are unclear)
5. Being relaxed when teaching (e.g., when technology causes problems)
6. Humanity (teachers are also only human and can make mistakes)

Figure 5: Information on personality provided in the questionnaire

As would be expected, the novice teachers all agreed that a teacher's personality does not depend on age or experience, as it is seen as a stable characteristic with little space for alteration. However, a general tenor towards differences in teaching styles which may correlate with individuals' personalities or also their age and experience can be seen. A couple of interviewees mentioned that younger teachers are generally less relaxed than experienced ones, but are more enthusiastic when teaching. One teacher mentioned that teaching might succeed best "at a time in life when you have acquired sufficient self-confidence, but teaching has not yet become routine" (Lecturer 18). Also, teaching habits which prevailed at the time of starting out as a university teacher, could define teaching style; older teachers were prone to acquiring a more authoritarian and less personal teaching style compared to younger teachers' casual and more humour-based approach. This, however, is not attributed to teachers' personalities, but temporal changes in the favoured educational approach to teaching at the time of entering the profession. Some participants added that younger teachers seem easier to approach for students. However, the overall opinion of the novice teachers was that both experienced and inexperienced teachers can reveal personality characteristics which contribute positively to the learning atmosphere in tertiary education.

As personality is in general regarded as a stable characteristic the possibility of changing it is naturally seen as very limited. Moreover, "teaching is about authenticity" (Lecturer 26), so the novice teachers stated that personality cannot be changed and coaching as well as video-analyses and feedback from experts can only be used to illustrate how personality might influence teaching. Some aspects mentioned by Kane et al. (2004) may alter with experience, e.g., less anxiety and stress, more confidence or the use of more humour when teaching. However, "sense of humour has to be viewed sceptically. As is generally well-known humour is an art in itself and a course does not necessarily have to be funny" (Lecturer 16). Certain aspects such as approachability and humanity can be heightened by creating specific circumstances and appropriate situations, e.g., attending events organised by students, setting up office hours and feedback hours and talking to students also outside of lectures.

All novice teachers agreed that personality is a vital element for successful teaching. Moreover, it was also mentioned that teachers' behaviour towards the students influences their learning more strongly than the personality of a teacher. Similarly, one teacher stated that he/she has "the feeling that the characters of teacher and students match sometimes better, sometimes not so well" (Lecturer 15), implying that the same teacher personality might be differently responded to by different individuals or groups. Also the statements regarding the influence of a teacher's enthusiasm and passion on students' motivation take the same line: "If I myself as a teacher am not motivated and dedicated, the students are not keeping up" (Lecturer 28). Other factors mentioned by novice teachers as helpful in creating positive learning situations are authenticity, openness, the inclusion of personal experiences and anecdotes in lectures. The issue of authenticity was again raised and one teacher pointed out that it is a "challenge not to attempt to downplay one's weaknesses" (Lecturer 26), but team teaching can help to solve this problem.

Views of Novice Teachers Regarding the Learnability of Teaching
Finally the questionnaire asked novice teachers the extent to which teaching excellence could be learned. They had to indicate how much of 100% of being a 'good' teacher is something that can be learned and to which extent the elements that make up a highly qualified teacher are innate.

As can be seen in Figure 6, novice teachers' view whether good teaching skills can be acquired varies widely across the whole range (from 1 to 100%) with an average of 51.6% share of nurture (i.e. can be learned) and 48.4% share of nature (i.e. is innate). This finding is particularly interesting when considering Albert Bandura's (1977) psychological theory of self-efficacy, which describes a person's belief as to whether he or she can influence the attainment of certain goals. The extent to which a person regards himself/herself as self-efficient depends – according to Bernard Weiner's (1974) Theory of Attribution – on three elements: (1) locus, i.e. internal or external, (2) stability, i.e. static or dynamic and (3) controllability, i.e. active or passive. If teaching ability is regarded as something one is born with, this would reflect an internal and static attribution which cannot be actively influenced. This belief could, in turn, influence teachers' willingness to attend coaching or training. Moreover, recent research conducted by Carol Dweck (2006), professor of psychology at Stanford University, has found that the extent to which people impro-

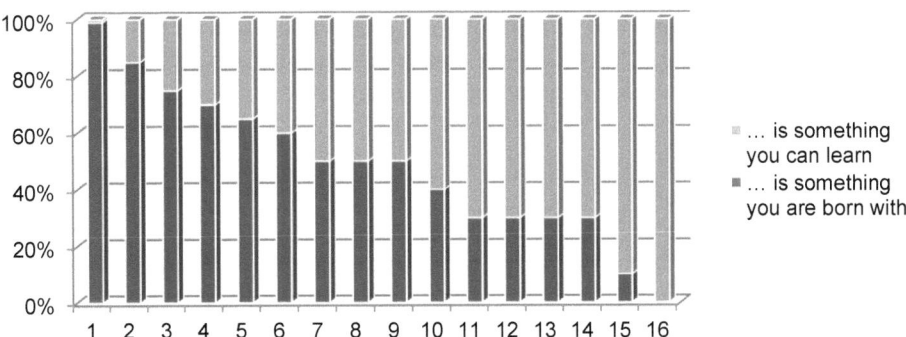

Figure 6: Learnability of 'Good' Teaching

ve their skills through training or teaching largely depends on whether they have a fixed mindset (i.e. I believe my abilities are innate and therefore I cannot change them) or a growth mindset (i.e. I believe my abilities can be improved by working hard and dedicatedly). In this line it could be argued that teachers who believe that teaching abilities are innate would also profit less from training, unless their mindsets change.

Preparedness of Novice Teachers
Only three of 16 novice university teachers had undergone a formal university-based preparation course for academic teaching; the rest had either received some other training or were autodidactic with regard to teaching.

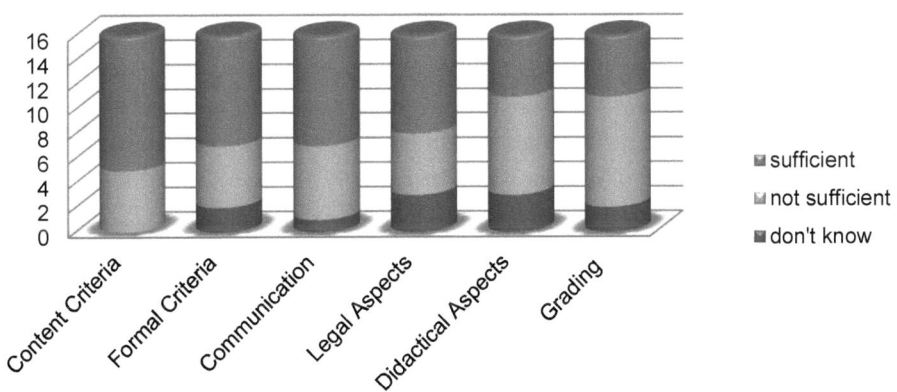

Figure 7: Preparedness in certain areas relevant for tertiary teaching

Figure 7 shows factors relevant for teaching at tertiary level and shows the novice teachers' indication of whether they feel sufficiently prepared in these areas. It can be seen that further training in grading and assessing students' work is valued as much as didactics and methodologies of teaching by teachers in their early teaching careers. Half of the novice teachers said they feel sufficiently informed about the legal and institutional aspects of teaching at a university. They also stated that they feel they have sufficient communication skills and knowledge with regard to the formal criteria of how to set up a course. The interviewees feel most confident in designing a university course with regard to the contents which they will teach. This indicates that providing further university-based trainings and courses on the above mentioned issues seems certainly indicated.

Summary

A change in the way tertiary teaching is regarded has not only been taking place in Austria, but in the academic community worldwide, as Hénard (2010) points out:

> The academic community is undergoing a real cultural shift: the concept of teaching is a new focal point that is ignored for the most part during initial training. Quality teaching initiatives have raised teachers' awareness that teaching is neither an obvious nor a natural activity. They understand that their initial qualification is not sufficient to ensure the quality of the teaching delivered and hence requires ongoing improvement. (66)

When designing training courses for new university teachers, it is vital to also investigate their beliefs and opinions about core dimensions relevant to teaching. The empirical research conducted for this chapter has shown that, in general, novice teachers also stress the relevance of the five dimensions identified by experienced teachers in Kane et al. (2004). However, some dimensions are harder than others to achieve, improve upon or include in teaching. Subject knowledge is seen as important by all, but experienced teachers are thought to have broader knowledge compared to novice teachers' often more specialised knowledge. If training courses aimed at increasing subject knowledge are devised, they should concentrate on broader scientific knowledge as specialised information can be acquired easily by young researchers themselves. In contrast, pedagogical skills are thought to be acquired with experience and also on-the-job, especially by receiving feedback from students or colleagues. As pedagogical skills are regarded as vital in increasing students' motivation and also learnable to certain extent, trainings in this area are certainly indicated, but need to be designed with emphasis on practical aspects. With regard to interpersonal relationships, novice teachers are convinced of their importance to create a positive atmosphere in a classroom and foster students' learning. However, they see a huge challenge in striking the right balance between being casual and authoritarian. As this problem is not attributed to older and more experienced teachers, trainings need to specifically address younger teachers' issues with regard to interpersonal relationships, as they usually have no problem in 'connecting' with the students, but rather in keeping the balance between 'friend or foe'. Novice teachers also see the importance of connecting teaching and research, but regard it as a major problem to do this in basic courses not dedicated to a specific scientific topic. If training is set up to improve teachers' ability in this field and help them draw useful incentives from teaching for research, it must take into account the particular courses novice teachers usually get to teach and provide specific information on how to establish a research/teaching nexus in such circumstances. Personality is not only seen as a key element in successful university teaching by experts, but also by novice teachers. However, as personality itself cannot be changed easily, training should focus on how to use personality in teaching, paying special attention to issues important to novice teachers, e.g., enthusiasm, nervousness or authenticity. It would also be useful to adapt further training to the individual needs of young lecturers and provide coaching on legal aspects of university teaching, as well as how to grade and assess students' performance. Finally, novice teachers' mindsets with regard to the learnability of good teaching practices need to be challenged, as those who believe in the malleability of teaching-related skills tend to profit more from training and further education. Fostering and enabling high-quality teaching at university should insofar be an important goal as "[r]esearch-intensive and elitist universities can no longer develop if their only focus is research, because they generate disinterest among prospective students and lose an opportunity to position themselves in the global competition" (Hénard, 2010: 69).

Bibliography

Bandura, Albert (1977): Self-efficacy: Toward a Unifying Theory of Behavioral Change. In: Psychological Review. Volume 84. pp. 191-215.

Beaty, Liz (1998): The professional development of teachers in higher education: Structures, methods and responsibilities. In: Innovations in Education and Training International. Volume 35. pp. 99-107.

Berliner, David C. (2004): Describing the behavior and documenting the accomplishments of expert teachers. In: Bulletin of Science, Technology & Society. Volume 24. pp. 200-212.

Clewell, Beatriz C./ Darke, Katherine/ Davis-Googe, Thenoa/ Forcier, Laurie/ Manes, Sarah (2000): Literature review on teacher recruitment programs. Washington, DC: U.S. Department of Education.

Dweck, Carol (2006): Mindset: The new psychology of success. New York: Random House.

Eckstein, Brigitte (1978): Einmaleins der Hochschullehre. Praktische Einführung in die Grundlagen und Methoden. München: Kösel Verlag.

Ericsson, Anders K./ Charness, Neil/ Feltovich, Paul/ Hoffman, Robert R. (2006): Cambridge handbook on expertise and expert performance. Cambridge, UK: Cambridge University Press.

Hénard, Fabrice (2010): Learning our lesson: Review of quality teaching in higher education. Paris: OECD Publishing.

Kane, Ruth G./ Sandretto, Susan/ Heath, Chris (2004): An investigation into excellent tertiary teaching: Emphasising reflective practice. In: Higher Education. Volume 47. pp. 283-310.

Menges, Robert J./ Austin, Ann E. (2001): Teaching in higher education. In: Richardson, Virginia (ed.): Handbook of research on teaching. 4th Edition. Washington, DC: American Educational Research Association. pp. 1122-1156.

Postareff, Liisa/ Lindblom-Ylänne, Sari/ Nevgi, Anne (2008): A follow-up study of the effect of pedagogical training on teaching in higher education. In: Higher Education. Volume 56. pp. 29-43.

Seeger, Thomas (1979): Die Delphi-Methode: Expertenbefragung zwischen Prognose und Gruppenmeinungsbildungsprozessen. Freiburg: Hochschul-Verlag.

Simon, Herbert A./Chase, William G. (1973): Skill in chess. In: American Scientist. Volume 61. pp. 394-403.

Weiner, Bernard (1974): Achievement motivation and attribution theory. Morristown, NJ: General Learning Press.

Angelika Thielsch

Come and have a Look inside! – Creating Teaching Portfolios through Collaboration

> Everything that irritates us about others can lead us to an understanding of ourselves.
> *Carl Jung*

Abstract

Teaching portfolios represent an adequate way to document the skills, experiences and effectiveness of a person's teaching. Whereas Anglophone countries have been using teaching portfolios for several decades, this tool is now becoming more and more relevant in the context of European higher education as well. This paper offers an insight into the functions and structure of a teaching portfolio and furthermore introduces a workshop concept which aims at providing faculty with the competencies needed to create their own teaching portfolios. The emphasis here will be placed on the aspect of collaboration in order to demonstrate how this learning setting fosters teachers' ability to reflect on their teaching and why it therefore supports the creation of a comprehensible teaching portfolio.

Introduction

Scientific papers and research projects have long been the one *true currency* in the academic world, whereas the teaching competencies of a person were neither questioned nor valued. During the last few decades – parallel to the nowadays well-known shift from teaching to learning – circumstances have changed. Not only are teachers in higher education trying to respond to the demands of today's degree programmes, but universities in most parts of Europe are also asking them to provide evidence of their didactic abilities. Therefore, faculty on the one hand have to constantly improve and adapt their teaching concepts and on the other need to find a way to document this.

One way professors and lecturers can accomplish both tasks is by creating a teaching portfolio. A *teaching portfolio* is a tool which seeks to uncover and visualise a person's teaching activities by connecting them systematically, by providing information about the individual teaching profile and by expressing how teaching and learning are understood by the author. In other words, "A teaching portfolio […] is a personal record of achievement and professional development that demonstrates level of attainment, scope of experience, range of skills and activity, and/or progression as a university teacher" (Fry et al., 2009: 473). Hence, these portfolios can be used as a tool for teachers to evaluate their own teaching and to give evidence of their competencies in this area. Taking the value of teaching portfolios for granted, the major question is: How can I create one? It is this question this paper seeks to answer. Furthermore, it aims at showing how a particular workshop concept enables teachers to better understand their own teaching and to learn how to write this knowledge down in such a way that anyone can understand it. The core of this workshop concept – which is partly organised as a writing lab – is continuous *collaboration* among the participants.

This paper will start by giving a short introduction to teaching portfolios, their functionality and structure. This will be followed by an insight into the process of creating teaching portfolios and into successful collaborative learning settings. After establishing the theoretical framework, the above mentioned workshop concept will be presented in the scope of a case study, focusing on the benefits of collaboration.

Teaching Portfolios – Functionality

There are many reasons for faculty as higher education professionals as well as for universities as organisations to use teaching portfolios. The following section will provide a summary of the most important reasons.

Teaching portfolios are being used to correct the bias in teaching and research. This bias mainly exists due to the fact that traditionally achievements in research have been documented and recognised whereas accomplishments in teaching have not. The Canadian Association of University Teachers (CAUT) (2006: 5) states:

> Teaching is at disadvantage in the evaluation process. The recording of competence and effectiveness in teaching is more difficult than research. […] Among the many reasons for the failure of the academic to take the initiative in recording evidence of good teaching is lack of knowledge about how or what to record.

Since teaching portfolios offer each faculty member a *framework* that provides them with a systematic guide and grants them the freedom to create a vivid picture of their own individual skills and convictions, it is being used more and more often as a tool to close the gap between teaching and research.

Another closely related reason is that the relevance of teaching has increased during the last few decades, although it is still not valued as highly as research. Universities need skilled and effective teachers in order to be able to compete with other institutions in higher education by creating – or producing – well-educated students in an appropriate period of time. Teaching portfolios in the sense of "[…] a summary of an academic's major teaching accomplishments and strengths" (CAUT, 2006: 2) can be used in making personnel decisions (and already are being used so in most areas of Anglophone countries and recently in parts of Europe as well). They not only document a person's teaching ability, but also give evidence on its effectiveness.

Although both of these functions of teaching portfolios are well worth mentioning, the most important benefit of teaching portfolios – in the context of this paper – is their use as an effective tool for *evaluating one's own teaching* and therefore for further developing one's professional competencies as a university teacher (see Merkt, 2010: 7). Teaching portfolios not only provide information on what and how a person teaches, but they combine multiple perspectives on a person's teaching and thereby constitute an effective way to formatively assess one's professional activities. In this respect, Seldin et al. (2010: 8) point out that it is in the very process of reflecting on their work and creating their collection of documents and materials that professors [*and teachers in general*] are stimulated to reconsider policies and activities, rethink strategies and methodologies, revise priorities, and plan for the future.

Hereby, teachers can rely on the clear structure that teaching portfolios provide; a structure that can easily be compared to academic action itself.

Teaching Portfolios – Structure

The structure of a teaching portfolio comprises four sections as shown in Figure 1. In the first section, teachers *introduce* their teaching reality by giving a short biographical overview of their teaching responsibilities. Teaching here should be understood as "[…] all professional activity that provides direct support for student learning" (Seldin et al., 2010: 5). Therefore, it includes courses as well as supervising student projects and related activities. Furthermore, this introductory part contains the teaching philosophy, which is the core element of each teaching portfolio.

In the *teaching philosophy*, a person explains why he or she teaches in a certain way. In this section the person tries to grasp the inner core of his or her convictions concerning teaching and learning in higher education, most often in direct connection with one specific discipline. The teaching philosophy offers an insight into what a person expects from his or her students as well as from him- or herself, how the person seeks to make new knowledge accessible, and what the biggest influence has been on the person becoming a teacher.

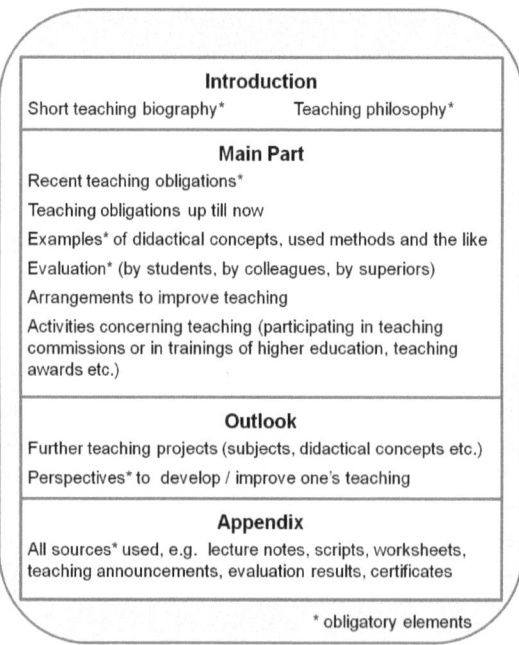

Figure 1: Structure of a teaching portfolio

In sum, "The goal is to bring the teaching philosophy section of the portfolio to life by creating a vivid portrait of a faculty member who is intentional about teaching practices, objectives, values and strategies" (Seldin et al., 2010: 37).

After the introduction, the *main part* of the teaching portfolio presents detailed information about a teacher's subjects, methodologies and feedback as well as his or her further commitment to a discipline and its range of teaching programmes. In this part, faculty can link evidence to specific themes by reflective commentaries and furthermore by "[...] showing how practice has been critically reviewed and developed" (Fry et al., 2009: 473).

At this point, it is worth taking a closer look at the process of reviewing and evaluating a person's teaching. Since "teaching is a highly creative activity [*its*] success can only be shown by a variety of data from a variety of different sources" (CAUT, 2006: 9). Therefore, using standard *evaluation* results isn't sufficient, neither in terms of the teaching process as such nor when seeking to get a better understanding of one's teaching in general. Consequently, evaluation should take place and be presented on different levels: first, based on the teacher's own reflections (What do I want to keep in my teaching? What do I want to change, and why?); and second, based on different outside opinions (e.g. from students, colleagues, and others such as superiors). Regarding the latter, CAUT (2006: 6) explains the benefit of different views. Whereas student opinion provides significant information about teaching and learning in a specific course setting, colleagues can better judge whether a course's content reflects the state of knowledge within a discipline. Critical reflection on these multi-perspective results and the identification of areas in need of improvement can help faculty make specific adjustments to further develop their teaching.

In addition to specific information on a person's actual teaching, the main part of a teaching portfolio provides insights into the different kinds of *activities* faculty do concerning their teaching in general. Whether they have worked on study commissions, have been given a teaching award or have participated in additional higher education training, there are a variety of actions that can be taken to enhance one's competencies as well as the learning environment in the person's discipline. By taking these actions into account and by offering an insight into one's didactical designs as well as their evaluation results, the structure of a teaching portfolio provides each faculty member with an accurate and informative picture of his or her universe of teaching.

The last content-related section of the teaching portfolio, the *outlook*, offers a person the opportunity to present whatever projects and perspectives in teaching he or she has for the future. Finally, no teaching portfolio would be complete without an *appendix*, which provides evidence of the different teaching aspects mentioned above in the form of examples and arguments.

Although it seems that teachers have to deal with a lot of different elements to create a teaching portfolio, not all of them must be part of the currently aspired portfolio. Seldin et al. (2010: 4f.) explain it in the following way: "Selectivity is important because the portfolio should not be considered a huge repository of an indiscriminate documentation. Rather, it should be seen as a judicious, critical, purposeful analysis of performance, evidence and goals." Therefore, the process of creating a teaching portfolio should be examined in more detail in the following.

Creating Teaching Portfolios

Creating a teaching portfolio always includes the process of self-evaluation. Based on this, teachers have the possibility to create a target-oriented portrait of themselves, a self-portrait, to be handed in during applications. In this section, we will take a closer look at this process.

Whether a person wants to produce a teaching portfolio because of an application or whether he or she is intrinsically motivated to evaluate his or her own teaching, one always needs to start by collecting all material related to one's teaching and with formulating one's teaching philosophy. Thus, teachers need to *reflect* on their teaching right from the beginning and start *writing* down the major findings. And since a teaching portfolio should not be too long "[…] but a reasonable amount of pages one could ask someone to read" (CAUT, 2006: 2), it needs to be clearly focused and organised in its argumentation. In this regard, Seldin et al. (2010: 4) offer a guideline by pointing out that "The teaching portfolio is not an exhaustive compilation of all the documents and materials that bear on teaching performance. Instead, it culls from the record selected information on teaching activities and solid evidence of their effectiveness." Comparable with the planning of a scientific paper, the writer first needs to develop a central idea (teaching philosophy). After that, he or she should draw an outline that ensures that the major aspects and questions will be treated (main part), before writing a conclusion and giving an outlook on things to come and questions to answer.

The arguments given as well as the evidence chosen need to be closely related to a central idea in order to create a coherent portfolio; but only for the moment, because the creation of a teaching portfolio is an on-going process. While circumstances, subjects and, of course, experiences change, the focus of a teaching portfolio continues to evolve as well. What was important today may not continue to be so in the months to come. Items that have been intentionally highlighted in one's teaching portfolio may lose their relevance, and the creation process starts anew. Recently, this process has been compared to a hermeneutic circle (see Auferkorte-Michaelis/Szczyrba, 2006: 85). Teachers write down their reflections on teaching, which, after some time, give them further clues to help them understand their teaching and therefore assist them in obtaining a deeper insight into their teaching in subsequent reflective steps (see Figure 2).

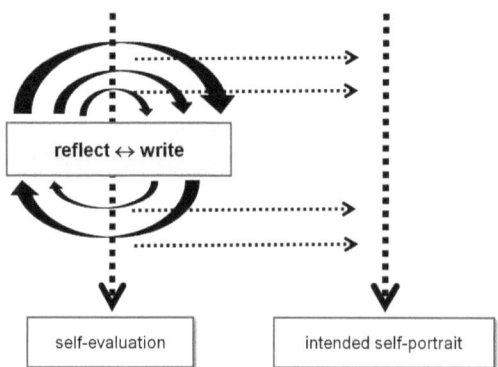

Auferkorte-Michaelis/Szczyrba (2006: 85)

Figure 2: The hermeneutic circle of creation

The results of this hermeneutic circle can be reorganised and recombined whenever needed, whether as a self-evaluation tool or as a way to elucidate one's teaching competencies and commitment to others.

To start entering into such a hermeneutic circle, collaborating with others, for example, in a workshop setting, is a good way. Before taking a closer look at a workshop concept that encourages collaboration during the creation of a teaching portfolio, the importance of collaboration itself should be examined more closely.

The Importance of Collaboration

I would like to begin this section with a basic definition of collaborative learning, which relating to Barkley et al. (2005: 5) "[…] requires students [*or participants in general*] to work together on a common task, sharing information and supporting one another." The authors state that it "[…] is a structured learning activity that addresses major concerns related to improving student learning" (2005: 10). More specifically, there are three different *types of collaborative learning* settings. Sometimes, groups work together collaboratively over a long period of time and thereby form so-called base groups. In contrast to those, informal groups only work together over a relatively short period of time, for instance, as part of a lecture session. The third type is called a *formal collaborative learning group*. It is this type that is used in the workshop concept presented below. Formal groups, according to Barkley et al. (2005: 8),

> […] last from one class period to several weeks, whatever it takes to complete a specific task or assignment. The purpose is to use the group to accomplish shared goals, to capitalise on different talents and knowledge of the group, and to maximise the learning of everyone in the group.

As a result, successful collaborative learning provides *five benefits* that have been labelled as core elements of this kind of learning (cf. Smith, 1996; Johnson et al., 1998; cited in Barkley et al., 2005: 9f.).

The following will focus on two of these elements (see Figure 3), since they are at the core of creating teaching portfolios: First, collaborative learning supports the positive interdependence of the group as a whole, and second, it simultaneously promotes interaction among group members and thereby encourages them to help each other.

Based on these core elements, there are multiple benefits to formal collaborative learning groups, especially in the setting of a teaching portfolio workshop. In the following section of this paper, these benefits will be highlighted by presenting a general introduction to the workshop concept and at the same time focusing on how the formulated learning goals can be achieved (more easily) by enhancing collaboration between the participating teachers.

Successful Collaborative Learning
1. **Positive interdependence** the success of the group is linked to the success of each group member
2. **Promotive interaction** helping each other (with opinions, resources, material etc.) is essential during the whole process
3. **Individual and group accountability** not only has the group to achieve the learning goals but each individual has to contribute his or her share of the work
4. **Development of teamwork skills** its one key competence they need in their later vocational life as well as at the time being to accomplish the task given to their group
5. **Group processing** not only should the students acquire teamwork competence but the meta-cognitive ability to evaluate the group activity
Barkley et al. (2005: 9f.)

Figure 3: Elements of collaborative learning

The Workshop Concept

The workshop concept presented here is composed of two methodological approaches. On the one hand, it is a *workshop* in the usual meaning of the word, which is characterised by the moderated exchange of experiences, the transfer of knowledge and exercises to apply newly gained information. On the other hand, the workshop is organised as a *writing lab*, which features guided writing tasks, the presentation of one's writing in the course and the discussion of alternative text modules (see Auferkorte-Michaelis/Szczyrba, 2006).

Twelve teachers of all disciplines can participate in the two-day workshop, although the organisation of the workshop includes a special feature, since both course days take place at least two weeks apart. The major learning goals of the first day are to get to know the teaching portfolio as a tool for evaluating one's own teaching, its structure and, most importantly, its core element: the teaching philosophy.

After a general introduction to the teaching portfolio, participants work in teams and reflect on their individual *teaching realities*. Together, all teams collect and discuss the variety of aspects a teaching portfolio should be able to present in order to represent each teaching context. This aims at achieving three things: first, it seeks to foster an understanding of one's own situation, so participants can decide more easily which aspects to name or to emphasis in their teaching portfolio and, in so doing, they begin to learn how to grasp their individuality as teachers. Second, it allows participants to generate and apply the framework of a teaching portfolio, both at the same time. Finally, and thirdly, the reflection on one's teaching reality helps teachers to obtain a deeper understanding of how they teach. Thus, it acts as a sequel to the next part of the workshop: the writing lab.

In this section, participants are asked to explore their teaching philosophies. Being such an important element of the teaching portfolio, it is here that teachers get trained to enter into the *circle of reflecting and writing*. Aided by a guideline of different tasks, for example brainstorming, clustering or answering central questions, and a clear timeline, participants start to organise, build and write down a first version of their teaching philosophy. Following this, two teachers pair up and give each other feedback on their respective philosophies. Once again, the task is made clear by a detailed guideline on how to give *feedback* and which aspects the feedback should cover.

Two points are worth emphasising here: the teaching philosophies of each partner have to be read. While questions can, of course, be asked during the process, the person should focus on the written word and its comprehensibility in organising his or her feedback. Moreover, the feedback itself should be written down and handed to the partner afterwards. This ultimately means that the remarks and advice of the one giving feedback take up much more time. To close up this writing lab section, participants once more have sufficient time to edit, reorganise and rewrite their teaching philosophy, first, within the first workshop day and then as an assignment to be completed before day two.

On the first day, the *benefits of collaboration* can mainly be seen in the writing lab. Promotive interaction and positive interdependence, which as we have seen constitute two central elements of successful collaborative learning, apply here and can develop their full potential in this environment. Working collaboratively helps participants to obtain a deeper understanding of the importance of the teaching philosophy and its comprehensive argumentation. What may seem clearly formulated to oneself may not appear so to another. The feedback, given and received, helps teachers to become conscious of this fact. Furthermore, participants can change their views and alter or revise their understanding of their own (professional) role, because of the mixture of self-reflection and the outside view of another participant. In addition, each group member's wide range of experiences and contexts enable the group as a whole to explore the complexity of teaching realities and to identify and highlight those realities that are important and apply to them individually.

The second workshop day once again begins by working on the teaching philosophy. With reference to the hermeneutic circle mentioned above, the learning goals of this section are to further reflect on one's *educational beliefs* and to use the perspectives of others to better understand them. Working in groups of six, a copy of each member's philosophy is read and commented on in writing, which is followed by an open feedback round of the group. Since participants receive feedback from five people this time, the variety of opinions puts the teaching philosophy to the acid test and thus demands that the writer validates his or her argumentation as well as its underlying beliefs.

Provided with an updated understanding of one's own teaching, participants now start to work on the main part as well as the conclusion of the teaching portfolio. In groups of four, they run through various stations relating central points of these two sections, such as one's didactical concepts, the evaluations received, further activities related to one's teaching or the perspectives on projects to come. Each station forces the groups to deal with central questions, which encourages them to work together and to collaboratively start reflecting on one topic. Following this, participants once again enter the writing lab, this time equipped with thoughts and insights on the different areas of their teaching. In the lab, they start to organise and write more parts of their own teaching portfolios and once again receive feedback on them.

The benefits of collaborative work are basically the same as those of workshop day one. Still, working together on the main part of the teaching portfolio offers another benefit. As Seldin et al. (2010: 31) point out, "Collaboration [*here*] ensures a fresh, critical perspective that encourages cohesion between the portfolio and supporting appendix material" by questioning the argumentation within this section. Again, the opinion and feedback of group members are crucial because they help participants to decide on which aspects to include in their teaching portfolio and which ones to exclude.

To sum up, discussing with other teachers on teaching philosophies, didactical settings and the like, as well as reading other teachers' educational beliefs help participants learn how to reorganise and reformulate their own teaching portfolio in a way that it is able to represent themselves as unique teachers. Thus, fostered by collaboration, this personalised product can reach its full potential and participants leave the workshop equipped with the ability to finalise a teaching portfolio on their own.

Conclusion

The aim of this paper has been to provide an insight into teaching portfolios in general and into the process of their creation in particular. Therefore, a workshop concept has been presented, which uses collaboration to foster a person's ability to evaluate his or her own teaching and to put it down in writing in such a way that anyone can understand it. The importance of collaboration cannot be emphasised enough and therefore I would like to refer to Seldin et al. (2010: 5) once more, who provide us with a powerful image regarding the importance of multiple perspectives: The authors compare teaching portfolios with a searchlight, which, in contrast to other forms of evaluation, possesses the ability to disclose "[…] the broad range of teaching skills, abilities, attitudes, philosophies, and methodologies" (ibid., 2010: 5). But it is in collaborative learning settings that a tool such as the teaching portfolio can fully realise its power. Therefore, I would like to end this article by underlining the truth in Carl Jung's (1965: 247) words, given at the beginning of this paper: "Everything that irritates us about others can lead us to an understanding of ourselves." Without collaboration we would hardly be able to gain an understanding that deep.

Bibliography

Auerkorte-Michaelis, Nicole/ Szczyrba, Birgit (2006): Das Lehrportfolio als Reflexionsinstrument zur Professionalisierung der Lehre. In: Wildt, Johannes/ Szczyrba, Birgit/ Wildt, Beatrix (Hrsg.): Consulting, Coaching, Supervision. Eine Einführung in Formate und Verfahren hochschuldidaktischer Beratung. Bielefeld: Bertelsmann. S. 81-91.

Barkley, Elizabeth F./ Cross, K. Patricia/ Major, Claire Howell (2005): Collaborative Learning Techniques. San Francisco: Jossey-Bass.

Canadian Association of University Teachers (CAUT) (2006): CAUT Teaching Dossier. http://www.lufapul.ca/pdf/teaching_dossier_en.pdf [12.01.2012].

Fry, Heather/ Ketteridge, Steve/ Marshall, Stephanie (2009): A Handbook for Teaching and Learning in Higher Education. Enhancing Academic Practice. New York: Routledge.

Jung, Carl G. (1965): Memories, Dreams, Reflections. New York: Random House.

Merkt, Marianne (2010): Das studienbegleitende eLehrportfolio im „Master of Higher Education" – eine Fallstudie. In: MedienPädagogik. Zeitschrift für Theorie und Praxis der Medienbildung. Themenheft 18: Neue Medien und individuelle Leistungsdarstellung – Möglichkeiten und Grenzen von ePortfolios und eAssessments. http://www.medienpaed.com/18/merkt1001.pdf [04.01.2012].

Seldin, Peter/ Miller, J. Elizabeth/ Seldin, Clement A./ McKeachie, Wilbert (2010): The Teaching Portfolio. A Practical Guide to Improved Performance and Promotion/ Tenure Decision. 4th edition. San Francisco: Jossey Bass.

Kristina Neuböck

Kompetenzportfolios für Lehrende: ein Erfahrungsbericht aus der Arbeit mit Sprachenlehrenden

Abstract

Der vorliegende Artikel beschäftigt sich mit der Entwicklung und Umsetzung eines Lehrendenportfolios für Sprachenlehrende an der Karl-Franzens-Universität Graz. Neben der Darstellung des Kompetenzportfolio-Modells der Universität Graz wird erläutert, welche Schwerpunkte bei der Adaptierung eines Studierenden- zu einem Lehrendenportfolio gesetzt wurden. Die festgehaltenen Erfahrungen im Einsatz des verwendeten Modells verdeutlichen die Herausforderungen und den Mehrwert beim Einsatz von Lehrendenportfolios an Hochschulen.

Portfolios für Lehrende: ein theoretischer Überblick

Die meisten Lehrenden verstehen unter dem Begriff Portfolio die Reflexion von Lerninhalten sowie die kritische Auseinandersetzung des persönlichen Entwicklungsprozesses von Studierenden. Doch auch Lehrenden selbst ist es möglich ein Portfolio zu gestalten, das sogenannte Lehr- oder Lehrendenportfolio (vgl. Futter 2009, S. 77). In diesem Prozess reflektieren und beschreiben Lehrende ihre Tätigkeiten und Leistungen im Bereich der Lehre. Lehrportfolios können auch als Qualitätsnachweis eingesetzt werden, mit deren Hilfe Lehrqualitäten dokumentiert und rezipiert werden (vgl. Bräuer 2007, S. 46). Daneben bieten Lehrportfolios die Möglichkeit, als Instrument zur Personalauswahl und -entwicklung verwendet zu werden (vgl. Erler/Gerzer-Saß/Nußhart/Saß 2003, S. 340; vgl. Neuböck 2009, S. 47).

An der Universität Graz hat im Sommer 2010 *treffpunkt sprachen* – Zentrum für Sprache, Plurilingualismus und Fachdidaktik gemeinsam mit der Akademie für Neue Medien und Wissenstransfer im Rahmen eines Pilotprojektes ein sogenanntes „LehrendenKompetenzProfil für Sprachenlehrende" entwickelt. Grundlage dafür war das Kompetenzportfolio-Modell der Akademie für Neue Medien und Wissenstransfer (vgl. Hochsam/Neuböck 2009, S. 102f.). Die Akademie ist ein universitäts- und fakultätsübergreifender Leistungsbereich, der Lehrende und Studierende dazu ermuntert, im Rahmen von Lehr- und Lernprozessen verstärkt neue Medien einzusetzen. Als Serviceangebot bietet die Akademie seit 2008, vorwiegend Studierenden der Universität Graz, die Erstellung eines persönlichen Kompetenzportfolios an. Ziel dieses Angebots ist es, durch strukturierte Selbstreflexion die eigenen Fähigkeiten zu entdecken und persönliche Kompetenzen und ihre Entwicklung in Form eines Kompetenzportfolios zu verschriftlichen. Im Rahmen von Workshops und Einzelbegleitungen wird ein persönlicher Reflexionsprozess angeleitet und die Verschriftlichung des Portfolios schließlich in Heimarbeit durchgeführt (vgl. Portfolioplattform 2011).

Neben diesem Dienstleistungsangebot der Akademie für Neue Medien und Wissenstransfer ist das Modell seit dem Wintersemester 2009 auch im Masterstudiengang Wirtschaftspädagogik curricular verankert (vgl. Stock 2009/10). In einem zweijährigen

Entwicklungsprozess wurde das bestehende Portfolio-Modell auf die Zielgruppe der Lehramtsstudierenden der Wirtschaftspädagogik abgestimmt. Studierende besuchen im Rahmen ihres Masterstudiums insgesamt drei Portfolioeinheiten, jeweils im Abstand von zwei Semestern (vgl. Stock/Riebenbauer 2011, S. 6). Ziel dieser Reflexionsarbeit ist die Bewusstmachung von Lernprozessen, die Sichtbarmachung der eigenen Kompetenzentwicklung und die Förderung der Motivation für die Arbeit am persönlichen Portfolio (vgl. Stock 2009/10, S. 13). In diesem Prozess wird nicht nur auf die Reflexion von Fach- und Methodenkompetenzen großer Wert gelegt, sondern auch sozial-kommunikative und personale Kompetenzen (vgl. Heyse/Erpenbeck 2004, S. XIV) finden in diesem sogenannten „KompetenzEntwicklungsPortfolio für WirtschaftspädagogInnen" Platz. Dieses adaptierte Modell bildet die Grundlage für die Entwicklung des LehrendenKompetenzProfils für Sprachenlehrende. Die umfangreichen Erfahrungen in der Arbeit mit zukünftigen Lehrenden ermöglichte die Erarbeitung eines qualitativen und umfassenden Lehrportfolio-Tools, das Sprachenlehrende im persönlichen Reflexionsprozess unterstützen und die daraus resultierenden Ergebnisse strukturiert darstellt.

Das Kompetenzportfolio-Modell der Universität Graz: Vorgehensweise und Zielsetzungen

Die Grundlage zur Entwicklung eines LehrendenKompetenzProfils für Sprachenlehrende bildete das Kompetenzportfolio-Modell der Universität Graz. Dieses Portfolioinstrument ist ein qualitatives Tool, in dessen Zentrum die Erfassung und die Dokumentation persönlicher Kompetenzen stehen. Viele Kompetenzdefinitionen zielen ausschließlich auf kognitive Aspekte ab und schließen motivationale Gesichtspunkte völlig aus. Das von der Universität Graz entwickelte Modell geht davon aus, dass ein Großteil bestehender Kompetenzverständnisse unzureichend ist. Kompetenzen und Fähigkeiten kommen in Handlungen zum Ausdruck und können durch sie auch weiterentwickelt werden. Diese Erkenntnis ist für die Entwicklung und Weiterentwicklung von Kompetenzportfolios an der Akademie für Neue Medien und Wissenstransfer der Universität Graz ausschlaggebend (vgl. Neuböck 2009, S. 46).

An der Universität Graz stehen zwei Möglichkeiten zur Erstellung des Kompetenzportfolios zur Auswahl: entweder im Rahmen einer circa zweistündigen Einzelbegleitung, die durch einen Portfolio-Coach durchgeführt wird, oder mit Hilfe eines eintägigen Workshops, in dem die Inhalte des Portfolios in Kleingruppen und in Einzelarbeit erarbeitet werden. Der Ablauf des Erstellungsprozesses ist in der Einzelbegleitung und im Workshop ähnlich: im Rahmen des sogenannten Kompetenzgespräches, in dem die Biografie der Portfolio-ErstellerInnen hinsichtlich persönlicher Handlungs- und Kompetenzorientierung aufgearbeitet wird, werden Kompetenzen gesammelt und strukturiert. In Heimarbeit stehen die ErstellerInnen dann vor der Herausforderung, ihre einzelnen Kompetenzen zu definieren sowie ihre Entwicklung schriftlich darzustellen. Der Portfolioansatz der Universität Graz ist ein qualitativer, d.h. Kompetenzen werden im Rahmen eines qualitativen Interviews erfasst. Zudem erfolgt die Auswertung qualitativ, mittels Verschriftlichung von Kompetenzdefinitionen. Dadurch wird es den ErstellerInnen möglich, intensiv über ihr persönliches Kompetenzverständnis nachzudenken und eigenständig strukturierte Selbstreflexion voranzutreiben. Als Unterstützung im persönlichen Reflexionsprozess steht den ErstellerInnen während des gesamten Erstellungsprozesses ein Portfolio-Coach zur Seite, der durch Reflexionsfragen zum Nachdenken anregt und Feedback zum Portfolio-Ergebnis gibt (vgl. Neuböck 2011, S. 19ff.).

Die Adaption des Modells:
Entwicklung eines KompetenzProfils für Lehrende

Die Grundlage zur Adaption des Kompetenzportfolio-Modells an der Universität Graz zu einem Lehrenden-Portfolio stellten, wie bereits beschrieben, die Erfahrungen aus der Arbeit mit Studierenden der Wirtschaftspädagogik dar. Im Rahmen dieses Adaptionsprozesses wurden Kernkompetenzen von Lehrenden ausgearbeitet und die Instrumente des Portfolio-Tools auf die Zielgruppe zukünftiger Lehrender abgestimmt. Im Mittelpunkt des Entwicklungsprozesses von einem Studierenden- zu einem Lehrenden-Portfolio standen die Fragen, über welche Fähigkeiten und Kompetenzen qualifizierte Sprachenlehrende verfügen müssen und in welchen Kompetenz-Bereichen das Zentrum für Sprache, Plurilingualismus und Fachdidaktik Reflexionsprozesse anleiten möchte. Dabei wurden folgende 18 Schlüsselkompetenzen definiert:
- Beherrschung der zu unterrichtenden Fremdsprache
- Unterrichtserfahrung im Sprachunterricht
- Vermittlung von Kursinhalten
- Darlegung von Lehr- und Prüfungszielen
- Durchführung der Leistungsbeurteilung
- Strukturierung von Unterrichtseinheiten
- Einsatz von eLearning und neuen Medien / Methoden im Sprachunterricht
- Durchführung von Evaluierungsmaßnahmen
- Umsetzung aktueller Lehr- und Lernformen
- Förderung der aktiven Teilnahme von KursteilnehmerInnen
- Steigerung der Motivation von Lernenden
- Organisationsfähigkeit
- Zeitmanagement
- Reflexionsbereitschaft
- Belastbarkeit
- Flexibilität
- Teamfähigkeit
- Konfliktfähigkeit

Sowohl der Gesprächsleitfaden zur Durchführung der Kompetenzgespräche als auch die eingesetzte Checkliste zur Reflexion gezielter Schlüsselkompetenzen haben zum Ziel, dass die Portfolio-ErstellerInnen die genannten 18 Kompetenzen reflektieren und diese für sich bewerten. Mit Hilfe des Gesprächsleitfadens wird zusätzlich eine Reflexion zur Motivation für und die Freude an der Lehre angeleitet. Fragen aus dem Gesprächsleitfaden sind beispielsweise folgende:

Wenn Sie Ihre Unterrichtsgestaltung über die letzten Jahre hinweg beobachten: Wie hat sich Ihre Kursgestaltung verändert? Was konnten Sie im Lauf der letzten Jahre verbessern? Welche Erfahrungen konnten Sie machen, damit Sie sich in Bezug auf Unterrichtsplanung und -durchführung weiterentwickeln konnten?

Viele Menschen sehen Ihren Beruf auch als Berufung! Wie stehen Sie dazu? Ist Lehren Ihre Berufung oder sehen Sie diese in einem anderen Beruf? Wenn es Ihre Berufung ist, erzählen Sie warum!

Bereits im Rahmen eines durchgeführten Probeworkshops wurde deutlich, dass sich die Instrumente hervorragend eignen, um Lehrende in diesem Reflexionsprozess zu unterstützen. So meinte eine Lehrende im Anschluss an das Kompetenzgespräch, dass die Fragen hilfreich sind, um Unterrichtseinheiten Revue passieren zu lassen. Der Einsatz der Checkliste erwies sich als sinnvoll, denn damit werden Schlüsselkompetenzen vorgegeben und können eigenständig bewertet werden. Sie dient auch dazu, gesammelte Kompetenzen aus dem Kompetenzgespräch zu ergänzen. Außerdem kann sie als Hilfestellung für die Wahl passender Begrifflichkeiten dienen. Die Lehrenden entscheiden schließlich selbstständig, welche Kompetenzen am besten ihre individuelle Lehrfähigkeit beschreiben. Sowohl die Rückmeldungen der Lehrenden als auch die Ergebnisse des Portfolio-Projektes bestätigen, dass die Modelladaption gelungen ist und dass die einzelnen Instrumente den Lehrenden eine gezielte und individuelle Reflexion über bedeutende Lehrkompetenzen ermöglichen.

Der Aufbau: das LehrendenKompetenzProfil für Sprachenlehrende

Das vom Zentrum für Sprache, Plurilingualismus und Fachdidaktik und der Akademie für Neue Medien und Wissenstransfer der Universität Graz entwickelte LehrendenKompetenzProfil für Sprachenlehrende besteht aus fünf Teilen.

Die Titelseite beinhaltet allgemeine Angaben zur Person, wie Name, Adresse, Geburtsdatum, Staatsbürgerschaft und Familienstand. Weiters sind die akademische Ausbildung sowie berufliche Tätigkeiten am Zentrum für Sprache, Plurilingualismus und Fachdidaktik der Universität Graz und bei anderen Institutionen anzugeben. In beiden Bereichen soll zusätzlich das wöchentliche oder monatliche Ausmaß der Tätigkeiten (in Form von Stundensätzen) angegeben werden. Die Angaben des Stundenausmaßes pro Tätigkeit ist ein wichtiger Selbstreflexionsprozess, der die Lehrenden dabei unterstützen soll, sich das tatsächliche Ausmaß ihrer beruflichen Tätigkeiten vor Augen zu führen.

Der erste inhaltliche Teil des LehrendenKompetenzProfils besteht aus mehreren Tabellen, in denen man bisherige Aus- und Weiterbildungen sowie berufliche Tätigkeiten inklusive Publikationen und Referenzprojekten auflistet. Dieser Teil kann als ausführlicher Lebenslauf verstanden werden, in dem zu jeder bisherigen Tätigkeit erworbene Kernkompetenzen aufgelistet und Nachweise in Form von Referenzen (wie zum Beispiel Zeugnisse) erbracht werden. Dieser Teil bietet der/dem LeserIn eine Übersicht über biografische Daten der/des Portfolio-ErstellerIn, wobei als Zusatzinformation zu jeder beruflichen Station und Ausbildung auch erworbene Kompetenzen zugeordnet werden. Dadurch erhält diese lebenslaufähnliche Tabelle eine bessere Aussagekraft als konventionelle Lebensläufe. Durch die Erstellung einer derartigen Tabelle werden bisherige Aus- und Weiterbildungen sowie durchgeführte Projekte geordnet und es wird gezielt über den individuellen Wissens- und Kompetenzerwerb nachgedacht. So meinte eine Lehrende für Deutsch als Fremdsprache nach Abschluss des Erstellungsprozesses: „Ich habe ungemein profitiert.

Und mit der Erstellung des Portfolios auch endlich Ordnung in meine Zettelwirtschaft gebracht."

Den zweiten Teil des LehrendenKompetenzProfils stellt ein schriftlicher Reflexionsteil dar, der „Persönliches Tätigkeitsporträt" genannt wird. Die Aufgabe der Lehrenden besteht darin, in Form eines Erzähltextes die Themen „Mein Weg ins Berufsleben …", „Das macht mich aus als Lehrende/r …"; „Meine Erfahrungen und Kompetenzen …" sowie „So stelle ich mir meine Zukunft vor …" schriftlich zu reflektieren. Die Grundlage dieses Textes wird im Rahmen des Kompetenzgespräches gelegt. Hier werden diese Punkte in Kleingruppen besprochen und Anregungen zur Reflexion gegeben. Der Text soll der/dem Lehrenden ermöglichen, die gedankliche und mündliche Reflexion aus dem Workshop weiter voranzutreiben und diese schriftlich festzuhalten. Dieses Verschriftlichung veranlasst die Lehrenden noch einmal zur genauen Rückschau und zur umfassenden Beschäftigung mit der eigenen Lehre. Zudem ist es notwendig, persönliche Gedanken zu ordnen und diese „fertig zu denken". Grundsätzlich gilt: Was man zu Papier bringt, muss wohlüberlegt sein und kann kaum noch verändert werden. Die schriftliche Reflexionsform kann daher auch als Königsdisziplin der Reflexion verstanden werden. Für die/den LeserIn ist das „Persönliche Tätigkeitsporträt" ein Ausflug in die Erfahrungen und Werte der/s Portfolio-ErstellerIn. Durch das Porträt kann die Lehrenden-Persönlichkeit sehr gut wahrgenommen werden, da einerseits die Motivation für den Lehrberuf deutlich wird, andererseits aber auch Erfahrungen und Kompetenzen dargestellt werden. Dies belegt ein kurzer Ausschnitt aus dem Tätigkeitsporträt einer Lehrenden (vgl. Demoportfolio für LehrendenKompetenzProfile von *treffpunkt sprachen* und der Akademie für Neue Medien und Wissenstransfer):

> Was mich als Lehrende ausmacht, ist die Begeisterung für mein Fach, wobei es mir immer wieder gelingt, diese auf meine KursteilnehmerInnen zu übertragen. Mich selbst und andere zu motivieren, ist mir ein Leichtes, wobei die Motivation meiner Lernenden wahrscheinlich mit einem anderen Charakteristikum meines Unterrichts zusammenhängt, nämlich der Auffassung von Unterricht als „sozialem Ereignis". Die Interaktion zwischen den Lernenden untereinander und mit mir liegt mir sehr am Herzen, weshalb ich immer für ein angenehmes Gruppen- und Lernklima sowie für offene, angstfreie Kommunikation Sorge trage. Durch diesen „Beziehungsaufbau" erlebe ich mehr „commitment" der Lernenden, was letztendlich nur ihrem eigenen Lernerfolg zugutekommt.

Im dritten Teil des LehrendenKompetenzProfils werden persönliche Kernkompetenzen fokussiert. Die Portfolio-ErstellerInnen beschäftigen sich mit den individuellen Definitionen und der Entwicklungsdokumentation ihrer einzelnen Kompetenzen. Ein Beispiel für eine gelungene Kompetenzdefinition im Rahmen des „Persönlichen Kompetenzprofils" ist die folgende (vgl. Demoportfolio für LehrendenKompetenzProfile von *treffpunkt sprachen* und der Akademie für Neue Medien und Wissenstransfer):

> Einsatz von eLearning und neuen Medien: Schon als Geschäftsführerin der tele@ cademy im Jahr 2002 war ich für das mediendidaktische Konzept der eLearning-Komponente zuständig. Als es noch keine deutschsprachige Literatur zu E-Learning gab, habe ich damals englische Bücher zum Thema gelesen. Ohne neue Medien zu unterrichten, wäre für mich ein Unterrichten an der Zielgruppe vorbei. Eine große Hilfe waren und sind in diesem Zusammenhang meine Weiterbildungen

zum Thema und die grundsätzliche Bereitschaft, Dinge am Computer ohne Scheu auszuprobieren, wie zuletzt Moodle.

Im Rahmen des Kompetenz-Profils werden vier Kompetenzkategorien unterschieden: Fachkompetenzen, Methodenkompetenzen, sozial-kommunikative sowie personale Kompetenzen. Festzuhalten ist, dass im LehrendenKompetenzProfil sämtliche Kategorien mit Kompetenzen gefüllt werden, die im Lehrberuf eingesetzt werden. So kann es beispielsweise charakteristisch für eine/n Lehrende/n sein, kreativ zu sein, was durch folgende Kompetenzbeschreibung deutlich wird (vgl. Demoportfolio für LehrendenKompetenzProfile von *treffpunkt sprachen* und der Akademie für Neue Medien und Wissenstransfer):

> Sehr oft kommt es vor, dass ich tolle Unterrichtsaktivitäten träume und in der Früh schnell aufschreiben muss, um sie nicht zu vergessen. Schon als Kind habe ich Lehrerin gespielt, was meine Phantasie stets beflügelte. Jedes Semester probiere ich neue Aktivitäten im Kursgeschehen aus, verwerfe oder reaktiviere Altbewährtes.

Es zeigte sich, dass für die meisten Portfolio-ErstellerInnen die Verschriftlichung von Reflexionsprozessen sowohl im Rahmen des Tätigkeitsporträts als auch im Rahmen des persönlichen Kompetenzprofils eine große Herausforderung darstellt. Das schriftliche Festhalten eigener Gedanken ist beschwerlich, besonders für Personen, die Schwierigkeiten in der schriftlichen Darstellung eigener Gedanken und Gefühle haben. Verschriftlichung bedarf persönlicher Anstrengung und ist überdies mit einem nicht zu unterschätzenden Zeitaufwand verbunden. Das folgende schriftliche Feedback einer Teilnehmerin legt dar, wie schwierig es selbst für Lehrende ist, Stärken schriftlich festzuhalten (persönliche Aufzeichnung aus der Nachbetreuungsphase):

> … lange nun werke ich schon an dem Kompetenzprofil herum und bin erst mittelmäßig zufrieden, ich bitte dich um ehrliche und „schonungslose" Kritik … V.a. bei der Ausarbeitung der einzelnen Kompetenzen ging es mir gar nicht sonderlich gut.

Zudem wird deutlich, dass Reflexion nicht nur individuelle Stärken bewusst macht. Im Reflexionsprozess muss man auch über persönliche Schwächen nachdenken und erkennen, dass es Dinge gibt, die in der Vergangenheit weniger positiv verlaufen sind. Viele Portfolio-ErstellerInnen waren nach der Verschriftlichung ihres Portfolios derselben Meinung, wie eine Lehrende, die nach der Erstellung ihres LehrendenKompetenzProfils Folgendes festhielt (persönliche Aufzeichnung aus der Nachbetreuungsphase):

> Die genaue Reflexion der einzelnen Kompetenzdefinitionen und die Darstellung der Kompetenzentwicklung macht einem erst bewusst, was die einzelnen Kompetenzen für einen selbst bedeuten. Es wird einem besser bewusst, wie man in gewissen Situationen agiert und welche Fähigkeiten wann zum Tragen kommen.

Der vierte Teil des LehrendenKompetenzProfils stellt das Sprachenprofil dar. Mithilfe des Europäischen Referenzrahmens des Europarates für Sprachen können die Lehrenden ihre Fremdsprachenkenntnisse in den Bereichen Hören, Lesen, an Gesprächen teilnehmen, zusammenhängend Sprechen und Schreiben von A1 bis C2 angeben (vgl. Niveaus des Europäischen Referenzrahmen des Europarates).

Abschließend wird im fünften und letzten Teil des LehrendenKompetenzProfils ein persönlicher Aktionsplan erstellt. In diesem Bereich können berufliche und private Ziele formuliert sowie Strategien zur Zielerreichung und ein dazugehöriger Zeitplan erstellt werden. Für das LehrendenKompetenzProfil wurden vom Zentrum für Sprache, Plurilingualismus und Fachdidaktik diverse Ziele und Vorhaben formuliert, mit denen man zielgerichtet individuelle Interessen und Bedürfnisse von Lehrenden abfragen konnte.

Die Portfolio-Erstellung: der Workshopablauf

Um ein LehrendenKompetenzProfil für Sprachenlehrende am Zentrum für Sprache, Plurilingualismus und Fachdidaktik erstellen zu können, muss zu Beginn des Erstellungsprozesses ein eintägiger Workshop besucht werden. Bei der Konzeption des LehrendenKompetenzProfils entschied man sich für die Durchführung von Workshops, da diese im Vergleich zu Einzelbegleitungen die kostengünstigere Variante darstellen. Zudem bieten Workshops den Vorteil, dass sich Portfolio-ErstellerInnen in der Gruppe austauschen können und Feedback von anderen TeilnehmerInnen erhalten. Beides ist im Rahmen von Einzelbegleitungen nicht möglich.

Zu Beginn des Workshops wird den Lehrenden theoretisches Wissen über die Sinnhaftigkeit und die Ziele von Portfolioarbeit vermittelt. Im Anschluss an den kurzen theoretischen Input wird vom Portfolio-Coach das sogenannte Kompetenzgespräch zur Sammlung persönlicher Kompetenzen vorgestellt. Dazu wird eine kurze Sequenz dieses Gesprächs mit einer/m TeilnehmerIn in einem interview-ähnlichen Setting vor der Gruppe präsentiert. Im Anschluss werden in Kleingruppen die einzelnen Kompetenzgespräche mit Hilfe eines Frageleitfadens durchgeführt. Dabei werden der/dem Lehrenden Reflexionsfragen zu persönlichen Aus- und Weiterbildungen, zur persönlichen Unterrichtsvorbereitung und -gestaltung und zur Motivation, die jede/r Einzelne für den Lehrberuf mitbringt, gestellt. Jede/r Lehrende wird einmal zur/m Befragte/en und einmal zur/m InterviewerIn. Die Gespräche bieten für die/den Befragten Hilfestellung in der persönlichen Selbstreflexion, Gedanken mündlich auszudrücken und die Möglichkeit, Feedback zur persönlichen Selbsteinschätzung zu erhalten. Zudem ist es notwendig, bereits automatisierte Abläufe explizit auszudrücken. Dadurch wird es möglich, sich individuelles Wissen und Fähigkeit bewusst zu machen.

Die durchgeführten Workshops zeigten, dass diese Gespräche von den TeilnehmerInnen sehr geschätzt werden. Einerseits weil sie als Erfahrungsaustausch fungieren, von dem jede/r Einzelne für ihre/seine persönliche Lehre profitieren kann. Andererseits wird deutlich, dass die persönliche Selbstreflexion Stärken bewusst macht und das Feedback von KollegInnen zusätzlich zur Steigerung des Selbstbewusstseins beiträgt. Am Ende des Kompetenzgespräches verfügt jede/r Lehrende über eine Liste von persönlichen Kompetenzen.

Findet im Rahmen des Kompetenzgespräches die erste persönliche Kompetenzsammlung statt, wird im Anschluss, ganz im Sinne von „collect – [structure] – select – reflect – connect" (vgl. Stock 2009/10, S. 13), die Kompetenzliste mit Hilfe der vier vorher genannten Kompetenzbereiche strukturiert. Nachdem man das Sammeln und Strukturieren von Kompetenzen abgeschlossen hat, beides Aufgabenstellungen, die interaktiv in der Kleingruppe bearbeitet werden, wird am Workshop-Nachmittag über individuelle Kompetenzen reflektiert. Die Lehrenden müssen sich im Rahmen dieser Aufgabe die Frage stellen, welche fünf Kompetenzen sie als Lehrende/r am besten beschreiben. Im nächsten Schritt müssen dann für jede der fünf Kompetenzen in schriftlicher Form folgende Fragen beantwortet werden:

- Finden Sie für diese Kompetenz eine persönliche Definition, d.h. was bedeutet diese Kompetenz für Sie?
- Wie konnten Sie diese Kompetenz erwerben bzw. wie konnten Sie diese Kompetenz in den letzten Jahren ausbauen?
- Wie zeigt sich diese Kompetenz aktuell in Ihrer Lehre?

Durch die Beantwortung dieser drei Fragestellungen wird die zentrale Basis für das Kompetenzprofil geschaffen, in dem als Leitsatz gilt: „WAS wurde WO erlernt und WIE umgesetzt?" Die Fragestellungen ermöglichen es, passende Kompetenzdefinitionen zu finden und die Entwicklungsdokumentation jeder einzelnen Kompetenz treffend darzustellen. Der Schritt von einer umfangreichen Kompetenzsammlung aus dem Kompetenzgespräch hin zur Definition von Kompetenzen ist in vielen Fällen eine Herausforderung. Meist wird dadurch deutlich, dass ein Großteil der zugeschriebenen Kompetenzen nicht definierbar ist und sehr oft auch keine Entwicklungsdokumentation festgehalten werden kann. Diese „natürliche Auslese" unterstreicht die Bedeutung schriftlicher, strukturierter Reflexion und stellt ein Qualitätsmerkmal erfolgreicher Portfolioarbeit dar.

Im Anschluss an diese Aufgabenstellung wird im Rahmen des Workshops eine Check-Liste bearbeitet, die Schlüsselkompetenzen von Lehrenden auflistet. Die genannten Kompetenzen müssen von jeder/m Lehrenden aufgrund ihrer persönlichen Ausprägung auf einer Skala von eins (schwach ausgeprägt) bis sechs (sehr stark ausgeprägt) bewertet werden.

Im Anschluss werden alle Kompetenzen die größer-gleich drei beurteilt werden, definiert und der jeweils individuelle Bezug zur Lehre schriftlich erfasst. Die Workshops zeigten, dass es für die Lehrenden sehr schwierig war, diese Reflexionen durchzuführen. Viele äußerten den Wunsch, den eintägigen Workshop auf zwei Tage aufzuteilen, da die Arbeit am eigenen KompetenzProfil für viele Lehrende als sehr anstrengend empfunden wurde. Die Sinnhaftigkeit dieser Übung wurde jedoch von niemandem bestritten. Ganz im Gegenteil: Mehrfach wurde festgehalten, dass die exakte Definition des eigenen Könnens und die Reflexion über den Erwerb und den aktuellen Anwendungsbereich von Kompetenzen eine hilfreiche und sinnvolle Betätigung für die persönliche Weiterentwicklung darstellt. Darüber hinaus zeigte sich, dass diese Übung für die Weiterarbeit am Portfolio in Heimarbeit sehr wichtig ist, denn sie stellt die Basis für eine eigenständige schriftliche Kompetenz-Reflexion dar.

Den Abschluss des Workshops bildet die Erläuterung zum Aufbau und zur Verschriftlichung des Portfolios. Neben den Erläuterungen wird auch eine Feedback-Runde zur Sinnhaftigkeit von Lehrportfolios und von Workshops zur Portfolio-Erstellung durchgeführt.

Die Erfahrungen mit der Workshop-Durchführung

Bei den Workshops erwies sich der Einstieg als sehr schwierig. Mehrere TeilnehmerInnen waren nicht nur über den zeitlichen Umfang des Workshops, sondern auch über das erforderliche Arbeitspensum zur Erstellung des schriftlichen Portfolios verwundert. Dieses

Problem ist vor allem aufgrund der teilweise verpflichtenden Teilnahme am Lehrenden-KompetenzProfil-Projekt des Zentrums für Sprache, Plurilingualismus und Fachdidaktik entstanden. Manche Lehrende brachte die Erstellung des persönlichen LehrendenKompetenzProfils in zeitliche Bedrängnis. Andere wiederum hatten negative Erfahrungen mit dem Begriff „Portfolio" oder glaubten, Portfolios seien eine „neue Art" von Lebenslauf oder von Bewerbungsunterlagen, dessen Nutzen für sie als Erwerbstätige nicht nachvollziehbar war. Einem Teil dieser sehr skeptischen TeilnehmerInnen konnte durch die Sichtbarmachung des Mehrwertes von strukturierter mündlicher und schriftlicher Selbstreflexion die Sinnhaftigkeit des LehrendenKompetenzProfils verdeutlicht werden. Andere wiederum blieben zweifelnd, ließen sich jedoch auf das „Abenteuer Selbstreflexion" ein. Allgemeine Bedenken zur Portfolioarbeit und zum Portfoliomodell wurden spätestens nach Abschluss des Kompetenzgespräches völlig aus dem Weg geräumt. Das Kompetenzgespräch erwies sich als Tool, das positive Stimmung unter den Portfolio-ErstellerInnen auslöste. Die TeilnehmerInnen konnten sich interaktiv und ungestört über persönliche Erfahrungen austauschen und dadurch Kraft für die eigene Lehre schöpfen. Viele Lehrende erkannten in der aktiven Phase des Workshops, dass sie viele wertvolle Fähigkeiten in ihre Lehre integrieren. Zudem wurde Einigen zum ersten Mal bewusst, dass sie selbstständige Strategien in der Lehre entwickelt haben, die in dieser Form einzigartig sind. Der Austausch über persönliche Lehrtätigkeiten während des Kompetenzgespräches hat dazu geführt, dass die Lehrenden nicht nur ihre persönlichen Kompetenzen und Stärken besser kennen lernten, sondern auch voneinander lernten. Nach dem Workshop gab eine Lehrende folgende mündliche Rückmeldung (persönliche Aufzeichnung aus der Workshopdurchführung):

> Der Workshop war ein guter Einstieg, um seine persönliche Lehrtätigkeit zu reflektieren. Außerdem empfand ich den Austausch zwischen den Lehrenden sehr bereichernd. Im Alltag findet man viel zu wenig Zeit für diese Dinge.

Die Feedbacks der TeilnehmerInnen am Ende bestätigten, dass die Kombination aus mündlicher und schriftlicher Selbstreflexion einen wertvollen Mehrwert in der Weiterentwicklung und Verbesserung der persönlichen Lehrfähigkeit darstellt. Nur eine Teilnehmerin hat bereits nach der einstündigen Einführungsphase den Workshop verlassen. Diese Lehrende meinte, dass es für sie unzumutbar sei, ein Dokument in diesem Umfang über sich selbst zu verfassen. Die Gründe dafür sind unklar: fehlende Deutschkenntnisse oder aber kulturelle Gründe, die das Festhalten von persönlichen Kompetenzen nicht zuließen. So gab beispielsweise eine Teilnehmerin aus Japan zu bedenken, dass das Hervorheben eigener Stärken und Fähigkeiten in ihrer Kultur negativ bewertet wird. Sie selbst könne zwar damit umgehen, in ihrer Heimat wäre aber die Arbeit an einem persönlichen Kompetenzportfolio undenkbar.

Fazit: Herausforderungen in der Umsetzung eines Lehrendenportfolios

Abschließend muss festgehalten werden, dass die Erstellung von Lehrendenportfolios sehr zeitintensiv ist. Neben der Präsenzphase im Rahmen des Workshops erfordert besonders die Heimarbeit zur Fertigstellung des Kompetenzportfolios an der Universität Graz viel

Zeit und Motivation für Selbstreflexion. Diese Motivation ist vielfach gerade von Berufstätigen nur sehr schwer aufzubringen, vor allem wenn ein unmittelbarer Nutzen für die Lehrenden nicht erkennbar ist. Rückmeldungen ergaben, dass zusätzlich zum achtstündigen Workshop ein Zeitaufwand von durchschnittlich 16 Stunden notwendig ist, um sein persönliches Lehrportfolio zu vervollständigen. So schreibt eine Lehrende für Deutsch als Fremdsprache beispielsweise: „Noch einmal vielen Dank für dein Seminar und deine Hilfe, es war/ist zwar ein bisschen hart, sich dazuzusetzen, aber auf jeden Fall sehr sinnvoll und hilfreich." Der Portfolio-Coach steht somit vor der Herausforderung, im Rahmen des Workshops Überzeugungsarbeit zu leisten und den Portfolio-ErstellerInnen den Mehrwert, den eine bewusste Selbstreflexion bietet, zu vermitteln. Wenn der Portfolio-Coach es schafft, Freude an schriftlicher Reflexion bei den TeilnehmerInnen auszulösen sowie den Nutzen einer selbstkritischen Auseinandersetzung mit der beruflichen Tätigkeit darzulegen, stellt die Fertigstellung des Portfolios keine lästige Pflicht, sondern ein persönliches Erlebnis dar. Die Portfolio-ErstellerInnen erlangen im Prozess Klarheit über die eigene Lehrenden-Persönlichkeit und erkennen Stärken und Schwächen ihrer Lehrpraxis. Zusätzlich werden sie mit einem gestärkten Selbstbewusstsein belohnt. Der Workshop ist der erste Schritt in diese Richtung, die Verschriftlichung in Heimarbeit verstärkt diesen Effekt. Am Ende des Prozesses hält die/der ErstellerIn ein Dokument in Händen, das die persönlichen Lehrkompetenzen dokumentiert und welches Lehrende bei ihrer/seiner zielgerichteten Kompetenzentwicklung unterstützt. Es hat sich gezeigt, dass die Entwicklung von Visionen und Strategien zur Zielerreichung durch das schriftliche Festhalten persönlicher Handlungs- und Kompetenzorientierung zielgerichteter erfolgen kann. Die Selbstreflexion darf jedoch mit der erstmaligen Erstellung des Lehrendenportfolios nicht enden. Das Portfolio soll ein Instrument sein, das im persönlichen Entwicklungsprozess begleitet und die Kompetenzentwicklung vorantreibt. Basis dafür ist die Bereitschaft der Lehrenden, an der Weiterentwicklung ihrer persönlichen Lehrfähigkeit zu arbeiten.

Lassen sich die ErstellerInnen für die schriftliche Fertigstellung des Portfolios jedoch nicht motivieren, ermöglicht der Workshop zumindest die Sicht auf die persönliche Lehrfähigkeit zu verändern. Im Austausch mit KollegInnen und mit Hilfe der ersten Verschriftlichung von Kompetenzen wird ein Einstieg in strukturierte Selbstreflexion angeleitet und das Erkennen des persönlichen Kompetenzspektrums ermöglicht. Der Workshop bietet daher eine gute Anleitung für gedankliche Selbstreflexion, die am Beginn jedes Entwicklungsprozesses steht.

Zusammenfassend kann festgehalten werden, dass der Erstellungsprozess von Lehrportfolios ein wichtiger Schritt zur Weiterentwicklung und Verbesserung der Lehrkompetenzen darstellt. Der zeitliche Aufwand für Lehrende ist jedoch nicht zu unterschätzen. In vielen Fällen scheitert es an der intrinsischen Motivation zur (schriftlichen) Reflexion. Daher ist es empfehlenswert, ein Anreizsystem zu schaffen, dass es Lehrenden ermöglicht, sich auf das Abenteuer der schriftlichen Reflexion einzulassen. Der persönliche Mehrwert der Portfolioarbeit wird leider sehr oft erst am Ende des Erstellungsprozesses erkannt, denn in den meisten Fällen bedarf es auch einer schriftlichen Reflexion, um den vollen Umfang des persönlichen Kompetenzspektrums erkennen zu können.

Bibliografie

Bräuer, Gerd (2007): Portfolios in der Lehrerausbildung als Grundlage für eine neue Lernkultur in der Schule. In: Gläser-Zikuda, Michalea (Hg.): Lernprozesse dokumentieren, reflektieren und beurteilen: Lerntagebuch und Portfolio in Bildungsforschung und Bildungspraxis. Bad Heilbrunn: Klinkhardt. S. 45-62.

Erler, Wolfgang/ Gerzer-Saß, Annemarie/ Nußhart, Christine/ Saß, Jürgen (2003): Die Kompetenzbilanz – Ein Instrument zur Selbsteinschätzung und beruflichen Entwicklung. In: Erpenbeck, John/ von Rosenstiel, Lutz (Hg.): Handbuch Kompetenzmessung. Erkennen, verstehen und bewerten von Kompetenzen in der betrieblichen, pädagogischen und psychologischen Praxis. Stuttgart: Schäffer-Poeschel Verlag. S. 339-352.

Futter, Kathrin (2009): Das Lehrportfolio als Dokumentationsmöglichkeit und Qualitätsnachweis in Hochschulen. In: Beiträge zur Lehrerbildung 27 (1). 2009. S. 74-80. http://www.bzl-online.ch/archiv/heft/2009/1/74 [6.12.2011].

Heyse, Volker/ Erpenbeck, John (2004): Kompetenztraining. 64 Informations- und Trainingsprogramme. Stuttgart: Schäffer-Poeschel Verlag.

Hochsam, Jürgen/ Neuböck, Kristina (2009): Kompetenzportfolios für lebensbegleitendes Lernen. In: Görsdorf, Elisabeth/ Bruder, Regina/ Sonnberger, Julia (Hg.): Qualitätsentwicklung in der Lehre mit neuen Medien. Graz: Grazer Universitätsverlag. S. 101-109.

Karl-Franzens-Universität Graz – Institut für Wirtschaftspädagogik (2011): Studierst du noch – oder reflektierst du schon? ePortfolio: Informationen rund um das ePortfolio als Reflexions-Instrument und Begleitung für lebenslanges Lernen. Informationsbroschüre.

Neuböck, Kristina (2009): Kompetenzen systematisch erfassen und weiterentwickeln. In: wissensmanagement – Das Magazin für Führungskräfte. 4/2009. S. 46-47.

Neuböck, Kristina (2011): Kompetenzportfolios als Instrument erfolgreicher Karriereplanung. In: career service papers. csp 9. Jahrgang. Berlin: W. Bertelsmann Verlag. S. 18-23.

Portfolioplattform (2011): Kompetenzportfolio-Plattform der Universität Graz. http://portfolio.uni-graz.at [6.12.2011].

Stock, Michaela (2009/10): Kompetenzorientierung: ePortfolio-Begleitung im neuen Masterstudiengang Wirtschaftspädagogik. In: Wissensplus – Österreichische Zeitschrift für Berufsbildung. Sonderausgabe Wissenschaft: Wirtschaftspädagogik im Spannungsfeld zwischen internationaler Sichtbarkeit und regionaler Anwendung. Jahrgang 5. Wien: Manz Verlag. S. 12-15.

Stock, Michaela/ Riebenbauer, Elisabeth (2011): Uni-Abschluss! Was nun? Übergang zwischen Universität und Arbeitswelt im Kontext der Kompetenzentwicklung und des lebenslangen Lernens unterstützt durch ePortfolio-Arbeit. In: Berufs- und Wirtschaftspaedagogik Online. http://www.bwpat.de/ht2011/kv/stock_riebenbauer_kv-ht2011.pdf [3.5.2012].

Anhang

Das Demoportfolio für LehrendenKompetenzProfile von *treffpunkt sprachen* und der Akademie für Neue Medien und Wissenstransfer der Universität Graz wurde von einer Lehrenden von *treffpunkt sprachen* im Rahmen der Entwicklung eines LehrendenKompetenzprofils von *treffpunkt sprachen* und der Akademie für Neue Medien und Wissenstransfer der Universität Graz erstellt. Das Dokument entstand in mehreren Schritten: Die Lehrende besuchte einen eintägigen Workshop, in dem sie durch mündliche und erste schriftliche Reflexion die Basisinhalte ihres LehrendenKompetenzProfils erarbeitete. Im Anschluss erstellte sie in Heimarbeit eine erste Version ihres KompetenzProfils. Der Portfolio-Coach gab der Lehrenden ein schriftliches Feedback, das neben Gestaltungstipps vor allem Reflexionsfragen zur weiteren Selbstreflexion enthielt. Im Anschluss wurde das Profil noch einmal überarbeitet und schließlich in der vorliegenden Form fertig gestellt. Beim Demoportfolio für LehrendenKompetenzProfile handelt es sich um eine anonymisierte Form des erstellten KompetenzProfils. Die Erstellerin zeigte sich mit der Verwendung ihres KompetenzProfils als Demoportfolio einverstanden.

LehrendenKompetenzProfil

Kompetenzportfolio

treffpunkt sprachen – Zentrum für Sprache, Plurilingualismus und Kompetenzforschung in Kooperation mit der Akademie für Neue Medien und Wissenstransfer

1. Angaben zur Person

Nachname	Musterfrau
Vorname(n)	Laura
Titel	Mag.
Straße	Musterstraße 33
Postleitzahl, Ort	8000 Musterstadt
Telefonnummer	0664 XXXXX
E-Mail	Laura.musterfrau@uni-graz.at
Geburtsdatum	09.09.19XX
Geburtsort	Musterstadt
Geschlecht	weiblich
Familienstand	ledig
Staatsbürgerschaft	Österreich

2. Ausbildung und berufliche Tätigkeiten

a) abgeschlossene Aus- und Weiterbildungen (Zu Weiterbildungen siehe Tabelle)

Diplomstudium Germanistik und Romanistik/Italienisch
Universitätslehrgang Internationales Projektmanagement
Universitätslehrgang Deutsch als Fremdsprache (07/1998)

b) Tätigkeiten bei *treffpunkt sprachen*

WS 2010/11 Deutsch als Fremdsprache, Kurs: Deutsch Mittelstufe 3, B2/1.Phase, 2 SWS
seit WS 2003/04 Allgemeinsprachliche Kurse auf den Niveaus A2, B2, C1 Kurs „Vortragen und Präsentieren" Kurs „Österreichisches Deutsch" Kurs „Deutsch Mittelstufe B2" im Rahmen des Sommerkurses „Sprache, Kultur, Literatur" Intensivkurse im Februar und September auf Niveau B2 und C1 Prüfungsabnahme für das Österreichische Sprachdiplom Deutsch

c) Andere berufliche Tätigkeiten

ITAT: Muttersprache und Kultur (2 SWS) und Kommunikationsmanagement (2 SWS)
FH Joanneum Kapfenberg: DaF Grundstufe 1, A1/1 (2 SWS) und Grundstufe 2, A1/2 (2 SWS), Studienbefähigungslehrgang Deutsch (2 SWS)
Montanuniversität Leoben: DaF Grundstufe 1, A1/1 (4 SWS) und Grundstufe 3, A2/1 (4 SWS)

I. Aus- und Weiterbildungen, berufliche und andere Tätigkeiten, die für meine Kompetenzentwicklung von Bedeutung waren oder sind:

Ausbildung

Zeitraum	Ausbildung	Zentrale Fähigkeiten und Kenntnisse die dabei erworben wurden oder zum Tragen gekommen sind	Referenz/ Nachweis
1992–1998	Diplomstudium Germanistik und Romanistik/Italienisch, Uni Graz	Zeiteinteilung, Selbstdisziplin, Eigenverantwortung, Durchhaltevermögen, wissenschaftliches Arbeiten	Sponsionsbescheid
1985-1990	Bundeshandelsakademie Bruck an der Mur	Maschineschreiben, wirtschaftliches Denken, Durchsetzungsvermögen als Klassensprecherin und Schülerzeitungsredakteurin, Texte verfassen und lektorieren	Maturazeugnis

Weiterbildung

Zeitraum	Weiterbildung	Zentrale Fähigkeiten und Kenntnisse die dabei erworben wurden oder zum Tragen gekommen sind	Referenz/ Nachweis
Lehrgänge			
06/2002	WIFI-Lehrgang für PR und Öffentlichkeitsarbeit	Schreibkompetenz, Vermarktungsstrategien	Zertifikat
1999–2000	Universitätslehrgang ‚Internationales Projektmanagement' am Institut für Internationales Management, Uni Graz	Teamfähigkeit, Organisationsfähigkeit	Zertifikat
1997–1998	Universitätslehrgang ‚Deutsch als Fremdsprache' am Institut für Germanistik, Uni Graz	Sprachvermittlungskompetenz, interkulturelle Fähigkeiten, Sprachbeherrschung	Zertifikat
1992–1998	Fächerkombination, ‚Bühne, Film und andere Medien' mit Spanisch, Uni Graz	Vernetztes Denken in interdisziplinären Zusammenhängen	Zertifikat
1998-1999	WIFI-Lehrbeauftragten-Diplom für die berufliche Erwachsenenbildung	Wissensvermittlung und Lehrfähigkeit	Zertifikat
PrüferInnenzertifizierung			
06/2010	Zertifizierung zur Integrationsprüferin, Österreichischer Integrationsfonds	Einfühlungsvermögen, interkulturelle Kompetenz, Beurteilungs- und Bewertungskompetenz	Bescheinigung
03/2007	Ausbildung zur Prüferin des Österreichischen Sprachdiploms Deutsch B2, C1 (ÖSD)	Beurteilungs- und Bewertungskompetenz	Bescheinigung
02/2004	PrüferInnen-Schulung für das Österreichische Sprachdiplom (ÖSD)	Beurteilungs- und Bewertungskompetenz	Bescheinigung

eLearning			
09/2010	Moodle Einschulung, FH Joanneum	Medienkompetenz	Frau Regina Lind, FH Joanneum
06/2010	Moodle Einschulung, KFU	Medienkompetenz	TN-Bestätigung
10/2008	Wiki, Podcast, Blog und Co., FH Joanneum Graz	Medienkompetenz	TN-Bestätigung
05/2007	Blogs, Podcasts, YouTube, ... im Sprachunterricht, ISZ	Medienkompetenz	TN-Bestätigung
03/2007	Lehren und Lernen mit dem Online-Sprachlernportal. Fremdsprachenlehre und Neue Medien, KFU	Medienkompetenz	TN-Bestätigung
11/1998	Multimedia-Schulung für WIFI-Lehrbeauftragte	Medienkompetenz, EDV-Kenntnisse	TN-Bestätigung
Interkulturalität			
01/2010	Multilingualism, culture and identity, ITAT	Interkulturelle Kompetenz	ITAT-KollegInnen
01/2009	Interkulturelles Lernen durch Erfahrung und Selbstreflexion im Rahmen von internationalen Austauschprogrammen: Workshop für TrainerInnen, EFSZ Graz	Interkulturelle Kompetenz, Selbsterfahrung und Selbstreflexionsfähigkeit	TN-Bestätigung
05/2007	Interkulturelles Verstehen und Interagieren, KFU	Interkulturelle Kompetenz, Selbsterfahrung und Selbstreflexionsfähigkeit	TN-Bestätigung
08/1997	DaF in der Erwachsenenbildung – eine europäische Perspektive: Sprache, Kultur und Kommunikation, VHS und International Certificate Conference	Interkulturelle Kompetenz, Kritikfähigkeit, im Team Materialien erarbeiten	TN-Bestätigung
Kreativität			
03/2010	Kreativität als sprachdidaktisches Prinzip?! Sprachlerninhalte kreativ gestalten und präsentieren. KFU	Kreative Unterrichts- und Materialiengestaltung	TN-Bestätigung
06/2005	Kreativität im Sprachunterricht, KFU	Kreative Unterrichts- und Materialiengestaltung	TN-Bestätigung
07/1996	Kreative Ideen für den Fremdsprachenunterricht, VHS	Kreative Unterrichts- und Materialiengestaltung	TN-Bestätigung
01/1999	Lieder und Musik im Fremdsprachenunterricht, WIFI	Mut und Fantasie zum Einsatz von Liedern im Unterricht	TN-Bestätigung
07/1998	Spiele im Fremdsprachenunterricht, VHS	Mut und Fantasie zum Einsatz von Spielen im Unterricht	TN-Bestätigung

Lehrendenpersönlichkeit			
05/2009	Ressourcengestütztes Lehren im universitären Umfeld, KFU	Selbstreflexionsfähigkeit, Zeitmanagement	TN-Bestätigung
11/2008	Die Lehrendenpersönlichkeit in Lernprozessen: eine Potentialanalyse, KFU	Selbstreflexionsfähigkeit, Kritikfähigkeit	TN-Bestätigung
06/2007	Train the Trainer Workshop für KinderUni Lehrende, KFU	Selbstreflexionsfähigkeit, Empathischer Umgang mit Kindern, altersgerechtes Unterrichten	TN-Bestätigung
03/2006	Trainer Training Guide. A practical guide for novice trainers, EFSZ	Selbstreflexionsfähigkeit, Kritikfähigkeit	TN-Bestätigung
09/2004	Professional Language Teaching or/and Teaching Professional Language, EFSZ	Selbstreflexionsfähigkeit, Kritikfähigkeit, Methodenvielfalt	TN-Bestätigung
03/2004	Effizientes Zeitmanagement, Renner Institut	Kompetenter Umgang mit der Ressource *Zeit*	TN-Bestätigung
02/2004	Lehrendenpersönlichkeit – Ressourcen für Lehrende, KFU	Selbstreflexionsfähigkeit, Kritikfähigkeit, Zeitmanagement	TN-Bestätigung
07/2003	Stressmanagement, Akademikerbildung Stmk	Kompetenter Umgang mit Belastungen	TN-Bestätigung
07/2003	Potenzialanalyse, Akademikerbildung Stmk	Selbsterfahrung	TN-Bestätigung
07/2001	Assessmentcenter-Training, Business Frauen Center Graz	Belastbarkeit in Stresssituationen, Selbstmarketing	TN-Bestätigung
03/2001	Selbst-Coaching, Business Frauen Center Graz	Selbsterfahrung, Selbstwertgefühl	TN-Bestätigung
Rhetorik, Präsentation, Stimme			
12/2008	Atem- und Sprechtechnik, KFU	Schonender Umgang mit der Ressource *Stimme*	TN-Bestätigung
02/2008	Rhetorik und Präsentation, Uni for Life	(Selbst-)Präsentationskompetenz	TN-Bestätigung
07/2003	Stimm- und Sprechtechnik, Akademikerbildung Stmk	Schonender Umgang mit der Ressource *Stimme*	TN-Bestätigung
07/2003	Stil und Präsentation, Akademikerbildung Stmk	Schonender Umgang mit der Ressource *Stimme*	TN-Bestätigung
04/2002	Stimme – Grundkurs, VFS Graz	Schonender Umgang mit der Ressource *Stimme*	TN-Bestätigung
11/1998	Rhetorik- und Kommunikationstraining, VHS	(Selbst-)Präsentationskompetenz	TN-Bestätigung

Umgang mit Sprachlerngruppen, Interaktion		
05/2010	Cornelsen Sprachentag Graz. Motivation und Teilnehmerbindung – Fremde Sprache, fremdes Land – Aspectos socioculturales – L'interazione del gruppo come metodo didattico – successful communication in class	Gruppendynamische Prozesse verstehen und lenken	TN-Bestätigung
05/2008	Cooperative Learning im Fremdsprachenunterricht, KFU	Kooperatives Lernen fördern und fordern	TN-Bestätigung
06/2007	Interne Weiterbildung „Umgang mit heterogenen Lerngruppen", KFU	Strategien zum Umgang mit heterogenen Lerngruppen	TN-Bestätigung
06/2007	Umgang mit heterogenen Lerngruppen, KFU	Strategien zum Umgang mit heterogenen Lerngruppen	TN-Bestätigung
11/2006	Interne Weiterbildung: Mündliche Interaktionsübungen, KFU	Strategien zur Förderung der mündlichen Interaktion	TN-Bestätigung
11/2006	Pragmatik lehren und lernen: Kann sozial angemessener Sprachgebrauch im Unterricht erfolgreich vermittelt werden? KFU	Erkennen der Bedeutung handlungsorientierten Sprachunterrichts und Förderung eines solchen	TN-Bestätigung
11/2006	Gendersensible Hochschuldidaktik, KFU	Bewusstsein und bewusster Umgang mit Gender im Unterricht	TN-Bestätigung
03/2006	Konfliktmanagement im Fremdsprachenunterricht, KFU	Professioneller Umgang mit Konfliktsituationen im Unterricht	TN-Bestätigung
03/2004	Gruppen- und Teammanagement, Renner Institut	Professionelles Leiten und Führen von Lerngruppen	TN-Bestätigung
11/2003	Praxis der Interaktion im Sprachunterricht, KFU	Strategien zur Förderung der mündlichen Interaktion	TN-Bestätigung
04/1998	Arbeit mit Gruppen: Anfangen, VHS	Wissen um die Bedeutung von Anfangssituationen im (Sprach-) Unterricht	TN-Bestätigung
12/1997	Was mich beim Spracherwerb bewegt, VHS	Wissen um die Bedeutung persönlicher Betroffenheit beim Sprachlehren und -lernen	TN-Bestätigung
11/1995	Didaktik in der Erwachsenenbildung, VHS	Alters- und zielgruppenspezifisches Unterrichten	TN-Bestätigung
11/1995	Didaktik in der Erwachsenenbildung: Umgang mit Konflikten, VHS	Professioneller Umgang mit Konfliktsituationen im Unterricht	TN-Bestätigung

Verschiedene Themen			
10/2010	Grundlegende Methoden des empirischen Forschens	Wissen über methodische Instrumente der empirischen Sprachdidaktikforschung	TN-Bestätigung
04/2007	Lernertypengerechtes Vokabellernen und -lehren, KFU	Erkennungs- und Empathiefähigkeit hinsichtlich unterschiedlicher Lerntypen	TN-Bestätigung
04/2007	Europäisches Sprachenportfolio – Praxisbeispiele für Sprachlehrende, EFSZ Graz	Design und Erstellung eines Sprachenportfolios	TN-Bestätigung
10/2004	Tipps und Tricks für LehrerInnen – Umgang mit authentischem Material, ISZ	Methoden des Einsatzes authentischen Materials im Unterricht	TN-Bestätigung
09/2002	Intensivtraining neue Rechtschreibung und moderne Korrespondenz, ÖAF	Neue Rechtschreibregeln verstehen, anwenden und lehren	TN-Bestätigung
04/1999	EU-Stipendium zum Corpuslinguistik-Seminar 'How to Use Corpora in Language Work', bei Prof. John Sinclair, Tuscan Word Centre, Pescia/Italien	Bedeutung und Einsatz von Corpuslinguistik	TN-Bestätigung
01/1999	Aufbauseminar für Sprachkursleiter, WIFI	Umgang mit Sprachlerngruppen	TN-Bestätigung
11/1998	Suggestopädie und Superlearning, VHS	Einsatz alternativer Methoden im Sprachunterricht	TN-Bestätigung
09/1998	Fachliche Weiterbildung für WIFI-SprachtrainerInnen	Umgang mit Sprachlerngruppen	TN-Bestätigung

Berufliche Tätigkeiten

a) Lehrtätigkeit

Zeitraum	Lehrtätigkeit	Zentrale Fähigkeiten und Kenntnisse die dabei erworben wurden oder zum Tragen gekommen sind	Referenz/ Nachweis
treffpunkt sprachen			
seit WS 2003/04	DaF-Kurse A2, B2, C1	Unterrichtserfahrung, Kursgestaltung	Arbeitsvertrag
07/2008 und 07/2009	Deutsch Mittelstufe B2 im Rahmen des Sommerkurses „Sprache, Kultur, Literatur"	Interkulturelle Kompetenz, Führung heterogener Gruppen	Arbeitsvertrag
WS 2004/05 – WS 2006/07	Vortragen und Präsentieren, B2	(Selbst-)Präsentationskompetenz, Medienkompetenz	Arbeitsvertrag
WS 2003/04	Österreichisches Deutsch	Diplomarbeit zum „Österreichisches Deutsch" verfasst und Verfechterin des ÖDt. der ersten Stunde	Arbeitsvertrag
WS 2003/04	Textwerkstatt B2	Schreibkompetenz, kreativer Umgang mit verschiedenen Textsorten	Arbeitsvertrag

Institut für Translationswissenschaft			
seit WS 2004/05	Deutsch: Muttersprache und Kultur	Sprachbeherrschung und kulturelles Wissen, Unterrichtserfahrung	Arbeitsvertrag
seit WS 2008/09	Deutsch: Kommunikationsmanagement	Konzeption einer gänzlich neuen Lehrveranstaltung (zusammen mit KollegInnen)	Arbeitsvertrag
WS 2003/04 – WS 2009/10	Deutsch: Sprache und Kultur, B2	Sprachbeherrschung und kulturelles Wissen, interkulturelle Sensibilität, Unterrichtserfahrung	Arbeitsvertrag
WS 2003/04 – SS 2005	Wissenschaftliches Schreiben	Schreibkompetenz, Spezifika wissenschaftlichen Schreibens, Angst vorm Schreiben nehmen	Arbeitsvertrag
Montanuniversität Leoben			
seit SS 2010	DaF-Kurse A1 und A2	Sprachbeherrschung und kulturelles Wissen, interkulturelle Sensibilität, Unterrichtserfahrung	Arbeitsvertrag
FH Joanneum Graz und Kapfenberg			
seit SS 2010	DaF-Kurse A1, A2, B2	Unterrichtserfahrung, Kursgestaltung, Sprachberrschung, (inter-)kulturelle Kompetenz	Arbeitsvertrag
seit WS 2010/11	Deutsch-Studienbefähigungslehrgang	Unterrichtserfahrung, Sprachbeherrschung, Freude am Vermitteln und Menschen Befähigen	Arbeitsvertrag
KFU Graz			
07/2008	„Herbstschule": Sprachperfektion schriftl. und mündlich für albanische Postgraduierte, KFU	Unterrichtserfahrung, Sprachberrschung, (inter-)kulturelle Kompetenz, durch partnerschaftlichen Umgang mit Lernenden Angst vorm Sprechen nehmen	Prof. Portmann, Institut für Germanistik
10/2006	„Herbstschule": Weiterbildung für albanische Postgraduierte aus Shkodra. „Vortragen, Präsentieren, Argumentieren", KFU	(Selbst-)Präsentationskompetenz, Medienkompetenz	Prof. Portmann, Institut für Germanistik
09/2004	Projektmanagement, KFU Personalentwicklung	Einbringen persönlicher, beruflicher Praxiserfahrung kombiniert mit Fachwissen durch IPM-Lehrgang	Werkvertrag
03/2004 03/2003 04/2002	Veranstaltungsmanagement, KFU Personalentwicklung, gemeinsam mit Brigitte Korman, Wirtschaftsabteilung KFU	Einbringen persönlicher, beruflicher Praxiserfahrung durch Veranstaltungsmanagement an der TU Graz	Werkvertrag
ideum Judenburg (Institut für Deutsch und mehr)			
07/2008	Unterrichtsbeobachtung, Sprachstandserhebung und –analyse	Unterrichtserfahrung, schnelle Einarbeitung in neue Themen (Lernbereitschaft), ÖSD-Prüferinnenerfahrung	Werkvertrag

07/2007	Trainerin und Betreuerin für Abschlussarbeiten im Rahmen des DaF-Univer-sitätslehrganges für die Module: Methodentrai-ning, Sprache und Spre-chen, Evaluieren	Unterrichtserfahrung, Führung von Gruppen, Freude am Struktur-Geben	Werkvertrag
02/2007	Wirtschaftsdeutsch, Firmenseminar für die Firma Kika-Leiner	durch HAK- und IPM-Lehrgangser-fahrung wirtschaftliches Verständnis	Werkvertrag
WIFI Graz, Weiz, Niklasdorf			
09/2007-06/2008	Deutsch Berufsmatura-Vorbereitungslehrgang WIFI Graz und Weiz	Unterrichtserfahrung, Sprachbeherr-schung, Freude am Vermitteln und Menschen Befähigen	Werkvertrag
1995-2000	Kurse für Maschine-schreiben, Italienisch, Spanisch am WIFI Ni-klasdorf	schnelle Einarbeitung in neue Themen (Lernbereitschaft), HAK-Erfahrung	Werkvertrag
VHS Bruck an der Mur und Leoben			
07/2010	DaF-Vorbereitungskurs für die Integrationsprü-fung des Österreichi-scher Integrationsfonds, VHS Leoben	Freude am Vermitteln und Menschen Befähigen, Sprachbeherrschung und kulturelles Wissen, interkulturelle Sensibilität, Unterrichtserfahrung	Werkvertrag
1993-1997	Italienischkurse, VHS Bruck	erste Unterrichtserfahrungen	Werkvertrag
Verschiedene Institutionen			
03/2004 und 01/2004	Projektmanagement, Akademikerbildung Stmk	Einbringen persönlicher, beruflicher Praxiserfahrung kombiniert mit Fach-wissen durch IPM-Lehrgang	Werkvertrag
08/1999	Trainerin für DaF im Rahmen der ÖAD-Som-merkurse Graz	erste DaF-Unterrichtserfahrung	Werkvertrag

b) Vorträge & Präsentationen

Zeitraum	Vorträge & Präsentati-onen	Zentrale Fähigkeiten und Kenntnisse die dabei erworben oder zum Tra-gen gekommen sind	Referenz/ Nachweis
09/2007 und 05/2008	Italienisch-Schnupper-Workshop für Kinder (KinderUni Graz)	Flexibilität, Einstellen auf Zielgruppe (Alter, Interessen, Konzentrationsfä-higkeit), Disziplinieren	Frau Eberle-Här-tel, KFU Graz
2007	Seminar-Bericht im Rahmen der Internen Weiterbildung, Lernerty-pengerechtes Vokabel-lernen und -lehren, KFU	Präsentationskompetenz	Frau Dr. Isabel Landsiedler
09/2006	SummerCampus Uni Graz für MaturantInnen Italienisch-Schnupper-vorlesung	Flexibilität, Einstellen auf Zielgruppe (Alter, Interessen), Lust auf Sprache vermitteln	SummerCam-pus-Organisato-rInnen

08/2005	Österreich-Album. Eigen- und Fremdperspektive. Ein interkulturelles Projekt zur Stärkung der Alteritätskompetenz. XIII. Internat. Deutschlehrerlnnentagung (IDT)	Zusammen mit Eveline Schwarz und Gudrun Götz (ITAT). Teamfähigkeit, Konzeption, Organisationsfähigkeit	Tagungsband
11/2005	Interne Weiterbildungsreihe für Lehrende bei *treffpunkt sprachen*	Präsentationsfähigkeit	KollegInnen
04/2004	Seminar-Berichte (Grilz und Dorfer) und Kreative Ideen und Musik und Lieder im Sprachunterricht	Zusammen mit Mag. Andrea Kraus. Teamfähigkeit, Präsentationsfähigkeit	KollegInnen
03/2004	Interne Weiterbildungsreihe für Lehrende bei *treffpunkt sprachen*	Präsentationsfähigkeit	KollegInnen
07/1998	Vortrag ‚Österreichisches Deutsch – Deutsch als plurizentrische Sprache' für ausländische DaF-Lehrende (Seminar ‚Allgemeine Landeskunde Österreichs', Unterrichtsministerium)	Präsentationsfähigkeit, Fachwissen über und Begeisterung für das Österreichische Deutsch, Einstellen auf Zielgruppe	Bestätigung

c) Referenzprojekte

Zeitraum	Referenzprojekte	Zentrale Fähigkeiten und Kenntnisse die dabei erworben wurden oder zum Tragen gekommen sind
seit 2009	Arbeitsgruppenmitglied für translationsrelevante Sprachdidaktik, ITAT	Teamfähigkeit, Durchhaltevermögen, Motivationsfähigkeit, Lernbereitschaft
03/2008	Erstellung von online Methodenbeschreibungen für DaF, Niveau A2-B2	Disziplin, Methodenkompetenz durch Unterrichtserfahrung
2006	Konzeptionelle Mitarbeit in der Arbeitsgruppe „e-learning und kommunikatives Testen", *treffpunkt sprachen*	Teamfähigkeit, Kompetenz im Umgang mit neuen Medien, Freude am fairen Prüfen und Testen
2006	Koordinatorin für DaF (Organisation von Treffen, Erstellung von Tätigkeitsberichten mit den Themen: Coaching, Hospitationskriterien (Beobachtungsleitfaden), Auswahlkriterien neuer Lehrender, Innovationen etc.)	Teamfähigkeit, Organisationsfähigkeit, Durchhaltevermögen, Disziplin

08/2006	Erstellung von ECTS-Tuning-Formularen zur Planung und Vergleichbarkeit von Kursen und Lehrveranstaltungen (für 3 DaF-Kurse, Niveau B2)	Disziplin; Fähigkeit, den Arbeitsaufwand abzuschätzen durch Unterrichtserfahrung
03 – 07/2005	Österreich-Album 1945 – 2005 Ein interkulturelles Projekt zur Stärkung der Alteritätskompetenz, ITAT	Teamfähigkeit, Konzeption, Organisationsfähigkeit, Eigen- und Fremdmotivation
07/2004	Erstellung von online-LAMM-Übungen für DaF, Niveau C1	Disziplin, Kompetenz im Umgang mit neuen Medien
1999	Abschluss-Projektarbeit DaF-Lehrgang: Geschlechtsspezifisches Verhalten. Eine empirische Untersuchung am Vorstudienlehrgang der KFU Graz.	Einfühlungsvermögen bei Beobachtung und Interviewführung, Teamarbeit, wissenschaftliches Arbeiten
1998-1999	EU-Projektmitarbeiterin zu Computerlinguistik am Institut für Germanistik/Uni Graz zur Erstellung eines EU-weiten multilingualen elektronischen Wörterbuches	Sprachbeherrschung, Disziplin, Genauigkeit, Umgang mit EDV

d) Publikationen

Zeitraum	Publikationen	Zentrale Fähigkeiten und Kenntnisse die dabei erworben wurden oder zum Tragen gekommen sind
02/2011	Lernen und Persönlichkeitsentwicklung. „Ich fühle, dass dieses Semester eine der schönsten und wichtigsten Zeiten meines Lebens ist." Über Identitätsbildungsprozesse bei Austauschstudierenden. (in einem Sammelband, wird 02/2011 erscheinen)	Genauigkeit, Lern- und Leistungsbereitschaft, wissenschaftliches Arbeiten
2011	Geplante Publikation über die Lehrveranstaltung „Kommunikationsmanagement" am ITAT (in einem Sammelband)	

e) Andere (berufliche) Tätigkeiten

Zeitraum	Tätigkeit	Zentrale Fähigkeiten und Kenntnisse die dabei erworben wurden oder zum Tragen gekommen sind	Referenz/ Nachweis
11/2003 – 2005	Mentorin im Rahmen des Cross-Mentoring-Projekts der Akademikerbildung Steiermark – Bildungscenter Graz, BIC	Empathiefähigkeit, Freude am Befähigen von Menschen, Kontakt- und Beziehungsfähigkeit	Frau Bettina Stein-Smola, BIC
05/2003 – 09/2003	Freie Mitarbeiterin beim IFA-Institut für Arbeitsmarktbetreuung und -forschung Steiermark	Disziplin, Pünktlichkeit, Genauigkeit	IFA-Geschäftsführung

11/2002 – 05/2003	Projektmanagement beim SÖB-Verband Sozialökonomischer Betriebe	Projektmanagement- und Organisationskompetenz	Arbeitsvertrag
04/2002 – 11/2002	Assistentin der Geschäftsführung bei der Grazer Energieagentur GmbH	Organisationskompetenz	Arbeitsvertrag
08/1998 – 04/2002	Veranstaltungs- und Projektmanagement an der Fakultät für Elektrotechnik und Informationstechnik der TU Graz	Projektmanagement- und Organisationskompetenz, Veranstaltungsmanagementkompetenz	Arbeitsvertrag
2002	geschäftsführende Gesellschafterin der ‚tele@cademy – teletraining Dienstleistungsges.m.b.H'	Initiative, Begeisterungsfähigkeit, Risikobereitschaft	Firmenbucheintragung
2002	Gründung, Aufbau und Vorstandsmitglied des IPM-Clubs – Verein zur Förderung der internationalen Projektmanagementkultur, Institut für Internationales Management, Uni Graz	Initiative, Begeisterungsfähigkeit, Eigen- und Fremdmotivationskompetenz	Vereinsregister
2002	Konzeption und Aufbau eines Mentoring-Projekts der Akademikerbildung Steiermark; TU Graz, AMS und Bildungscenter Graz	Organisationsfähigkeit, Projektmanagementkompetenz, Kreativität	Frau Bettina Stein-Smola, BIC
1995 – 1997	freie Mitarbeiterin bei der Kleinen Zeitung in Leoben	Lernbereitschaft, Kontakt- und Beziehungsfähigkeit, Kommunikations- und Schreibkompetenz, Empathiefähigkeit bei Interviews	Frau Andrea Seebacher, Kleine Zeitung Leoben

II. Persönliches Tätigkeitsporträt

Meinen Weg ins Berufsleben hatte ich im Grunde bereits als Volksschulkind definiert, indem ich damals immer sagte, meine Arbeit müsse einmal unbedingt mit lesen und schreiben zu tun haben. Mit großer Begeisterung habe ich außerdem meine ganze Kindheit lang Lehrerin gespielt. Vor einer fiktiven Klasse in meinem Kinderzimmer stehend habe ich Deutsch unterrichtet, Hausübungen eingesammelt und Zeugnisse verteilt. Noch heute besitze ich meine „Klassenbücher" von damals, mit allen möglichen Eintragungen bei den einzelnen fiktiven SchülerInnen. Schon im ersten Semester meines Studiums habe ich dann begonnen, an der Volkshochschule in meiner Heimatstadt Bruck an der Mur Italienisch zu unterrichten, bald darauf auch am WIFI in Niklasdorf. Zusätzlich zu diesen ersten, sehr frühen Erfahrungen in der Erwachsenenbildung habe ich vom ersten bis zu meinem letzten Studiensemester in einem Nachhilfe-Institut in Bruck Einzel- und Gruppenunterricht in Deutsch und Italienisch gegeben. Diese jahrelange, studienbegleitende Unterrichtstätigkeit hat mir wichtige Erkenntnisse gebracht. Zum einen, dass mir Unterricht mit Erwachsenen mehr liegt als mit Kindern und Jugendlichen, und zum anderen, dass es mir leicht fällt, komplexe Sachverhalte gut zu proportionieren und verständlich aufzubereiten. In meinen „Lehr- und Wanderjahren", also in der Zeit während und kurz nach meinem Studium, habe ich alles Mögliche unterrichtet und gemerkt, dass ich generell das Talent dazu habe, Dinge zu vermitteln, also zu „unterrichten", sei das Deutsch, Italienisch, Spanisch, Englisch, Rechtschreiben, Maschineschreiben, Projektmanagement oder Veranstaltungsmanagement. Es war und ist eine wunderbare Erfahrung, zu wissen, dass ich Inhalte, die ich mir irgendwann einmal selbst erarbeitet habe, weitergeben kann und darf und mit diesem Wissen und der Wissensvermittlung meinen Lebensunterhalt verdiene. Eigentlich ist mein Hobby mein Beruf. Seit dem Wintersemester 2003/04 unterrichte ich an der Karl-Franzens-Universität Graz Deutsch. Bürojobs, die ich davor gemacht habe, haben mir Organisations- und Veranstaltungsmanagement-Kompetenzen gebracht, mich aber nicht erfüllt. Meine jetzige Arbeit als Deutschlehrerin bringt mir große Erfüllung, auch die Einschränkung auf Deutsch, da von allen Fächern, die ich unterrichtet habe, meine tatsächliche Leidenschaft der deutschen Sprache und Kultur gilt.

Was mich als Lehrende ausmacht, ist die Begeisterung für mein Fach, wobei es mir immer wieder gelingt, diese auf meine KursteilnehmerInnen zu übertragen. Mich selbst und andere zu motivieren, ist mir ein Leichtes, wobei die Motivation meiner Lernenden wahrscheinlich mit einem anderen Charakteristikum meines Unterrichts zusammenhängt, nämlich der Auffassung von Unterricht als „sozialem Ereignis". Die Interaktion zwischen den Lernenden untereinander und mit mir liegt mir sehr am Herzen, weshalb ich immer für ein angenehmes Gruppen- und Lernklima sowie für offene, angstfreie Kommunikation Sorge trage. Durch diesen „Beziehungsaufbau" erlebe ich mehr „commitment" der Lernenden, was letztendlich nur ihrem eigenen Lernerfolg zugutekommt. Was meinen Unterricht ausmacht, ist bestimmt meine sichtliche Freude daran, Menschen etwas beizubringen, sie zu befähigen, mit ihnen in Verbindung zu treten und Verbindungen unter ihnen herzustellen. Ich bin sehr geduldig und empathisch mit den Lernenden, gestalte meinen Unterricht ebenso abwechslungsreich und humorvoll wie didaktisch durchdacht und strukturiert. Ich gestalte gerne schöne Unterrichtsmaterialien, erstelle mit großer Freude Prüfungen und Tests, liebe die aufgeregt-angespannte Atmosphäre in Prüfungssituationen und eile, nachdem ich Tests geschrieben habe, immer nach Hause, weil ich es gar nicht mehr erwarten kann, diese zu korrigieren und die Leistung meiner Lernenden zu benoten. Die Anforderungen und Prüfungsziele sind immer transparent, wenn auch hoch. Mein Credo lautet: Hart, aber herzlich.

Meine berufliche Zukunft stelle ich mir weiterhin im universitären Kontext vor, wobei mich die junge Forschungsdisziplin „study abroad research" sehr fasziniert und ich stärker auch in Richtung wissenschaftlich arbeiten und publizieren gehen möchte. An „study abroad research" finde ich spannend, dass der Blick auf die besondere Situation gelenkt wird, in der sich Studierende während eines Auslandsaufenthalts im Rahmen ihres Studiums befinden. Diese ist völlig anders als die Situation einheimischer Studierender, für die Land, Kultur, Sprache und das österreichische Universitätssystem etwas Selbstverständliches darstellen.

Gerade bei *treffpunkt sprachen* gäbe es jedes Semester die Gelegenheit, mit Austauschstudierenden die unterschiedlichsten Aspekte eines Auslandssemesters in Verbindung mit Sprachunterricht zu untersuchen. Forschen und publizieren ist also meine erste Priorität, an zweiter Stelle liegt ein verstärktes Vermitteln von Unterrichtskompetenzen für (angehende) Sprachenlehrende, was ich im Rahmen der DaF-Lehrenden-Ausbildung bereits gemacht habe, und wo mir auch die Betreuung von Projekt- und Abschlussarbeiten viel Freude bereitet hat

III. Persönliches Kompetenzprofil

Ausprägung: 1 = ausgeprägt/zutreffend, 4 = stark ausgeprägt/sehr zutreffend

Fachkompetenzen:

1. Unterrichtserfahrung im Sprachunterricht
Vor Gruppen zu stehen, habe ich im Rahmen von Italienisch-Volkshochschulkursen bereits als Erstsemestrige / Studienanfängerin gelernt. Diese wertvollen Erfahrungen haben mir im Laufe der Jahre große Sicherheit im Umgang mit Lernendengruppen gebracht. Zusätzlich zur praktischen Erfahrung habe ich zahlreiche Weiterbildungsseminare besucht und lese in meiner Freizeit begeistert Fachliteratur zu den Themen *Lehren, Lernen, Hochschuldidaktik und Interkulturalität*.

eher stark   eher stark

☐   ☐   ☐   ☒

2. Beherrschung der zu unterrichtenden Sprache (Deutsch)
Ich habe Germanistik studiert, den DaF-Universitätslehrgang und das WIFI-Lehrbeauftragten-Diplom für die berufliche Erwachsenenbildung gemacht. Auf Grund der jahrelangen Unterrichtserfahrung und mich fordernder Fragen mancher DaF-Lernender verfüge ich über große Sicherheit in deutscher Grammatik und Rechtschreibung, halte mich aber auch stets mit Neuerscheinungen am Buchmarkt am Laufenden.

eher stark   eher stark

☐   ☐   ☐   ☒

3. Präsentation und Vermittlung von Kursinhalten
Mein Anliegen ist es stets, auch komplexe Lerninhalte verständlich aufzubereiten und gut proportioniert darzubringen. Dabei sind mir auch Übersicht, Transparenz und Struktur wichtig. Die Lernenden sollen nicht gegen Kursende überrascht sein, was da plötzlich noch an Grammatik oder Themen auf sie zukommt, sondern von Anfang an über die Kursinhalte Bescheid wissen. Mit einem detaillierten Kursprogramm und abwechslungsreichen Präsentationsmethoden setze ich diese Kompetenz um.

eher stark   eher stark

☐   ☐   ☐   ☒

4. Strukturierung von Unterrichtseinheiten
Eine festgelegte Struktur der einzelnen Unterrichtseinheiten habe ich nur durch die jahrelange Unterrichtserfahrung gelernt. Anfangs habe ich von Stunde zu Stunde geplant, was allerdings viel Mühe bedeutet. Jetzt mache ich mir diese Mühe vor Kursbeginn und bin davon überzeugt, dass meine Kurse didaktisch durchdachter sind auf vorgeschriebene Lernziele durch teils minutiöse Planung viel besser eingehen. Nur durch die Sicht auf den Kurs als Ganzes ist es mir möglich, für die Lernenden einen „roten Faden" erkennbar zu machen.

eher stark   eher stark

☐   ☐   ☒   ☐

5. Durchführung einer angemessenen Leistungsbeurteilung

Mein Credo lautet: Hart, aber herzlich. Wichtig ist mir, die Kursanforderungen und meine Beurteilungskriterien von Anfang an transparent zu machen. Dies habe ich erst im Laufe der Zeit gelernt – auch durch das Einfordern einer solchen Transparenz durch Vorgesetzte, aber auch durch danach verlangende Studierende. Ich scheue mich nicht mehr vor mündlichen Prüfungen, ganz im Gegenteil, sie sind für mich eine Möglichkeit, in intensiven Kontakt und sehr offene Gespräche mit den Lernenden zu kommen. Faire, valide Tests zu erstellen, macht mir große Freude, ebenso die Prüfungsatmosphäre wie das Korrigieren und Benoten.

eher stark   eher stark

☐   ☐   ☐   ☒

Methodenkompetenzen:

1. Förderung der aktiven Teilnahme der KursteilnehmerInnen

Aktive, persönliche Beteiligung sind für mich Grundbedingungen einer förderlichen Lernkultur. Mir ist es stets ein Anliegen, die Lernenden durch die Auswahl des Unterrichtsmaterials, die Darstellung des Lernstoffs und die gemeinsame Erarbeitung desselben persönlich anzusprechen und zu beteiligen. Lerninhalte sollen wenn möglich immer mit ihnen zu tun haben. Durch von mir gesteuerte Partner- und Gruppenarbeiten müssen sie miteinander agieren, können keine Grüppchen bilden und niemanden zum Außenseiter machen. Ein weicher Ball begleitet mich in fast jeden Unterricht, der viel Dynamik und Beteiligung aller ermöglicht.

eher stark   eher stark

☐   ☐   ☐   ☒

2. Förderung der sprachlichen Handlungskompetenz

Pragmatik im Sprachunterricht ist mir ein großes Anliegen. Ich versuche stets dafür zu sorgen, dass die Lernenden die Lerninhalte auch wirklich in ihrem Leben brauchen und dadurch motiviert sind, diese zu lernen, weil ihnen die Sinnhaftigkeit und vor allem Nützlichkeit bestimmter Sprachhandlungskompetenzen (von mir) bewusst gemacht wird.

eher stark   eher stark

☐   ☐   ☒   ☐

3. Umsetzung aktueller Lehr- und Lernformen

Ich bin sehr neugierig, brauche Abwechslung und Veränderung. Diese Eigenschaft passt sehr gut zur Anforderung, abwechslungsreichen Unterricht zu gestalten. Ich besuche ständig Weiterbildungen und bemühe mich um einen kreativen, dynamischen Unterricht mit authentischem Material, kooperativen Lernsettings und einer Mischung aus von mir gelenkten Partner-, Gruppen- und Einzelarbeiten. E-Learning setze ich verstärkt dazu ein, Zusatzmaterialien bei heterogenen Gruppen bereitzustellen.

eher stark   eher stark

☐   ☐   ☐   ☒

4. Führung einer heterogenen Lernendengruppe

Speziell im DaF-Unterricht mit Austauschstudierenden unterschiedlicher Disziplinen, Lernkulturen und Muttersprachen ist Heterogenität die Norm. Seit 2003 unterrichte ich Austauschstudierende und habe lernen müssen, mit der gegebenen Heterogenität gut umzugehen. Sie als Bereicherung zu sehen, hilft dabei.

eher stark   eher stark

☐   ☐   ☒   ☐

5. Einsatz von eLearning und neuen Medien

Schon als Geschäftsführerin der tele@cademy im Jahr 2002 war ich für das mediendidaktische Konzept der eLearning-Komponente zuständig. Als es noch keine deutschsprachige Literatur zu E-Learning gab, habe ich damals englische Bücher zum Thema gelesen. Ohne neue Medien zu unterrichten, wäre für mich ein Unterrichten an der Zielgruppe vorbei. Eine große Hilfe waren und sind in diesem Zusammenhang meine Weiterbildungen zum Thema und die grundsätzliche Bereitschaft, Dinge am Computer ohne Scheu auszuprobieren, wie zuletzt Moodle.

eher stark   eher stark

☐   ☐   ☐   ☒

Sozial-kommunikative Kompetenzen:

1. Interkulturelle Kompetenz

Die jahrelange Unterrichtserfahrung mit DaF-Lernenden unterschiedlichster Nationalitäten hat mir wertvolles Wissen um kulturelle Unterschiede hinsichtlich Lehr- und Lernkultur, Gesprächsverhalten, Umgang mit Zeit, mit Konflikten oder mit Autoritäten etc. gebracht. Das Literaturstudium und eigene Publizieren zum Thema war und ist eine wichtige Reflexion über mein „Tun" im Unterricht mit stets sprachlich und ihre Herkunft betreffende heterogenen Lernendengruppen. Sehr viel über kulturelle Unterschiede und Gemeinsamkeiten habe ich selbstverständlich von und mit den Lernenden gelernt.

eher stark   eher stark

☐   ☐   ☐   ☒

2. Kontakt- und Kommunikationsfähigkeit

Mit Menschen in Kontakt zu treten und zu sein, ist mir im Privaten wie im Beruflichen wichtig. Small Talk zu führen oder in eine Gruppe mir unbekannter Menschen zu kommen, bereitet mir kein Problem, sondern Freude und stillt meine Bedürfnis nach Neuem. Im Unterricht merke ich mir in kürzester Zeit die Namen aller Teilnehmenden und versuche stets, auch das In-Beziehung-Treten unter den Teilnehmenden zu fördern.

eher stark   eher stark

☐   ☐   ☐   ☒

3. Empathie

Ich bin feinfühlig und kann mich mit Leichtigkeit in andere Menschen hineinfühlen. Dazu kommen eine große Geduld beim Unterrichten (nicht im Privatleben) und die Kompetenz, auf verschiedene Lerntypen und Menschen generell einzugehen. Im Unterrichtsgeschehen merke ich sehr schnell, wenn atmosphärisch etwas nicht stimmt oder jemand mehr Aufmerksamkeit, nochmalige Erklärung oder eine andere Art von Intervention meinerseits braucht. „Störungen haben Vorrang" lautet hier meine Devise.

eher stark   eher stark
☐   ☐   ☐   ☒

4. Soziales Engagement

Unterricht ist für mich immer ein „soziales Ereignis", bei dem Interaktion zwischen unterschiedlichsten Individuen stattfindet. Diese gestalterisch zu lenken empfinde ich als große Verantwortung und erfüllt mich sehr. Durch den Unterricht mit verschiedenen Nationalitäten nütze ich jede Gelegenheit, Vorurteile abzubauen und Beziehungen auch unter „rivalisierenden Nationalitäten" herzustellen.

eher stark   eher stark
☐   ☐   ☐   ☒

5. Partnerschaftlicher Umgang mit Lernenden

Distanz ist mir kein großes Bedürfnis. Deshalb unterrichte ich vielmehr partnerschaftlich, was aber nicht bedeutet, dass ich nicht respektvollen Umgang miteinander einfordere. Ich definiere mit den Lernenden gerne Regeln des gemeinsamen Tuns im Unterricht und bemühe mich stets um Fairness.

eher stark   eher stark
☐   ☐   ☐   ☒

Personale Kompetenzen:

1. Belastbarkeit

Nach der Matura habe ich ein Jahr in Italien als au-pair gearbeitet. Seit dem Zeitpunkt, als ich aus dem Ausland zurückgekommen bin und mein Studium begonnen habe, unterrichte ich, bin ich Lehrperson, also seit 18 Jahren, fast die Hälfte meines Lebens. Parallel zu meinem Studium habe ich VHS- und WIFI-Kurse geleitet und sowohl privat als auch in einem Nachhilfe-Institut Sprachen unterrichtet. Nur durch gute Zeiteinteilung und Verzicht auf manche Freizeitstunden war diese Doppelbelastung möglich. Jetzt kann ich gut mit der Anforderung umgehen, an drei Orten (Leoben, Kapfenberg und Graz), und viele Semesterwochenstunden (20) zu unterrichten. Auch unter Druck bleibe ich konzentriert und weiß, dass gute Vorbereitung viel an Stress nimmt.

eher stark   eher stark
☐   ☐   ☐   ☒

2. Lern- und Leistungsbereitschaft

Meine Neugier und Wissbegierde sind die Basis für eine stark ausgeprägte Lern- und Leistungsbereitschaft. Ich besuche zahlreiche Weiterbildungen, lese viel Fachliteratur (vor allem in den Ferien), suche stets neue Herausforderungen (wie publizieren) und fühle mich durch gute Kursevaluierungen in meinem Leistungsanspruch bestätigt.

eher stark   eher stark
☐   ☐   ☐   ☒

3. Kreativität

Sehr oft kommt es vor, dass ich tolle Unterrichtsaktivitäten träume und in der Früh schnell aufschreiben muss, um sie nicht zu vergessen. Schon als Kind habe ich Lehrerin gespielt, was meine Phantasie stets beflügelte. Jedes Semester probiere ich neue Aktivitäten im Kursgeschehen aus, verwerfe oder reaktiviere Altbewährtes.

eher stark   eher stark

☐   ☐   ☐   ☒

4. Selbstreflexionsfähigkeit

Ich reflektiere regelmäßig über meinen Unterricht, versuche zu verstehen, wenn etwas nicht gut funktioniert hat oder brauche private Gespräche über meinen Unterricht, damit ich manches besser verstehen oder verarbeiten kann. Austausch mit KollegInnen und Feedback von Lernenden empfinde ich als äußerst wichtig.

eher stark   eher stark

☐   ☐   ☐   ☒

5. Verantwortungsbewusstsein

Jede Arbeit mit Menschen bedeutet Verantwortung. Ich bin mir bewusst, dass ich durch meine Unterrichtsgestaltung und meine Lehrendenpersönlichkeit Freude oder Abneigung einer Sprache gegenüber (in meinem Fall Deutsch) wecken kann. Wenn ich den Teilnehmenden Zusatzmaterialien online oder per E-Mail versprochen habe, halte ich dieses Versprechen zuverlässig. Ich halte Deadlines und Abgabefristen ein und liefere versprochene Kopien oder Auskünfte, die ich selbst erst recherchieren muss, immer ab.

eher stark   eher stark

☐   ☐   ☐   ☒

IV. Sprachkompetenzen:

Profil der Sprachkenntnisse

Muttersprache: Deutsch
Kenntnisse anderer Sprachen (Selbsteinschätzung): Geben Sie an, welche Sprachen Sie auf welchem Niveau beherrschen (siehe beiliegenden Erklärungsraster zur Selbsteinschätzung des Niveaus)

Sprache	Grobe Niveau-angabe* (A1 bis C2)	Niveauangabe in Teilkompetenzen (A1 bis C2)				
		Hören	Lesen	An Gesprächen teilnehmen	Zusammen-hängend sprechen	Schreiben
Englisch	C1	C1	C1	B2	B2	B2
Spanisch	B1	B2	B2	A2	A2	A2
Italienisch	C2	C2	C2	C1	C1	C1

*siehe beiliegenden Erklärungsraster zu den Niveaus

Anders erworbene / vertiefte Sprachkenntnisse

Sprache	Art des Sprachen- lernens**	Dauer und Häufigkeit	Hochschule, Einrichtung, Land	ECTS	Bestätigung Ja, Nein
Italienisch	Auslandsaufenthalt als au-pair	12 Monate	Italien	-	nein
Spanisch	Tandemlernen	1 Monat	Spanien	-	nein
Spanisch	Spanierin als Unter- mieterin bei mir	3 Monate	Österreich	-	nein
Spanisch	Sprachkurs	2 Wochen	Instituto Picasso, Malaga, Spanien	-	ja

** Selbstlernaktivitäten, Tandemlernen (Sprachlernpartnerschaften), Fernkurs. Sprachkurs von einem privaten Anbieter (nicht Universität), Mobilitätsaufenthalt (Sokrates), Praktikum, weitere sprachliche Erfahrungen (z.B. Stammtische, Vereinsarbeit etc.)

V. Persönlicher Aktionsplan:

Aufgrund meiner beruflichen Erfahrungswerte würde ich mich gerne mit folgenden Themenschwerpunkten beschäftigen:
  ✓ sprachliche Handlungskompetenz
  ✓ Handlungsorientierte Testverfahren im Sprachunterricht
  ✓ Kommunikative Kompetenz
  ✓ Entwicklung und Förderung von Interkultureller Kompetenz
  ✓ Qualitätskriterien im Sprachunterricht

Mein persönliches Lehr- und Forschungsvorhaben:

	2011	2012	2013
Leitung von Weiterbildungsseminaren für *trsp*-Lehrende und LehrerInnen aller Bildungseinrichtungen Seminarbeschreibung:			
LehrerInnenfortbildung: Transfer: Science to public Beschreibung:			
Organisation einer wiss. Veranstaltung Beschreibung:			
Mitwirkung an Informationsveranstaltungen Beschreibung:			
Herausgeberschaften Inhaltliche Schwerpunkte:			

Publikationen	1	1	1
Inhaltliche Schwerpunkte - *study abroad research* - *interkultureller, handlungsorientierter Fremdsprachenunterricht im Hochschulkontext*			
ReferentInnentätigkeit Inhaltliche Schwerpunkte			
Leitung von Aus- u. Weiterbildungsmodulen für (angehende) Sprachlehrende in der Erwachsenenbildung Inhaltliche Schwerpunkte: *siehe Ideen für Publikationen*	-	1	1

Kooperationen

Ich könnte mir vorstellen, mit folgenden Bildungsinstitutionen zu kooperieren:

- ✓ Institut für Anglistik (z.B. Sarah Mercer und Jennifer Schumm)
- ✓ Institut für Theoretische und Angewandte Translationswissenschaft
- ✓ Institut für Erziehungs- und Bildungswissenschaft
- ✓ Akademie für Neue Medien und Wissenstransfer
- ✓ Europäisches Fremdsprachenzentrum des Europarats
- ✓ Technische Universität Graz

Daniela Unger-Ullmann

Ressourcenmanagement: Dokumentation, Entwicklung und Förderung von akademischen Lehrkompetenzen in der universitären Sprachenlehre

Abstract

Dieser Beitrag beschäftigt sich mit den Aufgaben und Zielen der Personalentwicklung im hochschuldidaktischen Sprachenbereich. Im Mittelpunkt steht die Frage, inwiefern Sprachenlehrende in ihrer Kompetenzentwicklung begleitet und gefördert werden können. Ausgegangen wird von einem LehrendenKompetenzProfil, welches von treffpunkt sprachen – Zentrum für Sprache, Plurilingualismus und Fachdidaktik in Kooperation mit der Akademie für Neue Medien und Wissenstransfer an der Universität Graz konzipiert wurde. Nach eingehender Betrachtung und Analyse einzelner Kompetenzen, die sich anhand eines Qualifikationsprofils (Aus- und Weiterbildung) und Tätigkeitsprofils (Lehr- und Forschungstätigkeit, Andere (berufliche) Tätigkeiten) festmachen lassen, wird deren Einfluss auf Weiterbildungsmaßnahmen sowie auf Auswahlkriterien für die Aufnahme neuer Sprachenlehrenden gezeigt. In einem weiteren Schritt wird an einem Persönlichen Aktionsplan demonstriert, mit welchen Forschungsschwerpunkten Sprachenlehrende sich in naher Zukunft beschäftigen möchten und wie ihre Vorstellungen mit den bereits vorhandenen Kompetenzen in Einklang zu bringen sind.

Aufgaben und Ziele der Personalentwicklung

In einer turbulenten Zeit globaler Krisenbewältigung sind Hochschulen und Universitäten gut beraten, wenn sie die schwierige wirtschaftliche Situation nutzen, um Potentiale und Perspektiven ihrer MitarbeiterInnen kritisch zu durchleuchten und sich im Sinne einer systematischen Personalentwicklung den anstehenden Herausforderungen zu stellen. Es steht außer Frage, dass Personal- und Organisationsentwicklung ein wichtiges Faktum für die Beschäftigungs- und Wettbewerbsfähigkeit im Hochschulbereich darstellt. Exzellente Forschungsergebnisse, Qualität und Attraktivität in der Lehre sowie fachliche, personale und soziale Kompetenz gehen mit einer gut funktionierenden Personalentwicklung einher, die für eine klare Verteilung von Aufgabenbereichen und für eine Transparenz der Organisationsstrukturen verantwortlich zeichnet. Es gilt, im Rahmen von Reformansätzen in der Aus- und Weiterbildung erweiterte Akzente für die Förderung der MitarbeiterInnen zu setzen und aktuelle Entwicklungen in Lehre und Forschung aufzunehmen. Die wichtigste, aber auch schwierigste Aufgabe wird sein, die Rahmenbedingungen für nichtwissenschaftliche und wissenschaftliche MitarbeiterInnen an Hochschulen und Universitäten auf eine Weise zu optimieren, die zur Verbesserung und Erweiterung der Kompetenzen und Fähigkeiten der Beschäftigten führt. Dazu ist ein in das universitäre System integriertes Personal- und Ressourcenmanagement erforderlich, welches die finanziellen Mittel für dieses Vorhaben zur Verfügung stellt und „die verzweigte Vielfalt des ‚heterarchischen' Systems Hochschule zu bündeln und auf das Leitbild auszurichten vermag (…)" (Kuhne 2004, S. 30). Zweifellos ruht die Last der Verantwortung auf den Schultern der administrativen Leitung einzelner Abteilungen bzw. Institute, die eine effektive Beschäftigungspolitik nicht den einzelnen Professorinnen und Professoren überlassen sollte, sondern darum bemüht sein sollte, Orientierungspläne zu gestalten und diese auch nachhaltig umzusetzen. Nach Becker (vgl. Becker 2009, S. 4) bedarf es schon eines professionellen Wissens über den Aufbau von Humankapital, um die Aufgaben und Ziele des Ressourcenmanagements im Sinne eines bestimmten Leitbildes zur vollsten Zufriedenheit aller Beteiligten durchzuführen. Wie könnte nun dieses Leitbild aussehen? In Anbetracht der schwierigen Rahmenbedingungen bezüglich Personal- und Stellenplanung – insbesondere, was die wissenschaftlichen Nachwuchskräfte angeht (vgl. die Kettenvertragsproblematik), erscheint es langfristig als nicht sinnvoll, entsprechende Bildungsmaßnahmen zur beruflichen und persönlichen Weiterentwicklung zu setzen. Aufgrund so mancher fragwürdiger Verträge sind junge, wissenschaftliche MitarbeiterInnen nach einem bestimmten Beschäftigungszeitraum verpflichtet, die jeweilige Bildungsinstitution zu verlassen. Befristeten Arbeitsverhältnissen mit unbefristeten Verträgen entgegenzuwirken, stellt keine Lösung dar und würde den finanziellen Rahmen von Hochschulen und Universitäten sprengen. So möge der Personalentwicklung vorerst die pädagogische Aufgabe zugeschrieben werden,

(…) mit den Maßnahmen der Bildung, Förderung und Organisationsentwicklung Kenntnisse und Fertigkeiten zu vermitteln, Verhaltensweisen einzuüben und Einsicht in die Ziele der unternehmerischen Tätigkeit im Allgemeinen und in die eigenen speziellen Tätigkeiten im Besonderen zu erlangen. Die pädagogische Aufgabe hat folglich eine informierende und eine qualifizierende Seite. Personalentwicklung im pädagogischen Verständnis ist stets Menschenbildung mit dem Ziel der Selbstverwirklichung. (Becker 2009, S. 97)

Instituts- und AbteilungsleiterInnen an Hochschulen und Universitäten werden zwar die Grenzen des Systems (noch) nicht überwinden können, aber die Zielsetzung, einen Beitrag zur „Entfaltung individueller Potenziale" (Kuhne 2004, S. 36) zu leisten, ist nach Auffassung der Autorin durchaus möglich und finanzierbar. Bildungsmaßnahmen sollen situationsabhängig eingesetzt werden, um die persönliche Entwicklung der MitarbeiterInnen zu fördern und zu unterstützen. Um dabei Erfolg zu haben, müssen akademische Führungskräfte sich ihrer bedeutenden Aufgaben bewusst werden: sie agieren als Ideen- und ImpulsgeberInnen für Qualitätsentwicklung in Lehre und Forschung, stehen für Neupositionierungen und Veränderungen ein, entwickeln Hochschulstrukturen und sind wichtige TrägerInnen eines Wissenschaftssystems. Über vorhandenes Führungswissen, soziale Kompetenzen, gegenseitigen Erfahrungsaustausch sowie interne Vernetzung lassen sich geeignete Programme für die Begleitung und Förderung von MitarbeiterInnen finden, die Orientierung vermitteln,

- über Perspektiven informieren,
- Blicke und Sichten öffnen,
- Selbstreflektion initiieren und fördern,
- (organisatorische) Entwicklungsprozesse flankieren,
- (akademische) Führungsrollen entwickeln und prägen,
- gezielt außerfachliche Kompetenzen fördern
- und
- Vernetzung initiieren (…). (Mehrtens 2009, S. 107)

Für die erfolgreiche Umsetzung der genannten Ziele wird als Beispiel das Zentrum für Sprache, Plurilingualismus und Fachdidaktik der Universität Graz vorgestellt. Neben kompetenzorientierten und lernerzentrierten Sprachkursen für Studierende philologischer und nicht philologischer Studienrichtungen machte sich *treffpunkt sprachen* zur Aufgabe, zusätzliche Ressourcen für eine Erhöhung der Lehrkompetenz zu schaffen, um den internationalen Maßstäben gerecht zu werden (vgl. Stahr 2009, S. 70). Im Rahmen hartnäckiger Verhandlungen war es möglich, ein Budget für ein Projektvorhaben festzulegen, welches die Konzeption und Durchführung eines „LehrendenKompetenzProfils" zuließ.

LehrendenKompetenzProfil (LKP)

Angesichts wechselnder Lehraufträge und neuer Anforderungen, vor deren Hintergrund UniversitätslektorInnen von *treffpunkt sprachen* ihre Lehrkompetenz weiterentwickeln, ist es notwendig, sich selbst als Lehrende/r und die KursteilnehmerInnen sowie die Rahmenbedingungen im universitären Umfeld wahrzunehmen. Dabei erfordert das sich selbst Reflektieren und Bewerten ein großes Maß an Motivation, Selbstdisziplin und vor allem Selbstvertrauen. Lehrportfolios stellen dafür ein mittlerweile bewährtes Instrumentarium dar, um hochschuldidaktische Kompetenzen zu untersuchen und in einem Profil abzubilden. Nach Szczyrba (2009, S. 162) enthält ein Lehrportfolio

(…) die reflektierte Dokumentation der eigenen Lehrtätigkeit über das Spektrum oder über eine Auswahl von Lehrveranstaltungen. Es bietet die Möglichkeit, das ansonsten eher intransparente Geschehen in Hörsälen und Seminarräumen nach außen darzustellen und die eigene Lehrpraxis zu präsentieren.

Zweifellos steht dabei die Selbstevaluation und Selbstreflexion der Lehrenden im Vordergrund. Der Blick auf Stärken und Schwächen der eigenen Lehre, die Analyse von Lehr- und Lernzielen, die Betrachtung von Erfolgen und Schwierigkeiten, die Reflexion über das Interagieren mit Studierenden, das Erkennen eigener Handlungsmuster sowie das Annehmen von Feedback der Studierenden und KollegInnen erfordern ein Rollenverständnis, das über die Präsentation der eigenen Lehrpraxis hinausgeht. Aus Sicht der Personalentwicklung ist die Darstellung der Lehrleistungen nach außen gerechtfertigt, zumal über Vorstellungen und Wünsche der Lehrenden, die in den Portfolios ihren Niederschlag finden, Schwerpunkte in der Lehre gesetzt, Lehrpläne aktualisiert und Ergebnisse im Zuge einer Lehrevaluation aufgezeigt werden können. Um einen Vergleich zwischen dem aktuellen Ist-Stand und dem von der Personalentwicklung erwünschten Soll-Stand zu ermöglichen, bedarf es genauer Beschreibungen, welche berufsbiographische Angaben, Lehr- und Lernphilosophie, Lehrkonzepte und Methoden, Rückmeldungen auf Lehrveranstaltungen sowie persönliches Engagement und Pläne für die Entwicklung der eigenen Lehre beinhalten. Im Kontext der Erstellung eines Lehrportfolios bedeutet dies, möglichst frühzeitig Lehrende auf diese Aufgabe der Wahrnehmung, Reflexion und Beurteilung vorzubereiten, um eine „proaktive statt reaktive Bildungsarbeit" (Becker 2009, S. 287) zu gewährleisten. Mit dem LehrendenKompetenzProfil von *treffpunkt sprachen*, welches in Kooperation mit der Akademie für Neue Medien und Wissenstransfer erarbeitet wurde, sollen folgende Fragestellungen beantwortet werden:

* Über welche zentralen Kompetenzen sollen Sprachenlehrende verfügen, um qualitativ hochwertige Lehre an der Universität durchführen zu können?

- Welche Weiterbildungsmaßnahmen müssen von Seiten des Ressourcenmanagements gesetzt werden, um Sprachenlehrenden den Erwerb von hochschuldidaktischen Kompetenzen zu ermöglichen?
- Welches Anforderungsprofil sollen Sprachenlehrende erfüllen, wenn sie sich um eine LektorInnenstelle bewerben?
- Welche Auswahlkriterien müssen von Seiten der Personalentwicklung bei der Aufnahme von neuen LektorInnen berücksichtigt werden?
- Ist es sinnvoll, in Entwicklungsmaßnahmen zu investieren, um den internationalen Anforderungen auf Hochschulebene gerecht zu werden?

Gehen wir vom traditionellen Ist-Stand der Lehrenden an der Hochschule aus, „hat die Mehrzahl der Hochschullehrenden ausschließlich eine fachwissenschaftliche Ausbildung vorzuweisen und ist kaum mit fundierten pädagogischen Konzepten in Berührung gekommen" (Paetz/Ceylon et al. 2011, S. 33). Zieht man jedoch das LehrendenKompetenz-Profil (vgl. http://www.uni-graz.at/fszeadww/fszeadww_projekt.htm) heran, das von 21 Lehrbeauftragten am Zentrum für Sprache, Plurilingualismus und Fachdidaktik erstellt wurde, zeigt sich ein ganz anderes Bild. Die ausführlichen Beschreibungen von Aus- und Weiterbildungsmaßnahmen, die auf freiwilliger Basis von Lehrenden absolviert wurden, sind aufgrund ihrer Vielfältigkeit beeindruckend.

Welche Kompetenzen von den Sprachenlehrenden erworben wurden, gilt es im Folgenden aufzuzeigen und zu analysieren. Um die inhaltliche Einteilung des Lehrenden-KompetenzProfils den LeserInnen vor Augen zu führen, bedarf es einer bildlichen Darstellung der einzelnen Bereiche, die als Gesamtes das LehrendenKompetenzProfil ausmachen.

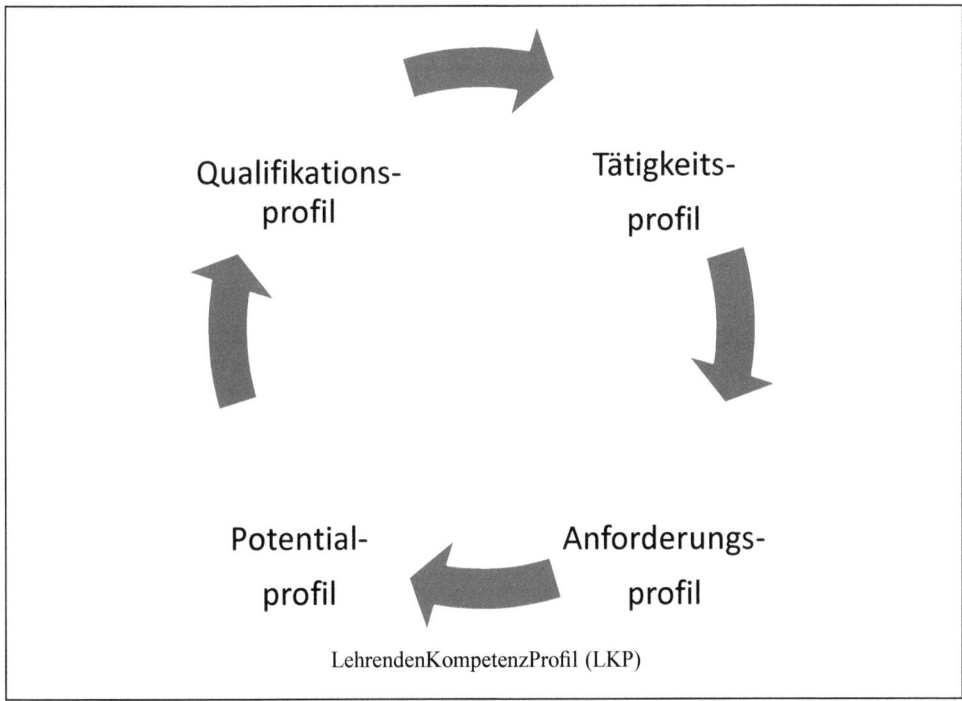

Qualifikationsprofil

Tätigkeitsprofil

Potentialprofil

Anforderungsprofil

LehrendenKompetenzProfil (LKP)

Abbildung 1

Beginnend mit dem Qualifikationsprofil werden zunächst biographische Angaben sowie akademische Aus- und Weiterbildungsmaßnahmen von den Sprachenlehrenden schriftlich festgelegt. Das Tätigkeitsprofil enthält berufliche Tätigkeiten, die mit der Lehrtätigkeit am *treffpunkt sprachen* und an anderen Bildungsinstitutionen, mit Vorträgen und Präsentationen innerhalb und außerhalb des universitären Umfelds sowie mit hochschuldidaktischen Referenzprojekten und Publikationen einhergehen. Um das persönliche Tätigkeitsporträt abzurunden, werden auch andere (berufliche) Tätigkeiten angegeben, die auf den ersten Blick wenig mit dem Unterricht zu tun haben, aber dennoch eine Bandbreite an beruflichen Möglichkeiten widerspiegeln, die von den Lehrenden wahrgenommen werden. Diese beiden Profile eignen sich hervorragend als Vorlage für Bewerbungen, zumal erworbene Kernkompetenzen jeder angegebenen Tätigkeit zugeordnet werden und mit den entsprechenden Referenzangaben (Zeugnisse, Zertifikate etc.) ihre Bestätigung finden. Im Anforderungsprofil – oder auch Persönliches Kompetenzprofil genannt – kommt der Erwerb bestimmter Kompetenzen sehr deutlich zum Tragen. Anhand eines Gesprächsleitfadens und mit Hilfe einer Checkliste, die den Lehrenden 18 Schlüsselkompetenzen zur Orientierung bietet (vgl. Neuböck 2012, S. 197), werden zunächst individuelle Kompetenz-Definitionen gesammelt, die aus guten, aber auch schlechten Erfahrungen im Lehrberuf resultieren. In einem weiteren Schritt erfolgt eine Verschriftlichung der eigenen Fähigkeiten und Kenntnisse, deren exakte Beschreibung einigen Lehrenden Schwierigkeiten bereitete, zumal viele sich im Zuge der Darstellung von Kompetenzdefinitionen und Kompetenzentwicklung erst bewusst werden mussten, was die einzelnen Kompetenzen für sie selbst bedeuteten. Ein eigenes Sprachenportfolio, welches Angaben zu Fremdsprachenkenntnissen in den Bereichen Hören, Lesen, Schreiben und Sprechen von den Niveaustufen A1 bis C2 enthält, rundet das Anforderungsprofil ab. Den Abschluss bildet das Potentialprofil, in dem Sprachenlehrende Themenschwerpunkte für ihre wissenschaftliche Tätigkeit auswählen und ihr persönliches Lehr- und Forschungsvorhaben mit einem Zeitraster von drei Jahren festlegen.

Darstellung der statistischen Auswertung des LehrendenKompetenzProfils (LKP)

Infolge der statistischen Auswertung des LehrendenKompetenzProfils ist die Erfassung von Kompetenzen enger als bislang mit dem Selbstreflexionsprozess verknüpft. Kompetenz kann ausschließlich situationsbezogen analysiert werden. Demzufolge ergibt sich die Forderung, Anforderungssituationen unter Berücksichtigung bestimmter Handlungsprozesse zu simulieren, um einer isolierten Darstellung von Fähigkeiten und Kenntnissen entgegenzuwirken. Anforderungssituationen umfassen ein breites Spektrum an erworbenen Kompetenzen, welche sich in den folgenden Diagrammen widerspiegeln.

Angaben zur Person

Gehen wir zunächst auf die biographischen Angaben zu den Personen, die am LehrendenKompetenzProfil mitgewirkt haben, ein. 57% der Sprachenlehrenden weisen einen Altersdurchschnitt zwischen 30 und 40 Jahren auf. 24% zwischen 40 und 50 Jahren, und nur ein kleiner Prozentsatz von 5% kann zu den bis zu 60-Jährigen gezählt werden. Lediglich

14% weisen einen Altersdurchschnitt von bis zu 30 Jahren auf. Dies bedeutet, dass ein Großteil der Sprachenlehrenden aufgrund seiner Altersstruktur bereits eine Menge an beruflichen Erfahrungen vorweisen kann, die es in der Folge darzustellen gilt.

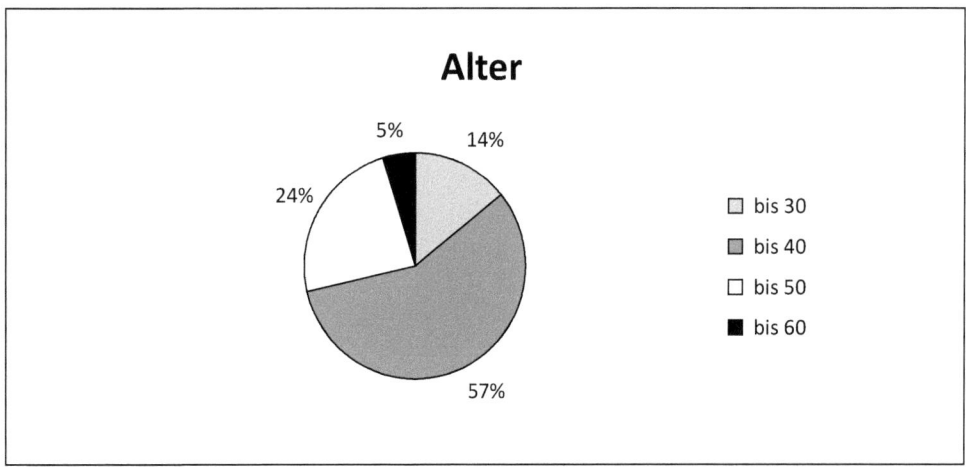

Abbildung 2

Im Hinblick auf die Geschlechterverteilung dominieren im folgenden Diagramm die weiblichen Teilnehmerinnen. Sie weisen einen sehr hohen Prozentsatz von 95% auf, mit lediglich 5% sind männliche Sprachenlehrende vertreten.

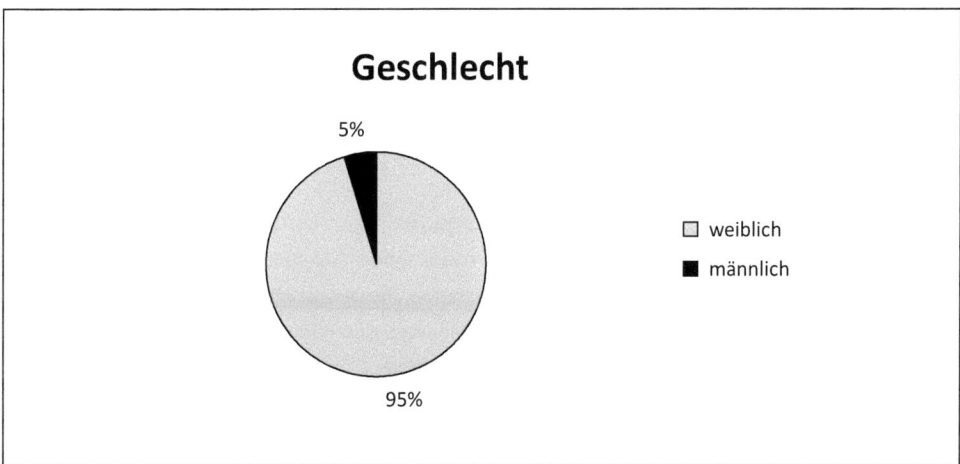

Abbildung 3

Einen durchaus interessanten Einblick bietet die Darstellung der Nationalitäten. 57% der Sprachenlehrenden stammen aus Österreich, 9% aus Frankreich und Italien, 5% aus der Tschechischen Republik, Slowenien, Japan, Ungarn und Österreich/Kanada.

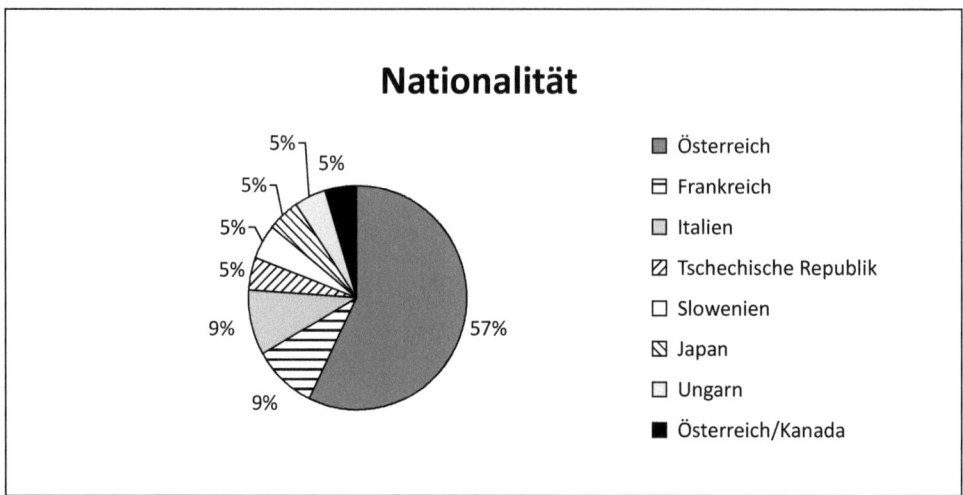

Abbildung 4

Qualifikationsprofil

Um die abgeschlossene akademische Ausbildung der Sprachenlehrenden statistisch erfassen zu können, wurde eine Einteilung vorgenommen, die alte und neue Studienabschlüsse enthält: Bakkalaureat, Diplomstudium, Masterstudium, Lehramtsstudium oder eine gleichwertige Ausbildung im Ausland, Unterrichtspraktikum und Doktoratsstudium.

Abgeschlossene Ausbildung	Titel Studium
Diplomstudium	Französisch und Lehramt
Diplomstudium	Germanistik
Lehramtsstudium	Anglistik / Amerikanistik und Romanistik
Doktoratsstudium	Philosophie, Anglistik und Amerikanistik
Diplomstudium	Rechtswissenschaften
Diplomstudium	Germanistik mit Ungarisch
Lehramtsstudium	Germanistik und Philosophie / Psychologie / Pädagogik
Doktoratsstudium	Bildungswissenschaften, Erwachsenenbildung
Diplomstudium	Italienisch und Erziehungs- und Bildungswissenschaften
Lehramtsstudium	Italienisch und Psychologie, Philosophie
Diplomstudium	Fächerbündel Deutsch – Sport, Pädagogische Fakultät Brno (Brünn, CZ)
Diplomstudium	Anglistik / Amerikanistik
Diplomstudium	Psychologie
Lehramtsstudium	Russisch und Geschichte
Diplomstudium	Übersetzer und Dolmetscherausbildung in EN, DT, SL (ITAT)
Masterstudium	Germanistik, Deutsche Philologie
Lehramtsstudium	Französisch / Deutsch
Doktoratsstudium	Philosophie
Lehramtsstudium	Spanisch und Geographie und Wirtschaftskunde

Abgeschlossene Ausbildung	Titel Studium
Bakkalaureat	Sprachen und europäische Kulturen
Diplomstudium	Fremdsprachen für internationale Kommunikation
Diplomstudium	Spanisch / Französisch
Diplomstudium	Germanistik
Masterstudium	Germanistik
Bakkalaureat	Germanistik
Lehramtsstudium	Lehramt an Volksschulen
Diplomstudium	Germanistik und Romanistik / Italienisch
Lehramtsstudium	Deutsche Philologie / Philosophie, Psychologie, Pädagogik
Diplomstudium	Deutsche Philologie mit Fächerkombination
Bakkalaureat	Fremdsprachenkompetenz in Deutsch; Universität Shinshu, Japan
Master-/Doktoratsstudium	Deutsche Philologie
Lehramtsstudium	Klassische Philologie – Griechisch und Latein
Diplomstudium	Französisch / Russisch
Lehramtsstudium	Französisch / Russisch

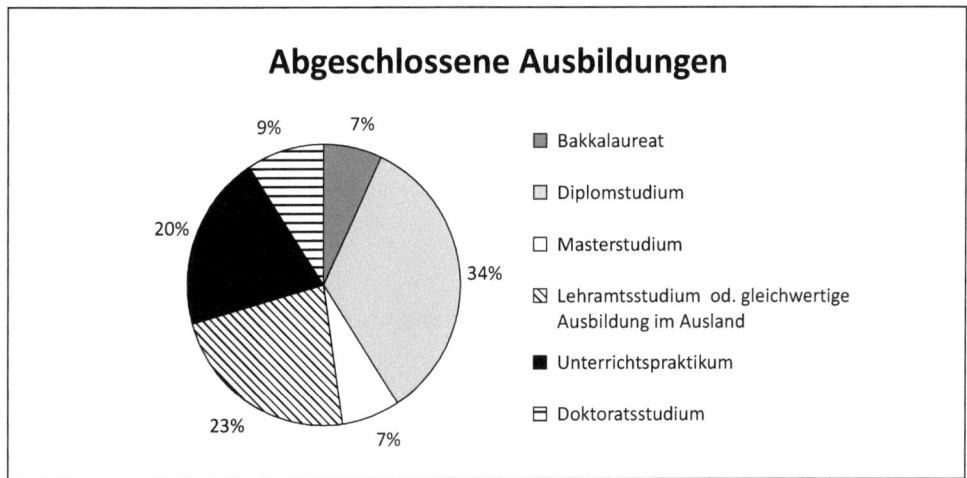

Abbildung 5

Würde man von der klassischen, traditionellen Ausbildung eines/r Sprachenlehrenden ausgehen, wäre der Abschluss eines Lehramtsstudiums mit einem darauf folgenden einjährigen Unterrichtspraktikum an einer Allgemeinbildenden Höheren Schule (AHS) oder an einer Berufsbildenden Höheren Schule (BHS) zu erwarten gewesen. 34% der Sprachenlehrenden weisen jedoch einen Diplomabschluss auf, 7% ein Bakkalaureat, dessen geringer Prozentsatz auf die relativ hohe Altersstruktur der Sprachenlehrenden zurückzuführen ist. Im Zuge der Einführung und Umsetzung des Bologna-Prozesses betrifft der Abschluss eines Bakkalaureats lediglich Sprachenlehrende unter 30 Jahren, der angegebene Prozentsatz für Masterstudien (7%) weist auf eine Ergänzung des vorangegangenen Diplom- oder Lehramtsstudiums hin. 23% der Sprachenlehrenden können ein Lehramtsstudium vorweisen, wovon 20% sich entschieden haben, ein Unterrichtspraktikum an einer Mittelschule zu absolvieren. Die geringe Prozentangabe des Doktoratsstudiums (9%) verwundert keineswegs, zumal es an österreichischen Universitäten bislang kaum Möglichkeiten gibt, ein Doktorat zur Gänze finanziert zu bekommen.

Anforderungsprofil: zentrale Fähigkeiten und Kenntnisse in der Ausbildung

Die Anzahl an Nennungen der zentralen Fähigkeiten und Kenntnisse in der Ausbildung lässt sich auf folgende Weise darstellen:

Bakkalaureat	**3**	**100%**
Fachkompetenz	1	33%
Sprachkompetenz	1	33%
Soziale Kompetenz	1	33%
Diplomstudium	**71**	**100%**
Persönliche Kompetenz	28	39%
Wissenschaftliches Arbeiten	12	17%
Organisationsfähigkeit	9	13%
Fachkompetenz	9	13%
Soziale Kompetenz	3	4%
Sprachkompetenz	3	4%
Präsentationsfähigkeit	3	4%
Interkulturelle Kompetenz	2	3%
Didaktisch-methodische Kompetenz	2	3%
Doktoratsstudium	**20**	**100%**
Wissenschaftliches Arbeiten	6	30%
Organisationsfähigkeit	5	25%
Fachkompetenz	2	10%
Persönliche Kompetenz	2	10%
Didaktisch-methodische Kompetenz	2	10%
Pädagogische Kompetenz	2	10%
Soziale Kompetenz	1	5%
Lehramtsstudium	**68**	**100%**
Fachkompetenz	17	25%
Persönliche Kompetenz	15	22%
Didaktisch-methodische Kompetenz	11	16%
Sprachkompetenz	6	9%
Soziale Kompetenz	5	7%
Wissenschaftliches Arbeiten	5	7%
Organisationsfähigkeit	4	6%
Pädagogische Kompetenz	3	4%
Interkulturelle Kompetenz	2	3%
Masterstudium	**9**	**100%**
Persönliche Kompetenz	3	33%
Wissenschaftliches Arbeiten	2	22%
Fachkompetenz	2	22%
Organisationsfähigkeit	1	11%
Soziale Kompetenz	1	11%

Unterrichtspraktikum	**37**	**100%**
Didaktisch-methodische Kompetenz	12	32%
Soziale Kompetenz	10	27%
Persönliche Kompetenz	6	16%
Organisationsfähigkeit	4	11%
Pädagogische Kompetenz	4	11%
Beurteilungs- und Bewertungskompetenz	1	3%
Gesamtergebnis	**208**	**100%**

Abbildung 6

Auch hier sorgt die statistische Auswertung der zentralen Fähigkeiten und Kenntnisse, die im Rahmen eines Studiums erworben wurden, für große Überraschung. In Anbetracht der Ausbildung, die Sprachenlehrende absolviert haben, würde man sich als höchsten Prozentsatz die Nennung von Fachkompetenz, Didaktisch-methodischer Kompetenz und Pädagogischer Kompetenz erwarten. Dies wäre – nach Auffassung der Autorin – von einer basisorientierten Ausbildung einzufordern. Die für einen qualitativ hochwertigen Unterricht entscheidenden Kompetenzen, wie Beurteilungs- und Bewertungskompetenz, Präsentationsfähigkeit, Interkulturelle Kompetenz, Soziale Kompetenz sowie Didaktisch-methodische Kompetenz, liegen mit einem mittleren bis geringen Prozentsatz zurück und werden von der am häufigsten genannten Persönlichen Kompetenz überboten.

Folgende zentralen Fähigkeiten wurden unter dem Begriff Persönliche Kompetenz zusammengefasst:

Ausdauer, Autonome Arbeit, Begeisterung und Leidenschaft für die Sprache, ihre Kultur und Menschen, Beharrlichkeit, Belastbarkeit, Bewältigung großer Stoffmengen, Durchhaltevermögen, Eigenständiges Denken, Eigenverantwortlichkeit, Eigenverantwortung, Fleiß, konsequentes Arbeiten, Motivation, Präzision, Selbstständiges Arbeiten, Selbstdisziplin sowie Selbstvertrauen.

Unter den Begriff Fachkompetenz wurden die zentralen Fähigkeiten wie folgt eingeordnet:

Allgemeinwissen, Analysefähigkeit, Analytisches Denken, auf wissenschaftlichen Erkenntnissen basierendes Fachwissen, Erwerb umfassender Kenntnisse zu britischer Literatur und Geschichte sowie englischer Grammatik, Fachkenntnisse der italienischen Sprache, Fachkenntnisse im Bereich der Erziehungswissenschaft mit Schwerpunkt Erwachsenenbildung und Sonder- und Heilpädagogik, Kenntnisse der literatur- und kulturhistorischen Inhalte, intensive und genaue Beschäftigung mit theoretischen Grundlagen, italienische Landes- und Kulturkunde, Kenntnisse europäischer Sprachlernpolitik (GERS, EPOSA …) Kenntnisse der Klassischen Archäologie, Kenntnisse auf dem Gebiet der Psychologie, Kenntnisse der Sprachwissenschaft, Kenntnisse der antiken Historiographie, Kenntnisse verschiedener philosophischer Systeme der Antike, kulturelles, historisches Wissen sowie Kenntnisse der Literaturwissenschaft.

Das Wissenschaftliche Arbeiten umfasste zentrale Fähigkeiten, wie
- die Beschäftigung mit der Schreibkompetenz im Rahmen der Dissertation,
- die Durchführung wissenschaftlicher Untersuchungen,
- die Auswertung quantitativer Forschung,
- die Forschungsarbeit,
- das Recherchieren.

Abbildung 7

Anforderungsprofil: zentrale Fähigkeiten und Kenntnisse in der Weiterbildung

Grundlegende Kompetenzen, die in der Ausbildung kaum zum Tragen gekommen sind, scheinen nun in der Auswertung der Weiterbildung auf. Die vorliegenden Diagramme gliedern sich in Kompetenzen, die im Rahmen von Universitätslehrgängen erworben wurden, und in Kompetenzen, die Sprachenlehrende sich in größtenteils selbstfinanzierten Weiterbildungsseminaren angeeignet haben.

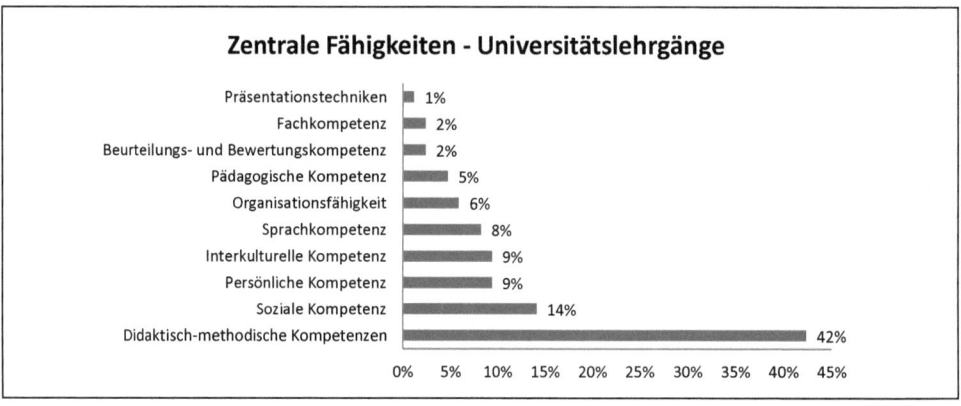

Abbildung 8

Erfreulicherweise wurden die von der Autorin postulierten Didaktisch-methodischen Kompetenzen von den Sprachenlehrenden zu einem sehr hohen Prozentsatz in Universitätslehrgängen und Weiterbildungsseminaren erworben. Da die gesamte Auflistung der zentralen Fähigkeiten und Kenntnisse, die den Didaktisch-methodischen Kompetenzen zugeordnet wurden, den Rahmen des vorliegenden Beitrags sprengen würde, seien an dieser Stelle nur Auszüge aus dem umfangreichen Repertoire genannt:

Erstellung eines Sprachenportfolios, Strategien zum Umgang mit heterogenen Lerngruppen, Kooperatives Lernen im Fremdsprachenunterricht, Entwicklung von Lehr- und Lernmaterialien, Kenntnisse über spielerische Übungsformen, Arbeiten mit LernerInnen ohne Schriftkenntnisse, Unterrichtsmethoden für den Umgang mit Asylwerbern, Kenntnisse über die Gestaltung eines lernerzentrierten Unterrichts, Einsatz verschiedener Clown- und Improvisationstheatermethoden, Kenntnisse im Bereich learner autonomy, Konzeption eines Vorbereitungskurses zur Erlangung eines Cambridge Zertifikats, Kreatives Schreiben in der Fremdsprache, Förderung verschiedener (Lern)Intelligenzen im Sprachunterricht, Förderung von LernerInnen mit Lernstörungen, Sprachlerninhalte kreativ gestalten und präsentieren etc.

Zum Erwerb sozialer Kompetenzen zählen:

Erfahrungsaustausch, Kritikfähigkeit, Einfühlungsvermögen, Networking, Gruppendynamik, Kommunikationskompetenz, Teamarbeit, Kooperationsfähigkeit, Empathie, Konfliktfähigkeit, Dialogfähigkeit, Führungskompetenz, Offenheit, Anpassungsfähigkeit, Umgang mit Aggression, Konfliktmanagement etc.

Interessant scheinen im Hinblick auf die Weiterbildung folgende Kenntnisse, die Sprachenlehrende sich im Rahmen der Fachkompetenz aneignen konnten.

Ausgehend von
- Vermarktungsstrategien,
- Marketingkenntnissen,
- Budgetplanung,
- Corporate Identity
über
- Diversity Management,
- Ethik, Gender-Mainstreaming,
- Erste-Hilfe-Maßnahmen,
- Genderproblematik,
- Neurolinguistisches Programmieren
bis hin zu
- Hintergrundinformationen zum Spanischen Bürgerkrieg
gibt es eine große Bandbreite an Themen, mit denen sich Sprachenlehrende nicht nur aus beruflichen, sondern auch aus privaten Gründen beschäftigt haben.

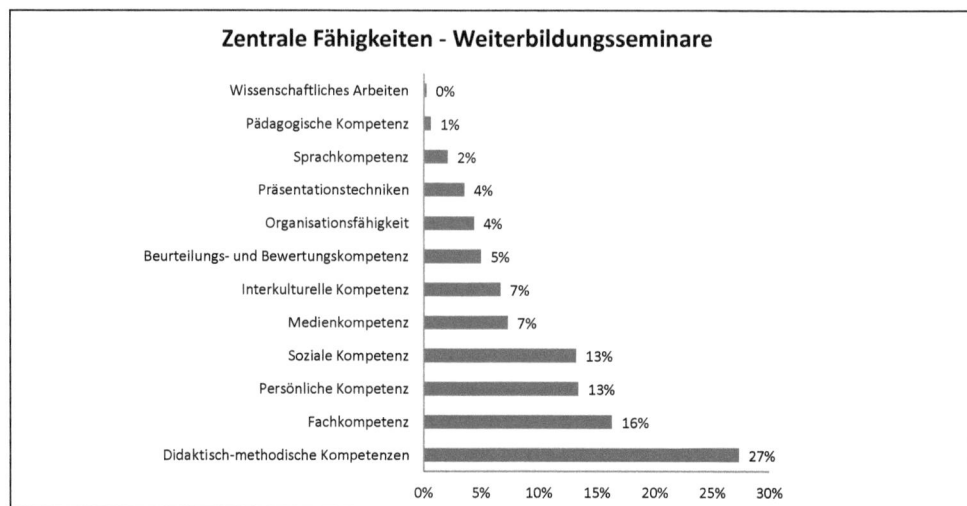

Abbildung 9

Nun stellt sich die Frage: Was fängt die Personalentwicklung mit der statistischen Auswertung der einzelnen Kompetenzen an? Ausgehend von Beckers Definition (2009, S. 272) ist Weiterbildung (…) neben der Berufsausbildung und der Führungsbildung Bestandteil der Bildung und damit Teilgebiet der Personalentwicklung im engen Sinne. Weiterbildung dient der Förderung der Allgemeinbildung. Dies geschieht durch Aneignung grundlegender Erkenntnisse, der Vermittlung von Schlüsselqualifikationen und der Anlage von Einstellungen und Wertvorstellungen, die zur Bewältigung des Berufslebens allgemein erworben und eingesetzt werden können. Weiterbildung dient zudem als Vermittlung von Kenntnissen, Fertigkeiten, Verhaltensweisen und Erfahrungen, die zur Bewältigung ganz spezifischer beruflicher Anforderungen benötigt werden.

Diese ganz spezifischen beruflichen Anforderungen gilt es, anhand der statistischen Auswertung darzulegen. Gehen wir von den am häufigsten genannten Kompetenzen in der Aus- und Weiterbildung aus, so lassen sich folgende Schlüsselqualifikationen, die für Lehre und Forschung von Relevanz sind, erkennen:

Persönliche Kompetenz: Sprachenlehrende, die eine hohe Persönliche Kompetenz aufweisen, zeigen „Freude, Engagement und Begeisterung für ihr eigenes Fachgebiet" (Paetz/ Ceylon et al. 2011, S. 89), sind „psychisch belastbar" (ebd., S. 89), haben eine „hohe Frustrationstoleranz" (ebd., S. 89) und besitzen die Fähigkeit, Arbeiten eigenständig und konsequent durchzuführen. Sie reflektieren sich selbst, analysieren ihre eigenen Stärken und sind sich ihrer Eigenverantwortung und Selbstständigkeit bewusst.

Fachkompetenz: Sprachenlehrende, die eine hohe Fachkompetenz aufweisen, haben „umfassende Kenntnisse über die Fachinhalte sowie ein aktuelles, differenziertes und forschungsorientiertes Theorie- und Faktenwissen" (ebd., S. 90).

Didaktisch-methodische Kompetenz: Sprachenlehrende, die eine hohe didaktisch-methodische Kompetenz aufweisen, haben sich „Wissen um neue Lehr-Lern-Konzepte („From Teaching to Learning") und deren gezielten Einsatz" (ebd., S. 89) angeeignet und verfügen „über ein Repertoire verschiedener Lehr-Lernmethoden und deren Implikationen" (ebd., S. 89).

Soziale Kompetenz: Sprachenlehrende, die eine hohe soziale Kompetenz aufweisen, verfügen über „Fähigkeiten und Fertigkeiten im Umgang mit Studierenden für eine beidseitig gewinnbringende und zielorientierte Lehre" (ebd., S. 91), können „Konflikte und Probleme erkennen, bearbeiten und lösen sowie mit schwierigen Situationen in Lehre und Beratung konstruktiv umgehen (…) " (ebd., S. 91).

Die Argumente für eine zielgruppenspezifische Weiterbildung sprechen für sich. Bildungsbiographische Voraussetzungen müssen im Sine einer „explorativen Weiterbildung" (Becker 2009, S. 273) starke Berücksichtigung finden, um eine

- Anpassung der Qualifikation der Mitarbeiter an veränderte Gegebenheiten
- Erhöhung der Flexibilität der Mitarbeiter
- Vermeidung zukünftiger Kompetenzdefizite
- Verbesserung der Wettbewerbsfähigkeit
- Steigerung der Identifikation und Bindung mit dem Unternehmen (ebd., S. 283)

zu gewährleisten. Die zunehmende Individualisierung der Weiterbildung liegt in der erhöhten Bedeutung des Kompetenzerwerbs begründet. Bedarfsgerechte Maßnahmen sollten realisiert werden und sind weitaus kostengünstiger als zielgruppenunspezifische Weiterbildungsangebote. Um dem Aspekt des Kompetenzerwerbs gerecht zu werden, bietet *treffpunkt sprachen* – Zentrum für Sprache, Plurilingualismus und Fachdidaktik ein Betreuungs-, Beratungs- und Ausbildungssystem an, welches sich an den jeweiligen Kompetenzniveaus der Sprachenlehrenden orientiert (vgl. Hofer 2012). Das Hauptaugenmerk richtet sich dabei auf die Entwicklung der Didaktisch-methodischen Kompetenzen. Es gilt, didaktische Prinzipien zu vertiefen, Ergebnisse der Lernforschung in die Lehre mit einzubeziehen, die Heterogenität der LernerInnen zu akzeptieren und damit zielgruppenorientiert umzugehen, Lernziele festzulegen, Beurteilungskriterien einzuhalten, interaktive Sprachlernmethoden auf eine sinnvolle Weise im Sprachunterricht einzusetzen, eine angenehme Lernatmosphäre zu schaffen, konstruktive Kritik anzunehmen sowie Formen der Evaluierung anzuwenden. Des Weiteren finden persönliche und soziale Kompetenzen insofern Berücksichtigung, als von Seiten des Coachs großer Wert auf verständliche und sachgerechte Kommunikation, Einfühlungsvermögen gegenüber den Studierenden, Teamarbeit, Steuerung von gruppendynamischen Prozessen sowie Analyse der eigenen Stärken und Schwächen gelegt wird.

Tätigkeitsprofil

Das Tätigkeitsprofil der Sprachenlehrenden gliedert sich in fünf Bereiche:
- Lehrtätigkeit
- Vorträge und Präsentationen
- Referenzprojekte
- Publikationen
- Andere (berufliche) Tätigkeiten

Anforderungsprofil: zentrale Fähigkeiten und Kenntnisse in der Lehrtätigkeit

Die zentralen Fähigkeiten und Kenntnisse in der Lehrtätigkeit werden wie folgt zusammengefasst:

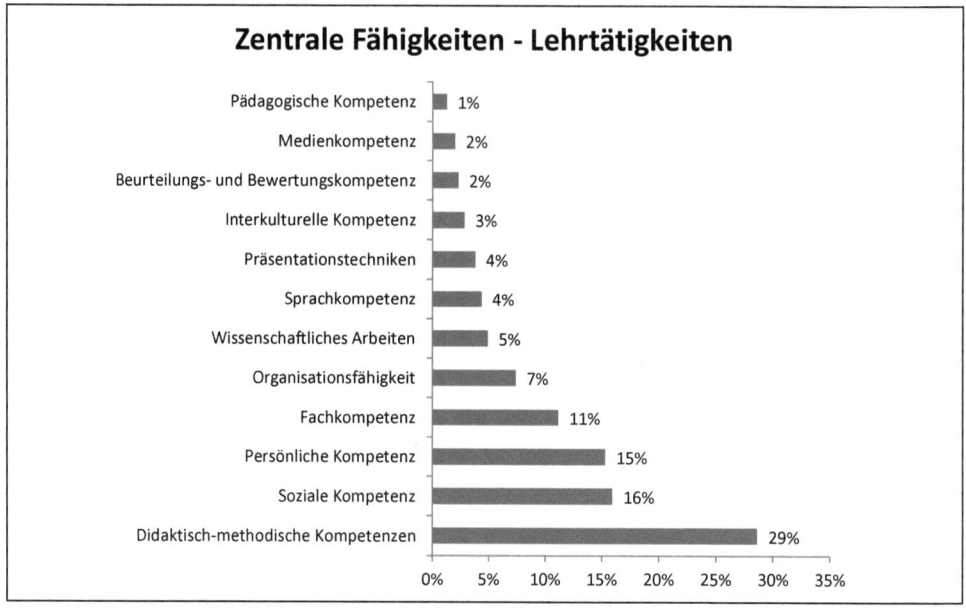

Abbildung 10

Ausgehend von der statistischen Darstellung der zentralen Fähigkeiten und Kenntnisse, die Sprachenlehrende in ihrer Lehrtätigkeit erworben haben, sind an dieser Stelle die vier wichtigsten Kompetenzen mit einem hohen Prozentsatz angegeben. Die Didaktisch-methodischen Kompetenzen weisen mit insgesamt 359 Nennungen 29% auf, gefolgt von der Sozialen Kompetenz mit 200 Nennungen (16%). 15% ergeben sich aus der persönlichen Kompetenz (192 Nennungen) und 11% aus der Fachkompetenz (140 Nennungen).

Folgende zentrale Fähigkeiten wurden den Didaktisch-methodischen Kompetenzen zugeordnet:

„Pionierarbeit" im Spanischunterricht als einer der ersten Spanischlehrer an einer AHS, Arbeiten mit „falschen" und „richtigen" NullanfängerInnen, Arbeiten mit heterogenen Gruppen auf musikalischer Basis (Sensibilität für Rhythmen), Arbeiten mit Kindern (12-13 Jahre), Blended-Learning, Entwicklung von Selbstevaluierungsinstrumenten für den Sprachunterricht, Teamteaching, Tandem-Sprachkurs, Entwicklung von Unterrichtsmaterialien, Erstellung eines Skriptums im Bereich Methodik/Didaktik, Konzeption und Durchführung von Lehrendenfortbildungen, kommunikativer Sprachunterricht, konstruktivistisches Sprachenlernen, Konzeption und Erprobung eines Bildungskonzepts, Kreative Kursgestaltung, Lernbereitschaft, Learning by doing, Lust auf Sprache vermitteln, Arbeiten mit großen Gruppen, Schaffung eines ansprechenden Lernklimas, sicherer Umgang mit Menschen in schwierigen Situationen, strukturierte Vorbereitung eines Kurses, Anwendung von Superlearning-Methoden, Unterrichtserfahrung etc.

Der Begriff Soziale Kompetenz beinhaltet folgende zentrale Fähigkeiten:

Abstimmung der Inhalte mit einer Kollegin, Animation, Anpassungsfähigkeit, Arbeiten im Team, auf Bedürfnisse von Lernenden eingehen, Einfühlungsvermögen, Empathiefähigkeit, Eigen- und Fremdmotivation, Erfahrungsaustausch, Führung heterogener Gruppen, Gruppendynamik, Kommunikationsfähigkeit, Konfliktlösungsstrategien, Kontakt- und Beziehungsfähigkeit, Kritikfähigkeit, Menschenkenntnis, sensibler Umgang mit Studierenden, rasche Problemlösungen, Toleranz, Überzeugungsarbeit, Umgang mit Kindern und Jugendlichen, Zusammenarbeit mit anderen Institutionen, Zurechtfinden in einem Land, ohne zunächst die Landessprache zu sprechen etc.

Aus der Sicht des/der Personalentwicklers/in wären die Pädagogische Kompetenz, Medienkompetenz, Beurteilungs- und Bewertungskompetenz, Interkulturelle Kompetenz sowie Präsentationstechniken wichtige Faktoren, die einen qualitativ hochwertigen Unterricht gewährleisten. Ähnlich wie im Qualifikationsprofil scheinen diese Kompetenzen im Tätigkeitsprofil nur unzureichend auf: die Pädagogische Kompetenz mit lediglich 16 Nennungen (1%), die Medienkompetenz mit 25 Nennungen (2%), die Beurteilungs- und Bewertungskompetenz mit 29 Nennungen (2%), die Interkulturelle Kompetenz mit 36 Nennungen (3%) und die Präsentationstechniken mit 49 Nennungen (4%). Hier muss im Rahmen eines individuell zugeschnittenen Weiterbildungsangebots von Seiten *treffpunkt sprachen* mehr getan werden, um den Sprachenlehrenden die Möglichkeit zu geben, ihr Kompetenzrepertoire zu erweitern.

Anforderungsprofil: zentrale Fähigkeiten und Kenntnisse in Vorträgen und Präsentationen, Referenzprojekten und Publikationen

Im Folgenden werden die zentralen Fähigkeiten und Kenntnisse, die Lehrende sich bei Vorträgen und Präsentationen sowie Referenzprojekten und Publikationen erworben haben, dargestellt:

Vorträge & Präsentationen	118
Präsentationstechniken	37
Didaktisch-methodische Kompetenzen	15
Fachkompetenz	15
Persönliche Kompetenz	15
Soziale Kompetenz	12
Wissenschaftliches Arbeiten	8
Sprachkompetenz	5
Pädagogische Kompetenz	3
Medienkompetenz	3
Interkulturelle Kompetenz	3
Organisationsfähigkeit	2

Referenzprojekte	128
Soziale Kompetenz	30
Persönliche Kompetenz	25
Organisationsfähigkeit	22
Didaktisch-methodische Kompetenzen	14
Fachkompetenz	13
Sprachkompetenz	8
Beurteilungs- und Bewertungskompetenz	5
Medienkompetenz	4
Wissenschaftliches Arbeiten	4
Interkulturelle Kompetenz	2
Präsentationstechniken	1
Publikationen	**139**
Didaktisch-methodische Kompetenzen	40
Wissenschaftliches Arbeiten	34
Fachkompetenz	32
Persönliche Kompetenz	14
Soziale Kompetenz	5
Medienkompetenz	3
Sprachkompetenz	3
Pädagogische Kompetenz	3
Präsentationstechniken	2
Organisationsfähigkeit	2
Interkulturelle Kompetenz	1
Gesamtergebnis	**385**

Abbildung 11

Im Bereich Vorträge und Präsentationen bestätigt sich die Annahme, dass Präsentationstechniken die wichtigsten Instrumente für einen gelungen Vortrag sind. Mit 37 Nennungen beinhaltet diese Kernkompetenz zentrale Fähigkeiten und Kenntnisse in der Abhal-
tung von Vorlesungen, in der Moderation, Präsentationsvorbereitung, im selbstsicheren
Auftreten vor älteren erfahreneren KollegInnen, in der Souveränität beim Vortragen, im
überzeugenden Vortragen und Präsentieren von Lerninhalten, in der Erstellung eines Gesprächsleitfadens, in der Präsentationsfähigkeit von Untersuchungsergebnissen, im Un-
terhalten, in der Präsentationskompetenz, im klaren Präsentieren, in der Präsentation
diverser Sprachenprojekte und im Vortragen vor einer großen LernerInnengruppe. Interessant ist die Reihung der erworbenen Kompetenzen im Rahmen der Referenzprojekte.
Hier hätte man die Organisationsfähigkeit oder die Fachkompetenz an erster Stelle ver-
mutet, zumal in vielen Projekten nicht nur wissenschaftliches, sondern auch organisatori-
sches Know-how gefordert wird. In Zusammenhang mit der Sozialen Kompetenz, die 30
Nennungen aufweist, haben die bereits in der Lehrtätigkeit (vgl. Anforderungsprofil: zentrale Fähigkeiten und Kenntnisse in der Lehrtätigkeit) angeführten Fähigkeiten mehr an
Gewicht als die Organisationsfähigkeit, in der Kenntnisse, wie Einblick in die Schulor-
ganisation, Zeitmanagement, Organisation von Lesungen und Praktika, Planen, Organisieren und Durchführen einer Griechenlandreise mit SchülerInnen, Planung und Organisation eines binationalen Tandemprojekts, Planung und Vorbereitung einer gesamten

Fortbildungswoche, Projektmanagement- und Organisationskompetenz, Selbstorganisation, sich an Deadlines halten, Tagungsvorbereitungen, Zeitökonomie etc., von Bedeutung sind. Auch der Bereich Publikationen sorgt insofern für Überraschung, als die Didaktisch-methodischen Kompetenzen mit 40 Nennungen die nach Auffassung der Autorin weitaus wichtigeren Kompetenzen, wie Wissenschaftliches Arbeiten und Fachkompetenz, übertreffen. Die Fähigkeiten, die den Didaktisch-methodischen Kompetenzen zugeordnet wurden, liegen bereits im Anforderungsprofil: Zentrale Fähigkeiten und Kenntnisse in der Lehrtätigkeit vor und sollen an dieser Stelle keiner Erläuterung unterzogen werden. Vielmehr ist es von Belang, die Fähigkeiten und Kenntnisse im Bereich des Wissenschaftlichen Arbeitens in Betracht zu ziehen, in dem folgende Kompetenzaspekte von den Sprachenlehrenden genannt wurden:

autonomes Forschen, Betreuung von Seminar-, Bachelor- und Diplomarbeiten, Durchführung von Staatsprüfungen, Verfassen eines Buchbeitrags, Verfassen einer Diplomarbeit zum „Österreichischen Deutsch", Betreuung einer Diplomarbeit, Erweiterung der Kenntnisse im Bereich des Verfassens von akademischen Arbeiten, Fähigkeit, die eigene wissenschaftliche Disziplin für ein breiteres Publikum verständlich und interessant zu machen, Förderung der Recherchekompetenz, Forschungsarbeit, Grundfertigkeiten des wissenschaftlichen Arbeitens, Herausgabe eines wissenschaftlichen Sammelbandes, Interviewführung, Literaturrecherche, literaturwissenschaftliche Forschungstätigkeit, Planung, Durchführung und Auswertung qualitativer Forschung, die mit Studierenden durchgeführt wurde, Spezifika wissenschaftlichen Schreibens, Strukturierung etc.

Anforderungsprofil: zentrale Fähigkeiten und Kenntnisse in anderen (beruflichen) Tätigkeiten

Die erworbenen Fähigkeiten und Kenntnisse der Lehrenden in Bezug auf andere berufliche Tätigkeiten erschließen sich aus der folgenden statistischen Auswertung:

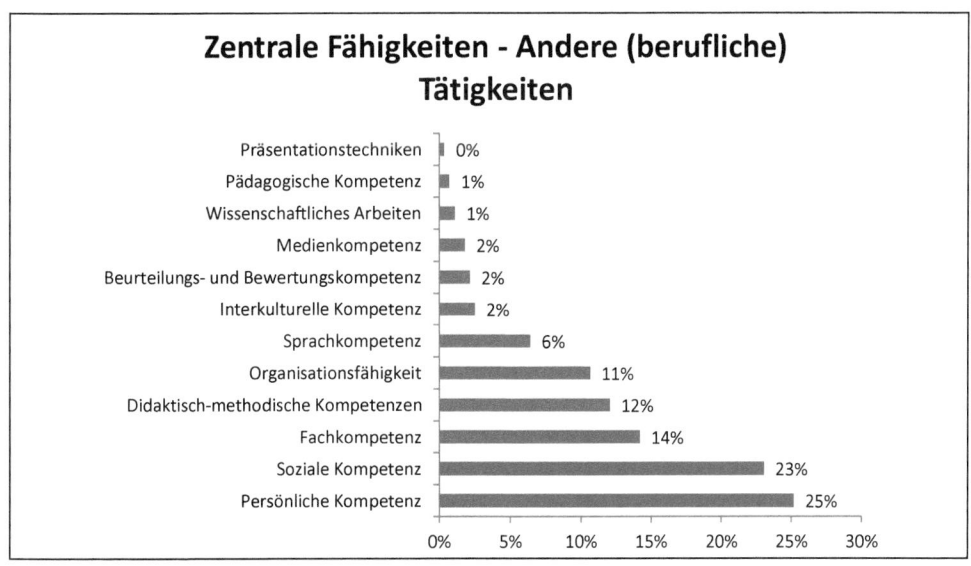

Abbildung 12

In diesem Diagramm entspricht die Reihung der Kompetenzen den allgemeinen Erwartungen. Mit 71 Nennungen (25%) wird die Vorrangigkeit des persönlichen Kompetenzerwerbs deutlich, gefolgt von der Sozialen Kompetenz mit 65 Nennungen (23%), der Fachkompetenz mit 40 Nennungen (14%) und den Didaktisch-methodischen Kompetenzen mit 34 Nennungen (12%).

Die Persönliche Kompetenz umfasst folgende Fähigkeiten und Kenntnisse:

Anpassungsfähigkeit, Arbeiten spät am Abend, Arbeiten unter hohem Druck, Ausdauer, Begeisterungsfähigkeit, Belastbarkeit in Stresssituationen, berufliche Herausforderung, Berufsorientierung, Bestehen vor einem anspruchsvollen Fachpublikum, Bewältigung langer Arbeitstage, die Fähigkeit, diverse Berufe miteinander zu verbinden und zugleich auszuüben, Disziplin, Durchhaltevermögen, Durchsetzungskraft, Eigenverantwortung, Einhalten selbst gesetzter zeitlicher Vorgaben, Engagement, Fähigkeit, Grenzen zu setzen, Flexibilität, Freude am Befähigen von Menschen, Freude an der Begabtenförderung, Geduld, Genauigkeit, gepflegtes und professionelles Auftreten, Improvisationsfähigkeit, Initiative, konsequentes Arbeiten, Konzentrationsfähigkeit, kreatives Arbeiten, Lern- und Leistungsbereitschaft, Motivationsfähigkeit, Mut, Nervenstärke, Offenheit, Ordnung und Genauigkeit, Persönlichkeitsentwicklung, Präzision, Pünktlichkeit, Reflexionsbereitschaft, Reflexionsfähigkeit, Respekt, Risikobereitschaft, schauspielerische Fähigkeiten, Schlagfertigkeit beim Beantworten von Fragen und Kritikpunkten, schnelle Einarbeitung in neue Themen, Selbstdisziplin, selbstständiges Arbeiten, selbstbestimmte und unabhängige Arbeitsweise, Selbstbewusstsein, Selbstmanagement, Selbsteinschätzung, Selbstsicherheit, Selbstvertrauen, Sensibilität, sich Zurechtfinden in einer fremden Umgebung, Spontaneität, Stressresistenz, Toleranz sich selbst gegenüber, Überzeugungskraft, Umgehen mit Erfolgs- und Misserfolgserlebnissen, Verantwortungsbewusstsein, Verlässlichkeit, Verständnis, Vertrauen und Zielstrebigkeit.

Diese Aufzählung an Fähigkeiten und Kenntnissen spiegelt sehr deutlich den selbstkritischen Blick der Sprachenlehrenden auf ihre Stärken und Schwächen der eigenen beruflichen Tätigkeiten wider. Rahmenbedingungen, die Selbstvertrauen, Sensibilität, Selbstmanagement und Stressresistenz erfordern, lassen sich vor allem in Tätigkeiten finden, die mit dem eigentlichen Qualifikations- und Berufsprofil wenig gemein haben. Es liegt nun an den Sprachenlehrenden, ihre eigenen Handlungsmuster zu erkennen, Rollenanforderungen zu unterscheiden und sich einer ständigen Selbstreflexion zu unterziehen, um dem Anforderungsprofil im inner- und außeruniversitären Umfeld gerecht zu werden. Die Erweiterung des didaktischen Handlungsrepertoires spielt dabei eine nicht unwesentliche Rolle, zumal es für jede/n von Interesse sein sollte, das eigene Berufsprofil zu schärfen, um in der heutigen Arbeitswelt bestehen zu können.

Auswahlkriterien für die Neueinstellung von Sprachenlehrenden

Um die berufliche Eignung neuer Sprachenlehrender feststellen zu können, bedarf es eines umfassenden Aufnahmekriterienkatalogs (vgl. Unger-Ullmann 2011, S. 95f.), der insbesondere das Qualifikations-, Tätigkeits- und Persönlichkeitsprofil eines/r Sprachenlehrenden abdeckt. Nach den Kriterien von *treffpunkt sprachen* werden im Hinblick auf das

Qualifikationsprofil die ausgezeichnete Beherrschung der zu unterrichtenden Sprache und eine einschlägige universitäre Ausbildung erwartet. Zusätzliche Qualifikationen, wie z.B. Universitätslehrgänge oder Weiterbildungsseminare, runden dieses Profil ab. Das Tätigkeitsprofil enthält Forderungen, wie den Einsatz von innovativen Methoden im Sprachunterricht, die Orientierung an aktuellen Lehr- und Lernformen, zielgruppenspezifische Kursplanung, kommunikativ- und handlungsorientierter Unterricht, Erstellung von Kursmaterialien, Durchführung von Evaluierungsmaßnahmen, Implementierung von E-Learning sowie die Einhaltung und sensible Durchführung von Prüfungsmodalitäten. Als wichtiges Kriterium für das Persönlichkeitsprofil kann die Bereitschaft, E-Learning und neue Methoden im Sprachunterricht einzusetzen, sich an Entwicklungsvorhaben zu beteiligen, an Weiterbildungsveranstaltungen und LektorInnentreffen teilzunehmen sowie Sprachenprojekte zu leiten, gelten. Was bislang im Auswahlverfahren wenig Beachtung fand, sind die notwendigen Fähigkeiten und Kenntnisse, die Sprachenlehrende für einen qualitativ hochwertigen Unterricht aufweisen sollten. Anhand der statistischen Auswertung ist es nun möglich, die wichtigsten Kompetenzen mit einer genauen Beschreibung in den Kriterienkatalog aufzunehmen. In Bezug auf das Anforderungsprofil, welches in den Bereichen Qualifikation und berufliche Tätigkeiten dargelegt wurde, sollte man davon ausgehen, dass die vier zentralen Kompetenzen, wie Persönliche Kompetenz, Fachkompetenz, Didaktisch-methodische Kompetenz und Soziale Kompetenz, eine tragende Rolle in einem systematischen Auswahlverfahren spielen. Eine gute Orientierung bietet die statistische Auswertung für PersonalentwicklerInnen, die bei Einstellungsgesprächen gezielte Fragen nach dem Kompetenzerwerb stellen möchten. Die vorliegende Statistik belegt, dass Fachkompetenz im Zuge einer einschlägigen akademischen Ausbildung weniger einzufordern ist als beispielsweise die Persönliche Kompetenz. Fachkompetenz lässt sich eher an der Absolvierung von Weiterbildungsseminaren festmachen als an Abschlüssen von Universitätslehrgängen. Ist man auf der Suche nach der Didaktisch-methodischen Kompetenz, liegt es aufgrund der statistischen Auswertung nahe, einen Blick auf die Weiterbildungsseminare und auf die Unterrichtserfahrung – sprich Lehrtätigkeit – zu werfen. Nachsicht sollte man bei den Pädagogischen Kompetenzen haben, die von den Sprachenlehrenden bislang kaum erworben wurden. Dass die Pädagogik weniger ins Gewicht fällt, lässt sich damit erklären, dass die mit Abstand wichtigste Kompetenz für den Sprachunterricht, nämlich die Didaktisch-methodische Kompetenz, diesen Mangel ausgleicht. Geringfügig ausgeprägt sind Kenntnisse in den Bereichen Interkulturelle Kompetenz, Beurteilung und Bewertung, Medienkompetenz, Präsentationstechniken und Organisationsfähigkeit. Die Statistik zeigt deutlich, dass das Weiterbildungsangebot in ein Ausbildungsangebot umgewandelt werden muss, um den Forderungen im Kriterienkatalog nachzukommen. Die Bereitschaft allein, E-Learning im Unterricht durchführen zu wollen, reicht nicht aus. Hier müssen verstärkt Akzente gesetzt werden, insbesondere, was die Präsentationstechniken, Organisationsfähigkeit und die Beurteilung von schriftlichen und mündlichen (Online-)Prüfungen anbelangt.

Potentialprofil

Die Erfassung rückführbarer Daten auf das Potentialprofil der Sprachenlehrenden erweist sich als schwieriges Unterfangen, zumal die bereits erworbenen Kompetenzen nicht immer mit dem angewandten Forschungsvorhaben in Einklang zu bringen sind. Im Rahmen des LehrendenKompetenzProfils hatten Sprachenlehrende die Möglichkeit, ihre Wünsche und Vorstellungen bezüglich einer forschungsgeleiteten Lehrtätigkeit darzulegen. Zur Orientierung dienten folgende Angaben:

Auszug aus dem LehrendenKompetenzProfil (LKP): Persönlicher Aktionsplan

Aufgrund meiner beruflichen Erfahrungswerte würde ich mich gerne mit folgenden Themenschwerpunkten beschäftigen:
- Förderung der Selbstlernkompetenzen
- Untersuchungen zu einzelnen Sprachkompetenzen (z.B. Förderung des Hörverstehens, Schreibkompetenz)
- selbstgesteuertes, autonomes Sprachenlernen
- das Europäische Sprachenportfolio im Einsatz
- sprachliche Handlungskompetenz
- Lehr- und Wissensmanagement im Bereich Sprachen
- handlungsorientierte Testverfahren im Sprachunterricht
- Selbsteinschätzung im Sprachunterricht
- Entwicklung von Hospitationskategorien als Indikatoren für die Qualität von Lehr- und Lernprozessen
- Kompetenzen der Sprachlehrenden
- Sprachlernprozesse
- Kommunikative Kompetenz
- Entwicklung und Förderung von Interkultureller Kompetenz
- Englisch oder andere Sprachen als Arbeitssprache (CLIL)
- Entwicklung einer Evaluationskultur unter den Lehrenden und Studierenden
- Untersuchungen zum Europäischen Referenzrahmen für Sprachen (CEFR)
- Standardisierung von Tests
- Online Teaching für Lehrende
- Qualitätskriterien im Sprachunterricht
- Neue Medien im Sprachunterricht
- E-Portfolios im Sprachenlernen.

Des Weiteren würden mich folgende Themen interessieren:

In Anbetracht der Tatsache, dass es relativ wenige Angaben der Sprachenlehrenden zu weiteren Themen gegeben hat, war es eine gute Entscheidung, ihnen eine Orientierungsvorlage mit Themenschwerpunkten anzubieten. Ergänzt wurden diese Schwerpunkte mit folgenden Vorschlägen: Ausbildung zum/r IVC (Interactive Virtual Classroom) Lehrenden, Unterricht nach Methoden der Suggestopädie, Neurolinguistik, Psycholinguistik, Spracherwerbsforschung, Bilingualismusforschung, Schulentwicklung im Bereich Fremdsprachen, Interkulturalität und Integration, Entwicklung von österreichspezifischem Material, Adaption von Originaltexten für Sprachenlehrende, Gestaltung kreativer Unterrichtsmaterialien, Mitgestaltung eines speziell an DaF-LernerInnen in Österreich (für Österreich) orientierten Lehrwerks, Entwicklung und Erstellung von Wörterbüchern.

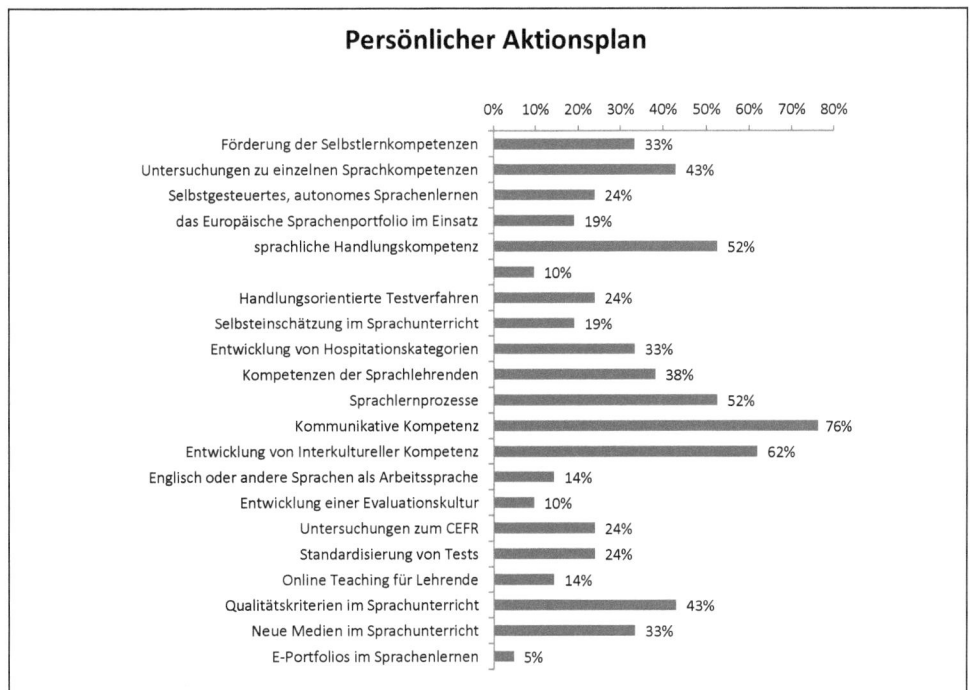

Persönlicher Aktionsplan

Förderung der Selbstlernkompetenzen	33%
Untersuchungen zu einzelnen Sprachkompetenzen	43%
Selbstgesteuertes, autonomes Sprachenlernen	24%
das Europäische Sprachenportfolio im Einsatz	19%
sprachliche Handlungskompetenz	52%
	10%
Handlungsorientierte Testverfahren	24%
Selbsteinschätzung im Sprachunterricht	19%
Entwicklung von Hospitationskategorien	33%
Kompetenzen der Sprachlehrenden	38%
Sprachlernprozesse	52%
Kommunikative Kompetenz	76%
Entwicklung von Interkultureller Kompetenz	62%
Englisch oder andere Sprachen als Arbeitssprache	14%
Entwicklung einer Evaluationskultur	10%
Untersuchungen zum CEFR	24%
Standardisierung von Tests	24%
Online Teaching für Lehrende	14%
Qualitätskriterien im Sprachunterricht	43%
Neue Medien im Sprachunterricht	33%
E-Portfolios im Sprachenlernen	5%

Abbildung 13

Gehen wir von der statistischen Auswertung des Persönlichen Aktionsplans aus, so lassen sich folgende Parameter feststellen: Größtes Forschungsinteresse zeigen Sprachenlehrende in den Bereichen Kommunikative Kompetenz (76%), Entwicklung und Förderung von Interkultureller Kompetenz (62%), sprachliche Handlungskompetenz (52%), Sprachlernprozesse (52%), Untersuchungen zu einzelnen Sprachkompetenzen (43%), Qualitätskriterien im Sprachunterricht (43%) sowie Kompetenzen der Sprachenlehrenden (38%). Vorstellbar sind Forschungsvorhaben in den Bereichen Qualitätskriterien und Kompetenzen der Sprachenlehrenden, zumal 21 Lehrende sich mit der Erstellung eines LehrendenKompetenzProfils eingehend beschäftigt haben und sich ihrer Kompetenzen im Zuge der Selbstreflexion bewusst geworden sind. Des Weiteren können ihnen Untersuchungen zu sprachlicher Handlungskompetenz, Sprachlernprozessen und Sprachkompetenzen anvertraut werden, da sowohl Fachkompetenz als auch Didaktisch-methodische Kompetenz sehr stark ausgeprägt sind. Auch die Kommunikative Kompetenz, die in unseren Auswertungen zur Sozialen Kompetenz gezählt wird, stellt ein interessantes Forschungsfeld für Sprachenlehrende dar. Probleme sind in Untersuchungen zur Interkulturellen Kompetenz zu vermuten, zumal laut statistischen Auswertungen diese lediglich mit 2% in der Ausbildung, 9% in Universitätslehrgängen, 7% in Weiterbildungsseminaren, 3% in der Lehrtätigkeit und 2% in Anderen (beruflichen) Tätigkeiten aufscheinen.

Resümee

Die Entwicklung neuer Forschungsprofile wie auch die Umstrukturierung von traditionsbelasteten Prozessen an Hochschulen und Universitäten erfordern von PersonalentwicklerInnen, Führungskräften und MitarbeiterInnen die Bereitschaft, aktiv an Reformen teilzunehmen und diese in Lehre und Forschung umzusetzen. Mit dem LehrendenKompetenzProfil werden Sprachenlehrende in ihrem Entwicklungsprozess sinnvoll unterstützt und begleitet. Im Rahmen der Profilerstellung kann das Rollenverständnis gestärkt, Kompetenzen entwickelt, Beratung, Aus- und Weiterbildung sowie Mentoring und Coaching ausgebaut und auf individuelle Bedürfnisse der Lehrenden zugeschnitten werden. Das LehrendenKompetenzProfil setzt mit seiner Darstellung einzelner Kompetenzen wesentliche Impulse für die hochschuldidaktische Entwicklung und stellt sicher, dass Inhalte und Methoden sich im Einklang mit den Zielen und Werten der Universität Graz befinden. Änderung und Verbesserung der Rahmenbedingungen werden nicht mehr als „externe Disposition" (Reis 2009, S. 113) gesehen, sondern als notwendige Aufgabe inneruniversitärer Einrichtungen. Es gilt, die Gestaltungskompetenz für den eigenen Arbeitsbereich und die jeweilige Fachdisziplin zu erhöhen, die Motivation der MitarbeiterInnen zu fördern, ihnen persönliche Verantwortung zu übertragen, sie mit Unterstützung der Führungskraft innerhalb des universitären Umfelds zu vernetzen, sie über Ziele, Strategien und Leitbilder zu informieren sowie konkrete Entscheidungen und Maßnahmen auf für sie nachvollziehbare Weise zu treffen. Denn nur auf diesem Weg kann eine Identifikation mit der eigenen Hochschule bzw. Universität stattfinden.

Bibliografie

Becker, Manfred (2009): Personalentwicklung. Bildung, Förderung und Organisationsentwicklung in Theorie und Praxis. 5. aktualisierte u. erweiterte Aufl. Stuttgart: Schäffer-Poeschel Verlag.

Hofer, Christian (2013): Vom Wesen der Hochschuldidaktik. Das Kollegiale Beratungs- und Weiterbildungssystem bei *treffpunkt sprachen* – Zentrum für Sprache, Plurilingualismus und Fachdidaktik. In: Hofer, Christian/ Schröttner, Barbara/ Unger-Ullmann, Daniela (Hrsg.): Akademische Lehrkompetenzen im Diskurs. A Discourse on Academic Teaching Competencies. Münster/New York/München/Berlin: Waxmann. S. 75-94.

Kuhne, Diethard (2004): Von der (Un)Möglichkeit des Notwendigen – Personalentwicklung für das wissenschaftliche Personal an Hochschulen. In: Gützkow, Frauke/ Quaißer, Gunter (Hrsg.): Hochschule gestalten. Denkanstöße aus Hochschulpolitik und Hochschulforschung. Festschrift zum 60. Geburtstag von Gerd Köhler. Bielefeld: UVW. S. 27-37.

Mehrtens, Martin (2009): Personalentwicklung als kritischer Erfolgsfaktor einer aktiven Hochschulentwicklung. In: Richthofen, Anja von/ Lent, Michael (Hrsg.): Qualitätsentwicklung in Studium und Lehre. Bielefeld: Bertelsmann. S. 100-111.

Neuböck, Kristina (2013): Kompetenzportfolios für Lehrende: ein Erfahrungsbericht aus der Arbeit mit Sprachenlehrenden. In: Hofer, Christian/ Schröttner, Barbara/ Unger-Ullmann, Daniela (Hrsg.): Akademische Lehrkompetenzen im Diskurs. A Discourse on Academic Teaching Competencies. Münster/New York/München/Berlin: Waxmann. S. 195-225

Paetz, Nadja-Verena/ Ceylan, Firat/ Fiehn, Janina/ Schworm, Silke/ Harteis, Christian (2011): Kompetenz in der Hochschuldidaktik. Ergebnisse einer Delphi-Studie über die Zukunft der Hochschullehre. Wiesbaden: VS Verlag.

Reis, Oliver (2009): Durch Reflexion zur Kompetenz – Eine Studie zum Verhältnis von Kompetenzentwicklung und reflexivem Lernen an der Hochschule. In: Schneider, Ralf/ Szczyrba,

Birgit/ Welbers, Ulrich/ Wildt, Johannes (Hrsg.): Wandel der Lehr- und Lernkulturen. Bielefeld: Bertelsmann. S. 100-120.

Stahr, Ingeborg (2009): Academic Staff Development: Entwicklung von Lehrkompetenz. In: Schneider, Ralf/ Szczyrba, Birgit/ Welbers, Ulrich/ Wildt, Johannes (Hrsg.): Wandel der Lehr- und Lernkulturen. Bielefeld: Bertelsmann. S. 70-87.

Szczyrba, Birgit (2009): ‚Das Auge kann sich selbst nicht sehen.' – Selbstevaluation mit dem Lehrportfolio. In: Richthofen, Anja von/ Lent, Michael (Hrsg.): Qualitätsentwicklung in Studium und Lehre. Bielefeld: Bertelsmann. S. 158-169.

treffpunkt sprachen – Zentrum für Sprache, Plurilingualismus und Fachdidaktik (2012): LehrendenKompetenzProfil (LKP). http://www.uni-graz.at/fszeadww/fszeadww_projekt.htm [18.07.2012].

Unger-Ullmann, Daniela (2011): Lernen und Management. Prozessorientiertes Arbeiten und erfahrungsgeleitetes Lernen im Bildungs- und Lehrmanagement. In: Schröttner, Barbara/ Hofer, Christian (Hrsg.): Looking at Learning. Higher Education. Language. Place/ Blicke auf das Lernen. Hochschule. Sprache. Ort. Münster/New York/München/Berlin: Waxmann. S. 83-100.

Eva Seidl und Birgit Simschitz

Prüfen als Gestaltungselement von Lehren und Lernen. Ergebnisse einer Befragung

Abstract

Das hochschuldidaktische Anliegen einer Prüfungsreform ist Ausgangspunkt für das laufende Projekt Lernenden-, kompetenz- und handlungsorientiertes Beurteilen und Bewerten in der universitären Sprachenlehre bei treffpunkt sprachen – Zentrum für Sprache, Plurilingualismus und Fachdidaktik der Karl-Franzens-Universität Graz. Der Schlüssel zur Veränderung der Prüfungs- und mithin auch der Lehr- und Lernkultur ist die akademische Lehrkompetenz, was die Forschungsliteratur deutlich zeigt. Ein Workshop am Zentrum zum Handlungsorientierten Sprachprüfen an der Hochschule zeigte, dass Prüfen gleichzeitig als wichtige wie schwierige Aufgabe wahrgenommen wird und Sprachenlehrende hierin Unterstützung schätzen. Wie sie mit den vielfältigen Anforderungen bei der Gestaltung von Prüfungssettings an der Hochschule umgehen, wurde anhand eines Fragebogens erhoben. Ergebnisse sowie Interpretation der Befragung liegen als erstes Teilergebnis vor und werden nach einem theoretischen Teil und der Projektbeschreibung ausgeführt. Abschließend unterbreiten die Autorinnen einige Vorschläge, um die Qualität der Prüfungen und damit auch des Lehr- und Lernarrangements bei treffpunkt sprachen nachhaltig zu sichern.

Forschungsrahmen und Problemstellung

Sprachenlehrende an universitären Sprachenzentren stehen vor der Herausforderung, ihre professionelle Praxis als Sprach- und Kulturvermittelnde, aber auch als Beurteilende und Bewertende vor dem Hintergrund des aktuellen hochschuldidaktisch-wissenschaftlichen Diskurses zu gestalten. Sie selbst werden spätestens bei der Lehrveranstaltungsevaluation nach Kriterien qualitativ hochwertiger Hochschullehre beurteilt, seltener auch bewertet. Mit *Beurteilung* ist in diesem Beitrag immer der generelle Beurteilungsprozess gemeint, der auch informell und vor allem auch nicht bewertend sein kann. *Bewertung* steht demgegenüber synonym für Leistungsmessung, Prüfung oder Assessment. Die fachliche Eignung der Sprachenlehrenden an Universität und Hochschule allein genügt nicht, gefördert werden soll vor allem auch ihre hochschuldidaktische und methodische Qualifizierung, sprich ihre akademische Lehrkompetenz (vgl. Salmhofer/Dorfer 2011; Stahr 2009, S. 75). Was die konkrete Beschreibung von Lehrkompetenzen an der Universität anbelangt, haben HochschuldidaktikerInnen verschiedene Systematiken entwickelt, die zwischen vier und neunzehn unterschiedliche Kompetenzbereiche identifizieren (vgl. Stahr 2009, S. 79). Stahr (ebd., S. 80) beschreibt in ihrem Kompetenzmodell fünf Dimensionen, nämlich Methoden-, Sozial-, System-, Selbst- und hochschulische Fachkompetenz, und führt in diesem Zusammenhang aus:

> Da Lehrkompetenzen mehr sind als überprüfbares Wissen und beobachtbares Verhalten, sondern auch Einstellungen, Haltungen und Dispositionen umfassen, können sie nur aus dem Handeln, aus der Performanz in typischen Anforderungssituationen erschlossen werden.

Diese Anforderungssituationen sind das Lehren und Umsetzen innovativer Lehrkonzepte, das Evaluieren und das Beraten und Prüfen von Studierenden. Beachtet man die Etymologie des Verbs *prüfen*, so ist bemerkenswert, dass *pruoven* beziehungsweise *prüven* bereits seit Ende des 11. Jahrhunderts im deutschsprachigen Raum nachgewiesen ist und dem lat. *probare* entspricht. Es trägt die Grundbedeutung einer „nachdenkenden, erwägenden, versuchenden oder untersuchenden, ordnenden, bewirkenden, wahrnehmenden, beurtheilenden oder billigenden Tätigkeit" (Deutsches Wörterbuch von Jakob und Wilhelm Grimm 1889, Nachdruck 1991 Bd 13: Spalte 2182), die an Universitäten spätestens von Robert de Sorbon (vgl. Bülow-Schramm/Gipser 1999, S. 4) als strenges Verfahren eingefordert und von den Jesuiten als Mittel der Disziplinierung so durchgesetzt wurde, dass Lehren und Lernen im tertiären Bildungsbereich untrennbar mit Prüfungen verbunden ist.

Eine der Schlüsselaufgaben für Hochschullehrende heute ist es, ihre Studierenden anspruchsvoll, angemessen und fair zu prüfen. Schriftliche oder mündliche Prüfungen zu konzipieren, durchzuführen und zu bewerten ist allerdings gleichermaßen zentrale Anforderung wie ein vernachlässigter Aspekt in der Ausbildung. Von Sprachenlehrenden wird erwartet: professionelles, kompetentes – und seit der bildungspolitischen Bologna-Reform verstärkt auch kompetenzorientiertes – Prüfen und Beurteilen; lernenden- und handlungsorientierte Leistungsbeurteilung; konstruktives Abgleichen von Lernzielen, Lehrmethoden und Prüfungsformen (*Alignment*); Wissen über verschiedene Prüfungsformate, geeignete Bewertungskriterien und deren Gewichtung; Orientierung an testtheoretischen Gütekriterien (Objektivität, Validität, Reliabilität) und angemessenes Prüfungsverhalten. In Anbetracht dieser Fülle an Erwartungen an die Prüfungspraxis ist es verständlich, dass Lehrveranstaltungsprüfungen oft nicht nur für die Studierenden, sondern genauso für die Lehrenden Stress und mitunter auch Angst bedeuten können. Prüfungen vermögen ferner das Verständnis oder Unverständnis der Studierenden zu offenbaren und können daher ein indirektes Maß für die Lehrleistung sein.

Der professionelle Umgang mit Lernfortschritts- und Leistungsbeurteilung spielt seit einigen Jahren eine zunehmend wichtige Rolle im hochschuldidaktischen Diskurs (vgl. u. a. Biggs 2007; Dany et al. 2008). Was dies vor allem für die akademische Sprachenlehre bedeutet, steht im Zentrum dieses Beitrags. In der Bildungslandschaft generell und speziell in der universitären Lehre vollzog sich in den letzten Jahren – nicht zuletzt im Zuge der Umsetzung von Bologna – ein Paradigmenwechsel von der Lehr- zur Lernorientierung, also von einer Input-Orientierung (Welche Lehrinhalte werden vermittelt?) zu einer Output-Orientierung (Was sollen die Lernenden wissen und können?). Dieser Perspektivenwechsel vom Lehren zum Lernen (*shift from teaching to learning*) hat massive Auswirkungen auf das universitäre Prüfungsgeschehen. Auf den wissenschaftlichen Diskurs über Kompetenzen soll an dieser Stelle nicht näher eingegangen werden (vgl. u. a. Hofer 2010; Huber 2008). Fest steht jedoch, dass durch die Umstellung auf modularisierte, kompetenzorientierte und konsekutive Studiengänge mit vergleichbaren Abschlüssen im Zusammenhang mit Bologna die Prüfungsgestaltung insofern verändert wird, als die Frage nach der Kompetenzüberprüfung ins Schlaglicht gerückt wird (vgl. Bülow-Schramm 2008; Huber 2008). Das bedeutet, dass den Studierenden explizit vermittelt werden muss: Welche Kompetenzen sind in welchen Lehrveranstaltungen zu erwerben und wie werden sie geprüft? Zu diesem Zweck braucht es eine klare Kommunikation der zu erwerbenden respektive zu vertiefenden Kompetenzen auf Ebene der Curricula sowie auf Ebene der Lehrveranstaltungen. Dies bedeutet für Sprachenlehrende, in ihren Kurs-Syllabi die Kompetenzen transparent zu machen und ihren Unterricht so zu gestalten, dass dieses Kompetenz-Training sichtbar wird. Für Studierende sind die anzustrebenden Kompetenzen nämlich nur dann gut zu verstehen, wenn sie sich diese als mögliche Prüfungsaufgaben (*tasks*) vorstellen können (vgl. Woschnak et al. 2008, S. 64). Woschnak et al. (ebd., S. 66) halten dazu fest: „Die Studierenden können das Unterrichtsgeschehen direkt vor dem Hintergrund der anzustrebenden Kompetenzen interpretieren und müssen es nicht angesichts unklarer oder widersprüchlicher Erwartungsvermutungen rekonstruieren."

Die Klarheit in den Erwartungen vereinfacht den Lehrenden das Lehren und den Lernenden das Lernen. Dies veranschaulicht eine Abbildung der Arbeitsstelle für Hochschuldidaktik der Universität Zürich. Wie Lehren, Lernen und Beurteilen zusammenhängen, wird in einem Regelkreis dargestellt, der die unterschiedlichen Perspektiven von Lehrenden und Lernenden auf das Unterrichts- und Prüfungsgeschehen darlegt. Durch die Output-Orientierung in Form von Kompetenzen wird der Leistungsnachweis zu einem Instrumentarium für Beurteilung und Selbstbeurteilung, der Einfluss auf den weiteren Lehr- und Lernprozess nimmt.

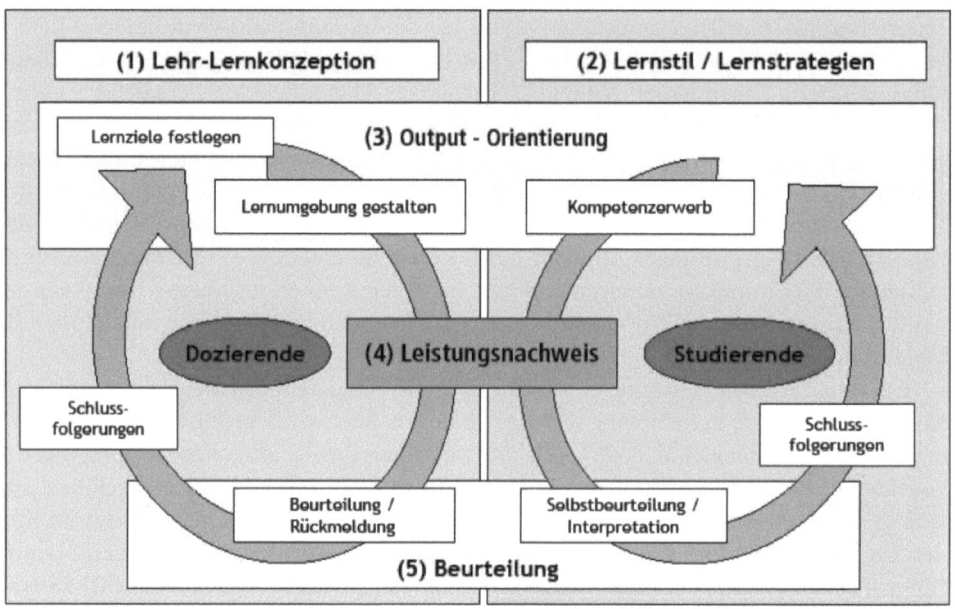

Abb. 1:   Lehr- Lern-Prozess und Leistungsnachweis – ein Regelkreis (Leistungsnachweise in modularisierten Studiengängen, Arbeitsstelle für Hochschuldidaktik der Universität Zürich 2007, S. 8)

Die Output-Orientierung macht Lernziele zu echten Lern-Zielen, „weil Lernende ihr Lernen direkt daran ausrichten können, und gleichzeitig sind sie eigentliche Lehr-Ziele, weil sie offen legen, wohin der Unterricht führen will und muss." (Woschnak et al. 2008, S. 63)

Die Leistungsbeurteilung sollte nun derart gestaltet sein, dass bei der schriftlichen oder mündlichen Prüfung die Studierenden ihre neu erworbenen oder vertieften Kompetenzen demonstrieren können. Allerdings ist es nicht notwendig, dass alle Prüfungen der Kompetenzmessung dienen. Reis und Ruschin (2008, S. 54) finden es „durchaus legitim, dass auch Wissen und Methodenbeherrschung überprüft wird." Prinzipiell eine kompetenzorientierte Prüfungsarchitektur anzustreben, führt zu einer veränderten Prüfungs- und letztlich auch Lehr- und Lernkultur. Eine an den zu erwerbenden Kompetenzen orientierte Prüfung bedarf einer Vorbereitung, die zeitgleich mit der Lehrveranstaltungsplanung beginnt. Dieses Abstimmen von a) Lehrveranstaltungszielen (learning outcomes), b) Prüfungsformen (inklusive Punkte- und Notenvergabe) und c) Lehrmethoden (Lehr-Lern-Arrangement) ist unter dem Begriff *Alignment* oder *konstruktiver Abgleich* in der einschlägigen Literatur bekannt. Brinker (2011, S. 52) präzisiert diese Kongruenz zwischen Lernzielen, Prüfungsformen und Lehrmethoden wie folgt:

> Konstruktives Abgleichen von Lehre und Prüfung, ein wesentliches Merkmal kompetenzorientierter Prüfungen, bedeutet vom Planungsbeginn an, Ziele der Lehrveranstaltung und Ziele der Prüfung wie auch Methoden der Lehrveranstaltung und Prüfungsformen aufeinander zu beziehen und abzustimmen.

Solcherart kompetenzorientierte Prüfungen ergänzen den Lehr- und Lernprozess sinnvoll, sind im Sinne einer Ausrichtung an den Lernenden (*shift from learning to teaching*) anwendungs- und problemorientiert und basieren auf den Niveaustufen des *Gemeinsamen Europäischen Referenzrahmens für Sprachen* (=GER). Lehrende solcher Kurse sind daher nicht nur dafür verantwortlich, ihren Sprachunterricht, sondern auch ihre Prüfungen stufenadäquat (A1-C2) zu konzipieren und zu gestalten. Der GER unterstützt Sprachenlehrende zwar bei der zielfokussierten Prüfungserstellung, doch sind die Deskriptoren für die jeweiligen Fertigkeiten auf den verschiedenen Niveaus (A1-C2) teilweise vage formuliert. Hier bieten Leitfäden des Europarates eine gute Unterstützung, da sie handhabbare Werkzeuge, Raster und Checklisten bieten, die eine valide, vergleichbare und stufenadäquate Prüfungskonzeption erleichtern: *Manual for Relating Language Examinations to the Common European Framework of Reference for Languages* und *Manual for Language Test Development and Examining. For use with the CEFR*. Auch UNIcert®, das führende Qualitätsmanagementsystem für Fremdsprachenausbildung an Hochschulen, stellt Lehrenden Kriterienkataloge und Guidelines bei der operativen Umsetzung der Prüfungserstellung zur Verfügung (vgl. Hotter, 2009; Amling, 2010; UNIcert®). Checklisten, die sich vor allem darauf beziehen, ob die erstellte Prüfung handlungsorientiert, hochschulspezifisch und transparent bewertbar ist, finden sich in den von Fischer et al. (2011) erstellten *Guidelines for task-based university language testing*. Hotter (2009, S. 204) betont zu Recht, dass Kriterienkataloge und Guidelines allerdings als dynamische Werkzeuge zu verstehen, den individuellen Bedürfnissen der Institutionen anzupassen und ständig weiterzuentwickeln sind.

Fischer et al. (2011, S. 42) plädieren in ihrer Publikation für die Implementierung von Weiterbildungsangeboten für die AnwenderInnen von jeglichen Rastern und Guidelines an Hochschulen, denn „well-developed tasks and rating scales will not produce useable scores unless raters are well trained in using the scales". Sie betonen auch die prekäre Situation, dass Prüfen und Testen als eine der Schlüsselaufgaben von Hochschullehrenden in der Ausbildung gemeinhin zu kurz kommt und von allen Beteiligten (ArbeitgeberInnen, Studierenden, KollegInnen) stillschweigend vorausgesetzt wird (ebd.): „[…] language testing is not normally an important element in teacher education nor is it a required qualification when employing university language teachers […] and the language teachers' testing skills are taken for granted."

Selbst wenn Lehrende sich in ihrer Aus- und Fortbildung mit dem Thema Prüfen auseinandergesetzt haben, so nimmt ihre langjährige Erfahrung aus der Komplementärperspektive als Lernende bewusst oder unbewusst Einfluss auf die von ihnen arrangierten Prüfungen. Um persönliche Erfahrungen nicht unreflektiert zu übernehmen und den Anforderungen eines modernen Prüfungskonzepts gerecht zu werden, wurde ein Projekt initiiert, dessen Entstehung und Durchführung im Folgenden näher beschrieben wird.

Ausgangssituation

Im Sommersemester 2011 wurde bei *treffpunkt sprachen,* dem Zentrum für Sprache, Plurilingualismus und Fachdidaktik der Karl-Franzens-Universität Graz, ein halbtägiger Workshop zum Thema „Handlungsorientiertes Sprachprüfen an der Hochschule" angeboten, der bei den Sprachenlehrenden auf großes Interesse stieß. Zentrales Anliegen des Workshops war das Bewusstmachen, das Sprachkurse an universitären Sprachenzentren und die anschließenden Kursabschlussprüfungen untrennbar miteinander verbunden und nicht isoliert voneinander zu betrachten sind. Auf einen kurzen theoretischen Input folgte eine Diskussion über zahlreiche Prüfungsbeispiele (zu Hör- und Leseverstehen, Lexik, Grammatik, Schreiben und Sprechen). Prüfungsrelevante Fragen waren u.a.: Kommt beim handlungsorientierten Prüfen die grammatische Korrektheit zu kurz? Wie werden im Rahmen institutionell vorgegebener Prüfungsmodalitäten produktive und rezeptive Fertigkeiten gewichtet und bewertet? Wie kann eine angenehme, angstfreie Prüfungsatmosphäre geschaffen und interkulturell sensibel geprüft werden? Welche Bedeutung haben unterschiedliche Lehr- und Lernkulturen im Prüfungskontext? Der Workshop regte einen sprachenübergreifenden kollegialen Erfahrungsaustausch sowie eine Reflexion der persönlichen Prüfungspraxis an. Wenige Wochen danach wurde an die Teilnehmenden per E-Mail ein Fragebogen verschickt, der eine vertiefte Reflexion über das Geprüft-Werden und Prüfen zum Ziel hatte.

Fazit des Workshops und der Antworten in den Fragebögen war, dass bei den Lehrenden hinsichtlich einer verstärkten Professionalisierung ihrer Prüfungspraxis Bedarf besteht und die Bereitschaft zu Veränderung vorhanden ist. Dies kommt nicht zuletzt dadurch zustande, dass in der Ausbildung Themen wie Prüfungskonzeption und -durchführung sowie Beurteilung in den meisten Fällen zu kurz kommen und der kollegiale Austausch über das persönliche Prüfungsverhalten selten Raum bekommt. Überdies haben Lehrende an universitären Sprachenzentren sehr unterschiedliche Ausbildungsprogramme absolviert und Unterrichtserfahrung in verschiedensten Kontexten gesammelt (vgl. Reich 2009, S. 206). Nicht zuletzt aus den genannten Gründen initiierte die Leiterin des Sprachenzentrums, Daniela Unger-Ullmann, das Projekt *Lernenden-, kompetenz- und handlungsorientierten Beurteilen und Bewerten in der universitären Sprachenlehre.*

Darstellung des Projekts

Seit das universitäre Sprachenzentrum *treffpunkt sprachen* 2009 in ein Zentrum für Lehre und Forschung umgewandelt wurde, ist es verstärkt möglich, Sprachlehrforschungsprojekte ins Leben zu rufen. Die Chance, die solche Forschungsvorhaben bieten, bringt Auferkorte-Michaelis (2009, S. 225) pointiert zur Sprache:

Für die Hochschule bietet innerinstitutionelle Forschung die Chance, selbstreflexive Ressourcen als Entwicklungspotenzial nutzbar zu machen. Die interne Qualitätsentwicklung durch Selbsterforschung ist sinnvoll, da so die Akteursgruppen als Expert/inn/en vor Ort nicht nur befragt werden, sondern an einem Entwicklungsprozess teilhaben und diesen gestalten. Sie erhalten Antworten auf Fragen, die sie in ihrem Berufsalltag beschäftigen.

Auch nach Tremp (vgl. 2009, S. 209) braucht Professionalität in der Lehre kritische Distanz zur und Reflexivität gegenüber der Praxis. Diese sind „ein Instrumentarium des gemeinsamen rationalen Nachdenkens über das Tun, seine Absichten und Wirkungen" (ebd., S. 209). Das in diesem Beitrag beschriebene Sprachlehrforschungsprojekt hat die Aufgabe, nicht allein das erschlossene Wissen in die Praxis zu transferieren, sondern auch zu untersuchen, wie sehr in Sprachkursen bei *treffpunkt sprachen* im Unterrichtsgeschehen und bei Lernfortschritts- und Leistungsbeurteilungen der hochschuldidaktischen Forderung nach Lernenden-, Kompetenz- und Handlungsorientierung entsprochen wird. In einem weiteren Schritt ist zu eruieren, welche Maßnahmen es braucht, um die erwähnten Ansprüche zu erfüllen. Unter anderem soll ein Leitfaden mit organisatorischen, methodischen und didaktischen Hinweisen für Prüfungen erstellt werden. Seine Aufgabe ist es, bei der Gestaltung von schriftlichen und mündlichen Prüfungen zu helfen und mehr Sicherheit und Kompetenz beim Beurteilen und Bewerten zu vermitteln. Darin enthalten sind u. a. Anregungen für die regelmäßige, kreative Wiederholung des Lernstoffs und Tipps zur Gestaltung der Sitzordnung bei mündlichen Prüfungsgesprächen, die atmosphärisch von großer Bedeutung ist. Weiters ist geplant, im Rahmen eines didaktischen Beratungssystems bei *treffpunkt sprachen* ein Beurteilungscoaching zu implementieren und das gegenseitige Beobachten von Prüfungen und gemeinsame Analysieren von Tests unter den Lehrenden – auf freiwilliger Basis – anzuregen und zu unterstützen. Amling (2010, S. 111) nennt als Bedingungen für das Gelingen eines solchen Austausches: „[…] das Vertrauen in die Qualität der eigenen Arbeit, das gegenseitige Vertrauen der Prüfer, die Bereitschaft, anderen Einblick in die eigenen Prüfungsaufgaben sowie deren Bewertung zu gewähren und mögliche Kritik als etwas Gewinnbringendes annehmen zu können."

Durch die geplanten Aktivitäten soll die Beurteilungskompetenz der Lehrenden gefördert werden, ebenso wie ihr Vermögen, sich in der Prüfendenrolle empathisch zu verhalten, ihr Prüfungsverhalten selbstkritisch zu reflektieren und den Lernenden annehmbares Feedback zu geben. Als weiterer Schritt soll eine Übersicht erprobter, gut funktionierender Prüfungsformen für die vier Sprachkompetenzen und die fünf bei *treffpunkt sprachen* angebotenen GER-Niveaus (A1-C1) erstellt werden, die aufzeigt, auf welchem Niveau sich welche Prüfungsarten für welche Fertigkeiten gut eignen. Konkrete Fragestellungen lauten hier z. B.: Wie wird der Lehrstoff auf Niveau A1 anregend wiederholt? Wie prüft man effektiv mündliche Sprachkompetenz auf Niveau B1? Welche Testformen eignen sich gut für die Überprüfung der Lesekompetenz auf Niveau B2? Als übergeordnetes Ziel kann ganz generell die Erweiterung der Methodenkompetenz und die Professionalisierung der Lehrenden hinsichtlich ihres Beurteilens und Bewertens an der Hochschule gesehen werden.

Durchführung und methodisches Vorgehen

Fünf Sprachlehrveranstaltungen der GER-Niveaus A1, A2, B1, B2 und C1 wurden im Rahmen dieses Projektes im Wintersemester 2011/12 hinsichtlich ihrer Gestaltung von Beurteilen, Bewerten und Prüfen hochschuldidaktisch begleitet.

Niveau	Sprache	Kurs	Zeit
A1.1	Französisch	Grundstufe 1	Mi, 13.30-15.00
A2.1	Italienisch	Grundstufe 3	Do, 10.00-11.30
B1.1	Spanisch	Mittelstufe 1	Mi, 10.00-11.30
B2.1	Englisch	Mittelstufe 3	Mi, 11.45-13.15
C1.1	Deutsch	Oberstufe 1	Mi, 8.15-09.45

Im Rahmen von unterrichtsbeobachtender Aktionsforschung erfolgten in diesen fünf Sprachlehrveranstaltungen folgende Aktivitäten: An jeder Lehrveranstaltung haben die Autorinnen zwei Mal im Semester beobachtend teilgenommen. Die erste Unterrichtsbeobachtung fand ungefähr im zweiten Monat nach Kursbeginn statt, die zweite nach den Weihnachtsferien im Jänner. Für Studierende der fünf begleiteten Kurse wurden zwei Fragebögen erstellt: Einer, der ihre Einschätzung des schriftlichen Tests erfragen sollte (z.B. hinsichtlich Verständlichkeit, Lösbarkeit, Schwierigkeitsgrad, Punktevergabe), und ein weiterer zur studentischen Einschätzung der mündlichen Prüfung (z. B. hinsichtlich Transfermöglichkeit, Handlungsorientierung). Um Unterricht, Test und Fragebogen über den Test in einen Zusammenhang zu bringen, stellten die Lehrenden der fünf am Projekt beteiligten Sprachkurse den Projektmitarbeiterinnen ihre schriftlichen Zwischen- und Schlussklausuren zur Verfügung. Die Studierenden füllten den Fragebogen über den Test direkt im Anschluss an die Endklausur aus. Dadurch sollte studentisches Feedback über die Art der Überprüfung des Lernstoffes eingeholt werden. Zu Semesterende wurden pro Kurs ungefähr zehn mündliche Prüfungsgespräche beobachtet und direkt im Anschluss daran an alle geprüften Studierenden ein Fragebogen über ihre persönliche Einschätzung der soeben absolvierten Prüfung verteilt. Den Fragebogen, der im Rahmen des Workshops zur *Handlungsorientierung in der Sprachenlehre* im Sommersemester 2011 erstellt und an die Seminar-Teilnehmenden verschickt wurde, haben die Autorinnen überarbeitet und an alle Lehrenden bei *treffpunkt sprachen* versandt. Die darin enthaltenen Fragen erfassen die Prüfungserfahrung sowie das individuelle Beurteilungs- und Bewertungsverhalten. Die Auswertung zeigt eine deutliche Verzahnung der Theorie des Prüfungsdiskurses mit der Prüfungspraxis. Die Analyse der Fragebögen sowohl für Lehrende als auch für Lernende soll bei der Erstellung des oben genannten Prüfungsleitfadens und der Prüfungsformen-Übersicht helfen. Das Projekt wird nach Abschluss evaluiert und zur Ergebnissicherung einer kritischen Einschätzung und Analyse unterzogen.

Auswertung der Lehrenden-Fragebögen

Die bildungs- und unterrichtstheoretischen Diskussionen der Gegenwart zeigen, dass Prüfungen großen Einfluss auf die Lehre im Allgemeinen und das Unterrichtsgeschehen im Besonderen nehmen (vgl. Perlmann-Balme 2010, S. 1277). Lehrende richten daher ihre Lehrstrategien, Lernende ihre Lernstrategien an den Prüfungen aus, was diese zu einem zentralen Steuerungselement macht. Aus diesem Grund setzen Bildungsinstitutionen, Lehrende und Lernende hohe Erwartungen an das Prüfungsgeschehen (vgl. Ryan/ Aislinn 2005, S. 146f.).

Der an die Lehrenden von *treffpunkt sprachen* verschickte Fragebogen (Rücklaufquote von 68 Prozent) versucht, die komplexe Tätigkeit des Prüfens in vier Teilaspekten zu erfassen, und zwar durch:

a) die Offenlegung des Lehr- und Lernmodells und seiner Prüfungskonzeption

b) die Wahl der Aufgabentypen bei schriftlichen Prüfungen und die Beurteilungskriterien für die Textproduktion

c) die Beurteilungskriterien für die mündliche Prüfung

d) die Reflexion der Aufgabe als PrüferIn

Lehr-Lernmodell und Prüfungskonzeption
Beinahe alle Lehrenden entwickeln ihre Prüfungen vor dem Hintergrund eines integrativen Lehr- und Lernmodells, das auf prinzipiellem Interesse, auf Motivation und Aktivität der Lernenden aufbaut und auf explizite Instruktion durch Lehrende setzt. Dieser Sichtweise entsprechend verwenden sie für den Kursabschlusstest eine Mischform aus Leistungs- und Qualifikationsprüfung, die sowohl unterrichts- als auch sprachkompetenzorientiert ist. Während ein Leistungstest (auch Sprachstandstest, Achievement Test) überprüft, was unterrichtet worden ist, überprüft eine Qualifikationsprüfung (auch Feststellungsprüfung, Proficiency Test) die Fähigkeit zur realitätsnahen Anwendung des erworbenen Wissens. Die erste Form zeigt eine Binnen-, die zweite eine Außenperspektive (vgl. GER 2001, S. 178). Nur wenige der befragten Sprachenlehrenden vertreten die Haltung des Behaviorismus und des frühen Kognitivismus, deren Schwierigkeit in der Erzeugung von *trägem Wissen*, also bloß abstraktem und nicht anwendungsbezogenem Wissen, liegt. Diese kleine Gruppe bevorzugt unterrichtsbezogene Leistungsprüfungen. Die VertreterInnen einer Form des Konstruktivismus, der nahezu ausschließlich auf Selbstorganisation und Selbsttätigkeit basiert, nützen verstärkt Qualifikationsprüfungen.

Aufgabentypen und Beurteilungskriterien für die Textproduktion
Die Klausuraufgaben beziehen sich häufig auf Lesen, Hören, Schreiben, Grammatik und Wortschatz, mehr als 20 Prozent verzichten auf Leseaufgaben, mehr als ein Drittel (die Angaben der Klassischen Philologen und Philologinnen sind dabei schon abgezogen) verzichtet auf Höraufgaben, und 18 Prozent messen Aufgaben zum erarbeiteten Wortschatz nur eine geringe Bedeutung bei. Die von den Lehrenden verwendeten Kriterien zur Beurteilung der Textproduktion stimmen im Großen und Ganzen mit dem Bewertungs- und Beurteilungsraster überein, das bei *treffpunkt sprachen* schon vor einigen Jahren erarbeitet wurde (vgl. http://gams.uni-graz.at/isl Materialien: Evaluieren und Bewerten). Differenzen zeigen sich lediglich im Umgang mit sprachlicher Experimentierfreude und mit der Textlänge.

Beurteilungskriterien für die mündliche Prüfung
Bei den Kriterien für die mündliche Prüfung zeigt sich eine Übereinstimmung in zweierlei Hinsicht. Zum einen ist ein deutlicher Konsens bei der Beurteilung unter den Sprachenlehrenden erkennbar, zum anderen sind die verwendeten Beurteilungskriterien mit

dem von *treffpunkt sprachen* vorgeschlagenen Kriterienraster für mündliche Prüfungen kongruent (vgl. http://gams.uni-graz.at/isl Materialien: Evaluieren und Bewerten). Es fällt jedoch auf, dass die Lehrkräfte die formale Richtigkeit in geringerem Ausmaß zur Beurteilung heranziehen, als im bestehenden Raster empfohlen wird.

Die Reflexion der Aufgabe als PrüferIn

Die durch Fragen gelenkte Reflexion bezieht sich zum einen auf die persönlichen Erfahrungen der Lehrenden als Geprüfte, zum anderen auf ihre Rolle als Prüfende. Acht von neun Lehrenden konstatieren mehr oder weniger große Unterschiede zwischen den von ihnen abgelegten Prüfungen und jenen, die sie gegenwärtig abnehmen. Ihre Antworten im Fragebogen zeugen von dem Bestreben, Anforderungen zu Semesterbeginn offenzulegen und die Transparenz der Bewertungsmaßstäbe zu gewährleisten. Auch wird eine Vielzahl von Nachweisen für die Semesternote herangezogen, und zwar vier bewertete Hausübungen, eine Zwischen- und eine Abschlussklausur sowie eine mündliche Prüfung. Wird die Sprach- und Fachausbildung der Lehrenden in Beziehung zu den absolvierten Prüfungen gesetzt, zeigen sich Divergenzen: Während 40 Prozent der Lehrenden ihre universitäre Sprachausbildung als handlungs- und sprachkompetenzorientiert charakterisieren, bezeichnen nur rund 20 Prozent dieser Gruppe ihre Prüfungen während der Studienzeit derart – der Modus der Examina entsprach mithin nicht dem Lehr- und Lernprozess. In der Ausbildung setzten sich – je nach Sichtweise nur oder bereits – ein Fünftel theoretisch und praktisch mit dem Prüfungsthema auseinander. Ein Viertel der Lehrenden beschäftigte sich in zusätzlich besuchten Fortbildungen mit Fragen der Testung, die Mehrzahl von ihnen nimmt auch standardisierte Prüfungen wie *International English Language Testing System* (IELTS) oder Österreichisches Sprachdiplom Deutsch (ÖSD) ab. Mehr als die Hälfte eignet sich Prüfungskompetenz über den Austausch mit KollegInnen und durch Erfahrung an. Die Frage nach dem Aspekt der Interkulturalität beim Prüfen ist unbeliebt, etwas weniger als die Hälfte beantwortet sie nicht oder zieht sich hinter der Position zurück, keine oder wenig Erfahrung damit zu haben. Der größere Teil nimmt die Vielheit in linguistischer Hinsicht, in Lernkultur und Kultur wahr. Uneinigkeit besteht darin, wie mit dieser Pluralität umzugehen ist. Für die einen spielen die unterschiedlichen Lehr-, Lern- und Prüfungskulturen, mit denen die Studierenden vertraut sind, eine untergeordnete Rolle, für sie zählen ausschließlich klare Zugangsbestimmungen zu und Anforderungsprofile für Sprachkurse. Andere weisen auf die Übernahme ausgangssprachlicher Sprach- und Verhaltensmuster in die Zielsprache hin und halten für die Thematisierung solcher linguistischer und kultureller Interferenzen zusätzliche Kursangebote für wünschenswert. Eine weitere Gruppe von Lehrenden berücksichtigt kulturelle Unterschiede bei Prüfungen, ohne dies im Fragebogen näher auszuführen. Self- und Peer-Assessment stoßen auf breites, allgemeines Interesse, die wenigsten verzichten hier auf eine Stellungnahme, die bei etwas mehr als 70 Prozent der Lehrenden positiv ausfällt. Offen stellen sie Fragen zur Umsetzung: Wie werden Kriterien gebildet? Wie lässt sich diese Beurteilungsform einführen? Welche Bedeutung hat das für die Leistungsbeurteilung?

Interpretation der Befragungsergebnisse

Die Auseinandersetzung von Lehrenden mit Prüfungsmodalitäten wird von den Studierenden mit einer hohen Zufriedenheit mit den mündlichen und schriftlichen Prüfungen honoriert. 47 PrüfungskandidatInnen beantworteten nach der mündlichen Prüfung acht Fragen zum Prüfungssetting. Die Gesamtbeurteilung für die mündliche Prüfung ist in fünf Sprachen 1,4. Sieben Items in einem Fragebogen zur schriftlichen Prüfung ergaben bei 79 PrüfungskandidatInnen einen Wert von 1,5. Bei *treffpunkt sprachen* kommen verschiedene Prüfungsformen zum Einsatz, zu überlegen ist jedoch, ob nicht alternative und innovative Formen der Leistungsüberprüfung verstärkt verwendet werden sollen. Als Beispiele dafür führt die Arbeitsstelle für Hochschuldidaktik der Universität Zürich u.a. Posterpräsentationen und Lerntagebücher an (vgl. Arbeitsstelle für Hochschuldidaktik der Universität Zürich 2007, S. 21). Auch der Einsatz des Europäischen Sprachenportfolios bietet die Möglichkeit, Lehr- und Lernziele auf eine Weise zu vereinheitlichen, dass im Unterricht die Erfüllung beider Ziele einfach verwirklicht und überprüft werden kann (Europäisches Sprachenportfolio für den Hochschulbereich 2003 bzw. die überarbeitete Version für Jugendliche ab 16 Jahren und für Erwachsene Europäisches Sprachenportfolio III 2010). An dieser Stelle sei auf die *Guidelines for task-basked university language testing* (GULT) ab dem Sprachniveau B1 verwiesen (vgl. Fischer et al. 2011). Der handlungsorientierte Test für allgemeine und akademische Zwecke integriert die rezeptiven Fertigkeiten in die produktiven, denn „in real life these skills rarely appear separately and are normally interconnected" (ebd., S. 26). Die Überprüfung der Sprachfertigkeiten erfolgt nicht unabhängig voneinander, sondern interdependent. Die VerfasserInnen des GULT-Tests (ebd., S. 29) erklären dazu:

> Test takers are no longer asked to ‚understand for the sake of understanding', but the test takers have to understand the text with a clear aim in mind, namely, they have to manage the (overall) task and will need to use the information provided by the texts in the part of the exam that tests productive skills.

Genannt wird zudem das vorbildliche Beispiel einer Kooperation zwischen Lehrenden am Zentrum und Observatorium für Geowissenschaften mit Sprachenlehrenden an der Universität Straßburg (vgl. Fischer et al. 2011, S. 75). Dies eröffnet auch für die Karl-Franzens-Universität eine nachahmenswerte fächerübergreifende Möglichkeit der Zusammenarbeit. Die Inkonsistenzen im Umgang mit Interkulturalität könnten damit zu tun haben, wie die sprachpolitischen Handlungsziele des Europarats (R 98; 6) im *Gemeinsamen europäischen Referenzrahmen für Sprachen* (GER) und davon abgeleitet in den Kursbeschreibungen von *treffpunkt sprachen* umgesetzt werden. Die Förderung von Verständnis und Toleranz sowie Achtung unterschiedlicher Lebensweisen und das Lernen von Sprachen soll Lernende für eine interkulturelle Welt vorbereiten. In den konkreten Ausführungen des GER (S. 145) wird von einer gemeinsamen europäischen Kultur gesprochen, darauf folgt ein Hinweis auf Unterschiede zwischen Ländern, Regionen, sozialen Schichten, ethnischen Gruppen, Männern und Frauen. Die sozio- und die interkulturelle Dimension einer gelingenden Kommunikation werden dafür nicht in der Sprache verankert, sondern erscheinen als soziokulturelles Wissen und interkulturelles Bewusstsein (S. 104f.). Auf soziolinguistischer Ebene wird die Fähigkeit zur Bewältigung komplexer Anforderungen in spezifischen Situationen als soziolinguistische Kompetenz bezeichnet, skaliert und mit

Deskriptoren von A1 bis C2 beschrieben. Die interkulturelle Fähigkeit erhält eine äußerst knappe, vier allgemeine Punkte umfassende Beschreibung (S. 106), wobei unter dem Leitwort der pragmatischen Kompetenz sprachgebundene, kulturelle resp. interkulturelle Elemente wie Flexibilität, Sprecherwechsel und Themenentwicklung (S. 124f.) benannt und für die Niveaustufen A2 bis C2 dargestellt werden. Wird Kultur nicht allein als personaler und sozialer, sondern als sprachlicher Faktor gesehen, so braucht es zweierlei: die Aufnahme von Kulturalität in die bestehenden Kursbeschreibungen für die angebotenen Sprachlehrveranstaltungen bei *treffpunkt sprachen* (im Moment gibt es das für das Chinesische, Japanische und Arabische) und Überlegungen zur Berücksichtigung derselben im Lehr- und Prüfungsgeschehen. Reich (2009, S. 211) bemerkt hinsichtlich der Heterogenität von Lehrenden an universitären Sprachenzentren zu Recht:

> Wesentliche Unterschiede gehen häufig auf länder- bzw. kulturspezifische Traditionen zurück. Der Fairness halber muss daher darauf geachtet werden, dass unterschiedliche Einstellungen gegenüber dem Prüfen nicht zum Bias werden und einzelne Agierende in unverantwortlicher Weise benachteiligen.

Dieses Zitat zeigt, dass Lehrende wie Lernende verschiedene Erfahrungen und Einstellungen zum Thema Prüfen in die Unterrichts- und Prüfungssituation mitbringen. Der reflektierte Umgang damit ist Teil der akademischen Lehrkompetenz.

Resümee

Der Beitrag reflektiert Prüfungen in der universitären Sprachenlehre aus theoretischer und empirischer Sicht. Dabei zeigt sich, dass infolge des Bologna-Prozesses Prüfungsgestaltung und Leistungsbeurteilung von akademischen Sprachenlehrenden vielfältige Kompetenzen erfordern, die von Postulaten wie Lernenden-, Kompetenz- und Handlungsorientierung maßgeblich beeinflusst werden. Auch wenn die befragten Studierenden mit der Prüfungskultur bei *treffpunkt sprachen* sehr zufrieden sind, so zeigt sich doch bei den Lehrenden der Wunsch nach hochschuldidaktischen Unterstützungsangeboten für ihre Prüfungspraxis. Um eine langfristige Qualitätssicherung bei *treffpunkt sprachen* zu gewährleisten, wäre es sinnvoll, das erwähnte Instrumentarium umzusetzen: Prüfungsleitfaden, Beurteilungscoaching, Prüfungsformen-Übersicht mit Best-practice-Modellen, Europäisches Sprachenportfolio, GULT-Test. Es ist zu erwarten, dass sich mit einer veränderten Prüfungskultur auch eine neue Lehr- und Lernkultur etabliert.

Bibliografie

Amling, Barbara (2010): UNIcert® und Qualitätssicherung – Stand und Herausforderungen. In: Fremdsprachen und Hochschule. FuH 83/84. Bochum: AKS-Verlag. S. 101-113.

Arbeitsstelle für Hochschuldidaktik der Universität Zürich (2007): Leistungsnachweise in modularisierten Studiengängen. Dossier. Universität Zürich. http://www.hochschuldidaktik.uzh.ch/instrumente/dossiers/Leistungsnachweise_Juli_07.pdf [16.04.2012].

Auferkorte-Michaelis, Nicole (2009): Innerinstitutionelle Hochschulforschung – ein hochschuldidaktischer Forschungstyp als Reflexionsinstrument für eine Hochschule. In: Schneider, Ralf und andere (Hg.): Wandel der Lehr- und Lernkulturen. Reihe Blickpunkt Hochschuldidaktik. Bd. 120. Bielefeld: Bertelsmann. S. 220-231.

Biggs, John/ Tang, Catherine (2007). Teaching for quality learning at university. 3. Auflage. Maidenhead (u. a.): McGraw-Hill/Society for Research into Higher Education & Open University Press.

Brinker, Tobina (2011): Kompetent prüfen – Performanz bewerten: Konstruktives Abgleichen von Lehre und Prüfung. In: Dorfer, Alexandra und andere (Hg.): Prüfen auf dem Prüfstand. Sammelband zum Tag der Lehre 2010 der Karl-Franzens-Universität Graz. Grazer Universitätsverlag. Grazer Beiträge zur Hochschullehre. S. 37-53.

Bülow-Schramm, Margret (2008): Hochschuldidaktische Prüfungskritik revisited unter Bologna-Bedingungen. In: Dany, Sigrid und andere (Hg.) (2008): Prüfungen auf die Agenda! Hochschuldidaktische Perspektiven auf Reformen im Prüfungswesen. Reihe: Blickpunkt Hochschuldidaktik. Bd. 118. Bielefeld: Bertelsmann. S. 27-44.

Bülow-Schramm, Margret/ Gipser, Dietlinde (1999): „Wer Lehre sagt, muß auch Prüfung sagen …" Zur Funktion von Prüfungen an den Hochschulen. In: Handbuch der Hochschullehre. Informationen und Handreichungen aus der Praxis für die Hochschullehre. Bd. 3. Berlin: Raabe. S. 1-18.

Council of Europe (1998): Recommendation No. R (98) 6 of the Committee of Ministers to Member States Concerning Modern Languages. https://wcd.coe.int/com.instranet.Instra Servlet?command=com.instranet.CmdBlobGet&InstranetImage=530647&SecMode=1&Do cId=459522&Usage=2. [16.04.2012].

Council of Europe (2009): Relating Language Examinations to the Common European Framework of Reference for Languages: Learning, Teaching, Assessment (CEFR). Manual. Language Policy Division. Strasbourg. http://www.coe.int/t/dg4/linguistic/Source/ManualRe vision-proofread-FINAL_en.pdf [16.04.2012].

Council of Europe (2011): Manual for Language Test Development and Examining. For use with the CEFR. Produced by ALTE on behalf of the Language Policy Division, Council of Europe. http://www.coe.int/t/dg4/linguistic/ManualtLangageTest-Alte2011_EN.pdf [16.04.2012].

Dany, Sigrid et al. (Hg.) (2008): Prüfungen auf die Agenda! Hochschuldidaktische Perspektiven auf Reformen im Prüfungswesen. Reihe: Blickpunkt Hochschuldidaktik, Bd. 118. Bielefeld: Bertelsmann.

Deutsches Wörterbuch (1991): Hg. von Jakob und Wilhelm Grimm. Nachdruck. Bd13 = Bd 7. N – Quurren. Bearbeitet von Matthias von Lexer. München: Deutscher Taschenbuch Verlag.

Europarat (2001): Gemeinsamer europäischer Referenzrahmen für Sprachen: lernen, lehren, beurteilen. Berlin u. a.: Langenscheidt.

Europäisches Sprachenportfolio für den Hochschulbereich (2003): http://userpage.fu-berlin. de/elc/portfolio/de/index.html [16.04. 2012]; zum Sprachenpass siehe http://userpage.fu-berlin.de/elc/portfolio/de/pdf/ESP_ELC_Pass_Dokumente.pdf [16.04.2012].

Europäisches Sprachenportfolio III der Schweiz (2010): http://www.sprachenportfolio.ch/page/ content/index.asp?MenuID=2081&ID=3366&Menu=14&Item=7.1.6. [16.04. 2012].

Fischer, Johannes et al. (2011): Guidelines for task-based university language testing. Graz: Europäisches Fremdsprachenzentrum. http://www.ecml.at/tabid/277/PublicationID/68/Default. aspx [15.05.2012].

Hofer, Christian (2010): Kompetenzen in Spannungsfeldern. Vielfalt als Chance begreifen. In: Schröttner, Barbara/ Hofer, Christian (Hg.): Kompetenzen – Interdisziplinäre Rahmen. Competences – Interdisciplinary Frameworks. Graz: Leykam Grazer Universitätsverlag. S. 29-39.

Hotter, Verena (2009): Validität & Vergleichbarkeit: Ist meine Prüfung stufenadäquat? In: Poletti, Axel (Hg.): Sprachen als akademische Schlüsselkompetenz? Dokumentation der 25. Arbeitstagung 2008. Bochum: AKS-Verlag. S. 197-204.

Huber, Ludwig (2008): ‚Kompetenzen' prüfen? In: Dany, Sigrid et al. (Hg.): Prüfungen auf die Agenda! Hochschuldidaktische Perspektiven auf Reformen im Prüfungswesen. Reihe: Blickpunkt Hochschuldidaktik, Bd. 118. Bielefeld: Bertelsmann. S. 12-26.

Perlmann-Balme, Michaela (2010): Testen und Prüfen von Sprachkenntnissen. In: Krumm, Jürgen (Hg.): Deutsch als Fremdsprache: ein internationales Handbuch. Bd. 2. Berlin/New York: De Gruyter. S. 1272-1288.

Reich, Astrid (2009): Prüfen, Testen und Zertifizieren an universitären Fremdsprachenzentren. In: Polleti, Axel (Hg.): Sprachen als akademische Schlüsselkompetenz? Dokumentation der 25. Arbeitstagung 2008. Bochum: AKS-Verlag. S. 205-211.

Reis, Oliver/ Ruschin, Sylvia (2008): Kompetenzorientiert prüfen – Baustein eines gelungenen Paradigmenwechsels. In: Dany, Sigrid und andere (Hg.): Prüfungen auf die Agenda! Hochschuldidaktische Perspektiven auf Reformen im Prüfungswesen. Reihe: Blickpunkt Hochschuldidaktik, Bd. 118. Bielefeld: Bertelsmann. S. 45-57.

Ryan, Richard M./ Sapp, Aislinn (2005): Considering the Impact of Test-Based Reforms. A Self-Determination Theory Perspective on High Stakes Testing and Student Motivation and Performance. In: Unterrichtswissenschaft. 33.Jg., H. 2., S. 143-159.

Salmhofer, Gudrun/ Dorfer, Alexandra (2011): Gute Lehre sichtbar machen: Der Lehrpreis „Lehre: Ausgezeichnet!" an der Universität Graz. In: Dorfer, Alexandra und andere (Hg.): Prüfen auf dem Prüfstand. Sammelband zum Tag der Lehre 2010 der Karl-Franzens-Universität Graz. Grazer Universitätsverlag. Grazer Beiträge zur Hochschullehre. S. 11-29.

Stahr, Ingeborg (2009): Academic Staff Development: Entwicklung von Lehrkompetenz. In: Schneider, Ralf et al. (Hg.): Wandel der Lehr- und Lernkulturen. Reihe Blickpunkt Hochschuldidaktik. Bd. 120. Bielefeld: W. Bertelsmann Verlag. S. 70-87.

Tremp, Peter (2009): Hochschuldidaktische Forschungen – Orientierende Referenzpunkte für didaktische Professionalität und Studienreform. In: Schneider, Ralf und andere (Hg.): Wandel der Lehr- und Lernkulturen. Reihe Blickpunkt Hochschuldidaktik. Bd. 120. Bielefeld: Bertelsmann. S. 206-219.

Woschnak, Ute (2011): Fair prüfen?! In: Dorfer, Alexandra und andere (Hg.): Prüfen auf dem Prüfstand. Sammelband zum Tag der Lehre 2010 der Karl-Franzens-Universität Graz. Grazer Universitätsverlag. Grazer Beiträge zur Hochschullehre. S. 81-92.

Woschnak, Ute et al. (2008): Prüfungen als Schlüsselelement kompetenzbasierter Curricula – das Lernziel-Leistungskontroll-orientierte Curriculummodell (LLC). In: Prüfungen auf die Agenda! Hochschuldidaktische Perspektiven auf Reformen im Prüfungswesen. Reihe: Blickpunkt Hochschuldidaktik, Bd. 118. Bielefeld: Bertelsmann. S. 58-73.

UNIcert® (2012): Das Hochschul-Fremdsprachen-Zertifikat UNIcert®. http://www.unicert-online.org/ [16.04.2012].

Beilage 1
Fragebogen für die Lehrenden von *treffpunkt sprachen*

Liebe/r Lehrende bei *treffpunkt sprachen*,   © Birgit Simschitz und Eva Seidl

zunächst möchten wir uns für das Öffnen des Fragebogens bedanken. Gemeinsam ist uns die Freude am Unterrichten. Bewerten und Beurteilen ist ein manchmal ungeliebter Teil davon – aus dieser Kollegialität haben wir uns erlaubt, dass „Du" zu verwenden und bitten dich um eine Beantwortung der Fragen. Der Text ist nicht schreibgeschützt, bitte kreuze an, ergänze und lösche Unzutreffendes. Zwanzig, fünfundzwanzig Minuten deiner Zeit wird dieses Ausfüllen in Anspruch nehmen.

Da Prüfungen und Prüfungskonzeption sowohl den Lehr- als auch, wenngleich in anderer Weise, den Lernprozess beeinflussen, möchten wir versuchen, dein Bewerten und Beurteilen in vier Frageblöcken zu erfassen. Die ersten beiden erheben Allgemeines und Konkretes der Prüfungsgestaltung, die anschließenden geben Raum für deine Reflexion als Geprüfte und Prüfende.

I. Allgemeines

1. Prüfen steht in engem Zusammenhang mit dem Unterricht. Grob lassen sich instruktionale, konstruktivistische und verschränkte Lehr- und Lernkonzeptionen unterscheiden.

Ein instruktionaler Unterricht basiert auf der Idee, dass Lernen Orientierung, Anleitung und Hilfe erfordert. Im konstruktivistischen Unterricht wird Motivation und Eigenaktivität der Lernenden vorausgesetzt und zu selbstständigen Hypothesen angeregt. Das verschränkte Modell integriert beide Positionen und geht davon aus, dass Unterricht nur auf prinzipiellem Interesse aufbauen kann und dann Orientierung und Anleitung zu geben hat.

Welches Modell bevorzugst du?

Instruktionales Modell	Konstruktivistisches Modell	Verschränktes Modell
☐	☐	☐

2. Es gibt unterschiedliche Typen von Bewertung und Beurteilung: Unterrichtsbezogene Leistungstests (achievement assessments) überprüfen in einer Binnenperspektive, was Gegenstand des Unterrichts war und ob bestimmte Ziele erreicht wurden, während Qualifikationsprüfungen (proficiency assessments) stärker die Außenperspektive wiedergeben und feststellen, wie sprachkompetent Studierende sind.

Welche Testform setzt du bevorzugt ein?

Leistungstests	Qualifikationstests	Mischform
☐	☐	☐

II. Konkretes

1. Welche Aufgabentypen setzt du in einer Klausur ein?

	sehr häufig	häufig	selten	gar nicht
a) Leseaufgaben	☐	☐	☐	☐
b) Höraufgaben	☐	☐	☐	☐
c) Grammatikaufgaben	☐	☐	☐	☐
d) Wortschatzaufgaben	☐	☐	☐	☐
e) Schreibaufgaben	☐	☐	☐	☐
f) Anderes, nämlich:	☐	☐	☐	☐

2. Welche Kriterien verwendest du für die Bewertung von Textproduktion?

	sehr häufig	häufig	selten	gar nicht
a) Erfüllung der Aufgabe	☐	☐	☐	☐
b) Textlänge	☐	☐	☐	☐
c) Angemessenheit (kommunikative)	☐	☐	☐	☐
d) Textaufbau	☐	☐	☐	☐
e) Textkonnektoren (Textkohäsion)	☐	☐	☐	☐
f) Lexik	☐	☐	☐	☐
g) Formale Richtigkeit*	☐	☐	☐	☐
h)) Weitere, nämlich:	☐	☐	☐	☐

*Ist morphologische und syntaktische Richtigkeit gegeben? Sind die grammatischen Strukturen und Satzmuster korrekt und dem Niveau angemessen? Ist die Orthographie in Ordnung?

3. Welche Kriterien verwendest du für die Bewertung von mündlichen Prüfungen?

	sehr häufig	häufig	selten	gar nicht
a) Kommunikationsziel (Erreichen)	☐	☐	☐	☐
b) Angemessenheit (kommunikative)	☐	☐	☐	☐
c) Redebeitrag (Gestaltung, Aufbau)	☐	☐	☐	☐
d) Ausdruck, Wortschatz	☐	☐	☐	☐
e) Verständlichkeit	☐	☐	☐	☐
f) Formale Richtigkeit*	☐	☐	☐	☐
h) Weitere, nämlich:	☐	☐	☐	☐

*Ist morphologische und syntaktische Richtigkeit gegeben? Sind die grammatischen Strukturen und Satzmuster korrekt und dem Niveau angemessen? Ist die Orthographie in Ordnung?

III. Ich als Geprüfte/r

1. Wie unterscheidet sich dein berufliches Prüfen von deinen Prüfungssituationen als Studierende/r an der Universität?
2. War deine Sprachausbildung handlungs- und kompetenzorientiert? Das heißt: Wurdest du durch deine Ausbildung befähigt, in der Fremdsprache angemessen zu agieren und konntest du in deiner Ausbildung Wissen und Können erwerben? Oder waren andere Faktoren wichtiger?
3. Waren die Prüfungen, die du absolviert hast, handlungs- und kompetenzorientiert?

IV. Ich als Prüfende/r

1. Wie konntest du im Rahmen deiner Ausbildung Prüfungskompetenz erwerben?
2. Solltest du Sprachzertifikatsprüfungen (TOFEL, IELTS, Delf, ÖSD o.a.) abnehmen, beschreibe bitte kurz deine Erfahrungen damit. Gibt es für dich Unterschiede zu Prüfungen bei *treffpunkt sprachen*?
3. Welche Beurteilungskriterien verwendest du für einen Sprachkurs bei *treffpunkt sprachen*?
4. Wie machst du diese Kriterien den Studierenden bekannt?

5. Welche Erfahrung hast du mit dem Aspekt der Interkulturalität beim Prüfen? Wie unterscheiden sich unterschiedliche Lehr- und Lernkulturen deiner Ansicht nach und gilt es, dies bei Prüfungen zu berücksichtigen?

6. Wie informierst du Studierende, wenn diese deine Lehrveranstaltung vermutlich nicht positiv abschließen werden?

7. Welche Unterschiede machst du beim Bewerten und Beurteilen zwischen universitären und anderen Sprachkursen?

8. Welche Erfahrung hast du mit Selbsteinschätzung und Selbstbeurteilung durch PrüfungskandidatInnen bzw. der Leistungsbeurteilung durch StudienkollegInnen gemacht? Was hältst du von der Idee, dass Studierende sich also selbst oder einander Noten geben?

Herzlichen Dank für deine Mitarbeit!

Eva und Birgit

Beilage 2
Fragebogen für Studierende zum schriftlichen Test
© Birgit Simschitz und Eva Seidl

Liebe Studierende!
Wir bitten Sie für ein Forschungsprojekt zum Thema Hochschuldidaktik bei *treffpunkt sprachen* um Ihre Mithilfe.

Bitte füllen Sie den Fragenbogen – anonym – aus, nachdem Sie Ihren Abschlusstest geschrieben haben, und geben Sie ihn in den Umschlag.
Vielen Dank!
Birgit Simschitz und Eva Seidl

1. Ist der Umfang (die Länge) angemessen?

    ❐ 1 (++)   ❐ 2 (+)   ❐ 3 (~)   ❐ 4 (-)

2. Ist der Test innerhalb der zur Verfügung stehenden Zeit machbar?

    ❐ 1 (++)   ❐ 2 (+)   ❐ 3 (~)   ❐ 4 (-)

3. Sind die Aufgabenstellungen verständlich?

    ❐ 1 (++)   ❐ 2 (+)   ❐ 3 (~)   ❐ 4 (-)

4. Sind die Bewertungskriterien klar?

    ❐ 1 (++)   ❐ 2 (+)   ❐ 3 (~)   ❐ 4 (-)

5. Ist der Test abwechslungsreich? (Lesen, Hören, Grammatik, Wortschatz, Textproduktion)

    ❐ 1 (++)   ❐ 2 (+)   ❐ 3 (~)   ❐ 4 (-)

6. Sind die Aufgabenstellungen so gewählt, dass sie mit Ihrem Leben zu tun haben oder für Sie in Zukunft von Nutzen sein können?

    ❐ 1 (++)   ❐ 2 (+)   ❐ 3 (~)   ❐ 4 (-)

7. Sind die Aufgabenstellungen anregend und motivierend?

    ❐ 1 (++)   ❐ 2 (+)   ❐ 3 (~)   ❐ 4 (-)

Beilage 3
Fragebogen für Studierende zur mündlichen Prüfung
© Birgit Simschitz und Eva Seidl

Liebe Studierende!
Wir bitten Sie für ein Forschungsprojekt zum Thema Hochschuldidaktik bei *treffpunkt sprachen* um Ihre Mithilfe.

Bitte füllen Sie den Fragenbogen – anonym – aus, nachdem Sie Ihre mündlichen Prüfung gemacht haben, und geben Sie ihn in den Umschlag.

Vielen Dank!
Birgit Simschitz und Eva Seidl

1. Haben Sie die mündliche Prüfung als angenehm erlebt (Stimmung, Atmosphäre)?

    ❏ 1 (++)   ❏ 2 (+)   ❏ 3 (~)   ❏ 4 (-)

2. Waren die Aufgabenstellungen verständlich?

    ❏ 1 (++)   ❏ 2 (+)   ❏ 3 (~)   ❏ 4 (-)

3. Haben Sie die Sitzordnung als angenehm erlebt?

    ❏ 1 (++)   ❏ 2 (+)   ❏ 3 (~)   ❏ 4 (-)

4. Sind die Bewertungskriterien für Sie klar/transparent?

    ❏ 1 (++)   ❏ 2 (+)   ❏ 3 (~)   ❏ 4 (-)

5. Sind die Aufgabenstellungen so gewählt, dass sie mit Ihrem Leben zu tun haben oder für Sie in Zukunft von Nutzen sein können?

    ❏ 1 (++)   ❏ 2 (+)   ❏ 3 (~)   ❏ 4 (-)

6. Sind die Aufgabenstellungen anregend und motivierend?

    ❏ 1 (++)   ❏ 2 (+)   ❏ 3 (~)   ❏ 4 (-)

7. War Ihr Aufwand für die Vorbereitung auf die mündliche Prüfung angemessen?

    ❏ 1 (++)   ❏ 2 (+)   ❏ 3 (~)   ❏ 4 (-)

8. Wurde Ihr kultureller Background berücksichtigt?

    ❏ 1 (++)   ❏ 2 (+)   ❏ 3 (~)   ❏ 4 (-)

Carole Bourgadel

La mise en œuvre d'une classe interactive virtuelle dans l'enseignement des langues

Abstract

My project deals with the use of new media in language teaching and learning and the possibilities which these technologies offer to the students as well as the teachers. My course therefore aims at integrating and using them simultaneously in areas such as video (direct transmission of the course), e-learning and learning platforms. I will first describe briefly the function and place of e-learning in language courses offered at the university. I will then discuss the advantages and disadvantages of this method as well as the difficulties encountered by the teachers and the students. From the viewpoint of the students, their expectations in relation to communication and interaction with the teacher certainly play a decisive role in their language training. As language learning is based on a permanent exchange, there is the fundamental question of whether e-learning can possibly meet the needs and wishes of both parties involved. I will also provide a short review of the use of courses which were videotaped and transmitted directly at the university. What follows is a more detailed description of my project in which I will argue that the interaction in a language course will not be endangered provided the methods used are adapted to this kind of teaching environment. In this context, I will also provide a list of objectives to be reached and competencies necessary in order to attain this goal. I will then discuss the results of the experiences the teacher and e-tutor had in this project. On the basis of the feedback given by the teacher and the students, I will outline the positive and negative aspects of this new teaching method. In this connection, I will insist on the fact that in order to ensure a sustained high-quality of teaching and learning, it is indispensable for the teacher not only to master the technical dimensions but also to have the necessary didactic qualifications to implement this new mode of teaching. Finally, I will give a brief overview of how to deal with the platform moodle and how to establish a virtual classroom (Interactive Virtual Classroom _ IVC). Following my personal experiences, I will discuss, on the one hand, what follow-up options there are in terms of further development of my project and, on the other, if my project can be extended to other contexts in the future.

Abstract

Mon projet traite de l'utilisation des nouveaux médias dans l'enseignement, ainsi que des nouvelles possibilités que ces technologies offrent aussi bien aux étudiants qu'aux enseignants dans l'apprentissage des langues. Mon cours a donc pour but de les intégrer et de les utiliser simultanément dans des domaines tels que la vidéo (retransmission en direct du cours), le e-learning et les plateformes d'apprentissage. Tout d'abord, je décrirai brièvement la fonction et la place du e-learning dans les cours de langues en milieu universitaire. Je m'interrogerai ensuite sur les avantages et les inconvénients de cette méthode ainsi que sur les difficultés rencontrées par les enseignants et les étudiants. En effet, du point de vue de ces derniers, leurs attentes en matière de communication et d'interaction avec l'enseignant pendant le cours jouent un rôle prépondérant dans leur formation. Du fait que l'apprentissage des langues se base sur un échange permanent, il est, par conséquent, indispensable de se demander si le e-learning répond bien aux souhaits et demandes des deux parties. Enfin, je dresserai un bref bilan sur l'utilisation de cours filmés et retransmis en direct à l'université. Ensuite, j'y présenterai plus amplement mon projet en insistant particulièrement sur le fait que l'inter-ractivité des cours n'est pas remise en question si les méthodes utilisées sont adaptées à ce type d'enseignement. Enfin, j'établirai une liste des objectifs à atteindre et des compétences requises pour y parvenir (nouvelles technologies, médias…). Je continuerai en exposant les résultats des expériences réalisées par l'enseignant et la « e-tuteur ». A partir du retour d'expérience réalisé auprès de l'enseignant et des étudiants, je mettrai en évidence les aspects positifs et négatifs de cette nouvelle méthode d'enseignement. J'insisterai particulièrement sur la nécessité de maîtriser tant les dimensions techniques que les savoir-faire pédagogiques liées à ce nouveau mode d'enseignement, afin d'inscrire le processus dans une perspective d'amélioration permanente gage d'un enseignement de qualité pérenne. En conclusion, je livrerai un court résumé sur la plateforme Moodle, ainsi que sur la mise en œuvre d'une classe virtuelle (Interactive Virtual Classroom_ IVC). Au vu des expériences menées, je m'interrogerai d'une part, sur la suite à donner à un tel projet en terme de développement et, d'autre part, dans une perspective d'avenir, s'il peut être étendu à d'autres formations.

Le e-learning en milieu universitaire, avantages ou inconvénients ?

De nos jours, les nouvelles technologies occupent une place privilégiée que ce soit sur le lieu de travail, à la maison, dans nos loisirs, à l'école ou à l'université. Sans elles, plus d'une personne se sentirait gênée dans ses démarches quotidiennes et pour la majorité d'entre nous, il est donc actuellement inimaginable de devoir s'en passer. Partant de ce constat, il me semble intéressant de m'interroger sur la place qu'occupe le e-learning dans les cours dispensés à l'université. Il faut constater que dans la plupart des instituts universitaires de Graz, en Autriche, qui dispensent des cours de langues, peu de professeurs utilisent le e-learning, comme le remarque également Michael Kerres (2005 : 86) :

> Die Befragung zeigt, dass der Einsatz von digitalen Medien in den befragten Präsenzhochschulen eng an konventionelle Präsenzveranstaltungen geknüpft wird. Eine Wertschöpfung durch eLearning, bei der wesentliche Anteile des Lernprozesses tatsächlich auf Basis digitaler Medien stattfinden, macht weiterhin einen kleinen Bestandteil aus, auch wenn gerade in diesen Settings wesentliche Innovationspotenziale von den Befragten gesehen werden. Für die Forschung bedeutet dies, dass es erforderlich erscheint, stärker über eLearning-Innovationen nachzudenken, die sich unmittelbar in oder nahe an Lehrveranstaltungen ereignen.

Ce constat repose sur plusieurs facteurs :
Le premier tient principalement au fait que peu de salles sont à ce jour équipées d'au moins 25 ordinateurs. Ce sous équipement pose aux professeurs de multiples problèmes d'organisation. En effet, faire coïncider emploi du temps des professeurs et disponibilité des salles tiennent souvent de la gageure. Le second facteur tient au fait que la plupart des professeurs qui enseignent actuellement les langues étrangères n'ont reçu, pendant leur cursus universitaire, aucune formation en matière de e-learning et de nouvelles

technologies. Ainsi, la simple évocation de ces deux termes provoque une appréhension certaine chez de nombreux collègues et représente un frein important à l'introduction du e-learning au niveau des cours. Philipp Budka souligne aussi ce manque de compétences en matière de nouvelles technologies (2011: 3) : « In Bezug auf den Einsatz von Technologien für die Lehre wird allgemein eine schlechte technische Ausstattung sowie geringe Kompetenzen der Lehrenden im Umgang mit neuen Technologien im Einsatz für die Lehre beklagt ». Introduire le e-learning dans ses cours, c'est, de facto, remettre en cause ses propres méthodes d'enseignement souvent acquises lors de sa formation initiale. Par conséquent, si l'enseignant souhaite utiliser ces nouvelles technologies, il se doit de suivre des formations dispensées, en général, sur son temps libre. De plus, il faut tenir compte que l'acquisition de nouvelles compétences nécessite un investissement important en temps et beaucoup d'énergie pour les mettre en œuvre. Cependant, une fois passé ce cap, l'enseignant constatera que l'utilisation du e-learning en cours trouve un accueil très favorable de la part des étudiants. En effet, j'utilise le e-learning dans quasiment tous les cours et j'ai constaté, en m'appuyant sur les évaluations des étudiants, que cette méthode d'enseignement convenait à plus de 90% d'entre eux. Les avantages du e-learning sont nombreux, il permet :

- d'inciter et de motiver les étudiants à apprendre la langue,
- d'individualiser l'apprentissage et d'aller à son propre rythme,
- de s'adresser à tous les types d'apprenants,
- de créer immédiatement de l'interactivité,
- d'encourager un apprentissage actif de l'étudiant,
- d'analyser et de contrôler soi-même ses résultats par un feedback immédiat.

Ce qui revient le plus fréquemment, c'est la possibilité de :
- s'exercer tout de suite grâce à des exercices en ligne,
- de mettre en pratique ce que l'on vient d'apprendre,
- de contrôler sur-le-champ son niveau de compréhension.

Naturellement, les exercices en ligne que je propose aux étudiants sont parfois « traditionnels » mais, dans la mesure du possible, j'essaie le plus souvent possible de choisir des exercices ayant un caractère ludique. Jouer en apprenant est le meilleur des alliés dont on puisse disposer. En effet, les étudiants eux-mêmes le reconnaissent dans leurs commentaires : « des exercices amusants qui donnent envie de s'exercer davantage ». Ce genre d'exercices permet non seulement de capter leur attention en cours, mais contribue à les motiver au-delà, si bien qu'un certain nombre d'entre eux continuent à s'entraîner et à se familiariser avec la langue française à la maison. De plus, les nombreux liens que je mets à leur disposition stimulent leur curiosité et leur envie d'apprendre. D'ailleurs, parmi les remarques les plus fréquemment citées, on retrouve celles relatives aux liens : « de nombreux liens pour s'entraîner chez soi », « excellent pour consolider ce que l'on vient d'apprendre ». En conséquence, je pense que si je n'avais pas utilisé cette méthode d'enseignement jamais je n'aurais obtenu un indice de satisfaction aussi élevé de la part des étudiants.

Lorsqu'on leur demande s'ils prennent plaisir à apprendre les règles de grammaire, on comprend assez vite ce qu'ils éprouvent à l'égard de cette matière qu'ils jugent en général peu attrayante et rébarbative. Par contre, le fait de leur proposer les mêmes exercices sur internet modifient radicalement leur point de vue du fait qu'ils peuvent tout à la fois travailler leur compréhension orale et écrite, ce qui, en général, n'est pas possible dans le cadre d'un enseignement traditionnel. Etant donné que les ordinateurs sont équipés de casque, chaque apprenant peut écouter plusieurs fois les énoncés et répondre aux questions à son rythme. Les exercices proposés ne sont en aucun cas fastidieux du fait que plusieurs compétences sont mises en œuvre simultanément (auditive, productive, visuelle) pour réaliser les exercices de grammaire. L'étudiant se retrouve donc dans un environnement d'apprentissage proche de ce qu'il pourrait vivre en France. Non seulement il entend, en cours, le professeur parlé français mais également d'autres Français, ce qui demeure un levier essentiel au développement de ses facultés de compréhension de la langue. Ainsi, tout en approfondissant ses connaissances grammaticales, l'étudiant développe en parallèle d'autres aptitudes. Enfin, le fait de travailler en permanence sur ordinateur permet aux étudiants de se familiariser très rapidement avec le clavier français et les caractères spécifiques liés à la langue française. Ainsi, la rédaction de textes en français s'en trouve facilitée.

Cette méthode d'enseignement modifie profondément la façon d'enseigner du professeur qui passe d'un mode magistral à un mode dynamique, interactif, participatif où l'enseignement devient plus personnalisé. Birgit Hühne (2005 :16) le remarque aussi « Im konstruktivischen Modell unterstützt der Lehrer den Lernenden. Er ist eher ein Coach oder Moderator ». Le professeur, à cette occasion, devient un accompagnateur, un facilitateur. En effet, avant de démarrer l'exercice l'enseignant s'assure que chaque étudiant a bien compris ce qu'on attend de lui. Si un exercice ou un énoncé n'est pas compris, il passera voir chaque étudiant pour lui expliquer ce qui est attendu. De même lors de la correction de l'exercice, l'enseignant s'assurera que la correction qui s'affiche à l'écran est bien comprise de tous et particulièrement pour ceux dont les réponses sont fausses. Dès lors, le rôle du professeur change, il devient, en effet, davantage un conseiller qui va d'apprenant en apprenant en s'assurant de la compréhension de chaque étudiant. Pour être bénéfique, ce travail doit impérativement être réalisé en amont et en aval de l'exercice. Si ce travail n'est pas effectué, l'exercice perd de son intérêt et de sa pertinence. Si des erreurs apparaissent de façon récurrente lors de la correction, c'est le signe que la règle n'est pas maîtrisée et qu'il y a nécessité dans ce cas de reprendre l'exercice avec l'ensemble de la classe afin d'en réexpliquer le sens. Il est à noter que chaque étudiant effectue d'abord, un travail personnel puis, à partir des échanges qui s'ébauchent entre les membres du groupe, l'enseignant peut s'assurer que la règle de grammaire est bien acquise par l'ensemble des participants. Toutefois, si des difficultés de compréhension, d'assimilation demeurent présentes chez certains d'entre eux, l'enseignant sollicitera quelques étudiants ayant parfaitement assimilé la règle en leur demandant, à partir de ce qui a été vu en cours, d'expliquer à leurs collègues les points litigieux. L'avantage d'une telle participation est double : d'une part, l'attention du groupe est maximale, d'autre part, elle libère la parole de ceux qui n'ont pas compris du fait que les explications sont données par d'autres étudiants et que, de ce fait, ils n'ont pas l'impression d'être jugés par le professeur même si sa présence est nécessaire pour garantir la qualité des informations qui circulent. Cette méthode d'enseignement en partie magistrale, en partie participative résulte directement du e-learning, elle permet une pédagogie plus active de la part de l'enseignant et offre à des étudiants un peu faibles, s'ils s'en donnent les moyens, de progresser et de se maintenir à un niveau somme toute acceptable.

Les avantages du e-learning en cours ont été évalués* par les étudiants (*évaluation effectuée par 102 étudiants entre octobre 2010 et janvier 2012). Si je me base sur les évaluations de mes étudiants, voici les commentaires qui reviennent le plus fréquemment au sujet de l'utilisation du e-learning dans la colonne « ce qui m'a plu en cours » :

Illustration 1 – Evaluation du e-Learning en cours

S'exercer sur Internet /
Links zum Lernen im Internet. Es gab für Übungszwecke sehr viele Links. Viele Zusatzmaterialien zur Vorbereitung. Die zusätzlichen Übungen im Internet waren sehr gut. Sie hilft auch mit zusätzlichen Übungskorrekturen! Übungen in Moodle. zusätzliche Übungen im Internet. Internetübungen. **Übungen via Internet, die Lernhilfen in Form von witzigen Übungen im Internet.** Die Online Unterlagen + Links waren super! Sehr gute Übungen und viele Internet-Links. Die Links und Zusammenfassungen auf „elorak* ". (*j'avais mon propre site avant que Moodle ne soit mis en place). Online Übungen. Elorak.com war sehr hilfreich und gut ausgebaut. Die zusätzlichen Links zum Üben. Internetübungen, Unterlagen auf elorak.com. Die Internetseite mit den Links zu den Übungen!!!!!!! Umfangreiche Unterstützung durch elektronische Medien, auch zum Lernen von zuhause. Die vielen Übungen (Internetbeispiele). Viele Übungen. **Übungen im Internet zu Zahlen, Uhrzeiten, Verben etc.** viel Angebot und Tipps sich weiter mit der Sprache zu beschäftigen.
La mise à disposition des documents sur la plateforme
Lehrmaterialien auf Moodle. Grammatikübersichten auf Moodle. Verwendung von Lernplattform (bzw. Internetseite mit Materialien), die auch im Unterricht verwendet wurde. Generell die zur Verfügung gestellten Unterlagen von Fr. Bourgadel. Moodle ist eine große Hilfe, da man die genauen Erklärungen bei der Grammatik usw. immer nachlesen kann und es auch gut erklärt ist.
Devenir autonome dans l'apprentissage de la langue
Das Arbeiten mit Myrto hat sich für mich sehr gelohnt und ich finde das ist eine gute Möglichkeit sich selbstständig zu entwickeln. Die Übungsseite war für mich sehr förderlich. Man hatte immer genügend Übungen und konnte diese immer selber bearbeiten. Besonders das Arbeiten mit dem Computer war großartig. Ich habe so einen ganz neuen Zugang zum Sprachenlernen gewonnen. Dank vieler toller Internetseiten zum Üben, hat sogar das Grammatiklernen Spaß gemacht! Die Möglichkeit zur unkomplizierten und unmittelbaren Selbstkontrolle. Sehr viele Links wurden für die Teilnehmer vorbereitet, zum selbstständigen Üben innerhalb und außerhalb des Kurses. Die Internetübungen (und Hausaufgaben) waren praktisch zum Wiederholen und Festigen des Stoffes zuhause!

Structure du cours
Sehr guter Aufbau der LV.
Aufbau des Kurses; konkrete Aufgabenstellungen.
Der Ablauf der Lesungen ist immer organisiert und systematisch.
Sehr abwechslungsreicher Unterricht durch online Links, mündliche Übungen. Allgemein gutes Arbeitsklima.
Die Informationszettel (Grammatik usw. sind klar aufgebaut, immer verfügbar und logisch (nach dem Thema und nicht nach der Einheit oder dem Datum) geordnet. Inhaltlich, vom Aufbau usw. würde ich den Kurs insgesamt jedenfalls mit 1 beurteilen.
Abwechslungsreich, fordernd, motivierend, Medieneinsatz.
Einsatz verschiedenster Medien.
Elorak.com war sehr hilfreich und gut ausgebaut.
Der Kurs war sehr interessant, da viele Medien eingesetzt wurden (Hörübung, Übungen im Internet, Dialoge führen, …).
Gemischte Arbeitsweise, Frontalunter. Konversation, Computer.
Gute Abwicklung des Kurses.
Kombination der Lernmethoden (Computergestützte Übungen, Hörübungen, Dialoge in Gruppenarbeit …).
Abwechslung.
Auch die Abwechslung von Moodle und Buch war sehr positiv. Sprach- und Schreibtraining war auch sehr umfangreich.
Didaktisch sinnvoller Aufbau des Kurses.
Aufbau des Kurses.
Sehr guter Aufbau der LV.
Trotz der unglaublichen Grammatik- und Stoffmenge wurde der gesamte Kurs sehr abwechslungsreich und kurzweilig gestaltet. Einen derartigen Kurs kann man kaum besser gestalten.
Gute Abwicklung des Kurses.
Gemischte Arbeitsweise, Frontalunter. Konversation, Computer.
Kombination der Lernmethoden (Computergestützte Übungen, Hörübungen, Dialoge in Gruppenarbeit …).
Einsatz verschiedenster Medien.

Les inconvénients

Ce qui ne m'a pas plus en cours
Manchmal zu viel am Computer, ziemlich wenig mit dem Buch.
Moodleübungen: Ich denke mir, dass Studenten aus „offline" Übungen mehr profitieren können.
Der Zugang zu den elektronischen Lernunterlagen sollte bereits vor dem Kurs möglich sein.
Dass der Kurs im Computerraum stattfand.
Großer Computerbildschirm vor der Nase.

Il faut être conscient que l'utilisation du e-learning en cours impose, au préalable, des prérequis techniques et l'acquisition de compétences nouvelles pour l'enseignant. Sur le plan technique, il est nécessaire de disposer de l'équipement nécessaire, à savoir une salle équipée d'une vingtaine d'ordinateurs. Du point de vue de l'enseignant : l'introduction d'une méthode d'enseignement nouvelle entraîne, au départ, un allongement du temps de préparation des cours. De plus, en amont, il doit suivre des ateliers afin d'acquérir les compétences nécessaires à l'utilisation de nouveaux outils. Du point de vue des étudiants : Ils doivent faire preuve de sérieux, de professionnalisme et comprendre, dans leur intérêt, qu'ils doivent s'abstenir de consulter leur compte Facebook pendant le cours. La relation étudiant/enseignant doit, dans le cas présent, s'établir sur la confiance. S'il est vrai que le e-learning apporte à de nombreux points de vue une valeur ajoutée au cours, il est cependant, impossible de l'utiliser en permanence. De fait, une utilisation excessive de cet outil s'apparenterait à un appauvrissement de l'enseignement des langues étrangères et déséquilibrerait la structure du cours comme le précise Brigitte Römmer-Nossek (2011: 13):

> So ergibt sich für das Design von Wissens-, Lehr- und Lern-Technologien, dass nur solche Ansätze erfolgreich sein werden, die einen Raum für Interaktionen bieten und Aushandlungsprozesse von Bedeutung unterstützen, wie sie in Web-2.0-Technologien wie Wikis verwirklicht sind, nicht aber solche, die auf starren und vorgegebenen semantischen Strukturen basieren.

En effet, il ne faut pas oublier que les étudiants souhaitent en premier lieu acquérir des compétences orales et verbales. Leur objectif principal est de comprendre le français et de s'exprimer en français. L'acquisition de cette dernière compétence n'est possible qu'en ayant un cours interactif dans lequel l'enseignant crée des activités permettant aux étudiants de parler, d'utiliser le nouveau vocabulaire, de nouvelles expressions idiomatiques, de se remémorer le vocabulaire déjà appris, de s'exercer en intégrant des difficultés grammaticales, d'écouter son collègue, de pouvoir communiquer avec lui, d'améliorer la fluidité et la prononciation de la langue. C'est pourquoi, il est primordial d'alterner les exercices sur Internet et les activités de communication. L'enseignant ne doit pas se reposer uniquement sur le e-learning, mais au contraire continuer à proposer dans son cours suffisamment d'activités qui favorisent un climat propice à la communication entre les étudiants. Les évaluations de mes étudiants le confirment :

Communication dans la langue apprise
Gute Diskussionen.
Partnerarbeiten.
Viel geredet.
Sehr abwechslungsreicher Unterricht durch online Links, mündliche Übungen.
Gruppenarbeiten.
Kleine Gruppe, mehrmalige Wiederholung des Stoffs und schwieriger Themengebiete, viele mündliche Übungen, man lernt viel in kurzer Zeit.
Sehr kommunikativ.
Viele Sprechübungen.
Sprachübungen zu zweit.
Ständige Motivation zum aktiven Sprechen, schriftliche Dokumentation der Unterrichtssequenzen.
Sprachübungen im Unterricht.
Mir hat sehr gut gefallen, dass wir viel geredet haben. Der Kurs war sehr interessant, da viele Medien eingesetzt wurden (Hörübung, Übungen im Internet, Dialoge führen, …).
Dass man sich bereits nach der ersten Einheit ein wenig auf Französisch unterhalten konnte.
Sprach- und Schreibtraining war auch sehr umfangreich.
Gruppen- und Partnerarbeiten.
Dass auch viel mündlich geübt wurde, um die Aussprache zu verbessern.
Viele Gruppenübungen/Dialoge.
Viele Möglichkeiten das Sprechen zu üben, viel Möglichkeiten sich in der Sprache auszuprobieren (Partnerarbeit, Dialoge, …).
Das Üben von Gesprächen mit einem Partner, viele Dialoge.

Communication et répétition
Das Einbauen der Kursteilnehmer.
Das aktive Lernen und Wiederholen nach jedem neuen Erlernten.
Sinnvolle Wiederholungen.
Dass jeder gleich oft gefragt worden ist.
Ausgeglichene Einbindung aller Gruppenmitglieder zur mündlichen Mitarbeit.
Aktiver Einbezug aller Studierenden.

Illustration 2 – Statistiques étudiants – Organisation d'un cours e-learning

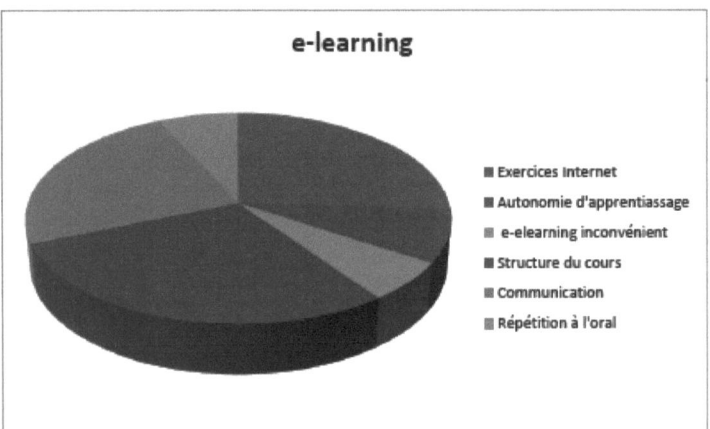

D'après ces évaluations, il est évident que la structure et l'organisation du cours joue un rôle prépondérant dans le succès de l'utilisation du e-learning. Je constate que le e-learning, utilisé et dosé judicieusement, associé aux activités de communication, a un effet bénéfique dans l'apprentissage des langues étrangères. Le e-learning et toutes les activités qui viennent se greffer autour permettent d'offrir à tous les types d'apprenants un apprentissage varié. Ces résultats positifs m'encouragent par conséquent à continuer dans cette voie et me confirment que les nouvelles technologies ont leur avenir d'assuré en cours. Devant le succès rencontré par cette expérience, un projet pilote a vu le jour grâce au soutien de Mme Daniela Unger-Ullmann (*treffpunkt sprachen* – Zentrum für Sprache, Pluralismus und Fachdidaktik). Nous avons décidé de filmer un de mes cours (niveau A2- première phase) et de le retransmettre en direct afin que les étudiants puissent le suivre de chez eux sur leur ordinateur. Cette expérience menée pendant le semestre d'hiver (de début octobre 2011 à fin janvier 2012) avec 6 étudiants volontaires, nous a ouvert de nouvelles perspectives dans le domaine des techniques, des médias et de la pédagogie. C'est pourquoi, je souhaite présenter plus amplement ce projet au chapitre suivant.

Elaboration d'un cours IVC_ „Interactive Virtual Classroom"

Les trois lettres „IVC" signifient „Interactive Virtual Classroom". IVC offre aussi bien aux apprenants qu'à l'enseignant de nouvelles possibilités dans l'apprentissage des langues du fait que ce cours s'appuie sur les nouveaux médias. Notre but est d'intégrer et d'associer dans notre projet les nouvelles technologies dans les domaines de la vidéo, du e-learning et des plateformes. L'idée est de filmer l'enseignant pendant qu'il dispense son cours et de le retransmettre en direct. Les pré-requis techniques sont en fait de trois ordres : les étudiants n'ont besoin que d'un ordinateur, d'une bonne connexion à Internet et de Skype pour se connecter et participer au cours sans avoir à se rendre à l'université. Partant du constat que, d'une part, de nombreux cours sont actuellement surchargés et que d'autre part, un grand nombre d'étudiants réside loin de l'université où les cours sont dispensés, il m'a semblé que la solution e-learning répondait pleinement à leurs besoins. Cette solution offre également l'avantage à de nombreux étudiants de ne pas être pénalisés dans leur cursus universitaire. Les étudiants IVC (groupe en ligne) se connectent à Moodle et s'identifient à cette occasion. Ensuite, ils cliquent sur mon cours qui s'affiche sur leurs écrans et accèdent ainsi à la vidéo en direct. Chaque unité de cours peut être consultée à tout moment par les étudiants et autant de fois qu'ils le souhaitent. Ils peuvent également poser leurs questions à une e-tutrice présente sur le chat toute la durée du cours. Sa mission est de s'assurer auprès des étudiants qu'ils ont bien compris toutes les consignes ainsi que les énoncés des exercices proposés. Nous leur offrons ainsi un encadrement personnalisé comme pour les étudiants en cours conventionnels. Nous les encourageons à participer activement puisqu'ils forment des équipes et communiquent entre eux par Chat. Tous les documents utilisés en cours sont disponibles sur la plateforme d'apprentissage Moodle d'où la nécessité de leurs présenter un cours clair et structuré. Les multiples exercices de e-learning leur garantissent un apprentissage adapté à leur rythme. Comme je l'ai mentionné plus haut, il est nécessaire d'installer Skype sur son ordinateur puisque le groupe en ligne travaille ses compétences verbales en utilisant cet outil de communication. Ainsi, lorsque le groupe présent en cours prépare ses dialogues à l'oral, le groupe en ligne dont les équipes ont été prédéfinies s'exerce et communique par Skype. La e-tutrice se connecte à chaque groupe, vérifie la prononciation et la justesse des expressions utilisées. Enfin, pour s'assurer de la compréhension des contenus vus en classe, chaque élève prend rendez-vous une fois par semaine soit avec la e-tutrice, soit avec l'enseignant, pour se retrouver sur Skype. Pendant environ 25 mn, l'étudiant s'exerce à l'oral en répétant des dialogues de situation avec l'enseignant ou la e-tutrice en faisant des exercices incluant des difficultés grammaticales.

Comme vous pouvez vous en rendre compte, l'enseignant doit adopter des méthodes appropriées pour introduire les nouveaux médias en cours afin que l'interactivité ne soit pas remise en question. Ainsi, les étudiants se sentent très bien encadrés d'autant plus qu'ils peuvent aisément communiquer entre eux et avec la e-tutrice pendant le cours mais également en dehors ce qui leur convient tout à fait. Cependant, les étudiants doivent se rendre à l'université pour venir passer leurs examens. Ce projet leur donne la possibilité de participer activement malgré la distance. Faire des nouveaux médias, à l'ère du Smartphone et de l'IPad, un allié important dans l'apprentissage des langues nécessite au préalable d'être ouvert à ces nouvelles technologies de la communication et ensuite d'en maîtriser l'utilisation.

Interrogeons-nous maintenant sur les objectifs visés par ce projet aussi bien pour l'enseignant que pour les étudiants : Renforcer les compétences en médias (Vidéo, application web 2.0, chat, conférence vidéo) de l'enseignant ainsi que celles des étudiants. L'enseignant doit se former en suivant différents ateliers relatifs à ces technologies, et permettre ainsi aux étudiants d'être capables à partir des instructions qu'il leur donne d'utiliser les outils à disposition. Ainsi, Philipp Budka (2011 : 7) note également que les étudiants ne sont pas très familiarisés aux nouvelles technologies même s'ils sont bien équipés :

Verschiedene Untersuchungen an deutsch- und englischsprachigen Universitäten liefern vergleichbare Ergebnisse zu studentischer Internetnutzung: Studierende sind infrastrukturell sehr gut ausgestattet, sie sind gewohnt mit dem Internet umzugehen und über das Internet zu kommunizieren, aber weisen keine außerordentlichen Fähigkeiten im Umgang mit dem Internet, zum Beispiel mit Web-2.0-Anwendungen auf.

Un des buts est donc d'intensifier et d'élargir les compétences de l'enseignant et de l'étudiant en utilisant la plateforme d'apprentissage Moodle. Moodle ne sert pas seulement à charger des documents pour le cours, mais c'est une plateforme interactive sur laquelle il est possible de chater, de créer un dictionnaire, d'utiliser les forums pour communiquer, de s'enregistrer à l'aide du Nanogong, etc…L'enseignant ainsi que l'étudiant disposent d'une kyrielle de possibilités que je n'ai malheureusement pas pues, jusqu'ici, toutes utilisées par manque de temps. Toutefois, il est indéniable que la plateforme Moodle représente un atout majeur pour les cours de langues, elle permet par exemple d'accroître l'interactivité entre enseignant et étudiants. Bien qu'enseignant et étudiant soient distants l'un de l'autre, les différents outils mis à leur disposition leur permettent de communiquer sans difficulté. Il est à noter que, pour ne pas perdre de temps, chaque énoncé et chaque instruction doivent être structurés clairement afin de ne pas désorienter l'étudiant.

Améliorer l'interconnexion et la mise en réseau des étudiants concourent à favoriser l'échange des connaissances. En effet, les étudiants doivent, préparer pendant la semaine, leurs dialogues avant que l'enseignant ne les auditionne. J'ai remarqué que si l'un d'entre eux rencontrait des difficultés techniques, ils s'entraidaient. De plus, ils doivent savoir se coordonner, être précis et échanger leurs savoirs / acquis lors de leur rencontre sur Skype :

Tutoring- und Coaching-Szenarien zeichnen sich durch unterschiedlich hohe Expertise der Teilnehmer/ innen aus. Dabei leitet eine Person mit hoher Expertise eine oder mehrere Personen mit geringerer Expertise über Videokonferenz an. Der besondere Beitrag der Videokonferenz in solchen Situationen besteht in der Möglichkeit, zusätzliche Anwendungen oder Werkzeuge in den Lernprozess zu integrieren und dadurch gemeinsame Referenzpunkte zu schaffen. (Ertl 2007, S. 2)

Rendre les étudiants autonomes dans leur travail, à leur propre rythme, et stimuler les processus d'apprentissage. Tous les exercices proposés dans le cadre du e-learning ont donc pour vocation de les inciter à continuer de s'entraîner chez eux puisqu'ils ont, à tout moment, la possibilité de s'autocontrôler. Birgit Hühne (2005, 16) insiste également sur ce fait: « Diese individuelle Gestaltung des Lernprozesses und die Ermöglichung selbstgesteuerten Lernens werden besonders gut beim E-Learning durch die modulare Gliederung des Lernstoffs umgesetzt ». Il s'agit, par conséquent, d'une contribution importante à l'apprentissage de la langue. Motiver les étudiants à apprendre grâce aux nouveaux médias (nouvelles méthodes de communication). Le but est de les encourager à apprendre activement de manière plus autonome et à intégrer les nouvelles technologies dans leur cursus universitaire.

Pour mener à bien un tel projet, il est nécessaire que l'enseignant acquière les compétences suivantes :

Techniques : L'enseignant doit comprendre comment les vidéos sont retransmises, par exemple : disposer de la bonne adresse IP, s'assurer qu'elle n'a pas été donnée à un autre collègue, sinon les étudiants ne pourront pas visionner la vidéo, contrôler que le serveur pour la retransmission de la vidéo est stable afin que suffisamment d'étudiants puissent s'y connecter sans provoquer de bug, vérifier que la connexion pour chater est établie et que le son est audible et correct pour les étudiants. Une coordination parfaite entre la e-tutrice, l'enseignant et le technicien des médias est indispensable au bon fonctionnement du cours en ligne. Enfin, si l'enseignant à décider de travailler avec la plateforme Moodle, il doit examiner précisément les outils qui y sont proposés, comprendre leur fonctionnement, les tester et finalement, se demander comment il est possible de les intégrer dans son cours.

Didactique des médias : L'enseignant doit toujours se demander pourquoi et comment, il peut utiliser les différents outils qui sont à sa disposition. La question primordiale à se poser est : « Comment puis-je organiser mon cours avec les différents outils/médias que j'utilise afin qu'ils apportent une valeur ajoutée ? ». Des questions qui semblent peut-être basiques, mais auxquelles il est essentiel d'apporter des réponses sans quoi le bon fonctionnement du cours ne peut être garanti, voire compromis.

Organisationnelles: Le problème qui se posait était de gérer deux groupes en parallèles, c'est-à dire un groupe présent en classe (24 personnes) et un autre groupe en ligne. Lors de notre phase de réflexion, nous avons vite compris qu'il était inconcevable que le même enseignant gère les deux groupes en même temps. C'est pourquoi, nous avons jugé plus approprié de faire appel à une e-tutrice qui serait également présente en cours. Ainsi, l'enseignant peut se concentrer principalement sur les étudiants en classe pendant que la e-tutrice prend en charge le groupe en ligne et communique avec celui-ci par Chat sur Moodle ou par Skype.

Sociales : Il est indispensable qu'il y ait une bonne collaboration entre l'enseignant, la e-tutrice et le technicien des médias. Pour un bon déroulement de cours, il est décisif que chacun connaisse les tâches qui lui incombent. Pour ce faire, l'enseignant informe auparavant ses collègues des documents utilisés et les outils de communication dont ils devront se servir. Au semestre d'été, je rédigerai un protocole avant chaque cours afin de rendre le déroulement du cours encore plus transparent.

Michael Kerres (2005 : 19) insiste particulièrement sur les compétences que l'enseignant doit acquérir en matière de e-learning :

> Die Lehrperson begleitet das Lernen anderer, unterstützt es, leitet es an, stimuliert es durch Impulse. Die Lehrperson verlagert die Verantwortung für den Lernprozess und den Lernerfolg auf den Lerner und benötigt hierfür eine besondere Fähigkeit der Selbstorganisation. Zeit- und raumversetzte Lernumgebungen erfordern ständig, eine Balance zwischen Nähe und Distanz zwischen Lehrenden und Lernenden neu herzustellen.

Résultats du projet IVC_ une expérience seulement positive ?

Dans ce chapitre, j'exposerai les résultats des expériences que j'ai réalisées. A partir des observations faites par l'enseignant et les étudiants, je mettrai en place un retour d'expérience afin de mettre en évidence les aspects positifs et négatifs de cette nouvelle méthode d'enseignement. J'insisterai également sur l'importance des dimensions techniques et humaines dans une perspective d'amélioration permanente du processus, gage d'un enseignement de qualité. Le projet IVC au semestre d'hiver a commencé le 4 octobre 2011 et a pris fin le 27 janvier 2012. A la fin du cours, j'ai demandé aux étudiants IVC de répondre à un questionnaire conçu de manière à mettre en évidence les aspects positifs et négatifs de cette nouvelle méthode d'enseignement. Il y avait au début 6 participants mais nous avons fini le cours avec 5 participants, une fille et quatre garçons. Pour lire les résultats de leurs évaluations, se référer à l'appendice. Tout d'abord, il faut mentionner qu'il n'a pas été aisé de trouver des étudiants souhaitant participer à notre projet. Plusieurs facteurs ont joué : le premier réside dans le fait que la plupart des étudiants qui suivent des cours de langues sont des filles (80 % contre 20 % de garçons). Les arguments qu'elles avancent le plus fréquemment pour refuser leur participation sont les suivants : « je ne m'y connais pas », « et si je n'arrive pas à voir la vidéo », « je ne sais pas si je comprendrai comment tout ça fonctionne » et ceci malgré un script du cours décrivant de manière très précise tant le déroulement des séquences que l'utilisation des outils (à chaque outil est associée une fiche explicative). De plus, à cette occasion, les étudiants bénéficiaient d'un encadrement renforcé, composé de deux enseignantes et d'un technicien des médias. Ceci est d'autant plus étonnant que les étudiantes étaient toutes sur la liste d'attente et qu'elles perdaient, par conséquent, un semestre avant de pourvoir se réinscrire au cours de français A2. C'est surprenant de constater que de nombreuses filles font toujours preuve d'une certaine frilosité à l'égard des domaines « techniques » alors que, par ailleurs, elles utilisent internet, et disposent souvent d'un compte Facebook. De ce fait, j'aurais pu penser que les étudiantes perdraient cette peur liée aux nouveaux médias, malheureusement, j'ai dû faire le constat inverse. En revanche, les étudiants masculins se sont inscrits d'eux-mêmes sans que je sois obligée de les persuader. Patricia Arnold l'a également constaté (2011: 21) :

> Unterscheidet man zum Beispiel den Hauptzweck der jugendlichen Internet-nutzung, zeigen sich klare Differenzen zwischen Mädchen und Jungen: „Jungen und junge Männer verwenden jede vierte Minute im Internet auf Spiele, bei den Mädchen und jungen Frauen ist es nur jede zwölfte. Dafür fällt bei den weiblichen Internetnutzern der kommunikative Anteil der Onlinenutzung um zehn Prozent-punkte höher aus.

Le second facteur qui a joué, résidait dans la crainte de ne pas pouvoir s'exprimer suffi-samment, de ne pas pouvoir communiquer assez en français avec les autres participants et avec la e-tutrice. Ils ne pouvaient pas s'imaginer améliorer leur français en participant à un tel cours. Beaucoup d'entre eux pensent que seul un cours de langue de type conventionnel est capable de leur permettre de se perfectionner. Voir le professeur en classe, pouvoir lui poser des questions à tout moment et pouvoir préparer des dialogues à l'oral avec son voisin, voilà à quoi doit ressembler, pour eux, un cours de langues à l'université. Du fait qu'ils ont appris une, voire deux langues étrangères de cette manière d'abord au collège, ensuite au lycée et enfin à l'université, rend difficile toute projection dans un autre mode d'apprentissage. Force est de constater que les habitudes rendent tout changement difficile. De nombreux étudiants sont encore réfractaires à ce nouveau type d'enseignement alors que leurs craintes ne sont pas justifiées comme le prouve l'évaluation des étudiants IVC. Il est maintenant indispensable de s'intéresser aux résultats des évaluations des étudiants IVC. Que ressort-il exactement de leurs évaluations ? Du point de vue des étudiants IVC, quels ont été les inconvénients de ce projet ? Si je traite le problème de la communication, seul un étudiant a trouvé que les méthodes IVC étaient moins propices à améliorer la prononciation et à communiquer en français. Une étudiante qui avait une connexion Internet pas assez rapide, a eu au début quelques problèmes techniques pour suivre les vidéos, mais elle a solutionné rapidement le problème. Pour pouvoir assister au cours IVC, il est nécessaire, comme nous l'avons rappelé à plusieurs reprises, d'avoir une bonne connexion Internet suffisamment rapide et puissante pour, d'une part recevoir la vidéo, d'autre part, ouvrir simultanément plusieurs sites Internet. C'est le seul inconvénient technique rencontré. En ce qui concerne les connaissances techniques requises, les étudiants ont constaté que l'utilisation des outils proposés, c'est-à dire la plateforme Moodle, chatter, regarder une vidéo et communiquer sur Skype s'effectuaient facilement. En fait, l'inconvénient majeur que les étudiants ont rencontré, tient au fait de devoir gérer sur leurs écrans d'ordinateurs plusieurs fenêtres ouvertes simultanément et de devoir passer de l'une à l'autre très rapidement: une pour la vidéo du cours, une autre pour chatter, une avec les documents disponibles sur Moodle et enfin une fenêtre pour Skype. Par exemple, passer de la vidéo au Chat pour communiquer avec la e-tutrice, pour les explications et les exercices, il faut qu'ils ouvrent éventuellement plusieurs documents sur Moodle et enfin, pour travailler leur expression et prononciation, ils sont tenus de se connecter à Skype. Les étudiants qui participent à un tel projet doivent faire preuve d'une qualité particulière : être multitâches. Il est vrai que les étudiants sont confrontés à ce système multitâche dès le début et qu'il n'y a pas vraiment de période d'adaptation progressive.

Comme le montrent les résultats de l'évaluation, les étudiants sont très satisfaits de ce cours IVC puisqu'à la question « Quelle note donneriez-vous à ce cours ? », quatre étudiants ont répondu 20/20 (1 dans le système autrichien) et un étudiant a répondu 16/20 (2 dans le système autrichien). Les craintes des étudiants de ne pas améliorer leur expression orale ne se sont pas vérifiées. En effet, ils ont d'après eux pu communiquer suffisamment en cours mais également en dehors du cours. En outre, Ils se sont sentis bien intégrés et bien encadrés. Ceci s'explique par la présence de la e-tutrice, mais aussi par celle de l'enseignant en cours. De plus, la possibilité de visionner aussi souvent qu'ils le souhaitent les archives des vidéos, d'avoir accès en permanence aux documents sur Moodle et de pouvoir faire des exercices de e-learning à la maison ont renforcé le sentiment d'appartenance à un groupe. Les étudiants ont donc apprécié la multiplication des possibilités d'apprentissage qui leur a permis de répéter et d'apprendre de manière plus autonome. S'ils se sentent aussi bien intégrés c'est d'une part, parce qu'ils communiquent entre eux par Chat ou par Skype, ce qui les oblige à établir le contact avec tous les participants et d'autre part, les activités proposées en cours les encouragent à participer activement. Ce qui ressort fortement de ces évaluations, c'est surtout l'occasion pour les étudiants de prendre contact sur Skype une fois par semaine soit avec la e-tutrice, soit avec l'enseignante et de répéter en français avec l'une d'elles le contenu du cours à l'oral pendant vingt-cinq minutes. Ces vingt-cinq minutes reviennent quasiment à un cours privé et tous les étudiants ont toujours saisi cette opportunité afin de pouvoir s'exprimer en français, d'être interrogés et contrôlés sur la leçon. Ce moment privilégié avec l'enseignant leur permet également de prendre conscience de leurs points forts et de leurs points faibles, de reposer des questions sur la grammaire, le vocabulaire ou la prononciation, de reparler des fautes dans les devoirs rendus et surtout d'être en étroit contact avec les enseignants. De son côté, l'enseignant s'enquiert de savoir si les conditions de cours sont satisfaisantes pour l'apprenant. Ce contact s'avère donc essentiel au niveau relationnel, organisationnel et didactique tant pour l'étudiant que l'enseignant. Les évaluations nous confirment que les étudiants ont apprécié de suivre le cours de français en utilisant les nouvelles technologies, même si un petit temps d'adaptation est nécessaire au début. Nous devons surtout parvenir à convaincre les étudiants de participer à un cours IVC et que leurs craintes au niveau technique et communicatif ne sont pas fondées. Comme nous avons obtenu un bilan positif, nous allons proposer le cours IVC au semestre d'été 2012 au niveau A2/ deuxième phase en espérant rallier cette fois-ci davantage d'étudiants à notre projet.

Conclusion: Moodle, IVC et les perspectives d'avenir

Enfin, je livrerai un court résumé sur la plateforme Moodle et sur la mise en œuvre d'une classe virtuelle (Interactive Virtual Classroom_ IVC). Au vu des expériences menées, je m'interrogerai d'une part, sur la suite à donner à un tel projet en terme de développement et d'autre part, dans une perspective d'avenir, s'il peut être étendu à d'autres formations.

La plateforme Moodle
La plateforme Moodle m'a été très utile pour structurer le cours et mettre à la disposition des étudiants tous les documents nécessaires à son bon déroulement. Ainsi, ils peuvent apprendre de manière plus autonome. Pour faciliter l'utilisation de Moodle par les étudiants, il est nécessaire que les chemins d'accès soient structurés de façon claire. Nous avons pris le parti de les répertorier par thème (conjugaison, grammaire, vocabulaire, phonétique, culture, devoirs, etc.) et non par date. Les documents sont classés par ordre alphabétique. Sans une structuration rigoureuse, Moodle deviendrait vite impraticable. Ainsi, les étudiants qui n'ont pas pu assister au cours, peuvent aisément rattraper la leçon, du fait que tous les documents, y compris la vidéo du cours, sont disponibles à tout moment. Nous avons aussi utilisé la fonction Forums pour que les étudiants puissent charger sur Moodle leurs dialogues écrits. Ainsi, ils avaient plusieurs modèles de dialogues sur un même sujet pour approfondir leurs connaissances en vocabulaire et idiomatique. Moodle nous a également permis de mettre sur la page d'accueil des liens très utiles : dictionnaire, chaînes de télévision françaises, sites de journaux français, etc. Cette plateforme a surtout rendu possible la communication, grâce à son chat, entre les étudiants en ligne, la e-tutrice et l'enseignante. Dès qu'une faute de frappe s'est glissée, ce qui se produit fréquemment, nous intervenons pour rétablir la bonne orthographe du mot concerné. Certaines de ces fautes de frappe sont dues, d'une part, à l'utilisation du clavier allemand qui n'est pas nécessairement bien adapté à l'usage de la langue française, d'autre part, la e-tutrice étant calée sur le rythme de l'enseignante, les étudiants doivent être capables, dans le cadre du Chat, d'avoir une bonne vitesse de frappe. On pourrait imaginer un chat qui serait capable de retranscrire nos actes écrits en paroles. Dans ce cas de figure, les fautes de frappe disparaitraient et l'attention des étudiants serait plus axée sur le cours lui-même que sur l'utilisation du clavier somme toute secondaire. Cependant, la contrepartie d'un tel chat serait une moindre capacité à écrire en français et surtout un affaiblissement des connaissances sur des matières comme la syntaxe et l'orthographe. Je dois admettre qu'il me reste encore de nombreuses fonctionnalités à tester. J'ai d'abord privilégié les fonctionnalités qui m'aidaient dans mon projet et je voulais être sûre que tout le monde les comprendraient et les utiliseraient. Je ne voulais pas me disperser et utiliser trop de nouvelles fonctionnalités en même temps, ce qui aurait pu mettre mon projet en danger du fait que mes étudiants étaient vraiment novices en la matière. Mon but était de ne pas les ef-

frayer mais au contraire de les rassurer en leur prouvant que la mise en place des outils proposés était simple d'utilisation et rendait ainsi leur travail plus agréable mais surtout plus efficace. Le problème de Moodle est qu'il faut, comme je l'ai déjà évoqué précédemment, avoir plusieurs fenêtres ouvertes simultanément du fait que cette plateforme n'intègre pas les vidéos ou les présentations power point, etc. Toutefois, Il existe des logiciels qui regroupent toutes ces fenêtres en une seule et permettent ainsi aux étudiants de visualiser à la fois : la vidéo, de chatter, de suivre une présentation ou de travailler sur un document, etc., sans avoir quatre ou cinq petites fenêtres ouvertes en même temps sur leur écran. Pour le moment, nous n'avons pas le budget suffisant pour investir dans de tels logiciels, mais nous espérons que les prix deviendront plus abordables dans l'avenir et que nous pourrons nous en équiper.

La mise en place d'une classe IVC
Pour mettre un tel projet en place, il faut d'abord s'intéresser aux nouvelles technologies de communication mais surtout il faut être soi-même convaincu que leur utilisation représente une véritable avancée dans l'enseignement des langues tant pour les étudiants que pour les enseignants. Ensuite, il faut s'entourer de personnes qui sauront utilement vous conseiller sur les choix technologiques à retenir dans le cadre de votre projet, tant au niveau des logiciels existant sur le marché qu'au niveau des nouveaux médias, vidéo-stream, server etc. Il est important de rassembler toutes les informations que vous aurez recueillies auprès de collègues spécialisés dans ces domaines et vous interroger sur la validité de tel ou tel outil à usage de votre cours. Sont-ils simples d'utilisation, qu'apportent-ils au niveau didactique, quels outils simplifient la communication entre les différents interlocuteurs? etc. Par la suite, il faut prendre le temps de tester plusieurs fois les fonctionnalités de la plateforme, les différents logiciels que vous avez décidés d'utiliser en cours IVC. Une fois les tests réussis, l'enseignant rédigera une fiche explicative comme pour un manuel utilisateur, décrivant le fonctionnement de chaque outil. Ainsi, l'enseignant déchargera l'étudiant d'un travail fastidieux de défrichage. Les explications figurant sur chacune des fiches doivent être claires et concises, pour une meilleure compréhension des démarches à effectuer. Je vous rappelle que, pour les étudiants participant à ce projet, ils doivent seulement être équipés d'un ordinateur, d'une connexion Internet rapide et avoir installé Skype et Audacity. Il n'est requis aucune connaissance technique particulière, il leur suffit de suivre les instructions rédigées par l'enseignant. La e-tutrice fera également parvenir aux étudiants les règles à observer lorsqu'ils chattent. Il est évident que l'enseignant procèdera un test grandeur nature avec les étudiants en ligne, cinq à sept jours avant le début réel des cours, afin d'identifier les problèmes et y remédier. Si vous souhaitez créer un cours IVC, je vous recommanderais de choisir un cours que vous enseignez depuis plusieurs semestres, un cours dont vous connaissez le contenu par cœur. Ainsi, si des problèmes techniques surgissent, ce qui est toujours possible, vous ne serez pas déstabilisé et vous saurez exactement comment occuper vos étudiants en classe. De même, la présence de la e-tutrice en cours est souhaitable car ainsi, elle suit le déroulement du cours et peut se coordonner en permanence avec l'enseignant. De la sorte, l'enseignant peut se consacrer uniquement à ses étudiants. Au début, il passera un peu plus de temps qu'à l'ordinaire pour préparer ses cours et s'occuper de la mise en place du cours IVC, mais au bout de deux semaines environ, tous les acteurs s'habituent très vite à cette nouvelle forme d'enseignement et je peux m'estimer satisfaite des résultats obtenus au regard de l'investissement initial.

Illustration 3 – Communication en cours IV

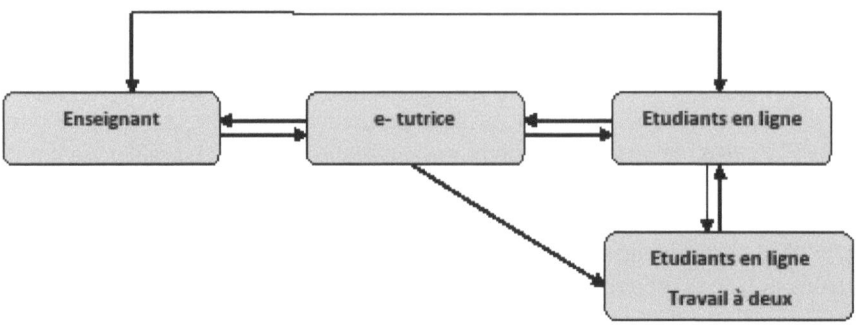

Les perspectives d'avenir

Au semestre d'été 2012 il est prévu, afin de permettre aux étudiants de s'enregistrer lorsqu'ils parlent, lisent ou s'entraînent à un exercice de phonétique d'utiliser le logiciel Audacity car le Nanogong n'est pas encore disponible dans la nouvelle version de Moodle. Ainsi, enseignant et étudiant peuvent réécouter l'enregistrement et évaluer plus facilement les progrès réalisés. Une augmentation significative de l'usage des médias audiovisuels en cours devrait, par conséquent, permettre de mieux mesurer les progrès des étudiants.

Au semestre d'été 2012, il est également prévu la mise en place d'un e-portfolio visant à regrouper par catégorie (grammaire, conjugaison, vocabulaire, dialogues, phonétique, etc.) tous les devoirs et documents des étudiants IVC. Le but étant d'amener les étudiants à travailler avec des e-documents qui seront également disponibles pour l'enseignant. Afin d'expliquer le fonctionnement du e-portfolio, d'Audacity et de Skype, j'inviterai les étudiants à participer, une semaine avant la reprise des cours, à un atelier « nouvelles technologies ». Ce sera, pour eux, l'occasion de faire connaissance et d'avoir un premier contact avec leurs collègues et leurs enseignants.

Les étudiants auront à l'avenir la possibilité de poster eux-mêmes des podcasts sur Moodle et contribueront ainsi davantage à la mise en œuvre du cours. Naturellement, l'enseignant devra contrôler, a priori, tous les podcasts avant leur envoi sur la plateforme. Afin d'améliorer les échanges d'informations, je recommande une mise en réseau des universités utilisant le cours Interactive virtual Classroom.

Grâce au savoir-faire acquis, j'estime qu'il devrait être possible de transposer ce projet sur d'autres matières que celle retenue initialement à savoir l'enseignement des langues.

Ce projet permet une participation active des étudiants malgré la distance et une participation élevée. Par conséquent, les distances n'étant plus un obstacle, on pourrait donc imaginer ouvrir ce cours non seulement à des étudiants Autrichiens mais également à des étudiants résidant à l'étranger. A l'ère du Smartphone et de l'Ipad, il me semble indispensable de s'ouvrir à ces nouvelles technologies, de les intégrer dans mes cours car elles ont prouvé qu'elles soutenaient l'apprenant dans l'apprentissage des langues.

Appendice

Résultats des évaluations du cours IVC au semestre d'hiver 2011-2012

Kurstitel: 935.017 / Französisch Grundstufe 3a,
Niveau A2/1.Phase_ ONLINE GRUPPE IVC
Vortragende/r :Mag. Carole Bourgadel
TeilnehmerInnenanzahl zu Beginn des Kurses: 6
TeilnehmerInnenanzahl am Ende des Kurses: 6
Ausgefüllte Evaluierungsbögen: 5

Die Lehrende …

1. Ich konnte die Lehrende während des Kurses per Video gut verstehen.

1	3	2	2	3		4	

2. Ich konnte leicht mit verfolgen, was die Lehrende im Kurs gesagt und gezeigt hat.

1	3	2	2	3		4	

Die e-Tutorin …

3. Die Kommunikation per Chat mit der e-Tutorin ist für mich eine Hilfe.

1	5	2		3		4	

4. Es war leicht zu chatten und den Anweisungen der Lehrenden zu folgen.

1	3	2	1	3	1	4	

5. Es wurde im Chat zu wenig geschrieben.

1		2		3	1	4	4

6. Die Betreuung durch die e-Tutorin ist für mich sprachlich ausreichend.

1	3	2	2	3		4	

7. Ich wurde durch die e-Tutorin im Hinblick auf die Technik und technischen Probleme gut betreut.

1	4	2	1	3		4	

Der Kurs …

8. Ich konnte mit den Dokumenten auf Moodle, Skype, mit dem Videostream und dem Chat während des Kurses leicht umgehen.

1	2	2	3	3		4	

9. Ich konnte die Hörbeispiele im Kurs gut hören.

1	3	2	1	3	1	4	

10. Ich hatte eine gute Videoverbindung während des Kurses.

1	2	2	2	3	1	4	

11. Die Videoarchivierung des Kurses auf Moodle ist hilfreich.

1	4	2		3		4	1

Mein Lernprozess …

12. Ich wurde zur aktiven Teilnahme mit den anderen Online-Studierenden motiviert (zum Beispiel Mitarbeit, Gruppenarbeit).

1	5	2		3		4	

13. Ich hatte mit den anderen Online-Studierenden ausreichend Kontakt.

1	4	2	1	3		4	

14. Ich konnte als Online-Studierende/r während des Kurses genug sprechen.

1		2	5	3		4	

15. Ich finde es gut, während der Woche durch die e-Tutorin / die Lehrende per Skype meine sprachlichen Kompetenzen verbessern zu können.

1	4	2		3		4	1

16. Ich wurde von der e-Tutorin bzw. der Lehrenden sprachlich genug kontrolliert.

1	4	2	1	3		4	

17. Als Online-Studierende fühlte ich mich integriert und durch die Betreuer gut aufgehoben?

1	5	2		3		4	

18. Was mir gefallen hat:	19. Was mir nicht gefallen hat:
Sehr viel Betreuung, vor allem durch die 20minütigen Skype Gespräche Tolle Integration der Online-Gruppe, super Erklären der Grammatik, sehr gute Unterlagen, sehr freundliche Vortragende! viele Verweise auf Websites mit weiteren Übungen Ich finde es eine sehr tolle Leistung sowohl von der Vortragenden als auch von der e-Tutorin diesen zusätzlichen Aufwand mit der Onlinegruppe und den damit einhergehenden zusätzlichen technischen Aufwand so gut über die Bühne zu bringen. –Danke! Dass im Chat immer alle Teilnehmer mit eingebunden wurden. Dass alles gut erklärt wurde. Der Konferenzchat während dem Unterricht.	Hin und wieder gab es technische Probleme (Videochat, Skype) Teilweise Stress mit Öffnen der Dokumente, Ansehen des Videos, Mitlesen im Online-Chat, Kommunizieren über Skype Die Aussprache zu lernen, fällt mir in der Onlinegruppe schwerer. Teilweise war es schwierig, dem Chat, dem Video und einem Worddokument gleichzeitig zu folgen. Verbesserungsidee: Man könnte ein Chatsignal einbinden, welches signalisiert wenn die Tutorin etwas geschrieben hat, da man sonst immer wieder zwischen den Arbeitszetteln und dem Chat hin und her schalten muss.

20. Wie beurteilen Sie den Kurs insgesamt?

1	4	2	1	3		4	

Bibliografie

Albrecht, Rainer (2004): E-Learning in Hochschulen. Die Implementierung von e-Learning an Präsenzhochschulen aus Hochschuldidaktischer Perspektive. TU Braunschweig. Dissertation.

Arnold, Patricia (2011): Die Netzgeneration. Empirische Untersuchung zur Mediennutzung bei Jugendlichen. In: Ebner, Martin/ Schön, Sandra (Hg.): Lehrbuch für Lernen und Lehren mit Technologien. http://l3t.tugraz.at/index.php/LehrbuchEbner10/article/view/43 [27.02.2012].

Arnold, Patricia/ Kilian, Lars und andere (2011): Handbuch E-Learning: Lehren und Lernen mit digitalen Medien. Bertelsmann: Bielefeld.

Budka, Philipp/ Ebner, Martin und andere (2011): Hochschule, Strukturen, Rahmen und Modelle für die Lehre mit Technologien. In: Ebner, Martin/ Schön, Sandra (Hg.): Lehrbuch für Lernen und Lehren mit Technologien. http://l3t.tugraz.at/index.php/LehrbuchEbner10/article/view/58/58 [02.03.2012].

Dittler, Ullrich (2011): E-Learning: Einsatzkonzepte und Erfolgsfaktoren des Lernens mit interaktiven Medien. Oldenbourg: Wissenschaftsverlag.

Ertl, Bernhard/ Helling, Kathrin/ Herbst, Ilona und andere (2011): Lernen mit Videokonferenzen – Szenarien, Anwendungen und Praxistipps. In: Ebner, Martin/ Schön, Sandra (Hg.): Lehrbuch für Lernen und Lehren mit Technologien. http://l3t.tugraz.at/index.php/Lehrbuch Ebner10/article/view/24/72 [26.02.2012].

Häfele, Hartmut/ Maier, Kornelia (2010): 101 e-Learning Seminarmethoden: Methoden und Strategien für die Online und Blended Learning Seminarpraxis. Bonn: Managerseminare Verlag.

Hinterer, Werner (2009): Wie kann ich Moodle erfolgreich im Unterricht einsetzen? Ein Handbuch zur Gestaltung von Online-Kursen in E-Learning-Plattformen. Saarbrücken: VDM Verlag.

Handke, Jürgen/Schäfer, Anna Maria (2012): E-Learning, E-Teaching und E-Assessment in der Hochschullehre: Eine Anleitung von Jürgen Handke und Anna Maria Schäfer. Oldenbourg: Wissenschaftsverlag.

Hühne, Birgit (2005): Online-Tutorials im internationalen Vergleich. Ausgewählte Beispiele aus Deutschland, Skandinavien und dem englischsprachigen Raum. Köln: Fakultät für Informations- und Kommunikationswissenschaft. Fachhochschule Köln. Hochschulschrift.

Kerres, Michael/ Euler, Dieter und andere (2005): Lehrkompetenz für eLearning-Innovationen in der Hochschule. Ergebnisse einer explorativen Studie zu Maßnahmen der Entwicklung von eLehrkompetenz. St Gallen: Swiss Centre for Innovations in Learning-Institut für Wirtschaftspädagogik, SCIL. http://130.82.124.20/publications/reports/2005-10-kerres-et-al-elehrkompetenz.pdf [26.02.2012].

Lachmann, Marc/ Baselt, Mike (2005): Moodle in der Schule– eine Einschätzung der methodisch-didaktischen Potentiale. http://elearn.gym-gleisdorf.ac.at/file.php/1/upload/moodle-didaktikkurz.pdf [26.02.2012].

Römmer-Nossek/ Brigitte, Peschl und andere (2011): Kognitionswissenschaft / Perspektive auf Lernen und Lehren mit Technologien. In: Ebner, Martin/ Schön, Sandra (Hg.): Lehrbuch für Lernen und Lehren mit Technologien. http://l3t.tugraz.at/index.php/LehrbuchEbner10/article/view/67/59 [03.03.2012].

Faustin Mutwarasibo

University Students' Experiences of Lecturer-initiated Writing Groups

Abstract

The aim of this paper was to examine how university students experienced lecturer-initiated group writing as a way to improve their engagement in learning. The research involved 34 second-year undergraduate students, divided into 12 small working groups. The data were collected by means of group interviews carried out after each of the 12 groups had finished writing an argumentative essay. In their responses, students generally acknowledged that they gained a number of competencies such as interpersonal, organisational and decision-making skills. In addition, students indicated that working together enabled them to refine their academic writing skills. However, for some students, issues related to group cohesion and time management were reported as major obstacles to group-based learning. Given that group approaches are widely believed to stimulate active learning, this paper suggests that whenever possible, lecturers initiate the approach among university students from various disciplines by alternating between lecturer-initiated and student-initiated group work. Also, for increased student motivation and smooth running of group work activities, it is recommended that lecturers clearly communicate beforehand to students the tangible benefits to expect from group work.

Introduction

Group work approaches and learner-centredness are not new in global higher education contexts. This is demonstrated by a vast amount of research dedicated to them (e.g. Barkley et al., 2005; Bonanno et al., 1998; Bourner et al., 2001; Davies, 2009; Davis, 1993; Jaques, 2001; Kapp, 2009; Mellor, 2009; Millis and Cottell, 1998; Mills, 2003; Smith and MacGregor, 1992; Thorley and Gregory, 1994; Tyson, 1998), highlighting the multiple benefits they are believed to generate. Among these benefits, university students who are exposed to group work activities can gain a wide range of transferable skills including communication, team work, interpersonal and time management skills (Bourner et al., 2001, Barkley et al., 2005, Davies, 2009). These skills could help them increase their chances of being employed after they graduate, thus possibly making their transition from higher education to working life easier. In addition, the frequent use of group work in the classroom is reported to enhance students' motivation, confidence, self-esteem and success (Frederick, 1993; Hillyard et al., 2010). Group work is also assumed to foster students' engagement in their own learning and development (Cavanagh, 2011; Griffiths, 2009; Zepke and Leach, 2010). Elsewhere, by working together, students are likely to learn to listen carefully, question, respect the opinions of others, share and collaborate which, by themselves, are of lifelong value (Barkley et al., 2005; Hammond et al., 2010).

Although group-based learning has been an issue in academic research literature for more than two decades and is a common way in which university students conduct their learning, it was only explicitly introduced in the Rwandan higher education system in

2007 with the advent of a modular scheme. This implies that group-based learning in the Rwandan higher education context is quite a new phenomenon which is still being experimented on. For that matter, it has not yet been sufficiently explored in academic research. At the centre of the Rwandan modular scheme, there are learning outcomes to be attained by students at the end of a module or programme. The highest level of these learning outcomes provides for the ability of students to work with others (National Council for Higher Education [NCHE], 2007b). Altogether, the *National Learning, Teaching and Assessment Policy* (NCHE, 2007a) advocates a teaching strategy based on participatory approaches. These include group work, focus group discussions, debates, panel discussions and peer tutoring among others.

Despite the highly acclaimed potential of group work to stimulate active or deep learning, it is also viewed as a challenging method to use, especially because it can be applied in "a variety of forms" and "can serve a range of purposes appropriate to different disciplines" (Griffiths, 2009: 72). Adding to these various forms and purposes of group work is the fact that academic institutions in many parts of the world are now faced with a growing number of students from diverse backgrounds (Coffin et al., 2003; Griffiths, 2009; Hammond et al., 2010; Luckett and Sutherland, 2000). This student diversity may prompt them to approach group learning differently "from their own perspective, their own unique past experience and their own understanding of themselves and their aspirations" (Gosling, 2009: 114).

This study shall investigate three questions: (1) What do students say they gain from working together? (2) What kind of difficulties do they encounter in this lecturer-initiated group writing arrangement? (3) Based upon their gains and difficulties, which direction do students want group-based learning to take? The underlying assumption of these questions is that students have mixed feelings and attitudes towards lecturer-initiated group work. The results of this study shall add to a knowledge base in the field of critical inquiry on how to improve the quality of student learning in Rwandan higher education and elsewhere in the world.

Group Work as a Means to develop Learning

Group work continues to be an important teaching and learning strategy used in higher education in many parts of the world. Its importance stems from its power to motivate and actively engage learners, prompting them to claim ownership and take more responsibility for their learning and development. More concretely, group work "engages all students by valuing the perspective each student can contribute from his or her personal academic and life experience" (Barkley et al., 2005: 10).

Depending on the purposes for which group work is created, the latter may exist in different forms. In their research on cooperative learning in the USA, Johnson et al. (1991) identified three types of group work, namely formal learning groups, informal groups and study groups. Formal learning groups are established by the lecturer when students have to complete a specific task in one class session or over many weeks. Informal learning groups are made of clusters of students who decide by themselves to work together in class to discuss an issue for better understanding. Study groups, also called base groups (Barkley et al., 2005) or learning teams (Millis and Cottell, 1998), are also often initiated by students themselves. Their members meet regularly to lend support to one another for better understanding of course materials and academic achievement. In the context of this paper, only formal learning groups shall be considered.

Why Lecturer-initiated Group Writing?

The interest in the role of the lecturer in shaping group writing stemmed from the often held assumption that within the student-centred model, the lecturer's presence is almost removed. Quite similar to this is an assumption on the part of lecturers that students by themselves know how to work in groups (Griffiths, 2009). To challenge both assumptions, Frederick (1993) points out that it is ultimately the lecturer's responsibility to motivate and actively involve learners in their learning.

In general terms, the lecturer's role in the group learning process is that of a guide or facilitator. For Frederick (1993), being a facilitator entails three things, namely setting up clear, simple, and task oriented instructions; timing group work activities to be undertaken, and finally, arranging the time for all groups to report to class what they have achieved. This final public reporting is thought to enable students to learn from each other's similar or different arguments (Frederick, 1993; Race, 2010). For Griffiths (2009), being a facilitator has more to do with preparing students on the nature and purpose of group work activities to be performed, setting up the guidelines to follow and specifying the learning outcomes to attain in the end.

In the context of this study, the lecturer's role in the group work setting was in many ways similar to what other researchers have demonstrated. Among other things, the lecturer had to design the group writing task and establish the guidelines. The lecturer was also instrumental in deciding on the composition of the group, keeping track of what was being done by various groups and how long it was going to take, and providing support at various stages of the writing process. One of the most important areas of support provided was language support, that is, help translating some culture-specific terms and expressions from Kinyarwanda into English, given that English is used as a foreign language.

From the lecturer's perspective, the group work guidance given to students was useful because it served as a bridge between the teacher-centred model they had been familiar with and the learner-centred model they were being trained to embark on. In her own words, the lecturer found that:

> The students saw the writing process as a good experience. They felt safe because they knew they were accompanied throughout the whole process. The only problem was to understand the process itself. Some of them didn't know what kind of help to expect and sometimes they neglected what was supposed to be their first duty. I had the impression that these ones thought the lecturer had the biggest role to play. However, there are those who understood the idea behind process writing and these could even ask for more clarification on the feedback given. These ones improved their writing so remarkably. (Lecturer 2009, pers. comm., 24 April).

Judging from the lecturer's experience, one could argue that the learner-centred system did not come to replace the lecturer in the classroom, but rather to supplement the existing teaching and learning practices.

Group work approaches can be used in all academic disciplines. But for this specific study they were used in writing owing to its potential to help improve teaching practices and stimulate learning (Wingate et al., 2011). In fact, researchers concur that writing is part of the learning process itself and is a mechanism for discovery and thinking (Coffin et al., 2003; Creme and Lea, 2008; Gillett et al., 2009; Nightingale, 2000). Writing can help one learn some generic skills which are desirable in professional life, among them, logical and critical thinking, problem-solving, communication, organisational and time management skills (Shields, 2010) and thus enhance employability. Writing in groups may also provide additional benefits as illustrated by DiPardo and Freedman (1988). In their research on peer response groups in the US, they found that:

> groups present an arena for intervening in the individual's writing process, for working collectively to discover ideas, for underscoring the writer's sense of audience, for interacting with supportive others at various points in the composing process, and even, perhaps, for developing the writer's intuition (DiPardo and Freedman, 1988: 123).

Thus, the more students are directed to work together while writing, the more likely they are to gain skills and competencies and adopt behaviours which prepare them for the future.

Challenges of working in Groups

For a group to work effectively, members need to have a clear goal, be actively involved in whatever they do and strive to attain meaningful learning at the end of their work (Barkley et al., 2005; Tyson, 1998). But in spite of various tangible benefits that group work is thought to provide, it also presents some challenges, as some studies conducted in this area seem to conclude. A study carried out by Barkley et al. (2005) in the USA on students' satisfaction with group work showed that some group members need to go at different speeds, some others dominate the group while others simply do not participate. Other respondents deplored the fact that group discussion sometimes deviates from the topic and a lot of time is wasted.

In an Australian context, Davies (2009) also contended that it is not always easy to motivate group members to work together and contribute equally because of differing degrees of individual commitment, different cultural and linguistic backgrounds as well as conflicting demands between self-interest and altruism. In fact, in a large working group, there is a high likelihood of having members who do not effectively participate in group work activities, but who may at the end expect to reap benefits they have not vied for. These members are interchangeably referred to as "passengers", "bystanders", "free-loaders" or "free riders" (Bourner et al., 2001; Davies, 2009; Race, 2010) or "hitchhikers" (Millis and Cottell, 1998). The presence of such members works against the principle of individual and group accountability which normally characterises effective and successful group learning. In addition to the free riding problem, Davies (2009) mentioned other factors that are likely to impact on the successful running of group work. These are, among others, the type of task and its complexity, roles of group members, recognition and reward of individual and group efforts, incentives and penalties.

For group work to be effective it is advisable to try to minimise the challenges in favour of its benefits. To achieve this, ground rules may be established and strategies to monitor and reward individual and group efforts devised and communicated beforehand to all group members (Scott-Ladd and Chan, 2008). On the same order, assessment of group work activities may be carried out in major part by the lecturer and in minor part by groups of students (Brown and Knight, 1994).

Methods

Settings and participants
The study was conducted in one higher learning institution in Rwanda in 2009 and involved 34 second-year undergraduate students (31 males and 3 females, aged 23 on average). All of them were enrolled in the discipline of English Language and Literature and their participation was entirely voluntary. Current ethical considerations in terms of information on aims and voluntary participation were observed. Students were assured of anonymity and are referred to using codes: Groups bear Roman numerals from I up to XII while respondents are referred to as males (M) and females (F). Unfortunately, in the research setting, the number of males considerably outweighed that of females which made it impossible to respect the gender balance guideline (Louw and Delport, 2006).

Design, procedures and data analysis
The study was mainly based on experiences reported in open-ended interviews carried out in English with groups of students after they had completed writing an argumentative essay. As language students, essay writing was something they were familiar with, but not formal learning groups. To perform the writing task, they were divided into 12 small working groups, each group having either two or three members. Their lecturer had to make sure that no student shared the same group with their usual friends, which is why all groups were truly lecturer-initiated. After all groups were set up, they were requested to produce a 400-word argumentative essay on a topical issue in Rwanda, which is gender and equality. More precisely, the focus and title of the topic was: *Can women be equal to men in the Rwandan context? Discuss.*

All expected group writing sessions were carried out in the classroom in the presence of the lecturer. However, the lecturer's role was not to impose the order in which to write, but rather to guide and assist students whenever it was needed. The researcher was also regularly present in the classroom to check on group dynamics, that is, the attendance, interaction, involvement and progress of the participants in group writing activities.

The group writing activities took about ten hours, spread across five non-consecutive days. These activities took a long time because all groups were requested to follow a specific pattern of process writing introduced by the researcher and proposed by Coffin et al. (2003). After writing, all writing groups were interviewed on how they had experienced working in groups, that is, what they felt they had gained and what they had found difficult in working together, given that they were not familiar with this type of lecturer-guided writing. The interviews were audio-recorded and conducted on separate occasions, each lasting 20 minutes on average (see Appendix I for interview guide).

When analyzing the data, all audio-recorded interview responses were transcribed and arranged under similar categories. Data analysis was done inductively, that is, by looking at the main categories and labels that emerged from the interview responses and by selecting and quoting prototypical responses.

Findings

The analysis of findings focuses on students' experiences with the lecturer-initiated group work organised around the activity of essay writing. From the interview responses, three main categories emerged, namely, positive, negative and ambivalent or divided views on group work. The positive views came from group members who indicated that they benefited in many ways from working together. The negative views were held by those who, for some reasons, found it quite difficult to collaborate while ambivalent or divided views were reported by those who seemingly opposed the idea of group work, but whose arguments actually turned out to reveal its merits. The three categories are elaborated further below by means of representative responses from the students.

Positive Views on Group Work

Under this category, three main labels were found, namely group work as a means to develop interpersonal and social skills; group work as a means to build confidence and increase knowledge; and finally, group work as a means to challenge gender bias.

Group work as a means to develop interpersonal and social skills
From the students' responses, one can observe that group work was viewed as an opportunity to advance, exchange, share, listen to and value peer opinions. Some went further to claim that group work not only dared them to talk and gave them room to communicate and even challenge their fellows' views, but also to accept being challenged. Some of those views were spelled out as follows:

> During the group task, I have learned to express my ideas, but also listen to and value my fellows' ideas. I have also learned to be judged by another group and to judge them. (III: M5)

> What I have gained from this exercise is daring to talk to my peers and accepting being challenged, listening to them, being flexible and accepting that my ideas don't always have to win. (VII: M15)

Elsewhere, it is reported that the smooth exchange between group members added to the group's cohesion, unity and strength, thus making a group rather look like a safe family:

> Working in groups of three was like being in a family. So this 'family' has supported me by allowing me to freely express my views and listen to their views. And even in case of diverging views, we discussed until we agreed on what to put on paper. (V: M11)

Group work as a means to build confidence and increase knowledge
For some students who were familiar with guided group work, the major assets of group-based learning were belief in oneself, confidence building, personal growth and development, and knowledge improvement. They felt they were enabled to become active, fully-fledged and successful group members as expressed in the following:

I also prefer group work because with it you are assured of mutual support and success. With group work, you exchange ideas, you learn to build solid arguments and you gain new vocabulary. (V: M12)

Another student appreciated working together with peers because it opened up the possibility of airing varied and stronger views and completing the writing task in a shorter period of time:

Working together as a group was very good because we had different ideas, but these were put together to produce one thing that is richer and stronger. So working together while writing an essay is very beneficial because you generate many ideas at once, you think and move more quickly. (X: M25)

Given that English was used as a foreign language, they also acknowledged having obtained better opportunities to improve their English vocabulary:

When we were brainstorming and organising ideas, we knew some terms in Kinyarwanda and French, but we could not immediately find the equivalences in English. Then we gave each other the task of checking those terms in a dictionary. When we met in class for the next session, everybody had to tell the others what they had found. So we helped one another to learn the new terms in English. (VIII: M20)

The manner in which students learned to cope with process writing was particularly emphasised in their responses. Through group work, the process and structure of essay writing became much clearer to students:

Before any writing exercise, I always do brainstorming, but the organisation step has been a bit of a problem for me. But with my group, I have learned how to organise the brainstormed ideas, and things are clearer to me now. (IX: M24)

What I have gained from working with my group is to know exactly how to move through the different steps of essay writing. It was a very good exercise for me. (X: F3)

Group work as a means to challenge gender bias
For mixed-gender groups, working together allegedly prompted the members to change their standpoint and adopt a new perspective compared to the way they used to think about gender and equality. For example, some held that:

We were very lucky to have a female member in our group. Two of us are males, so we tended to argue from our point of view and ignore her ideas. But she vigorously intervened in the discussion by bringing in alternative and stronger ideas and finally, we accepted and were convinced. We learned to value and accept each other's ideas. (I: M1)

As we were two females and one male in our group, I think it was all right. Having a group of females only would have brought in some bias. We would have been tempted to emphasise the qualities of females only and forget about males while gender actually means both. So the presence of a male member in our group helped us balance our views and reactions by considering various arguments and counterarguments. (X: F3)

In terms of gender-homogeneous groups, their perspectives on gender and equality were also divided between those biased and those unbiased. But whatever the circumstances, the participants acknowledged having gained a lot about the topic by articulating their views and confronting them with alternative ones.

Negative Views on Group Work

Despite a variety of opinions highlighting the multiple benefits that group-based learning is thought to generate, a few voices pointed out something different. For some students, working together is likely to lead to interminable discussion and unending disagreements, which in the end result in inefficient time management. On the one hand, they found it usual to work together in an academic context, but still expressed their worries about the time that might be wasted all along the process:

> … This [group work] can sometimes create problems, especially when you are with students who enjoy discussion more than actual work. These discussions can take longer than expected. (XII: M29)

On the other hand, some students shied away from genuine group work because it was a new and very challenging experience for them and thus they felt unable to face up to the heated debates and intense disagreements that sometimes emerge from group work. In their own words, they avowed that:

> This was something new to us, so everyone tried to develop their ideas first and then later on we put them together. So working with my fellows was new and indeed very challenging. (VI: M14)

> Working as a group was challenging to some extent because as we are free, one may choose one word, but other group members may disagree with it. And because of this freedom, we could come up with three different words for one thing and we could fail to agree on which one to use.
> (VIII: M19)

One of the merits of group work is its potential to stimulate learning via negotiation. But from the two cases mentioned above, students seem to be unaware of the learning that takes place in such negotiation, however difficult it may be to achieve.

Ambivalent or divided Views on Group Work

Ambivalent or divided attitudes towards group work surfaced especially when members considered the time used by the group and by an individual to complete essay writing. Divided opinions were also collected when students were asked to state whether they found their essay male-biased given the male dominance among the participants. The ways in which students looked at these issues are subsumed under the following subheading.

Group and individual member's achievements versus time management
One of the arguments that led to serious disagreements between students was whether group or individual work could contribute to quicker progress and better quality. Understandably, their opinions were divided. For instance, one student argued that "working together is somehow good, but time-consuming" (IV: M8) while his counterpart insisted that "I also prefer working with a group because it helps you generate and share many ideas in a short time" (VII: M17). But while both students disagree on the amount of time required by a group to accomplish the writing task, they both concur that the quality of work produced by an individual is inferior to that of a group: "When you are alone you are likely to make some mistakes that you are not aware of" (IV: M8) and "once you are on your own, it can take a lot of time and you may run out of arguments" (VII: M17).

That an individual may need more time than a group to find relevant arguments to complete the writing task was diametrically opposed by another student: "…when you are alone, you move straight on with your writing and you spend less time [on writing] than when you are working with a group". He went on to indicate that "had I been alone I would have used half of the time that our group has used" (VII: M15). This view was shared by another member who asserted that "when you are alone, you get few ideas, but you are quick to develop them" (IX: M22).

Other positions held by students on what a group can accomplish in comparison with an individual member still display an ambivalent attitude: "When you are working together, you don't do things as quickly as when you are alone" (II: M4). Surprisingly, the same student concluded that "when you are in a group, you have to participate and you should feel eager to do so".

From all the statements above, one notices that across groups, members held quite contradictory views about the relevance of group work in their learning. But those contradictions might disappear once clear and sufficient information is provided beforehand on what group work really is and what to expect from it.

To sum up, one can see that lecturer-initiated writing groups were experienced differently by students. But the overall picture from the data shows that they were seen as a tool capable of helping students acquire collaborative and interpersonal skills: communicating, interacting, listening, questioning, valuing and tolerating adverse opinions. Another aspect of the data shows that some students were still afraid of associating with peers they do not collaborate with on a regular basis. For this category of students, formal group learning was viewed as a big challenge. Along the same lines, there were those who still needed to behave as members of a team because they were unable to differentiate between individual and group roles. The next section shall elaborate on the implications of the findings.

Discussion and Conclusion

This paper has examined how university students experienced lecturer-initiated group writing as a way to improve their engagement in learning. The presence of the lecturer to guide their group work was new to them as they normally rely either on self-initiated group work or lectures in their learning. But this formal group arrangement could be rewarding for students in the future. In terms of employability, we are obliged to work in teams with people we do not know and have probably never met in professional contexts. This is the kind of challenge that students were faced with by being involved in classroom-based group work under the immediate supervision of their lecturer.

Based on the findings, students were positive, negative and ambivalent towards lecturer-initiated group learning. On the whole, we can say that some form of meaningful learning has taken place through group work (Barkley et al., 2005). This is shown by the fact that at the end of the group work, students mentioned a number of collaborative, social and team working skills they had learned such as communication, compromise, time management, focus and commitment (Kirton, 2010). However, for another section of students, this collaboration and spirit of team work did not really take hold. This was manifested in the way they attempted to defend the advantages of working alone to save time at the expense of working in groups. Ambivalent or mixed attitudes towards group work were also observed, probably resulting from the lack of clear and sufficient information about the positive effects of social interaction on learning (Hammond et al., 2010).

Given that group work is now a privileged approach to teaching and learning in higher education, some measures need to be devised to fully exploit its benefits and minimise its drawbacks. Among these measures, Cavanagh (2011), Frederick (1993) and Wingate et al. (2011) show that it is quite possible and effective to integrate cooperative learning activities and active engagement opportunities into lectures. This practice is likely to help allay students' uncertainty about group work because it merges autonomous and collaborative learning (Zepke and Leach, 2010). To change students' negative views on group work, Scott-Ladd and Chan (2008) propose that lecturers initiate mixed-gender team work whereas Erdem (2009) encourages the possibility of looking at different learning styles while composing collaborative teams. As regards the composition of learning teams, Barkley et al. (2005) also suggest that lecturers ought to strive towards achieving heterogeneity by mixing students' different abilities and competencies.

Some students were not pleased with group work as it allegedly required a lot of time for group members to agree on what to write and successfully complete their task. To dissipate their worries, Frederick (1993) proposes that group work instructions be clear, simple and task oriented. He adds that groups need to be given a sense of how much time is available for their work and that, at the end of it, all of them need to know what their peers have achieved. The argument to set clear instructions for group work to run smoothly was also echoed by Hammond et al. (2010) and Hillyard et al. (2010) through their use of an explicit teaching concept: Individual instructors ought to tell students the purpose of using a particular group activity in their class. Altogether, some group rules may be established and group members' roles well defined in advance to mitigate possible internal disagreements among group members (Scott-Ladd and Chan, 2008).

The findings from this study are in many ways consistent with many others carried out in Australia, UK, USA (e.g. Bonanno et al. 1998; Boud et al., 1999; Bourner et al., 2001; Davies, 2009; Hammond et al., 2010; Hillyard et al., 2010; Mills, 2003; Remedios et al., 2008) on the group experiences of diverse undergraduate students in various disciplines. Compared to these studies, this research has dealt with relatively homogeneous groups of students from the point of view of gender (91% of members were males), language, culture, educational background and age group, assuming that group cohesion was for that matter easier to achieve. But surprisingly, the problems of group cohesion were again posed as in any other study involving heterogeneous groups.

Another point to make is that while the abovementioned studies asserted that group work enables students to gain a number of critical transferable skills, they called upon future researchers to devise strategies of detracting "passengers" but always encouraging a deep approach to learning among student-initiated groups. Given that this study resorted to lecturer-initiated and small learning groups when students were working on in-class essay writing, no "passengers" were reported. The proposal to work with smaller group sizes is also supported by Scott-Ladd and Chan (2008) arguing that it helps reduce the risk of member incompatibility and free riding, thus making group work more effective.

In summary, this study has established different ways that students experienced lecturer-initiated group writing in a relatively homogeneous and male-dominated environment. Even though its findings are equally meaningful and valid when compared with those from other group-based studies, the study was limited to a small sample of university students, who were enrolled in one discipline in one specific context. Thus, the study would benefit from being extended to a more representative sample of students across various disciplines, so that students really obtain enough opportunities to experiment with group work in a setting where it is a new pedagogical tool. Alternatively, further studies could compare students' experiences with and performance in lecturer-initiated and student-initiated group work.

Bibliography

Barkley, Elizabeth F./ Cross, K. Patricia/ Major, Claire Howell (2005): Collaborative Learning Techniques: A Handbook for College Faculty. Danvers: Jossey-Bass.

Bonanno, Helen/ Jones, Janet/ English, Linda (1998): Improving group satisfaction: Making groups work in a first-year undergraduate course. In: Teaching in Higher Education. Vol. 3. No. 3. pp. 365-382.

Boud, David/ Cohen, Ruth/ Sampson, Jane (1999): Peer learning and assessment. In: Assessment & Evaluation in Higher Education. Vol. 24. No. 4. pp. 413-426.

Bourner, Jill/ Hughes, Mark/ Bourner, Tom (2001): First-year undergraduate experiences of group project work. In: Assessment & Evaluation in Higher Education. Vol. 26. No. 1. pp. 19-39.

Brown, Sally/ Knight, Peter (1994): Assessing Learners in Higher Education. London: Kogan Page.

Cavanagh, Michael (2011): Students' experiences of active engagement through cooperative learning activities in lectures. In: Active Learning in Higher Education. Vol. 12. No. 1. pp. 23-33.

Coffin, Caroline et. al. (2003): Teaching Academic Writing: A Toolkit for Higher Education. New York and London: Routledge.

Creme, Phyllis/ Lea, Mary R. (2008): Writing at University: A Guide for Students. 3rd edn. New York: Open University Press.

Davies, W. Martin (2009): Groupwork as a form of assessment: Common problems and recommended solutions. In: Higher Education. Vol. 58. No. 4. pp. 563-84. http://www.springer-link.com/content/m1l16382767q00v8/ [17.09.2010].

Davis, Barbara Gross (1993): Collaborative learning: Group work and study teams. http://teaching.berkeley.edu/bgd/collaborative.html [12.03.2011].

DiPardo, Anne/ Freedman, Sarah Warshauer (1988): Peer response groups in the writing classroom: Theoretic foundations and new directions. In: Review of Educational Research. Vol. 58. No. 2. pp. 119-149.

Erdem, Mukkades (2009): Effects of learning style profile of team on quality of materials developed in collaborative learning processes. In: Active Learning in Higher Education. Vol. 10. No. 2. pp. 154-171.

Frederick, Peter J. (1993): Motivating students by active learning in the history classroom. In: Perspectives. Vol. 37. No. 7.
http://www.historians.org/perspectives/issues/1993/9310/9310TEC.cfm [12.12.2011].

Gillett, Andy/ Hammond, Angela/ Martala, Mary (2009): Successful Academic Writing. London: Pearson Longman.

Gosling, David (2009): Supporting student learning. In: Fry, Heather/ Ketteridge, Steve/ Marshall, Stephanie (eds.): A Handbook for Teaching and Learning in Higher Education: Enhancing Academic Practice. 3rd edn. New York and London: Routledge. pp. 113-131.

Griffiths, Sandra (2009): Teaching and learning in small groups. In: Fry, Heather/ Ketteridge, Steve/ Marshall, Stephanie (eds.): A Handbook for Teaching and Learning in Higher Education: Enhancing Academic Practice. 3rd edn. New York and London: Routledge. pp. 72-84.

Hammond, John A./ Bithell, Christine P./ Jones, Lester/ Bidgood, Penelope (2010): A first year experience of student-directed peer-assisted learning. In: Active Learning in Higher Education. Vol. 11. No. 3. pp. 201-212.

Hillyard, Cinnamon/ Gillespie, Diane/ Littig, Peter (2010): University students' attitudes about learning in small groups after frequent participation. In: Active Learning in Higher Education. Vol. 11. No. 1. pp. 9-20.

Jaques, David (2001): Learning in Groups: A Handbook for Improving Groupwork. 3rd edn. London: Kogan Page.

Johnson, David W./ Johnson, Roger T./ Smith, Karl A. (1991): Cooperative Learning: Increasing College Faculty Instructional Productivity. ASHE-ERIC Higher Education Reports. No. 4. Washington, DC: George Washington University.

Kapp, Edward (2009): Improving student teamwork in a collaborative project-based course. In: College Teaching. Vol. 57. No. 3. pp. 139-143.

Kirton, Bill (2010): Brilliant study skills: What you need to know and how to do it. Harlow: Pearson.

Louw, Brenda/ Delport, Rina (2006): Contextual challenges in South Africa: The role of a Research Ethics Committee. In: Journal of Academic Ethics. 4. 39-60.

Luckett, Kathy/ Sutherland, Lee (2000): Assessment practices that improve teaching and learning. In: Makoni, Sinfree (ed.): Improving Teaching and Learning in Higher Education: A Handbook for Southern Africa. Johannesburg: Witwatersrand University Press. pp. 98-130.

Mellor, Anthony (2009): Group work assessment: Benefits, problems and implications for good practice. Red Guide Paper 53.
http://www.northumbria.ac.uk/static/5007/arpdf/academy/redguide53.pdf [13.03.2011].

Millis, Barbara J./ Cottell, Philip G. (1998): Cooperative Learning for Higher Education Faculty. Phoenix: Oryx Press.

Mills, Paul (2003): Group project work with undergraduate veterinary science students. In: Assessment & Evaluation in Higher Education. Vol. 28. No. 5. pp. 527-538.

National Council for Higher Education (2007a): National Learning, Teaching and Assessment Policy. Kigali: NCHE.

National Council for Higher Education (2007b): Rwandan National Qualifications Framework for Higher Education. Kigali: NCHE.

Nightingale, Peggy (2000): Improving student writing. In: Makoni, Sinfree (ed.): Improving Teaching and Learning in Higher Education: A Handbook for Southern Africa. Johannesburg: Witwatersrand University Press. pp. 131-166.

Race, Phil (2010): Making Learning Happen: A Guide for Post-Compulsory Education. 2nd edn. London: Sage.

Remedios, Louisa/ Clarke, David/ Hawthorne, Lesleyanne (2008): The silent participant in small group collaborative learning contexts. In: Active Learning in Higher Education. Vol. 9. No. 3. pp. 201-216.

Scott-Ladd, Brenda/ Chan, Christopher C.A. (2008): Using action research to teach students to manage team learning and improve teamwork satisfaction. In: Active Learning in Higher Education. Vol. 9. No. 3. pp. 231-248.

Shields, Munling (2010): Essay Writing: A Student's Guide. London: Sage Publications.

Smith, Barbara Leigh/ MacGregor, Jean T. (1992): What is collaborative learning? In: Goodsell, Anne et al. (eds.): Collaborative Learning: A Sourcebook for Higher Education. University Park, PA: National Center on Postsecondary Teaching, Learning and Assessment. pp. 9-22.

Thorley, Lin/ Gregory, Roy (eds.) (1994): Using Group Based Learning in Higher Education London: Kogan Page.

Tyson, Trevor (1998): Working in Groups. 2nd edn. Sydney: Macmillan Education.

Wingate, Ursula/ Andon, Nick/ Cogo, Alessia (2011): Embedding academic writing instruction into subject teaching: A case study. In: Active Learning in Higher Education. Vol. 12. No. 1. pp. 69-81.

Zepke, Nick/ Leach, Linda (2010): Improving student engagement: Ten proposals for action. In: Active Learning in Higher Education. Vol. 11. No. 3. pp. 167-177.

Appendix I: Interview Guide

1. How did you experience working together as a writing group?
2. What can you say you have gained?
3. What kind of challenges/difficulties have you met?
4. What difference did it make for you to work together as a mixed-gender (or gender-homogeneous) group?

Kurzbiografien

Andrea Bernhard studierte Pädagogik und Europäische Ethnologie an der Universität Graz (Österreich) sowie an der Universität Tampere (Finnland) und hat ihr Doktoratsstudium im Bereich der Vergleichenden Hochschulforschung an der Universität Klagenfurt abgeschlossen. 2006-2008 war sie für den Österreichischen Akkreditierungsrat (Wien) tätig. 2008-2011 arbeitete sie als wissenschaftliche Mitarbeiterin am Institut für Erziehungs- und Bildungswissenschaften an der Universität Graz. Seit 2012 ist sie als Referentin für den Bologna-Prozess, Hochschulbildung in Europa und Hochschullehre für die Österreichische Universitäten Konferenz tätig. Ihre Forschungsschwerpunkte liegen in der Hochschul- und Weiterbildungsforschung (Qualitätssicherung, Hochschulvergleiche, Bologna-Prozess, Interdisziplinarität). E-Mail: andrea.bernhard@uniko.ac.at

Carole Bourgadel, geboren in Le Blanc-Mesnil/Frankreich. Diplomstudium der Romanistik (mit Lehramtstudium Französisch) an der Karl-Franzens-Universität Graz/Österreich. Diplomstudium der Germanistik an der Sorbonne Nouvelle/Paris III. Lehrbeauftragte der FH Joanneum Graz, der Kunstuniversität Graz und der Karl-Franzens-Universität Graz. Wissenschaftliche Mitarbeiterin am *treffpunkt sprachen* – Zentrum für Sprache, Plurilingualismus und Fachdidaktik. E-Mail: carole.bourgadel@uni-graz.at

Anja Burkert, geboren 1963 in Graz/Österreich. Lehramtsstudium Anglistik/Amerikanistik und Französisch an der Karl-Franzens-Universität Graz und der Université Aix-Marseille III. Doktoratsstudium im Bereich der englischen Fachdidaktik. Von 1993-1995 Universitätsassistentin (Karenzvertretung) am Institut für Anglistik, seit SS1996 am dortigen Institut als Lektorin im Bereich der Sprachausbildung tätig. Ab 2009 Kursleiterin für akademisches Englisch am *treffpunkt sprachen* – Zentrum für Sprache, Plurilingualismus und Fachdidaktik. Sprachtrainerin für Französisch in der Erwachsenenbildung. Seit 2008 Events Organiser im Kommittee der Learner Autonomy Special Interest Group of IATEFL (International Association of Teachers of English as a Foreign Language). 2010 Lehrpreis der Karl-Franzens-Universität Graz.
E-Mail: anja.burkert@uni-graz.at

Eva Cendon, geboren 1971 in Graz/Österreich. Diplom- und Doktoratsstudium der Erziehungs- und Bildungswissenschaften an der Karl-Franzens-Universität Graz. Von 1999-2008 war sie in Forschung und Lehre an den Universitäten Graz und Klagenfurt, zuletzt an der Donau-Universität Krems tätig. Seit Februar 2009 lehrt und forscht sie an der Deutschen Universität für Weiterbildung (DUW) in Berlin. Als Mit-Entwicklerin des DUW-Studienmodells beschäftigt sie sich mit Themen wie dem Reflective Practitioner, neuen Formen der gemeinsamen Wissensproduktion und experimentiert mit kompetenzorientierten Lehr-, Lern- und Prüfungsformaten.
E-Mail: eva.cendon@duw-berlin.de

Beate Dallmeier, geboren 1982 in Regensburg/Deutschland. Diplomstudium der Erziehungswissenschaften mit dem Schwerpunkt Erwachsenenbildung an der Universität Regensburg. Ausbildung in Mündlicher Kommunikation und Sprecherziehung (Universität

Regensburg). Seit 2008 Hochschuldidaktikerin am Zentrum für Hochschul- und Wissenschaftsdidaktik (ZHW) der Universität Regensburg und bei ProLehre, dem hochschuldidaktischen Team der Technischen Universität München.
E-Mail: beate.dallmeier@ur.de

Rudolf Egger, Professor für lebenslanges Lernen am Institut für Erziehungs- und Bildungswissenschaft der Universität Graz, Arbeitsbereich für Angewandte Lernweltforschung. Arbeitsschwerpunkte: Erforschung formeller und informeller Lernwelten aus der Sicht transformativer Aneignungsprozesse, interpretative und rekonstruktive Modelle empirischer Sozialforschung.
E-Mail: rudolf.egger@uni-graz.at

Andreas Fleischmann, geboren 1975 in Alzenau/Deutschland. Diplomstudium Informatik mit Nebenfach Pädagogik an der TU Darmstadt und UBC Vancouver. Promotion an der TU München. 1998 bis 2002 studentischer Mitarbeiter in der hochschuldidaktischen Arbeitsstelle der TU Darmstadt. Seit 2003 freiberufliche Tätigkeit als hochschuldidaktischer Trainer. Seit 2006 Mitarbeiter der hochschuldidaktischen Einrichtung der TU München, ProLehre. Seit 2011 Leitung von ProLehre.
E-Mail: fleischmann@prolehre.tum.de

Caroline Hein studierte Pädagogik, Psychologie und Informatik an der Ludwig-Maximilians-Universität München. Nach einigen Jahren in der Wirtschaft in den Bereichen Personal- und Veränderungsmanagement arbeitet sie nun für ProLehre, dem hochschuldidaktischen Institut der TU München. Im Multiplikatorenprogramm liegen ihre Schwerpunkte im Bereich Beratung/Coaching, Change Management und Organisationsentwicklung.
E-Mail: hein@prolehre.tum.de

Christian Hofer, geboren 1978 in Graz/Österreich. Diplomstudium Italianistik und Erziehungs- und Bildungswissenschaften. Doktoratstudium der Erziehungs- und Bildungswissenschaften – Fachbereich Erwachsenenbildung und lebensbegleitende Bildung. Dissertation zum Thema Schreibkompetenz. Lehramtsstudium Italienisch und Psychologie/Philosophie. (Senior) Lecturer bei *treffpunkt sprachen* – Zentrum für Sprache, Plurilingualismus und Fachdidaktik, Universität Graz. Lehrer in einer Allgemeinbildenden Höheren Schule. Lehrbeauftragter am Institut für Philosophie, Universität Graz und der Pädagogischen Hochschule Steiermark. Erwachsenen- und LehrerInnenbildner. Forschungsschwerpunkte: Lernen, Lehren, Didaktik.
E-Mail: chris.hofer@uni-graz.at

Anna Kanape, born in 1983 in Graz/Austria. She studied English and American Studies and Psychology at Graz University. She started teaching English for Adults in 2008 and is currently teaching Psychology courses at Graz University as well as Linz University. She is presently working as a university assistant at Linz University where her responsibilities include amongst others the psychological education of future teachers. Her main research interests are in bilingualism, neurodidactics, educational research as well as teacher education and school management.
E-Mail: anna.kanape@jku.at

Werner Lenz, geboren 1944 in Wien/Österreich. Studium der Pädagogik, Politikwissenschaft und Psychologie an der Universität Wien. Seit 1984 lehrt und forscht er als Professor und Leiter des Arbeitsbereichs Weiterbildung des Institutes für Erziehungs- und Bildungswissenschaft an der Universität Graz. Von 2007–2011 Dekan der Umwelt-, Regional- und Bildungswissenschaftlichen Fakultät (URBi) Graz, Gastprofessur an der Hiroshima Universität in Japan und Gastprofessur am IFF, Universität Klagenfurt.

Anita Mörth, geboren 1978 in Graz/Österreich, Diplomstudium der Erziehungs- und Bildungswissenschaften an der Karl-Franzens-Universität Graz. Wissenschaftliche Mitarbeiterin an einem Projekt zu Gendersensibler Didaktik an der Koordinationsstelle für Geschlechterstudien, Frauenforschung und Frauenförderung der Uni Graz, danach wissenschaftliche Mitarbeiterin im Qualitätsmanagement der Donau-Universität Krems. Seit 2009 ist sie an der Deutschen Universität für Weiterbildung (DUW) für den Bereich Qualitätsmanagement und Akkreditierung verantwortlich, an der Mit- und Weiterentwicklung des Studienmodells der DUW beteiligt und forscht insbesondere zu den Themen Kompetenzentwicklung/(E-)Portfolioarbeit und gendersensible Lehre.
E-Mail: anita.mörth@duw-berlin.de

Faustin Mutwarasibo is a lecturer in Modern Languages, English Programme at the National University of Rwanda. He is also completing his PhD at the Department of Behavioural Sciences and Learning at Linköping University, Sweden. His research interests include academic writing and assessment, student learning, teaching and learning in a multilingual context and graduate attributes.
E-Mail: fmutwarasibo@nur.ac.rw

Kristina Neuböck, geboren 1981 in Graz/Österreich. Diplom- und Doktoratsstudium der Soziologie an der Universität Graz. Ab 2006 Entwicklung eines Kompetenzportfolios für Studierende an der Akademie für Neue Medien und Wissenstransfer der Universität Graz. Seit 2008 Fachbereichsleitung „ePortfolios" an der Akademie für Neue Medien und Wissenstransfer. Arbeitsschwerpunkte: Durchführung von Workshops und Einzelbegleitungen zur ePortfolio-Erstellung sowie die Adaptierung des Portfolio-Modells für unterschiedliche Zielgruppen. Seit 2009 Lektorin am Institut für Wirtschaftspädagogik und am Zentrum für Soziale Kompetenz der Universität Graz.
E-Mail: kristina.neuboeck@uni-graz.at

Doris Pany, geboren 1972 in Graz/Österreich. Lehramtsstudium der Germanistik und Italianistik an der Universität Graz. Doktoratsstudium am Institut für Romanistik der Universität Graz. 1996 bis 2007 in der Erwachsenenbildung und als Lehrbeauftragte am Institut für Romanistik in Graz tätig. 2007 bis 2011 wissenschaftliche Mitarbeiterin am Seminar für Romanische Philologie der Universität Göttingen/Deutschland. Derzeit Mitarbeiterin in der Abteilung für Lehr- und Studienservices der Universität Graz.
E-Mail: doris.pany@uni-graz.at

Ada Pellert, geboren 1962 in Bruck an der Mur/Österreich, ist Präsidentin und Professorin für Organisationsentwicklung und Bildungsmanagement an der Deutschen Universität für Weiterbildung. Das Paradigma des lebenslanges Lernen organisatorisch und inhaltlich adäquat sowohl in der Praxis der Hochschulen als auch der Arbeitsorganisationen zu verankern, ist ihr sowohl als Hochschulforscherin als auch als Bildungsmanagerin ein besonderes Anliegen.

E-Mail: Ada.Pellert@duw-berlin.de

Barbara Schröttner, born in Austria 1972, holds an MPhil in Education, a Master of Arts in Peace, Conflict and Development Studies and a PhD in Education. She works as an assistant professor with the Department of Education, specifically the Institute of Continuing Education, at the University of Graz. Her research fields include adult and continuing education, globalization and development studies, postcolonial research and India. She has been involved in qualitative research in India since 1999. She has lectured in Europe, Asia and the US.

E-Mail: barbara.schroettner@uni-graz.at

Eva Seidl, geboren 1971 in Bruck an der Mur/Österreich. Diplomstudium der Germanistik und Romanistik (Italienisch) und Fächerkombinationsstudium „Bühne, Film und andere Medien" mit Spanisch an der Karl-Franzens-Universität Graz. Universitätslehrgänge „Deutsch als Fremdsprache" und „Internationales Projektmanagement". Lektorin für Deutsch als Fremdsprache und Deutsch als Muttersprache am Institut für angewandte und theoretische Translationswissenschaft sowie bei *treffpunkt sprachen* – Zentrum für Sprache, Plurilingualismus und Fachdidaktik der Karl-Franzens-Universität Graz, an der Fachhochschule Joanneum Graz und an der Montanuniversität Leoben.

E-Mail: eva.seidl@uni-graz.at

Birgit Simschitz, geboren 1966 in Lienz/Osttirol. Lehramtsstudium der Deutschen Philologie und Philosophie, Psychologie und Pädagogik, Universitätslehrgang „Deutsch als Fremdsprache". Auslandslektorin an der Philosophischen Fakultät der Pavol-Jozef-Šafárik-Universität in Prešov/Ostslowakei. Lektorin für Deutsch als Fremdsprache bei *treffpunkt sprachen* – Zentrum für Sprache, Plurilingualismus und Fachdidaktik der Karl-Franzens-Universität Graz. Vorsitzende der ÖSD-Prüfungskommission bei „Deutsch in Graz" und selbstständige Trainerin für Deutsch und Deutsch als Fremdsprache an Erwachsenenbildungsinstitutionen in Graz.

E-Mail: birgit.simschitz@uni-graz.at

Angelika Thielsch, born in Kassel/Germany 1979. M.A. in cultural anthropology, gender studies and romance language and literature. Employed at the Georg-August-University Göttingen at the Division for Teaching and Learning in Higher Education. As lecturer and advisor of the academic staff she currently develops team teaching programs for young academics. Before working in Göttingen she was employed at the Technical University of Munich (Carl von Linde-Academy/ProLehre). Currently working on a PhD project concerning African literature and its ability to promote intercultural education in higher education. Researcher and trainer of workshops in higher education on the issues of research based teaching, diversity in the classroom, self-directed learning, and teaching portfolios.

E-Mail: thielsch@teachingcolours.com

Daniela Unger-Ullmann, geboren 1971 in Klagenfurt (Österreich). Studium Deutsch und Latein Lehramt an der Karl-Franzens-Universität Graz. Universitäre Weiterbildung in den Bereichen Deutsch als Fremdsprache und Medienkunde. Doktoratsstudium am Institut für Germanistik in Graz mit einer Dissertation in Älterer Deutscher Literatur. Von 1999 bis 2003 Universitätslektorin für deutsche Sprache und Literatur an der Schlesischen Universität Opava/Tschechische Republik. Seit 2007 Leiterin von *treffpunkt sprachen –* Zentrum für Sprache, Plurilingualismus und Fachdidaktik der Universität Graz. Verantwortlich für die universitäre Verankerung und Absicherung sowie die strategische Weiterentwicklung von Lehre und Forschung. Seit 2010 Direktorin des Konfuzius-Instituts Graz. Arbeitsschwerpunkte: Bildungs- und Lehrmanagement, Personal- und Organisationsentwicklung, Sprachlehr- und lernforschung.
E-Mail: daniela.unger-ullmann@uni-graz.at

Angela Pilch Ortega,
Barbara Schröttner (ed.)

Transnational Spaces and Regional Localization

Social Networks, Border Regions and Local-Global Relations

2012, 236 pages, pb, € 29,90
ISBN 978-3-8309-2521-7

Globalization has encouraged world-wide mobility, intensified migration and supported growing interconnectedness through new technologies; it has therefore substantially contributed to the development of so-called transnational spaces, which should be understood as relational social areas that are composed of various relationships.

This book focuses on border regions and their social configurations, it deals with different aspects and various tensions having to do with local and global change, interplay and interdependence.

WAXMANN
Münster · New York · München · Berlin

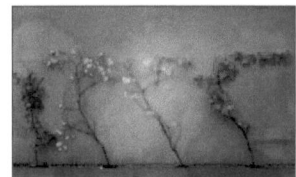

Barbara Schröttner,
Christian Hofer (Hrsg.)

Looking at Learning
Blicke auf das Lernen

Higher Education. Language. Place
Hochschule. Sprache. Ort

2011, 324 Seiten, br., 29,90 €
ISBN 978-3-8309-2430-2

Angekommen im neuen Jahrzehnt sehen sich Bildungsinstitutionen und lernende Individuen mit Phänomenen des Wandels und des Umbruchs sowie mit Widersprüchen konfrontiert. Traditionelle Lern- und Bildungskonzepte müssen deshalb neu überdacht und den aktuellen Gegebenheiten angepasst werden. In diesem Buch, das sowohl deutsche als auch englische Beiträge versammelt, blicken Autorinnen und Autoren unterschiedlicher wissenschaftlicher Disziplinen auf das Lernen anhand der Schwerpunkte Hochschule, Sprache, Ort.

Das Lernen wird unter zahlreichen Aspekten wie zum Beispiel der Globalisierung, Persönlichkeitsentwicklung oder geographischen Gegebenheiten beleuchtet und erklärt. Dies macht dieses Buch zu einer sehr interessanten, abwechslungsreichen Lektüre.
http://lesefreunde24.npage.de/belletristik_

WAXMANN
Münster · New York · München · Berlin